高等职业教育汽车类专业岗课赛证融通教材

新能源汽车电子电气空调舒适技术

主　编　李建伟　孙术华　梁力艳
副主编　郑　冲　吴金波　吴　磊
主　审　张少洪

电子工业出版社
Publishing House of Electronics Industry
北京·BEIJING

内 容 简 介

本书参考智能新能源汽车电子电气空调舒适技术和电动汽车高电压系统评测与维修"1+X"职业技能等级中级证书模块考核内容，在详细介绍新能源汽车高压安全防护、电路识别及电气检查的基础上，选取当前主流新能源车型及企业真实故障维修案例，对新能源汽车电动车窗，电动后视镜，中控门锁及防盗系统，安全气囊，电动座椅，空调系统，导航、视听系统，巡航控制系统，照明与信号系统，喇叭系统及雨刮系统等部分的结构组成、工作原理、零部件机械拆装、电路识读拆画、高压安全操作、故障检修进行详细的阐述。

本书可作为应用型本科和职业院校汽车相关专业及智能汽车技术等专业的教材，也可作为汽车市场售后服务一线技术人员的参考用书。

未经许可，不得以任何方式复制或抄袭本书之部分或全部内容。
版权所有，侵权必究。

图书在版编目（CIP）数据

新能源汽车电子电气空调舒适技术 / 李建伟，孙术华，梁力艳主编. —北京：电子工业出版社，2023.11
ISBN 978-7-121-46763-9

Ⅰ．①新… Ⅱ．①李… ②孙… ③梁… Ⅲ．①新能源－汽车－电子技术－高等职业教育－教材 ②新能源－汽车－电气系统－高等职业教育－教材 ③新能源－汽车－空气调节设备－高等职业教育－教材 Ⅳ．①U469.7

中国国家版本馆 CIP 数据核字（2023）第 226911 号

责任编辑：张　凌
印　　刷：三河市双峰印刷装订有限公司
装　　订：三河市双峰印刷装订有限公司
出版发行：电子工业出版社
　　　　　北京市海淀区万寿路 173 信箱　邮编 100036
开　　本：787×1 092　1/16　印张：21.75　字数：556.8 千字
版　　次：2023 年 11 月第 1 版
印　　次：2023 年 11 月第 1 次印刷
定　　价：58.00 元

凡所购买电子工业出版社图书有缺损问题，请向购买书店调换。若书店售缺，请与本社发行部联系，联系及邮购电话：(010) 88254888，88258888。
质量投诉请发邮件至 zlts@phei.com.cn，盗版侵权举报请发邮件至 dbqq@phei.com.cn。
本书咨询联系方式：(010) 88254583，zling@phei.com.cn。

前言
PREFACE

随着全球新一轮科技革命和产业变革的深入推进，汽车技术与能源、交通、信息通信等领域的相关技术加速融合，电动化、网联化、智能化成为汽车产业发展的潮流和趋势，新能源汽车也已成为全球汽车产业转型发展的主要方向和促进世界经济持续增长的重要引擎。党的二十大报告中提到的关于"积极稳妥推进碳达峰碳中和""深入推进能源革命"等战略要求对新能源汽车的发展，以及强化新能源汽车产业供应链、打造产业链新生态等都具有积极的推动作用，必将为新能源汽车产业的发展带来新的活力。

我国新能源汽车产业正处于由导入期向成长期过渡的关键阶段，在全球产业体系中占据举足轻重的地位，引领和加速了全球汽车电动化进程，担负着引领转型升级和保护大气环境的双重使命。《新能源汽车产业发展规划（2021—2035年）》指出，发展新能源汽车是我国从汽车大国迈向汽车强国的必由之路，是应对气候变化、推动绿色发展的战略举措。2022年，我国新能源汽车产销量分别为705.8万辆和688.7万辆，同比分别增长96.9%和93.4%，市场占有率达到25.6%，比2021年高12.1个百分点。

教育优先发展、科技自立自强、人才引领驱动，培养造就大批德才兼备的高素质人才，是国家和民族长远发展的大计。职业院校肩负着培养新能源汽车技术技能人才的历史重任，作为职教人，要铭记"为党育人、为国育才"的初心和使命，为全面建设社会主义现代化国家，全面推进中华民族伟大复兴做出新的更大贡献。为了满足新能源汽车市场对大量新能源汽车技术高素质技术技能人才的需求及职业院校新能源汽车相关专业的教学需要，突出职业教育的特点，树牢终身学习的理念，我们与北京新能源汽车股份有限公司合作，选取当前主流新能源车型，引入企业实际故障维修案例，共同组织编写了本书。

本书遵循"够用、实用"原则，根据职业教育职业性、技术性和应用性的需要，结合现在汽车故障诊断与维修的特点及发展趋势，将汽车检测、关键部件拆装、诊断和维护融为一体，以提高学生的实际维修操作技能。结合智能新能源汽车电子电气空调舒适技术和电动汽车高电压系统评测与维修"1+X"职业技能等级中级证书考核内容，以及新能源汽车技术专业技能大赛要求，通过"六步教学法"引导学生从理论知识学习、实践技能掌握到项目总结评价完成相关学习情境的学习，在教学过程中，同步完成课程思政及劳动教育，真正实现岗课赛证融通和全过程育人的目标。为了方便

学习，本书配有相关电子课件供学习者学习。

本书采用情境教学模式，参考学时为 96 学时，其中实训学时为 48 学时，各学习情境的参考学时如下。

学习情境	课程内容	学时分配	
		理论讲授	实操实训
学习情境 1	新能源汽车工作安全防护及作业准备	2	2
学习情境 2	新能源汽车电子电气空调舒适系统总体认知	2	2
学习情境 3	新能源汽车电路识别及电气系统检查	2	2
学习情境 4	新能源汽车电动车窗不升降故障检修	2	4
学习情境 5	新能源汽车电动后视镜不能调整故障检修	2	2
学习情境 6	新能源汽车中控门锁及防盗系统故障检修	6	4
学习情境 7	新能源汽车安全气囊系统故障检修	2	4
学习情境 8	新能源汽车电动座椅不能调节故障检修	2	2
学习情境 9	新能源汽车空调温控不良故障检修	14	12
学习情境 10	新能源汽车导航、视听系统工作不良故障检修	2	4
学习情境 11	新能源汽车巡航控制系统故障检修	2	2
学习情境 12	新能源汽车照明与信号系统故障检修	6	4
学习情境 13	新能源汽车喇叭系统故障检修	2	2
学习情境 14	新能源汽车雨刮系统故障检修	2	2
课时合计		48	48

本书由淄博职业学院李建伟、孙术华和山东水利技师学院梁力艳担任主编，润华汽车控股有限公司郑冲、吴金波和淄博职业学院吴磊担任副主编，淄博职业学院张少洪担任主审，全书由李建伟统稿。本书在编写过程中，得到了许多同行的指导和支持，同时参考了大量国内外相关著作及文献资料，在此一并向有关编者及专家表示感谢。

由于编者的经验和水平有限，书中难免存在疏漏之处，敬请广大读者批评指正。

编 者

目 录
CONTENTS

学习情境 1　新能源汽车工作安全防护及作业准备……………………………………1
　　习题测试……………………………………………………………………………………16
学习情境 2　新能源汽车电子电气空调舒适系统总体认知……………………………17
　　习题测试……………………………………………………………………………………35
学习情境 3　新能源汽车电路识别及电气系统检查……………………………………36
　　习题测试……………………………………………………………………………………51
学习情境 4　新能源汽车电动车窗不升降故障检修……………………………………53
　　任务 1　电动车窗玻璃升降器的更换………………………………………………………54
　　任务 2　电动车窗不升降控制电路故障检修………………………………………………61
　　习题测试……………………………………………………………………………………69
学习情境 5　新能源汽车电动后视镜不能调整故障检修………………………………71
　　任务 1　电动后视镜的更换…………………………………………………………………72
　　任务 2　电动后视镜不能调整控制电路故障检修…………………………………………77
　　习题测试……………………………………………………………………………………86
学习情境 6　新能源汽车中控门锁及防盗系统故障检修………………………………88
　　任务 1　中控门锁总成的更换………………………………………………………………89
　　任务 2　中控门锁不工作控制电路故障检修………………………………………………96
　　任务 3　无线遥控门锁故障检修……………………………………………………………105
　　任务 4　防盗系统故障检修…………………………………………………………………113
　　习题测试……………………………………………………………………………………129
学习情境 7　新能源汽车安全气囊系统故障检修………………………………………130
　　任务 1　安全气囊的更换……………………………………………………………………131
　　任务 2　安全气囊控制电路故障检修………………………………………………………141
　　习题测试……………………………………………………………………………………151
学习情境 8　新能源汽车电动座椅不能调节故障检修…………………………………152
　　任务 1　电动座椅的更换……………………………………………………………………153
　　任务 2　电动座椅不能调节控制电路故障检修……………………………………………159
　　习题测试……………………………………………………………………………………165
学习情境 9　新能源汽车空调温控不良故障检修………………………………………166
　　任务 1　空调制冷系统机械部分故障检修…………………………………………………167
　　任务 2　空调制冷系统控制电路故障检修…………………………………………………177

 任务3　空调取暖系统机械部分故障检修 184
 任务4　空调取暖系统控制电路故障检修 190
 任务5　空调通风、空气净化与配气系统故障检修 197
 任务6　空调控制系统故障检修 205
 任务7　空调系统维护 221
 习题测试 237

学习情境10　新能源汽车导航、视听系统工作不良故障检修 239
 任务1　中控信息娱乐系统总成的更换 240
 任务2　中控信息娱乐系统故障检修 248
 习题测试 257

学习情境11　新能源汽车巡航控制系统故障检修 258
 任务1　巡航控制系统概述 259
 任务2　巡航控制系统故障检修 269
 习题测试 277

学习情境12　新能源汽车照明与信号系统故障检修 278
 任务1　汽车照明与信号系统概述 279
 任务2　前照灯控制系统故障检修 281
 任务3　转向灯控制系统故障检修 292
 习题测试 303

学习情境13　新能源汽车喇叭系统故障检修 304
 任务1　喇叭系统概述 305
 任务2　喇叭控制系统故障检修 308
 习题测试 314

学习情境14　新能源汽车雨刮系统故障检修 316
 任务1　雨刮系统概述 317
 任务2　雨刮系统故障检修 329
 习题测试 340

二维码资源清单

序号	名称	页码
1	高压安全基础知识	2
2	高压防护用品	6
3	绝缘工具	8
4	新能源汽车高压部件识别	10
5	汽车电路的表示方法	37
6	电气元件识别	41
7	电路图识读	44
8	电动车窗的功用及结构组成	54
9	电动车窗的工作原理	56
10	电动车窗不升降控制电路故障检修	61
11	电动后视镜的功用及结构组成	72
12	电动后视镜的工作原理	73
13	中控门锁的功用	89
14	中控门锁的组成及工作原理	90
15	北汽EU5中控门锁控制原理	96
16	无线遥控门锁的功用及系统构成	105
17	无线遥控门锁的工作原理	109
18	防盗系统概述	113
19	无钥匙进入及启动系统功用及组成	115
20	无钥匙进入及启动系统的工作原理	117
21	安全气囊的功用、性能要求及分类	131
22	安全气囊的组成	132
23	安全气囊的工作原理	141
24	北汽EU5安全气囊的工作原理	146
25	电动座椅的功用及组成	153
26	电动座椅的工作原理	155
27	自动座椅	156
28	吉利帝豪EV300电动座椅控制电路原理	159
29	空调系统的功用及特点	167
30	空调制冷系统的组成	167
31	空调制冷系统的工作原理	173
32	新能源汽车空调制冷系统机械部分故障检修	174
33	北汽EU5空调制冷系统控制电路原理	177
34	北汽EU5空调控制系统电路原理	178
35	新能源汽车空调取暖系统的功用及工作原理	184
36	北汽EU5空调取暖系统控制电路原理	190

续表

序号	名称	页码
37	新能源汽车空调通风系统	197
38	新能源汽车空调空气净化系统	197
39	新能源汽车空调配气系统	199
40	自动空调系统	205
41	空调系统控制模式	211
42	新能源汽车空调维护常用工具设备	221
43	新能源汽车空调的使用	224
44	新能源汽车空调的维护保养	226
45	新能源汽车空调制冷系统检漏	229
46	新能源汽车空调维护保养基本操作	230
47	新能源汽车车载卫星导航系统的功用及分类	240
48	车载卫星导航系统的组成及工作原理	241
49	视听系统的特点及组成	243
50	更换中控信息娱乐总成	245
51	北汽EU5中控信息娱乐控制系统的组成及工作原理	248
52	巡航控制系统的分类及特点	259
53	巡航控制系统的组成	261
54	时钟弹簧的更换	268
55	吉利EV450巡航控制系统的工作原理	270
56	汽车照明与信号系统概述	279
57	前照灯概述	281
58	前照灯灯泡的更换	283
59	北汽EU5前照灯控制系统的工作原理	285
60	转向灯概述	292
61	转向灯灯泡的更换	293
62	北汽EU5转向灯控制系统的工作原理	295
63	新能源汽车喇叭系统的分类及组成	305
64	喇叭的更换	306
65	新能源汽车喇叭控制系统的工作原理	308
66	新能源汽车雨刮系统的功用	317
67	雨刮结构组成及原理	319
68	新能源汽车洗涤器系统概述	323
69	雨量传感器	324
70	雨刮电动机的更换	326
71	北汽EU5雨刮系统组成及工作原理	329
72	北汽EU5雨刮系统电路工作原理	330

VIII

新能源汽车工作安全防护及作业准备

学习情境描述

新能源汽车维护前场地准备、维修工具准备，以及对维护操作人员的要求都与传统汽车的不同。新能源汽车要求有专用的高压维护工位、设置高压警示标志、铺设绝缘垫、准备防护用具和防护工具等。作为研究新能源汽车专业方向的你知道如何做好新能源汽车维护前的场地及工具准备吗？

学习内容

1. 新能源汽车高压基础知识、高压部件的功用认知。
2. 新能源汽车高压防护用品的种类、防护工具。
3. 新能源汽车高压防护用品的检查、使用及规范操作。

学习目标

1. 能够描述新能源汽车高压基础知识及高压部件的功用，正确率不低于85%。
2. 能够正确进行新能源汽车高压防护用品的检查、使用及规范操作，正确率不低于90%。
3. 能熟练进行新能源汽车安全防护及准备工作，正确率不低于90%。
4. 弘扬精益求精的工匠精神，养成脚踏实地、认真负责的工作作风，践行安全生产、团队协作的职业素养。

教学准备

1. 教学用整车一辆（北汽EU5 R500）、汽车举升机、拆装工具。
2. 防护工具：车内四件套、车外三件套、车辆挡块、灭火器、隔离桩、警示牌等。
3. 其他材料：车辆使用手册、维修手册、整车电路图册。

新能源汽车电子电气空调舒适技术

教学实施

资讯

一、高压安全基础知识

高压安全基础知识

新能源汽车的典型特点就是整车带有高压回路，其回路电压大部分都在 300V 以上，最高可达 600V。因此，新能源汽车在给我们带来环保节能效益的同时，高压安全问题同样不容忽视，特别是对于新能源汽车的驾驶人员、乘车人员、汽车保养及维修人员。

1. 安全电压

电压按照幅值和对人体的伤害程度可划分为三个等级：安全电压、低压、高压。

安全电压是指不使人直接致死或致残的电压。一般环境条件下允许持续接触的"安全特低电压"是 36V。安全电压也指为了防止触电事故而由特定电源供电所采用的电压系列。安全电压应满足以下三个条件。

① 标称电压不超过交流 50V（AC）、直流 120V（DC）。

② 由安全隔离变压器供电。

③ 安全电压电路与供电电路及大地隔离。

考虑到在不同空气湿度和工作环境下的人体阻值不同，以及不同电压等级可能对人体产生的伤害和危险程度不同，依据 GB/T 18384.3—2015《电动汽车 安全要求 第 3 部分：人员触电防护》中对人员触电防护的要求，在新能源汽车中将车辆电压按照类型和数值分为 A 和 B 两个等级，如表 1-1 所示。

表 1-1　电压等级划分

电 压 等 级	电压值/V	
	直流（DC）	交流（50～150Hz AC）
A 级	0<U≤60	0<U≤30
B 级	60<U≤1500	30<U≤1000

A 级是较为安全的电压等级。在 A 级电压下，维护人员不需要采取特殊的防电保护措施。

B 级电压属于高压，会对人体产生伤害。在 B 级电压下必须采取必要的防护措施对维护人员进行保护。

电动汽车的高压具有以下特点。

① 高压一般设计在 300V 以上。例如，比亚迪秦 EV 的动力电池总电压为 400V。

② 高压存在的形式既有直流，又有交流。例如，动力电池的直流电，充电时 220V（或 380V）电网的交流电，以及电动机工作时的三相交流电。

③ 高压对绝缘的要求更高。当电压超过 200V 时，大多数传统汽车上设计的绝缘材料可能就变成了导体，因此电动汽车上的绝缘材料需要具有更高的绝缘性能。

④ 高压要求正、负极之间的距离更远。在 12V 电压情况下，正、负极之间的距离需要很近才会有击穿空气的可能；但是若电压高达 200V 以上，则当正、负极之间的距离较远时

就会击穿空气而导电。例如，在300V电压下，两根导线距离10cm时就会发生击穿导电。

2. 高压触电

通常，当人体接触30V以上的交流电或60V以上的直流电时，就有可能发生触电事故。人体的触电并不是指人体接触到了很高的电压，而是过高的电压通过人体这个电阻后，会在人体中形成电流，从而导致对人体的伤害。因此，高电压伤害人体的本质是电流。

在电网中，36V一直被认为是人体的安全电压。但实际在高电压的电动汽车中，这个电压值并不是绝对安全的，主要原因有两方面：一方面，人体的电阻阻值会存在个体的差异性，如胖瘦、性别不同，都会使其电阻阻值不一样；另一方面，人所处的工作环境不同也会导致人体的电阻阻值发生变化，如在潮湿的夏天和干燥的冬天，人体的电阻阻值就不一样，环境越潮湿，人体的电阻阻值就会越小。人体不同部位等效电阻如图1-1所示。此外，每个人对电流过身体的反应也不一样，有的人可能能够承受更大的电流。因此，目前国际上公认的安全电压是直流60V以下，交流30V以下。

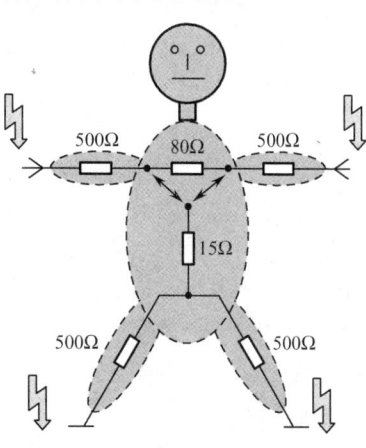

图1-1 人体不同部位等效电阻

如表1-2所示，通过人体的电流越大，人体的生理反应就越明显，感受越强烈，引起心室颤动所需时间就越短，致命的危害就越大。交流电压引发人体内的交流电流，而该电流会触发肌肉和心室颤动。交流电压的频率越低，其危险性越大，交流电流会非常快地引发心室颤动，如果不能及时抢救伤者，则其会有生命危险。

表1-2 人体对电流的反应

电流范围	人体反应
0.6～1.5mA	手指开始感觉发麻
2～3mA	手指感觉强烈发麻
5～7mA	手指肌肉感觉痉挛，手指感觉灼热和刺痛
8～10mA	手指关节与手掌感觉痛，但尚能摆脱电源，灼热感增加
20～25mA	手指感觉剧痛，迅速麻痹，不能摆脱电源，呼吸困难，灼热感更强，手的肌肉开始痉挛
50～80mA	呼吸麻痹，心室颤动，强烈灼痛，手的肌肉痉挛，呼吸困难
90～100mA	呼吸麻痹，持续3s或更长时间后，心脏麻痹或心脏停止跳动，呼吸麻痹

电流按照通过人体的大小划分如下。

触电电流：指引起人发麻、刺痛的最小电流（5mA）。

摆脱电流：指人体触电后能自主摆脱电源的电流（10mA）。

危险电流：指在较短的时间内危及生命的电流（30～50mA）。

死亡阈值电流：指在瞬时流过人体的电流（80mA）。

3. 高压触电形式

最终对人体产生伤害的是电流。电流对人体的伤害有电击、电伤和电磁场伤害三种形式。

（1）电击是指电流通过人体时对人的心脏、肺及中枢神经系统的正常功能造成的伤害。

当人体遭受电击时，如果有电流通过心脏，可能直接作用于心肌，引起心室颤动。如果没有电流通过心脏，也可能经中枢神经系统反射作用于心肌，引起心室颤动。

触电者由于电流的瞬间作用而发生心室颤动，呼吸可能持续 2～3min。在其丧失知觉前，有时还能叫喊几声，有的还能走几步，但是，由于其心脏已进入心室颤动状态，血液已终止循环，大脑和全身迅速缺氧，病情将急剧恶化，如果不及时抢救，则很快导致死亡。

（2）电伤是指电流转换为其他形式的能量作用于人体的伤害，如电流的热效应、化学效应、机械效应等对人体造成的伤害。其主要有以下几种形式。

① 电灼伤：电流的热效应造成的伤害，分为电流灼伤和电弧烧伤两种情况。电流灼伤是人体与带电体接触，电流通过人体由电能转换为热能造成的伤害；电弧烧伤是由弧光放电造成的烧伤，分为直接电弧烧伤和间接电弧烧伤两种情况。直接电弧烧伤是带电体与人体之间发生电弧，有电流流过人体的烧伤；间接电弧烧伤是电弧发生在人体附近对人体的烧伤，包括熔化了的炽热金属溅出而造成的烫伤。

② 电烙印：人体与带电体接触的部位留下的永久性斑痕，斑痕处皮肤失去弹性，表皮坏死。

③ 皮肤金属化：电流的作用使熔化和蒸发的金属微粒渗入人体的皮肤，使皮肤坚硬和粗糙而呈现特殊的颜色。皮肤金属化多是在弧光放电时发生和形成的，在一般情况下，此种伤害是局部性的。

④ 机械性损伤：电流作用于人体，使中枢神经系统反射和肌肉强烈收缩等导致的机体组织断裂、骨折等伤害。

⑤ 电光眼：当发生弧光放电时，由红外线、可见光、紫外线对眼睛造成的伤害。电光眼表现为角膜炎或结膜炎。

⑥ 二次事故：如高空作业时引起的坠落摔伤；水中作业时引起的溺水死亡等。

（3）电磁场伤害是指在高频磁场的作用下，人会出现头晕、乏力、记忆力减退、失眠、多梦等神经系统的症状。

4．触电急救

进行触电急救时，应遵循迅速、就地、准确、坚持的原则。触电急救必须分秒必争，立即就地迅速用心肺复苏法进行抢救，并坚持不断地进行，同时及早与医疗部门联系，争取医务人员接替救治。据资料统计，触电者在 3min 内被就地实施有效急救，救活率在 90% 以上；6min 后才被实施急救措施，救活率仅为 10%；12min 后被抢救的，救活率几乎为 0。

触电急救需要做到以下几个方面。

（1）脱离电源。

触电急救时，首先要使触电者迅速脱离电源，越快越好。因为电流作用的时间越长，伤害越重。触电者未脱离电源前，救护人员不准直接用手触及触电者，因为有触电的危险，可以使用绝缘工具、干燥的木棒、木板、绳索等不导电的物体使触电者脱离电源；也可以抓住触电者干燥而不贴身的衣服，将其拖开，切记避免碰到带电物体和触电者的裸露身躯；还可以戴绝缘手套后帮助触电者脱离电源。

（2）触电者脱离电源后的处理。

触电者如果神志清醒，则应使其就地躺平，密切观察，暂时不要让其站立或走动。触电者如果神志不清，则应就地躺平，且确保气道通畅，并用 5s 时间呼叫触电者或轻拍其肩部，以判定触电者是否丧失意识。禁止摇动触电者头部呼叫触电者。需要抢救的触电者，应立即就地坚持正确抢救，并设法联系医疗部门接替救治。

呼吸、心跳情况的判定：触电者如果丧失意识，则应在 10s 内，用看、听、试的方法判定触电者的呼吸、心跳情况。

看：看触电者的胸部、腹部有无起伏动作。

听：用耳贴近触电者的口鼻处，听有无呼气声音。

试：试测触电者的口鼻有无呼气的气流，再用两手指轻试一侧（左或右）喉结旁凹陷处的颈动脉有无搏动。若看、听、试结果中既无呼吸又无颈动脉搏动，则可判定呼吸心跳停止。

（3）心肺复苏。

触电者呼吸和心跳均停止时，应立即按心肺复苏法中支持生命的三项基本措施，正确地进行就地抢救：通畅气道；口对口（鼻）人工呼吸；胸外按压（人工循环）。

心肺复苏操作要领如图 1-2 所示。

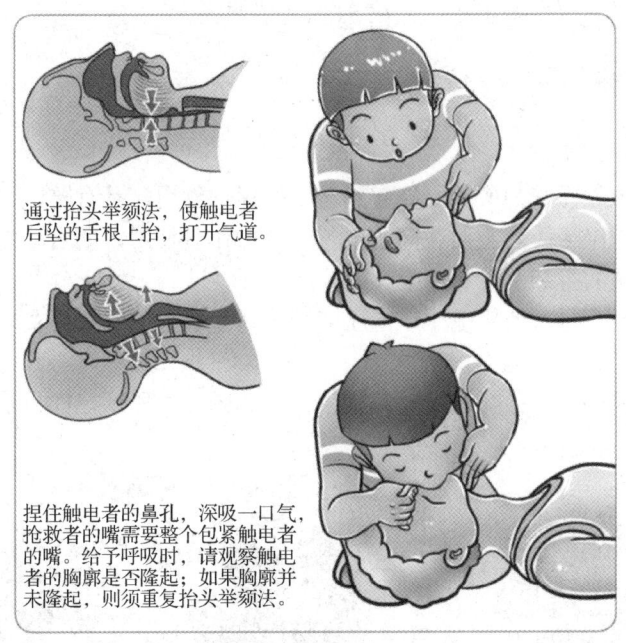

图 1-2　心肺复苏操作要领

① 清除口中异物：使触电者仰卧，将其头偏向一侧，用手指清除口中的假牙、血块、呕吐物等，使口腔中无异物。

② 保持气道通畅（抬头举颏法）：抢救者在触电者的一侧，以近其头部的一只手紧捏触电者的鼻子，并用手掌外缘压住其额头，另一只手托在触电者的颏下，使其头部充分后仰 70°～90°，以解除舌头下坠所致的呼吸道梗阻。

③ 口对口适量吹气：抢救者先深吸一口气，然后用嘴包紧触电者的嘴均匀吹气，同时观察触电者的胸廓是否隆起，以确定吹气是否有效和适度。按国际标准规定：吹气量为 500～600ml（吹气量与触电者的身体体积成正比）。

④ 自然排气：吹气停止后，抢救者头稍偏转，并立即放松捏紧触电者鼻子的手，让气体从触电者的肺部自然排出。此时应注意胸廓复原的情况，倾听呼气的声音，观察有无呼吸道梗阻。

⑤ 坚持不懈：如此反复进行，每分钟吹气 10~12 次，即每 5~6s 吹一次（吹气持续时间为 1s）。

⑥ 胸外按压：确保触电者仰卧于平地上或用胸外按压板垫于其肩背下，抢救者可采用跪式或踏脚凳等不同体位，将一只手的掌根放在触电者胸骨中下 1/3 交界处，将另一只手的掌根置于第一只手上。按压时双肘必须伸直，垂直向下用力按压，成人按压频率为 100~120 次/min，下压深度为 5~6cm，每次按压之后应让胸廓完全恢复。按压时间与放松时间各占 50%左右，放松时掌根部不能离开胸壁，以免按压点移位；对于儿童触电者，用单手或双手于乳头连线处水平按压胸骨；对于婴儿触电者，用两手指于紧贴乳头连线下方水平按压胸骨。为了尽量减少因通气而中断胸外按压，对于未建立人工气道的成人，2010 年国际心肺复苏指南推荐的按压-通气比率为 30∶2。对于婴儿和儿童，双人心肺复苏时可采用 15∶2 的按压-通气比率。例如，双人或多人施救时，应每 2min 或 5 个心肺复苏周期（每个周期包括 30 次按压和 2 次人工呼吸）更换按压者，并在 5s 内完成更换。

二、高压防护用品

1. 绝缘手套

绝缘手套是用天然橡胶制成的，能起到对人的保护作用，具有防电、防油、耐酸碱等功能，如图 1-3 所示。绝缘手套主要在高压电气设备操作时使用，如对动力蓄电池高压回路放电、验电，高压部件的拆装等。

绝缘手套铭牌上有最大使用电压，电压值越大，手套越厚。根据实际测量的最大电压值选择绝缘手套。

使用绝缘手套前必须进行充气检验其气密性，如图 1-4 所示，如果发现有任何破损则不能使用。

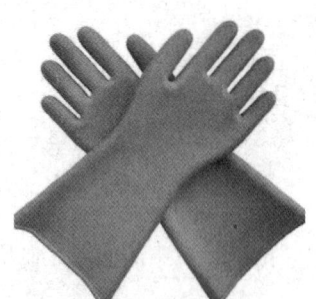
图 1-3　绝缘手套

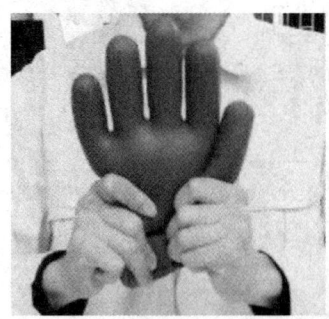
图 1-4　绝缘手套气密性检查

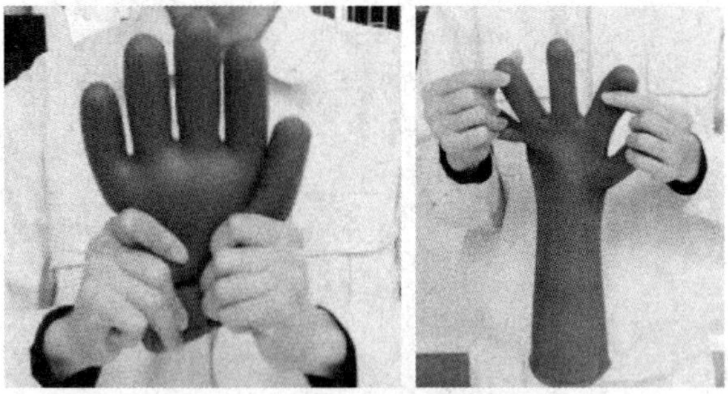

【注意】

① 当戴绝缘手套作业时，应将衣袖口放进绝缘手套筒内，以防发生意外。

② 绝缘手套使用完后，应将内外擦洗干净，待干燥后，撒上滑石粉放置平整，以防受压受损，且不能放置于地上。

③ 如果一副绝缘手套中的一只手套破损，那么这副手套不能继续使用。

2. 绝缘鞋

绝缘鞋是高压操作时使人与大地保持绝缘的防护用具，一般在较潮湿的场所使用。穿戴绝缘鞋前需要检查鞋面有无划痕、鞋底有无断裂、鞋面是否干燥，如图 1-5 所示。

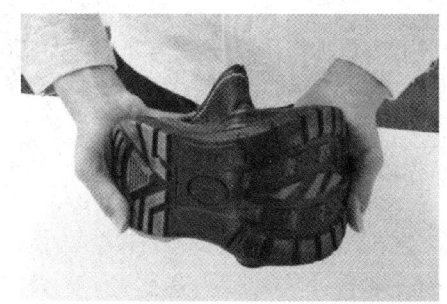
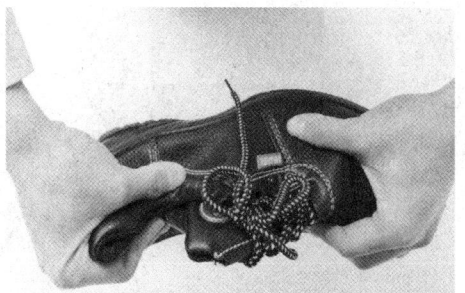

图 1-5　绝缘鞋检查

【注意】

绝缘鞋应放在干燥、通风处，不能随意乱放，并且避免接触高温、尖锐物品和酸碱油类物质。

3. 护目镜

检查和维护电动汽车时需要佩戴护目镜，主要用于防御电气拉弧产生的电火花对眼睛的损伤，如图 1-6 所示。

使用前需要对护目镜进行检查，如图 1-7 所示，检查护目镜螺钉是否紧固，有无磨损老化，查看护目镜有无裂痕、损坏。

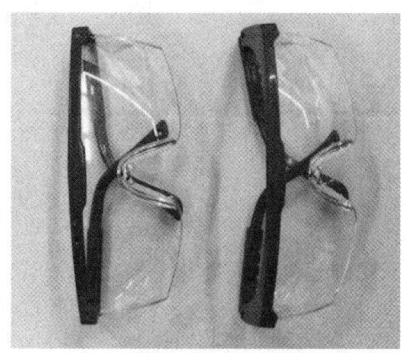

图 1-6　护目镜

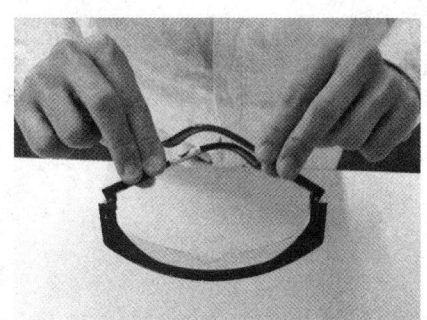
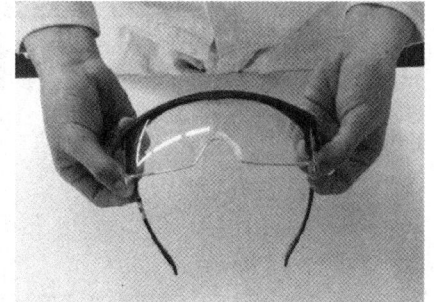

图 1-7　护目镜检查

4. 安全帽

安全帽（见图 1-8）在电动汽车举升状态进行维护时使用。

使用前，应检查安全帽有无裂缝或损伤，有无明显变形，下颚带是否完好、牢固，如图 1-9 所示。佩戴时，必须按照头围的大小调整并系好下颚带。

5. 绝缘垫

绝缘垫（见图 1-10）是具有较大电阻率和耐电击穿的胶垫，主要在电动汽车维护时用于地面的铺设，起到绝缘作用。

操作前需要检测绝缘垫对地绝缘性能，测量绝缘垫的四个角及中心点五个位置，如图 1-11 所示。

 新能源汽车电子电气空调舒适技术

图1-8 安全帽

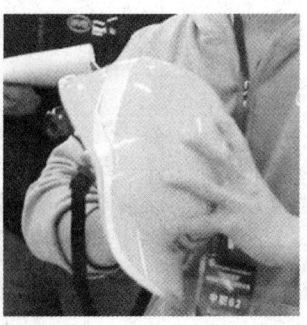
图1-9 安全帽检查

图1-10 绝缘垫

6. 绝缘服

绝缘服主要用于维护人员带电作业时的身体防护，如图1-12所示。

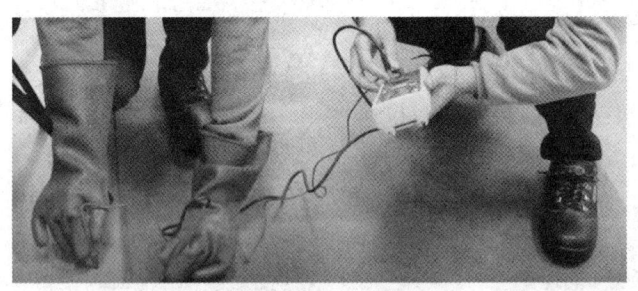
图1-11 绝缘垫检测

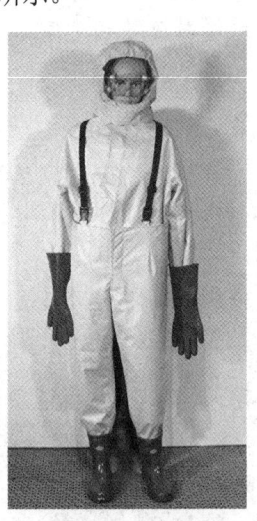
图1-12 绝缘服

三、绝缘工具与仪表

1. 绝缘工具

绝缘工具属于高压作业工具，是能够保证带电作业安全的工具，如图1-13所示。与传统工具相比，绝缘工具加了抗高压的绝缘层，从而保证维护人员的人身安全。

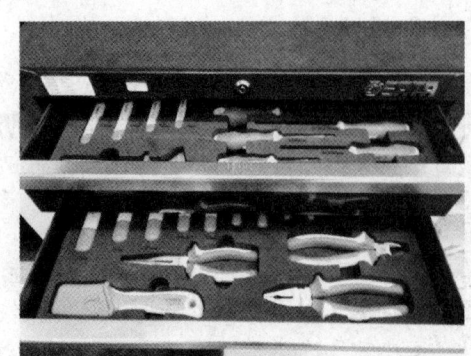
图1-13 绝缘工具

2. 绝缘表

绝缘电阻是表征电动汽车电气安全性能好坏的重要参数。高压电线绝缘介质的老化或受潮湿环境影响等，会导致高压电路和车辆底盘之间的绝缘性能下降，负极引线通过绝缘介质和车辆底盘构成漏电流回路，使底盘电位上升，危及驾乘人员的人身安全。为了消除高压电对车辆和驾乘人员人身的潜在威胁，保证电动汽车电气系统的安全，在电动汽车维护时需要使用绝缘表检测绝缘电阻。

绝缘表主要分为绝缘电阻表和数字测试绝缘表两种。

① 绝缘电阻表又称为兆欧表，它由一个手摇发电机、表头和三个接线端（L、E 和 G）组成，如图 1-14 所示。

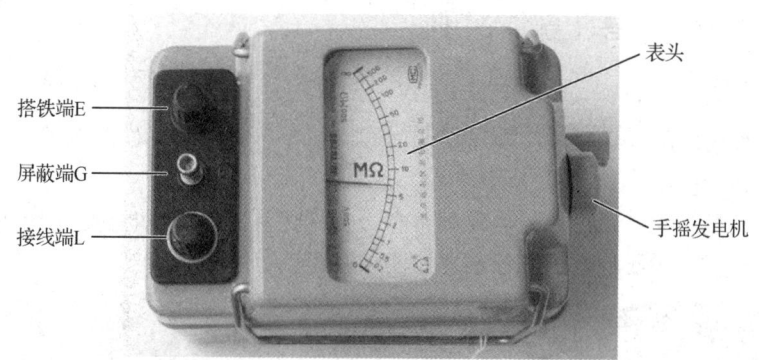

图 1-14 兆欧表

绝缘电阻表的额定电压有 500V、1000V、2500V 等，测量范围有 500MΩ、1000MΩ、2000MΩ 等。

② 数字测试绝缘表是一种由电池供电的绝缘测试仪，如图 1-15 所示。它可以测量交流/直流电压、接地耦合电阻和绝缘电阻。

数字测试绝缘表使用之前需要采用断路试验和短路试验检查其是否处于正常状态。

3. 钳形电流表

钳形电流表又称为电流钳，如图 1-16 所示。它是利用电流互感器原理制成的，分为指针式和数字式两种。钳形电流表可以在不断开电路的情况下测量线路电流，钳形电流表使用前应先判断其是否能正常工作。

图 1-15 数字测试绝缘表

4. 放电工装

由于电动汽车整车动力蓄电池和一些高压部件带有电容，即使断开电源，电容还是会存储部分电量，因此电动汽车需要放电工装（见图 1-17）对高压端口进行放电，避免产生触电危险。

新能源汽车电子电气空调舒适技术

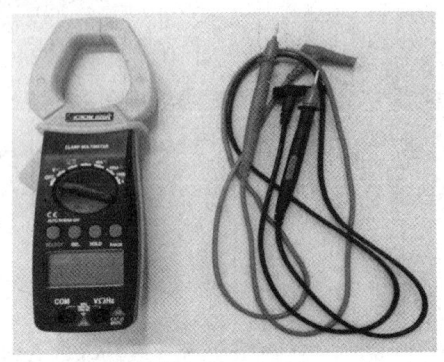

图1-16 钳形电流表

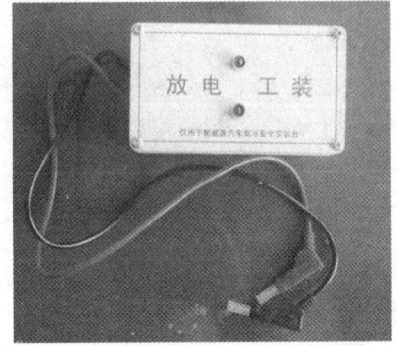

图1-17 放电工装

四、新能源汽车高压部件识别

1. 高压警示

新能源汽车高压部件识别

新能源汽车采用两种形式进行高压警示，即高压警示标记和导线颜色标记。

（1）高压警示标记。

每辆新能源汽车的高压组件外壳上都带有一个标记，高压警示标记采用黄色底色或红色底色，图形上布置有高压触电国家标准，如图1-18所示。

图1-18 高压警示标记

（2）导线颜色标记。

新能源汽车的高压导线全部用橙色警示标记，高压导线的插座和高压安全插座也是采用橙色警示标记的，动力蓄电池至电源管理器的高压导线也采用橙色警示标记。

2. 高压安全措施

电动汽车具有高压系统，因此就会存在高压用电危险，考虑到驾驶人和维修人员的安全，为防止触电事故的发生，生产厂家在设计生产电动汽车时采用了一些高压用电安全措施。

① 高压线束。

② 高压标记牌。

③ 高压熔断器。

④ 维修开关。

⑤ 高压互锁。

⑥ 漏电传感器。

3. 高压部件识别

北汽 EU5 R500 纯电动汽车高压部件如图 1-19 所示,其中:①快充线束;②PEU 总成;③电动压缩机总成;④驱动电机总成;⑤减速器总成;⑥电池至 PEU 高压线束;⑦PTC 高压线束;⑧PTC 总成;⑨锂离子动力电池系统;⑩慢充线束。

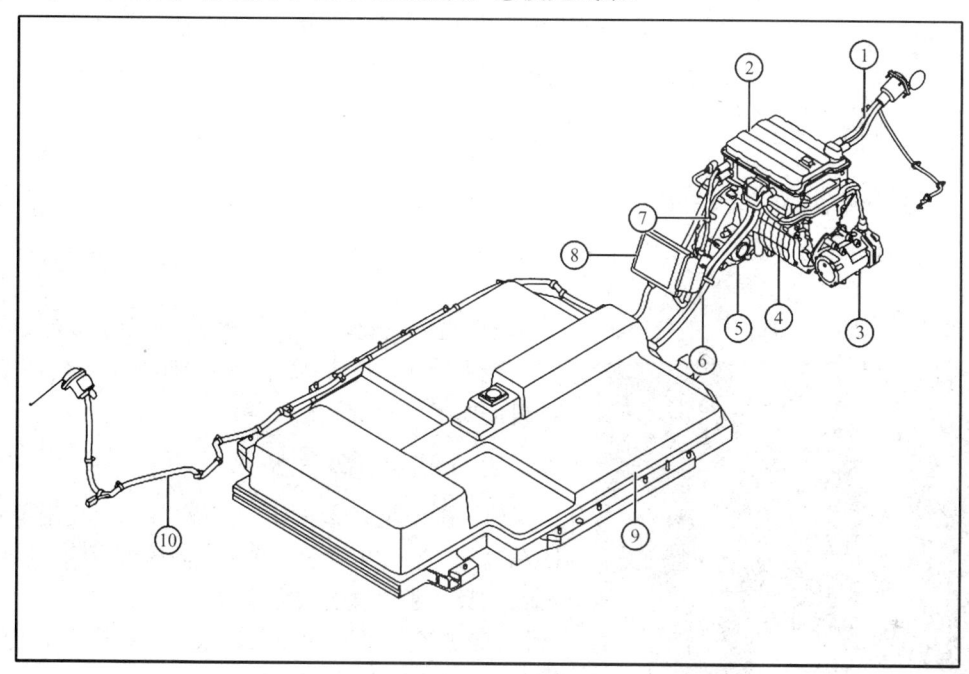

图 1-19 北汽 EU5 R500 纯电动汽车高压部件

决策

根据任务要求制订新能源汽车工作安全防护及作业准备的实施计划,每个小组根据组员特点进行分工,并选出小组组长来负责任务的分工与实施,填写决策记录表(见表 1-3)。

表 1-3 决策记录表

序 号	小组成员	任 务
1	A B	高压防护用具及设备准备
2	C D	项目检查
3	E F	记录、汇报
4	G H	安全员

计划

根据分工及任务要求制订工作计划,如表 1-4 所示。

表 1-4 计划表

序 号	作业项目	操作人
1	高压防护用品检查	A C E
2	绝缘工具检查	B D F

续表

序 号	作 业 项 目	操 作 人
3	高压部件认知	A B C D
4	检查项目记录	E F

 实施

一、准备工作

1. 个人防护及工具准备

（1）全套的高压防护用具：绝缘手套、绝缘鞋、安全帽、护目镜、绝缘垫。操作人员手腕、身上不能佩戴金属物件。

（2）普通高压工具：常用仪表，如万用表、钳形电流表、绝缘表等；专用工具，如螺丝刀、扳手等（这些专用工具必须有绝缘措施）；常用物料，如绝缘胶带、扎带等。

2. 场地准备

（1）在作业前请采用安全隔离措施（使用警戒栏隔离），如图1-20所示，并竖立高压警示牌，以警示相关人员，避免发生安全事故。

（2）检查灭火器生产日期及压力，是否配置消防沙等。

（3）条件允许时，可在新能源汽车维修工位上操作，并将车身与保护地线连接。

图1-20 设置安全隔离区

二、操作步骤

1. 高压防护用品及工位检查

根据检查结果填写高压安全防护检查表（见表1-5）。

表1-5 高压安全防护检查表

检查内容	检查项目	结 果	
高压操作工位	是否设置安全隔离警示装置	是	否
	是否具有良好的通风环境	是	否
	是否配备防护用品	是	否
	是否铺设绝缘垫	是	否
高压操作工位	周边是否存在易燃等危险物品	是	否
	工位周围是否有无关人员	是	否
绝缘手套	绝缘手套绝缘等级是否与当前车型匹配	是	否
	检查绝缘手套是否有破损	是	否
	绝缘手套防护电压为_____V		

续表

检查内容	检查项目	结果
安全帽	安全帽绝缘等级是否与当前车型匹配	是　否
安全帽	检查安全帽是否有破损	是　否
安全帽	安全帽防护电压为_____V	
护目镜	护目镜是否有裂纹、损坏	是　否
绝缘鞋	检查鞋面是否干燥、磨损，鞋底是否有断裂	是　否
放电工装	连接线及外观是否存在破损	是　否
绝缘垫	是否存在磨损、破损现象	是　否
绝缘服	检查绝缘服是否有破损	是　否
绝缘服	检查绝缘服防护等级电压为_____V	

2. 绝缘工具检查

检查工具有无破损等。检查结果为_____（正常/异常）。

绝缘工具的防护电压为 1000V，绝缘电阻阻值大于 10GΩ。

3. 绝缘表的使用

（1）根据测试车辆的电压范围值选择量程。例如，北汽 EU5 R500 电动汽车绝缘电阻检测时，一般选用 500V 挡位即可。

（2）将绝缘表的表笔与部件高压端子接触，负极表笔与部件壳体或车体接触。

（3）按住绝缘表的表笔测试键或表体的测试键，待数值稳定后，读取屏幕上的数据，即绝缘电阻阻值。检查结果为_____（正常/异常）。

【注意】

① 必须在断电情况下进行绝缘电阻阻值的测量。

② 一定是在各导电端子与车体或壳体之间进行测量。

③ 因为高压部件内部有电容存在，所以严禁进行端子之间的绝缘电阻阻值测量。

④ 绝缘电阻阻值测量需要保持 1min，数值稳定后再结束测量。

⑤ 由于绝缘表两表笔之间的电压为 1000V，因此测量过程中注意避免手指与任何导电部位接触。

4. 钳形电流表的使用

（1）测量之前应检查钳口上是否有污物，检查被测导线是否绝缘。检查结果为_____（正常/异常）。

（2）根据额定功率估测额定电流，选择合适的量程挡位，不可用小量程测量大电流。如果电流大小无法估算，则选择最大量程，以防烧表；如果读数小，则切换至小量程。严禁在测量过程中切换量程挡位。

（3）测量时，被测导线应垂直放在钳形电流表的钳口中心。钳形电流表一次只能测量一根导线，不可以同时测量多根导线。

（4）钳形电流表有额定电压，不能用钳形电流表测量超过额定电压的高压电路电流，否则容易造成事故或引起触电危险。

(5)测量时,测量人员应戴绝缘手套,穿绝缘鞋,双手不得触碰其他设备,防止短路和搭铁。

(6)如果被测电流较小,那么应将被测导线缠绕几圈后放进钳口内测量。

5. 放电工装的使用

(1)关闭启动开关,确保整车处于断电状态。

(2)放电工装外观检查,检查结果为_____(正常/异常),正确连接表笔。

(3)将测试表笔分别接触被测部件的正极和负极。

(4)待指示灯熄灭表明残余电荷释放完毕,如图1-21所示。

(5)清洁工具后复位工具。

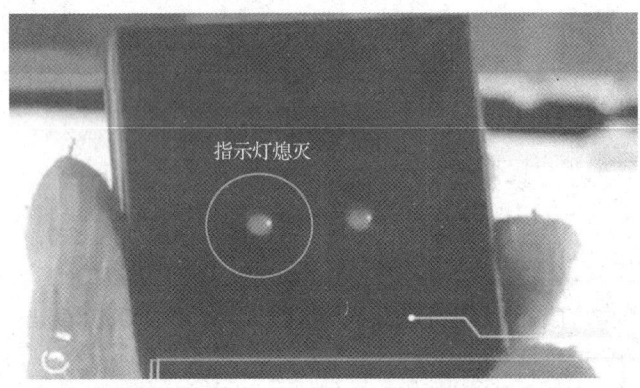

图1-21 放电工装的使用

检查

1. 自检

各小组针对操作情况进行自检,自检记录表如表1-6所示。

表1-6 自检记录表

序号	检查项目	结果	序号	检查项目	结果
1	是否规范检查高压维修工位	是 否	4	检测工具是否清洁复位	是 否
2	是否规范检查高压防护用品	是 否	5	防护工具是否清洁复位	是 否
3	是否规范检查绝缘工具	是 否	6	场地卫生是否清扫	是 否

2. 互检

各小组针对操作情况进行互检,互检记录表如表1-7所示。

表1-7 互检记录表

序号	检查项目	结果	序号	检查项目	结果
1	是否规范检查高压维修工位	是 否	4	检测工具是否清洁复位	是 否
2	是否规范检查高压防护用品	是 否	5	防护工具是否清洁复位	是 否
3	是否规范检查绝缘工具	是 否	6	场地卫生是否清扫	是 否

3. 终检

指导教师针对各小组实施情况进行终检,终检记录表如表 1-8 所示。

表 1-8 终检记录表

序号	检查项目	结果	序号	检查项目	结果
1	是否规范检查高压维修工位	是 否	4	检测工具是否清洁复位	是 否
2	是否规范检查高压防护用品	是 否	5	防护工具是否清洁复位	是 否
3	是否规范检查绝缘工具	是 否	6	场地卫生是否清扫	是 否

 评估

授课结束后,指导教师指导学生对操作过程进行评价,完成学习任务评价表(见表 1-9)。指导教师指导学生进行课后总结,查找存在的问题,完成评估记录表(见表 1-10)。

表 1-9 学习任务评价表

班级：_____ 姓名：_____ 学号：_____

项 目	自我评价			小组互评			教师评价		
	10~9分	8~6分	5~1分	10~9分	8~6分	5~1分	10~9分	8~6分	5~1分
	占总评的10%			占总评的30%			占总评的60%		
工具设备使用能力									
资料信息查阅能力									
数据读取分析能力									
实训报告撰写能力									
协作精神									
纪律观念									
表达能力									
工作态度									
安全意识									
总体表现									
小计									
总评									

指导教师：_____ 年 月 日

注：10~9 分的评价标准为熟练掌握工具仪器设备使用,能熟练借助互联网等获取所需信息,正确地进行数据读取并分析数值特征,标准规范撰写实训报告,团队协作意识、安全意识、纪律观念强,具有良好的语言表达能力,工作态度积极主动,总体表现优异。

8~6 分的评价标准为能够使用工具仪器设备,能借助互联网等获取部分所需信息,能进行基本数据获取并撰写实训报告,团队协作意识、安全意识、纪律观念良好,能与团队成员进行基本沟通交流,工作态度较主动,总体表现良好。

5~1 分的评价标准为能够使用部分工具仪器设备,获取所需信息能力一般,无法进行数据读取并分析数值特征,不能撰写实训报告,团队协作意识、安全意识、纪律观念一般,无法与团队成员进行有效沟通,工作态度积极主动,总体表现一般。

表1-10 评估记录表

课 堂 小 结	
实训结束后，指导教师指导学生分享本次实训收获。	
序　　号	存在的问题
1	
2	

5S管理

1. 实训场地设备恢复。
2. 清洁实训车辆，打扫场地卫生，桌椅板凳摆放整齐有序。
3. 将工具、仪器、设备等归还原位。
4. 关闭实训场地的门窗、电源等。

习题测试

一、填空题

1. 在电动汽车中，为了安全将电压分为A和B两个等级，A级电压范围是_____，B级电压范围是_____。
2. 通过人体的摆脱电流大小是_____，死亡阈值电流是_____。
3. 电流对人体的伤害有_____、_____和_____三种形式。
4. 高压防护用品包括_____、_____、_____、_____、_____。
5. 数字测试绝缘表使用之前需要采用_____和_____检查其是否处于正常状态。
6. 新能源汽车的高压导线全部用_____警示标记。

二、问答题

1. 如何进行心肺复苏？
2. 简述呼吸、心跳情况的判定方法。
3. 简述绝缘表的使用方法。
4. 电动汽车上的高压安全措施有哪些？
5. 新能源汽车维修前为场地准备的内容有哪些？
6. 简述放电工装的使用方法。

学习情境 2

新能源汽车电子电气空调舒适系统总体认知

学习情境描述

随着共享汽车的推广使用，小王常常开着共享汽车出门办事。他经常开的是一辆北汽 EU5 R500 新能源汽车。他发现新能源汽车的电气系统与传统汽车的电气系统大同小异。请你为小王介绍新能源汽车的电气系统。

学习内容

1．新能源汽车电子电气空调舒适系统的结构组成、作用及原理。
2．新能源汽车电子电气空调舒适系统的整车认知。

学习目标

1．能够描述新能源汽车电子电气空调舒适系统的结构组成、作用及原理，正确率不低于 85%。
2．能够正确进行新能源汽车电子电气空调舒适系统的整车认知，正确率不低于 90%。
3．弘扬精益求精的工匠精神，养成脚踏实地、认真负责的工作作风，践行安全生产、团队协作的职业素养。

教学准备

1．教学用整车一辆（北汽 EU5 R500）、汽车举升机、拆装工具。
2．防护工具：车内四件套、车外三件套、车辆挡块、灭火器、隔离桩、警示牌等。
3．其他材料：车辆使用手册、维修手册、整车电路图册。

新能源汽车电子电气空调舒适技术

 教学实施

 资讯

一、电动车窗认知

电动车窗又称电动门窗,它以电为动力实现车窗玻璃的自动升降。它由驾驶员或乘客操纵开关接通车窗升降电动机的电路,电动机产生动力,通过一系列的机械传动使车窗玻璃按要求进行升降,玻璃升降器如图 2-1 所示。

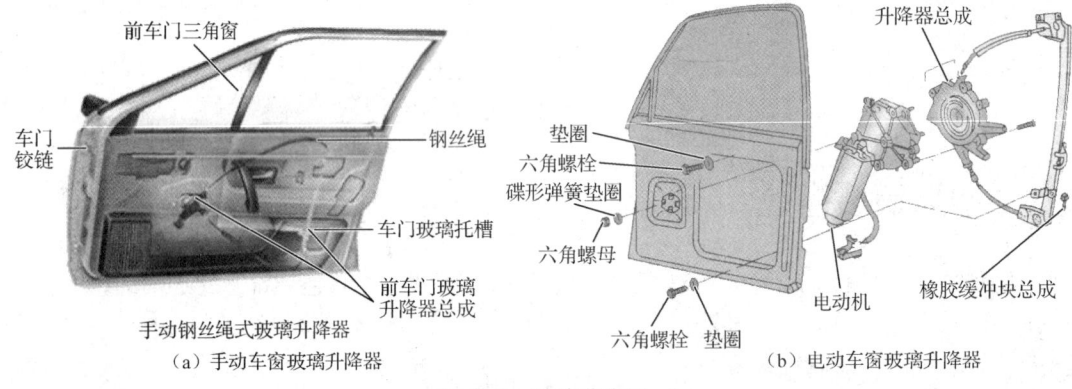

(a) 手动车窗玻璃升降器　　　　(b) 电动车窗玻璃升降器

图 2-1　玻璃升降器

电动车窗可以使驾驶员或乘客在座位上控制车窗玻璃自动上升或下降,故电动车窗控制开关分为主控开关和分控开关两种。

驾驶员侧主控开关如图 2-2 所示,图中开关 1-AUTO 具有自动升降功能,开关 2 是儿童安全装置开关(实现除驾驶员侧主控开关外分控开关的禁用功能),开关 3 是左后和右后车窗的主控开关。图中开关 1 的挡位数是 5,开关 3 的挡位数是 3。

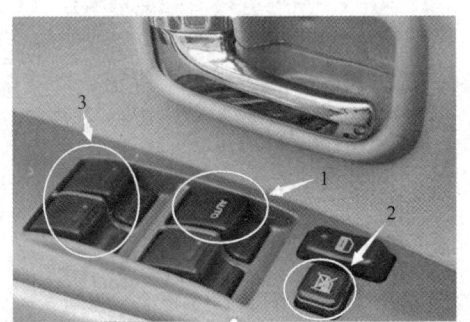

图 2-2　驾驶员侧主控开关

二、电动后视镜认知

后视镜反映汽车后方、侧方和侧下方的情况,使驾驶员可以间接地看清楚这些位置的情况,扩大了视野范围,确保行车或倒车安全,如图 2-3 所示。

常见的后视镜调节开关如图 2-4 所示。

图 2-4(a)中开关 1 用于选择调节左侧或右侧的后视镜,开关 2 具有后视镜折叠功能,开关 3 具有后视镜上、下、左、右调节功能。

图 2-4(b)中开关挡位:O 表示关闭挡;R 表示右侧后视镜调节挡;L 表示左侧后视镜调节挡;A 表示后视镜加热功能挡。其操作方式:左右旋转选择左、右和折叠功能,沿四个箭头方向对后视镜进行上、下、左、右调节。

个别车型具有后视镜加热功能,其开关符号为 ⊞。

（a）手动后视镜　　　　　　　　　（b）电动后视镜

图 2-3　后视镜

 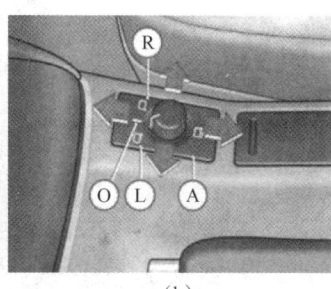

（a）　　　　　　　　　　　　　　（b）

图 2-4　常见的后视镜调节开关

三、中控门锁和遥控门锁认知

现在汽车绝大部分都采用中央控制门锁系统（简称中控门锁系统），汽车门锁是汽车防盗的第一步。采用中央控制门锁系统的车辆可以做到当驾驶员锁住自己的车门时，其他几个车门包括后车门或后备箱都能同时自动锁住，避免了过去需要操作各个车门的按钮，才能把车门锁好的麻烦。当驾驶员开锁时，所有车门能同时打开，并且仍可以利用各车门的机械锁或弹簧锁开关车门。

中央控制门锁系统具有钥匙联动锁门和开门功能及钥匙禁闭预防功能。

1. 两级开锁功能

在钥匙联动开锁功能中，一级开锁操作只能以机械方法打开钥匙插入的门；两级开锁操作可同时打开其他车门。

2. 钥匙占用预防功能

防止钥匙插入启动开关时，人在车外没有钥匙时车门落锁。

3. 安全功能

当钥匙从启动开关中拔出而门已被锁住时，无论是否用钥匙锁门，门都不能用门锁控制开关打开。

4. 电动车窗不用钥匙的动作功能

驾驶员和乘客的车门都关上，当启动开关断开后，电动车窗仍可动作约 60s。

不同类型的中控门锁开关如图 2-5 所示。

图 2-5 不同类型的中控门锁开关

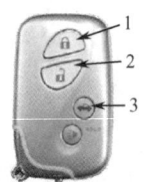 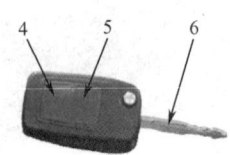

(a) 分开型　　　　(b) 组合型

1—遥控闭锁按键；4—遥控闭锁按键；
2—遥控解锁按键；5—遥控解锁按键；
3—后备箱开启按键；6—遥控器机械钥匙

图 2-6 遥控器类型

遥控门锁原理：从发射器发出的红外线信号或电磁波信号被接收并输送到遥控门锁控制组件中。遥控门锁控制组件对接收器接收到的信号进行比较并判定，若为正确代码，则通过其内部输出电路将开门或锁门信号交替输入汽车遥控门锁控制组件中，通过门锁电动机或电磁铁来完成车门的打开或锁住动作，若连续输入信号经过遥控门锁控制组件被判定为不正确代码，则遥控门锁控制组件会通过其内部的限时锁定电路在一定时间内停止接收信号。

遥控器类型主要有分开型和组合型两种，如图 2-6 所示。

四、电动座椅认知

人们对汽车舒适性的评价多是来自对座椅的感受，所以汽车上配备的电动座椅必须满足便利性和舒适性两大要求。如图 2-7 所示，驾驶员通过操纵开关不仅能获得最好的视野，便于操纵转向盘、踏板、变速杆等，还可以将座椅调整到最佳位置，获得最舒适的乘坐角度。

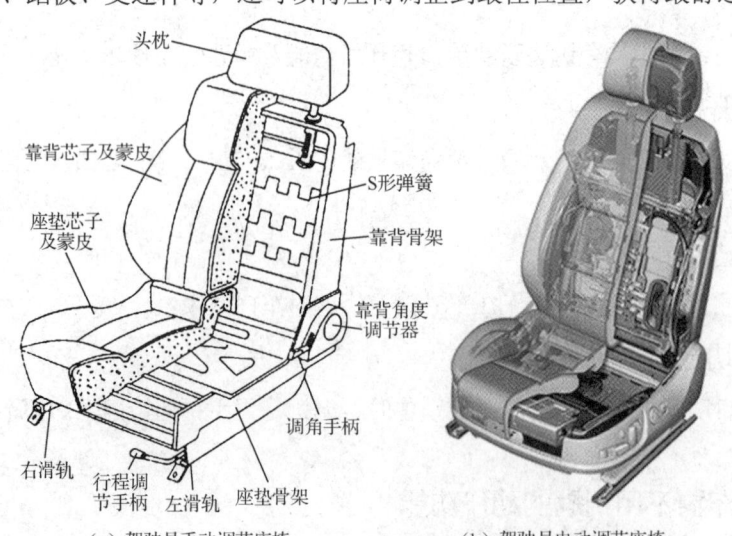

(a) 驾驶员手动调节座椅　　　　(b) 驾驶员电动调节座椅

图 2-7 汽车座椅

新能源汽车电子电气空调舒适系统总体认知 学习情境 2

电动座椅的操作开关通常位于座椅的左侧或右侧,如图 2-8 所示。

五、安全气囊认知

汽车安全气囊各零部件安装位置如图 2-9 所示,安全气囊的作用是当汽车遭受冲撞导致车速急剧变化时,安全气囊迅速膨胀,承受并缓冲驾驶员或乘客头部、身体上部和膝盖部位的惯性力,减轻人体遭受伤害的程度。

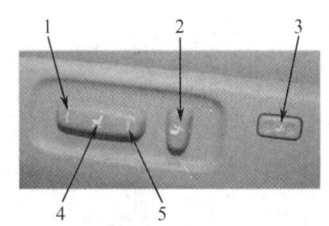

1—座椅前部升降开关;2—座椅靠背倾角开关;
3—腰垫电动机开关;4—座椅前后移动开关;
5—后部升降开关

图 2-8 电动座椅的操作开关

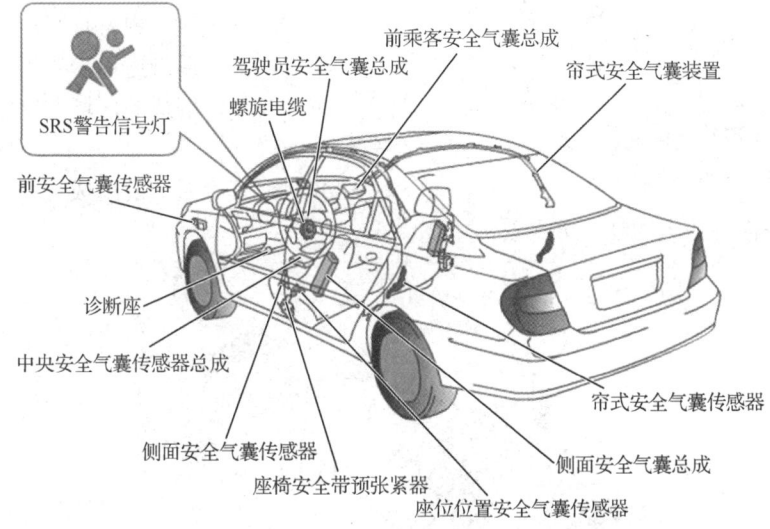

图 2-9 汽车安全气囊各零部件安装位置

安全气囊中填充的气体是氮气。带有安全气囊的部位标志为 SRS AIRBAG。安全气囊系统故障的标志为 SRS 警告信号灯亮。

安全气囊碰撞传感器根据安装位置的不同分为前碰撞传感器和侧面碰撞传感器,如图 2-10 所示。

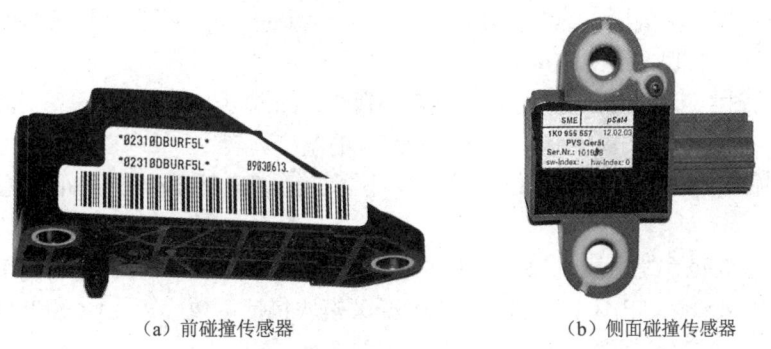

(a)前碰撞传感器　　　　　　(b)侧面碰撞传感器

图 2-10 安全气囊碰撞传感器

六、空调系统认知

汽车空调系统有调节车内温度、湿度、气流速度（通风）、空气洁净度（净化）等功能，从而为乘客和驾驶员创造新鲜舒适的车内环境，以减轻驾驶员的疲劳度，提高行车安全性。同时，空调系统还可以预防或去除风窗玻璃上的雾、霜和冰雪，如图2-11所示。

汽车空调系统由制冷系统、取暖系统、通风系统和控制系统四大部分组成。

1. 制冷系统

（1）制冷系统对车内进行制冷、制热、换气和空气净化，制冷系统适用于夏天，为车内降低温度，使车内保持舒适的环境温度，同时可用于汽车车窗玻璃除雾。

（2）空调制冷系统的组成。

图2-11 空调系统

空调制冷系统各组成部件如图2-12所示。

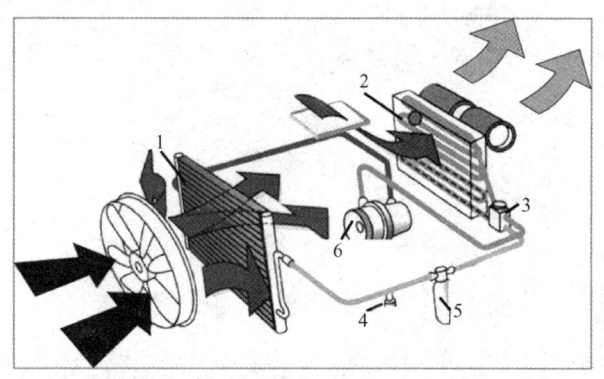

1—冷凝器；2—蒸发器；3—膨胀阀；4—空调压力开关；5—储液干燥器；6—压缩机

图2-12 空调制冷系统各组成部件

2. 取暖系统

取暖系统是将冷空气送入热交换器，吸收某种热源的热量，提高空气的温度，并将热空气送入车内。汽车取暖系统的作用如下。

① 与蒸发器一起共同将空气调节到使人感到舒适的温度。

② 在寒冷的冬季向车内供暖，提高车内空气的温度。

③ 当车窗结霜影响驾驶员和乘客的视线，不利于行车安全时，可通过取暖系统吹出的热风除霜。

新能源汽车取暖系统由风机调速电阻、电子开关模块、风机、轮式换风器、PTC加热器、温度传感器、出风风道、出风口等构成，电子开关模块包括场效应管（MOSFET）、光电耦合器等。

3. 通风系统

通风系统将外界新鲜空气送入乘室内，起到通风换气的作用；同时根据功能键位置的不同，改变冷暖流的流向与分配，实现温度调节、提高舒适性。

汽车车身的风压分布如图2-13所示，汽车空调通风系统进、排气口的选择取决于车身结构和风压分布。

4．控制系统

控制系统的功能主要包括气流的选择、温度的调节、进气方式的选择和鼓风机的控制。

北汽EU5 R500空调控制面板功能开关如图2-14所示。

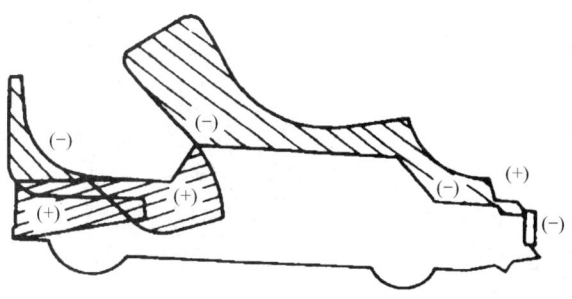

图2-13　汽车车身的风压分布

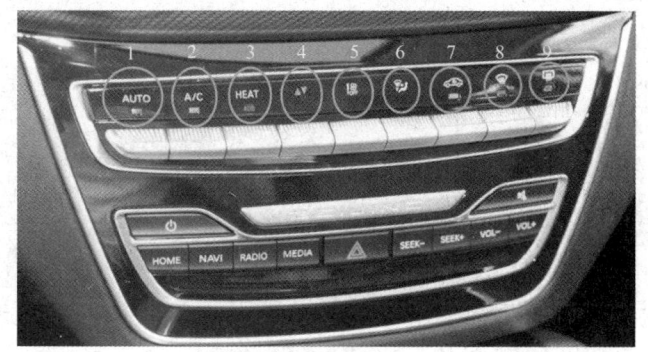

1—空调自动模式开关；2—空调手动模式开关；3—暖风开关；4—温度调节开关；
5—鼓风机控制开关；6—出风模式开关；7—内外循环选择开关；8—前窗玻璃除雾开关；9—后窗玻璃除雾开关

图2-14　北汽EU5 R500空调控制面板功能开关

七、导航、视听系统认知

汽车影音导航信息系统英文全称为Audio-Video-Navigation and Information System for vechile，简称AVNIS。北汽EU5 R500纯电动汽车的影音导航信息系统如图2-15所示。

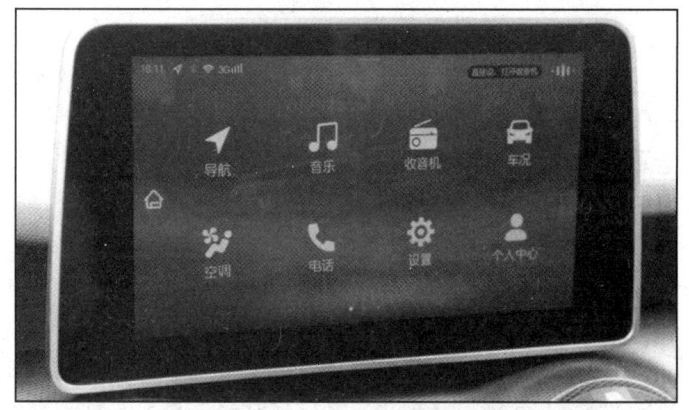

图2-15　北汽EU5 R500纯电动汽车的影音导航信息系统

汽车影音导航信息系统即AVNIS产品的衍生在历史上经历了以下三个时代。

第一代AVNIS产品衍生于全模拟技术时代，产品全部采用模拟电路设计，其典型应用是收音机和磁带机，无任何显示。

第二代 AVNIS 产品衍生于半模拟半数字技术时代，产品部分采用模拟电路，部分开始采用数字电路，其典型应用是收音机和 CD，开始出现数码管和段码液晶的显示方式。

第三代 AVNIS 产品衍生于全数字技术时代，产品全部采用数字电路设计，其典型应用是收音机、DVD 多媒体和 GPS 卫星导航，显示采用彩色 TFT。

第四代 AVNIS 产品逐步向网络化发展。从其典型应用上看，都朝着网络化发展，如收音机、DVD 多媒体、GPS 卫星导航、移动数字电视和高速网络连接。第四代 AVNIS 产品的推出标志着车用多媒体系统即将跨入数字网络时代。全液晶数字化仪表导航系统如图 2-16 所示。

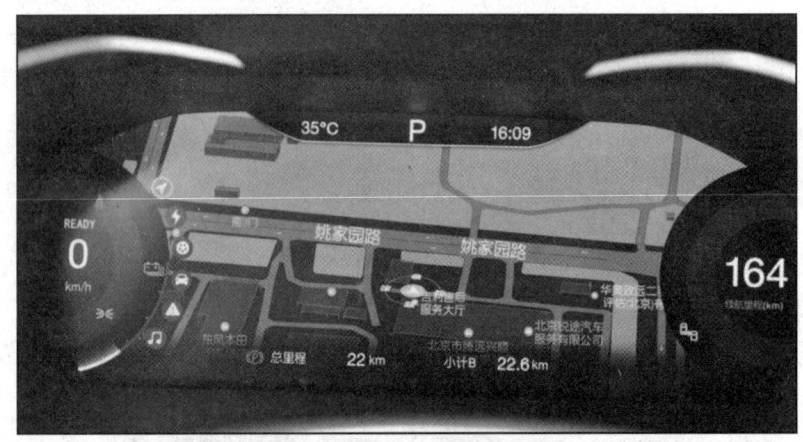

图 2-16　全液晶数字化仪表导航系统

北汽 EU5 R500 纯电动汽车的导航视听系统配有导航功能、多媒体音响系统。某些车型还配备了集卫星导航、无线上网、语音交互、蓝牙通话、网络音乐、收音机与网络电台于一体的智能车载系统和速度感知声音补偿系统。当车辆高速行驶时，背景噪声会随车速的增加而变大，速度感知声音补偿系统会根据车速动态调整娱乐性声源的音量大小，从而确保驾乘人员的听觉感受始终维持较好的状态。

1. 行车记录仪

行车记录仪（Digital Video Recorder，DVR）是汽车行驶信息记录系统，主要功能为采集行驶过程中车辆前方的视频、音频信号并存储在内存卡中，以便当车辆前方出现交通事故时为驾驶员提供相关证据。行车记录仪如图 2-17 所示。

DVR 主要功能如下。

循环录像：DVR 开启后默认录制状态为循环录像，循环录像存储于循环录像文件夹中，当文件夹录满后，时间最早的视频将会被最新视频覆盖。

紧急录像：其触发方式分为自动触发和手动触发。当车辆出现紧急制动、碰撞、横摆时，DVR 自动触发紧急录像；通过长按转向盘上的一键拍照按键可手动触发紧急录像。紧急录像功能被触发后，系统自动记录触发时间点前、后各 15s，共 30s 的视频，并存储于紧急录像文件夹中，紧急录像的视频不会被自动覆盖，文件夹存满后需要手动删除。

驾驶员可通过多功能转向盘上的"一键拍照"按键对 DVR 进行操作，如图 2-18 所示。

短按"一键拍照"按键，DVR 进行拍照操作。

长按"一键拍照"按键，DVR 进行紧急录像。

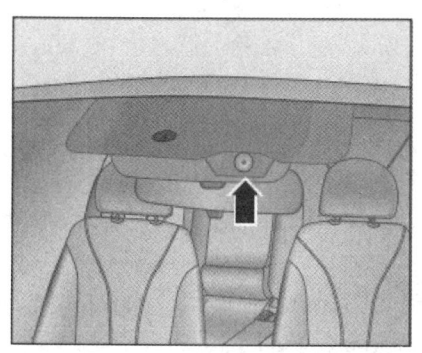
图 2-17　行车记录仪

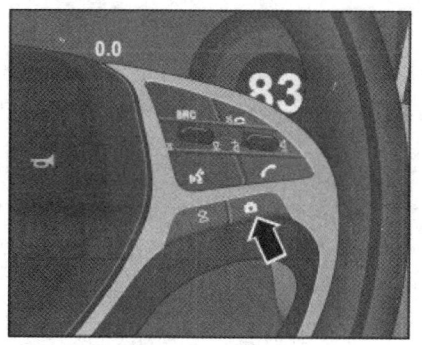
图 2-18　一键拍照

2. 全景影像系统

北汽 EU5 R500 纯电动汽车全景影像系统（Around View Monitor，AVM）是一种舒适性系统，由安装于车身四周的 4 个 CMOS 广角摄像头和 1 个全景影像系统控制器构成，如图 2-19 所示。全景影像系统可以辅助驾驶员在进行倒车、驻车或转弯时对车辆周围环境一目了然，从而起到扩大驾驶员视野范围、辅助驾驶员驾车的作用。全景影像系统不仅可以显示全景图，还可以同时显示任意方向的单视图。

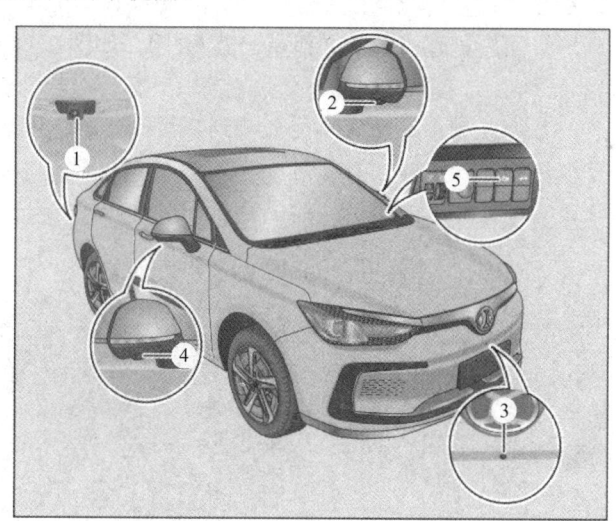

1—全景后视摄像头；2—全景左视摄像头；3—全景前视摄像头；4—全景右视摄像头；5—全景影像系统开关

图 2-19　全景影像系统开关及摄像头位置图

全景影像系统包含以下几个主要功能。

（1）360°全景影像控制器将布置于车身四周的 4 个摄像头的影像进行无缝拼接合成一幅 360°全景图，显示效果类似于从空中俯拍的影像，能 360°呈现车身周围的影像。

（2）盲区辅助。

（3）移动物体识别。

操作全景影像系统的前提条件如下。

（1）外后视镜展开到位。

（2）所有车门和后备箱盖必须关闭到位。

（3）摄像头表面清洁，不能被雪、水、霜、泥浆、灰尘等物体覆盖。

(4) 驾驶员必须熟悉全景影像系统。

(5) 汽车的摄像头区域必须没有受到损坏。

3. 盲点监测系统

北汽 EU5 R500 纯电动汽车盲点监测系统利用侧边摄像头对后视镜盲区进行检测。在系统设定的盲区中检测到行驶车辆，当驾驶员打开对应侧的转向灯时（系统认定驾驶员有变道意向），系统发出警报提示驾驶员后视镜盲区内有行驶车辆。盲点监测系统如图 2-20 所示。当系统检测到移动车辆时，可发出 LED 灯光视觉报警和声音报警。系统仅能识别车辆后方 6m×3m 区域范围内与用户车辆相对车速为 -10~30km/h 行驶的 4 轮汽车，不能对反向行驶的车辆进行报警。

当"启动/停止"按键位于"RUN"模式或车辆已启动，且满足以下任一条件时，盲点监测系统即可启动。

(1) 车速大于 30km/h。

(2) 在主机安全设置界面设置盲点监测系统开启。

当盲点监测系统开启后，满足以下任一条件，盲点监测系统即可关闭。

(1) 车速小于 30km/h。

(2) 在主机安全设置界面设置盲点监测系统关闭。

用户可在中控显示屏界面配置盲点监测系统的开启/关闭，如图 2-21 所示。

【注意】盲点监测系统并不能完全代替驾驶员的判断。当盲区以外的车辆或行人、非机动车辆或动物迅速靠近时，盲点监测系统可能不能监测到盲区障碍物。因此，在变更车道前要注意所有的后视镜、旁边环境及使用转向灯。

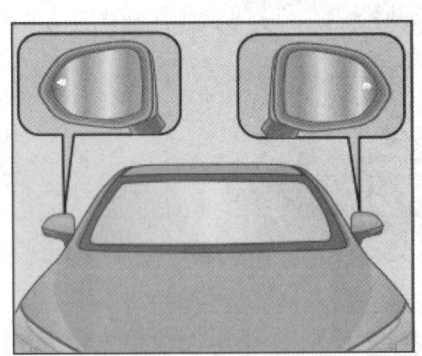

图 2-20 盲点监测系统

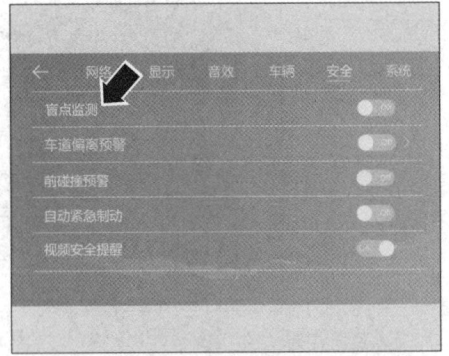

图 2-21 盲点监测系统的设置

八、巡航控制系统认知

巡航控制系统是一种利用电子技术控制加速踏板，使车辆自动保持定速行驶的系统。在高速公路上长途行驶时使用定速巡航功能后，驾驶员不用踩加速踏板，车辆即可保持在设定速度进行行驶，从而降低驾驶疲劳，提高驾驶舒适性。

巡航控制系统开启的指示灯符号为 。

当在交通拥挤的道路上、大风区域、崎岖道路上，以及雨、雪、冰等湿滑路面上行驶时，切勿使用定速巡航功能，以免车辆失控，造成事故。设定的巡航车速及与前车的距离必须与当时的交通状况相适应，巡航控制系统仅是一种驾驶辅助系统，应谨慎使用。巡航控制系统使用完毕后应及时关闭。北汽 EU5 R500 纯电动汽车的巡航控制系统操作开关如图 2-22 所示。

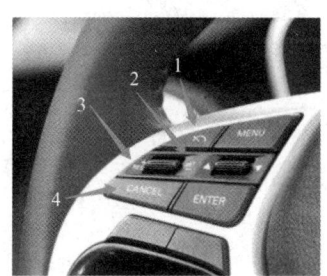

1—定速巡航总开关；2—SET/-：降低或设定速度键；3—RES/+：增大或恢复设定速度键；4—解除设定速度键

图 2-22　北汽 EU5 R500 纯电动汽车的巡航控制系统操作开关

北汽 EU5 R500 纯电动汽车巡航控制系统操作方法如下。

1. 设定车速

（1）按压定速巡航总开关按键，巡航功能开启，此时组合仪表中的绿色巡航指示灯亮起并闪烁。

（2）将车速提高到巡航起始速度（不低于 30km/h）。

（3）向下拨动"SET/-"键，即可将车辆设定在当前车速下巡航，仪表中的巡航指示灯变为长亮。如果在车速记忆未清除的情况下，向上拨动"RES/+"键，则会恢复上次记忆的车速巡航。

（4）松开加速踏板，车辆进入巡航控制状态。

2. 恢复设定车速

巡航临时解除后，当车速高于 30km/h 时，向上拨动"RES/+"键，组合仪表的绿色巡航指示灯亮起，车速恢复到上次巡航设定速度记忆值并保持车速。向下拨动"SET/-"键，车辆将按照当前车速巡航。

3. 巡航时加速

在定速巡航中，向上拨动"RES/+"键可提高巡航车速。

（1）向上拨动"RES/+"键，巡航目标车速提高 1km/h。

（2）向上长按"RES/+"键，车速持续提高但不能高于 155km/h，松开按键，将按照新设定的车速实现自动巡航。

在需要超车时，踩下加速踏板加速，超越巡航车速（与平时超车一样）。在松开加速踏板后，车辆将逐渐恢复之前设定的巡航车速继续行驶。

4. 巡航时减速

在定速巡航中，向下拨动"SET/-"键可降低巡航车速。

（1）向下拨动"SET/-"键，巡航目标车速降低 1km/h。

（2）向下长按"SET/-"键，车速持续降低但不能低于 30km/h，松开按键，将按照新设定的车速实现自动巡航。

5. 取消巡航

巡航控制系统在工作过程中，可以通过以下几种操作临时解除当前巡航，但车速记忆不会被清除，此时组合仪表中的绿色巡航指示灯闪烁。

（1）踩下制动踏板。

（2）整车挡位处于空挡。

（3）按下"CANCEL"按键。

（4）ABS 工作时。

（5）挡位变化（D/S 挡切换）。

（6）电子驻车系统处于制动时。

（7）当实际车速持续小于目标车速 5km/h 约 1min 时。

6. 关闭巡航

在巡航功能开启状态下，按下定速巡航总开关按键退出巡航控制，此时组合仪表的绿色巡航指示灯熄灭，巡航车速记忆清除。

九、新能源汽车照明与信号系统认知

北汽 EU5 R500 纯电动汽车照明系统分为内部照明系统和外部照明系统。信号系统包括转向灯、危险警告灯、雾灯、倒车灯、制动灯等。北汽 EU5 R500 纯电动汽车灯光组合开关和危险警告灯开关如图 2-23 所示。

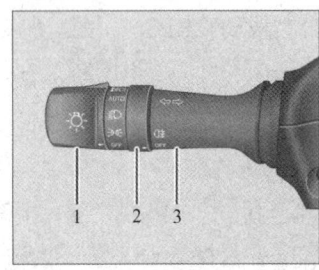
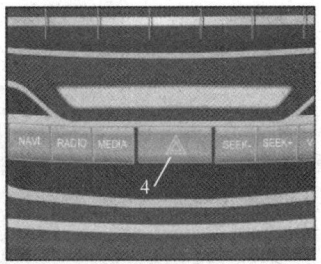

1—灯光控制旋钮；2—雾灯控制旋钮；3—灯光控制杆；4—危险警告灯开关

图 2-23　北汽 EU5 R500 纯电动汽车灯光组合开关和危险警告灯开关

照明与信号系统的操作方法如下。

1. 小灯控制

转动灯光控制旋钮，使灯光控制旋钮上的三角标记对准小灯位置时，则前后示廓灯、后牌照灯、按键背光和组合仪表上位置指示灯点亮，转回 OFF 位置即可关闭。

2. 大灯控制

当"启动/停止"按键位于"RUN"模式时，转动灯光控制旋钮，使灯光控制旋钮上的三角标记对准大灯近光位置，则前照灯点亮，转回 OFF 位置即可关闭。

当近光灯被点亮时，垂直转向盘平面向外推动灯光控制杆可点亮远光灯，再次朝向转向盘平面向外推动灯光控制杆可关闭远光灯。

当"启动/停止"按键位于"RUN"模式，灯光控制旋钮位于"AUTO"位置时，在车外光线较暗（如夜晚或驶过隧道等）的情况下，近光灯会自动点亮。

3. 转向灯控制

如图 2-24 所示，当"启动/停止"按键位于"RUN"模式时，向下拨动灯光控制杆，打开左转向灯，同时组合仪表中的左转指示灯闪烁；向上拨动灯光控制杆，打开右转向灯，同时组合仪表中的右转指示灯闪烁。

当转向盘回正后，灯光控制杆会自动回位，外部转向灯和组合仪表中的转向指示灯熄灭。向上或向下拨动灯光控制杆半挡，表示变道状态，组合仪表转向指示灯闪烁。手松开后，灯光控制杆自动回位，外部右转向灯或左转向灯闪烁三次后熄灭。

4. 雾灯控制

如图 2-25 所示，在雨、雾、冰雪天气或能见度较差的时候，当"启动/停止"按键位于"RUN"模式，灯光控制旋钮处于近光灯位置或"AUTO"位置时，将雾灯控制旋钮转到后雾灯位置，后雾灯点亮。当再次转动雾灯控制旋钮到后雾灯位置或将灯光控制旋钮转到"OFF"位置时，后雾灯关闭。

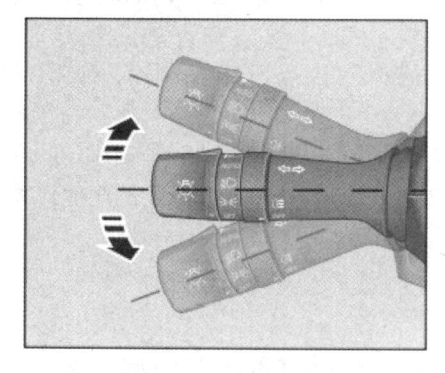

图 2-24 转向灯控制   图 2-25 雾灯控制

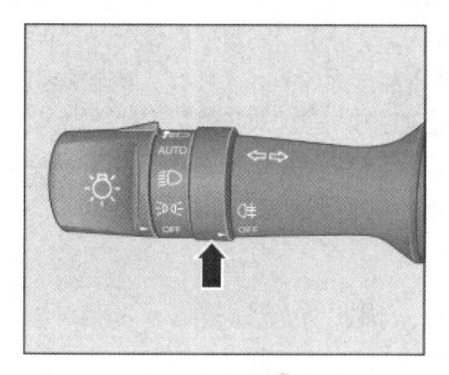

5. 大灯高度调节

近光灯的角度受车辆内部乘客和行李重量分布的影响。大灯高度的调节可以确保为车辆前方的可视路面提供足够的照明，同时不会对其他道路使用者造成晕眩。如图 2-26 所示，通过旋转仪表台左侧下方的旋钮，确认大灯合适的照射位置，共 0、1、2、3 四个挡位，0 挡照射高度最高，按照 0~3 挡照射高度依次降低。

【注意】以上所述都是在总负载不超出最大车轴和车辆承受重量的负载条件下适用。

6. 危险警告灯控制

危险警告灯开关位于多媒体控制面板上。在发生紧急情况时，打开危险警告灯，可引起其他道路使用者的注意，避免引发交通事故。在打开危险警告灯后，所有转向信号灯会同时闪烁，组合仪表中的两个转向信号灯会闪烁。即使当"启动/停止"按键位于"OFF"挡时，危险警告灯仍可工作。如果需要关闭危险警告灯，则再次按下危险警告灯开关即可。遇到下列情况时应打开危险警告灯。

（1）车辆因技术故障抛锚。
（2）车辆在交通堵塞时处在车流末端。
（3）遇到紧急情况时。
（4）牵引其他车辆或被牵引时。

7. 车内照明控制

车内照明开关位于车辆前部车顶，如图 2-27 所示。

图 2-26　大灯高度调节　　　　　　　　图 2-27　车内照明开关

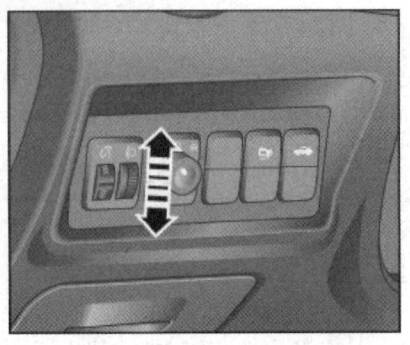

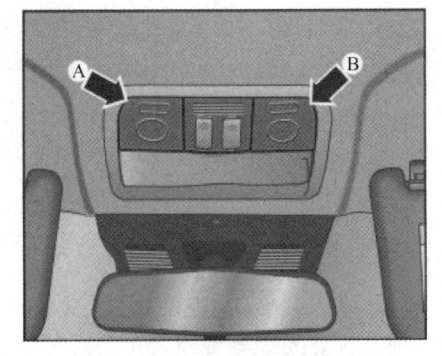

按压驾驶员侧阅读灯 A，驾驶员侧阅读灯被点亮；点亮 10min 后或在此时间内再次按压阅读灯 A，驾驶员侧阅读灯被熄灭。

按压前排乘客侧阅读灯 B，前排乘客侧阅读灯被点亮；点亮 10min 后或在此时间内再次按压阅读灯 B，前排乘客侧阅读灯被熄灭。

按下开关"DOOR"，启动打开车门阅读灯点亮的功能。当任一车门打开时，前阅读灯将被点亮。在所有车门关闭后持续照明约 3s 渐灭。车内照明具有节电模式，在被点亮最长约 10min 后会自动熄灭。

十、喇叭系统认知

北汽 EU5 R500 纯电动汽车喇叭开关位于多功能转向盘中间，如图 2-28 所示。

当按下转向盘上喇叭标识附近的区域时，喇叭将响起，松手即停。

在 4 个车门关闭，前机舱盖或后备箱盖未关闭的情况下，按下闭锁键，先进行声光提醒（喇叭响 3 声，转向灯闪烁 3 下），然后进入报警状态，此时按解锁键可解除报警。

在车辆处于设防状态时，若在小于 30m 的距离内（空旷场地）按下智能遥控钥匙上的寻车键，则转向灯闪烁 2 次，防盗喇叭响 2 声，4 个车门不解锁。

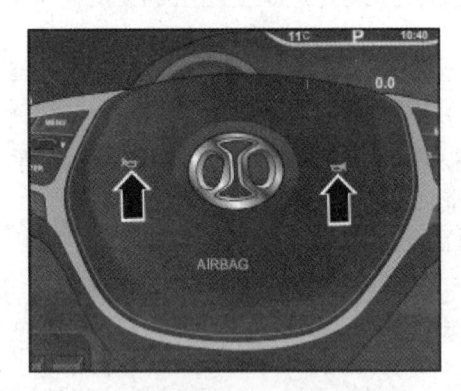

图 2-28　多功能转向盘喇叭开关

十一、雨刮系统认知

雨刮系统是汽车的主要安全装置之一，它能够在雨天或雪天将车窗上的雨滴或雪花消除，以及将在泥泞的道路上行驶时飞溅到风窗玻璃上的泥水刮净，保证驾驶员的视线，确保车辆行驶的安全。雨刮系统根据车型的不同有前雨刮和后雨刮之分。

雨刮必须满足下列要求：可刮除风窗玻璃上的水、雪、脏物等；能在高温（80℃）和低温（零下 30℃）下工作；能抗酸、碱、盐和臭氧。

频率要求：要有两种以上频率，并且要求高频和低频之差应大于 15 次/min；必须具备自动复位功能；使用寿命应大于 150 万次循环；耐短路时间大于 15min。

北汽 EU5 R500 纯电动汽车的雨刮组合开关位于多功能转向盘右下方，如图 2-29 所示。雨刮系统根据车型配置的高低分为带雨量传感器（带 AUTO 功能）和不带雨量传感器（不带 AUTO 功能）两种。雨量传感器安装在风窗玻璃上靠近后视镜的地方，如图 2-30 所示。若雨量传感器被泥、油、灰尘等遮住，则雨刮系统可能无法正常工作。

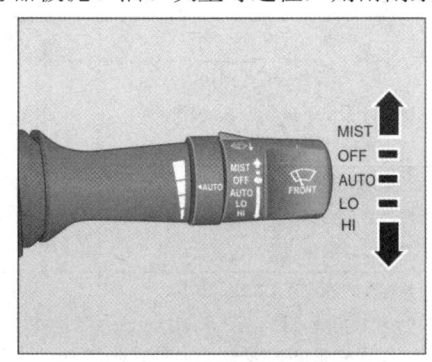

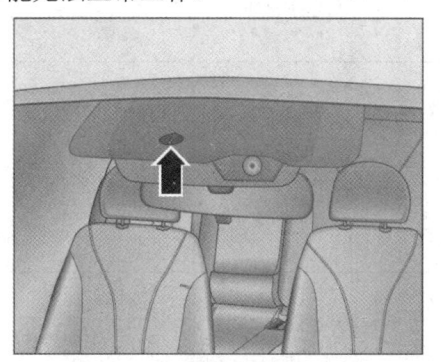

图 2-29　雨刮组合开关　　　　图 2-30　雨量传感器安装位置

雨刮组合开关（即雨刮控制杆）位于转向管柱右侧，该开关一共有 5 个挡位，从下至上分别为 HI 挡、LO 挡、AUTO 挡、OFF 挡和 MIST 挡。

当"启动/停止"按键位于"RUN"模式时，洗涤/雨刮可正常工作。如果在雨刮动作的过程中，"启动/停止"按键不在"RUN"模式，则雨刮立即停止动作，待下一次"启动/停止"按键在"RUN"模式时回到初始位置。

若要选择挡位，则上推或下压雨刮控制杆即可。

（1）MIST：将雨刮组合开关拨至"MIST"挡时，雨刮低速运行一次。将雨刮组合开关拨至"MIST"挡并保持，雨刮持续刮刷直到松开手为止。

（2）OFF：雨刮不工作。

（3）AUTO：将雨刮组合开关拨至"AUTO"挡时，雨刮处于自动状态，当雨量传感器检测到下雨时，雨刮会根据雨量大小频次进行刮刷。

（4）LO：将雨刮组合开关拨至"LO"挡时，雨刮会以一定的频率进行慢速刮刷动作。

（5）HI：将雨刮组合开关拨至"HI"挡时，雨刮会以一定的频率进行快速刮刷动作。

（6）当"启动/停止"按键位于"RUN"模式时，向转向盘方向拨动雨刮组合开关，风窗洗涤喷嘴进行喷水，松开即停止喷水，雨刮继续刮刷几次后自动停止。向转向盘方向拨动雨刮组合开关并保持住，则前窗洗涤喷嘴持续喷水，最长可持续喷水 12s，之后自动停止。

决策

根据任务要求制订新能源汽车电子电气空调舒适技术模块的整体认知实施计划，每个小组根据组员特点进行分工，填写表 2-1，并选出小组组长负责任务的分工与实施。

表 2-1　决策记录表

序　号	小组成员	任　务
1	A B	操作开关
2	C D	功能检查
3	E F	记录、汇报、安全

计划

参照维修手册及用户使用手册检查各系统功能,填写表 2-2。

表 2-2 计划表

序 号	任 务	检查方法	检查内容	操 作 人
1	检查电动车窗	操作、目视检查	电动车窗外观有无损伤; 操作开关外观有无裂纹、损伤; 车窗升降功能是否正常	A C
2	检查后视镜	操作、目视检查	电动后视镜外观有无损伤; 操作开关外观有无裂纹、损伤; 后视镜各功能是否正常	B D
3	检查中控门锁和遥控门锁	操作、目视检查	操作开关外观有无裂纹、损伤; 中控门锁功能是否正常; 遥控门锁功能是否正常; 仪表车门状态显示是否正常	A C
4	检查电动座椅	操作、目视检查	电动座椅外观有无损伤; 操作开关外观有无裂纹、损伤; 座椅各功能是否正常	B D
5	检查安全气囊	目视检查	安全气囊安装位置是否正确; 安全气囊安装处有无遮盖物覆盖; 碰撞传感器位置是否正确	A C
6	检查空调系统	操作、目视检查	操作开关外观有无裂纹、损伤; 制冷系统各部件位置、功能是否正常; 取暖系统各部件位置、功能是否正常; 通风系统各部件位置、功能是否正常	B D
7	检查巡航控制系统	操作、目视检查	操作开关外观有无裂纹、损伤; 巡航控制系统操作是否正常	A C
8	检查导航、视听系统	操作、目视检查	操作开关外观有无裂纹、损伤; 导航系统操作是否正常; 视听功能是否正常; 扬声器功能是否正常	B D
9	检查照明与信号系统	操作、目视检查	操作开关外观有无裂纹、损伤; 外部照明系统是否正常; 内部照明系统是否正常; 信号系统是否正常	A C
10	检查喇叭系统	操作、目视检查	操作开关外观有无裂纹、损伤; 喇叭系统功能是否正常	B D
11	检查雨刮系统	操作、目视检查	操作开关外观有无裂纹、损伤; 雨刮系统功能是否正常; 洗涤系统是否正常; 雨刮刮片及喷嘴是否正常	A C

实施

根据工作计划进行认知实训,实施记录表如表 2-3 所示。

表2-3 实施记录表

序号	检查内容	结果	序号	检查内容	结果
1	电动车窗外观及开关是否有裂纹、损伤	是 否	9	安全气囊安装位置是否有遮盖	是 否
2	电动车窗升降功能是否正常	是 否	10	空调系统功能是否正常	是 否
3	电动后视镜外观及开关是否有裂纹、损伤	是 否	11	巡航控制系统功能是否正常	是 否
4	电动后视镜调节功能是否正常	是 否	12	导航、视听系统功能是否正常	是 否
5	中控门锁功能是否正常	有 无	13	照明系统功能是否正常	是 否
6	遥控门锁功能是否正常	是 否	14	信号系统功能是否正常	是 否
7	电动座椅外观及开关是否有裂纹、损伤	是 否	15	喇叭系统功能是否正常	是 否
8	电动座椅调节功能是否正常	是 否	16	雨刮系统功能是否正常	是 否

检查

1. 自检

各小组针对操作情况进行自检，自检记录表如表2-4所示。

表2-4 自检记录表

序号	检查项目	结果	序号	检查项目	结果
1	各拆装件是否复位	是 否	5	工具是否清洁复位	是 否
2	车窗是否关闭	是 否	6	车钥匙是否交回	是 否
3	启动开关是否关闭	是 否	7	蓄电池负极是否断开	是 否
4	整车是否清洁	是 否	8	场地卫生是否清扫	是 否

2. 互检

各小组针对操作情况进行互检，互检记录表如表2-5所示。

表2-5 互检记录表

序号	检查项目	结果	序号	检查项目	结果
1	各拆装件是否复位	是 否	5	工具是否清洁复位	是 否
2	车窗是否关闭	是 否	6	车钥匙是否交回	是 否
3	启动开关是否关闭	是 否	7	蓄电池负极是否断开	是 否
4	整车是否清洁	是 否	8	场地卫生是否清扫	是 否

3. 终检

指导教师针对各小组实施情况进行终检，终检记录表如表2-6所示。

表2-6 终检记录表

序号	检查项目	结果	序号	检查项目	结果
1	各拆装件是否复位	是 否	5	工具是否清洁复位	是 否
2	车窗是否关闭	是 否	6	车钥匙是否交回	是 否
3	启动开关是否关闭	是 否	7	蓄电池负极是否断开	是 否
4	整车是否清洁	是 否	8	场地卫生是否清扫	是 否

评估

授课结束后，指导教师指导学生对操作过程进行评价，完成学习任务评价表（见表2-7）。指导教师指导学生进行课后总结，查找存在的问题，完成评估记录表（见表2-8）。

表2-7 学习任务评价表

班级：_____ 姓名：_____ 学号：_____

项 目	自 我 评 价			小 组 互 评			教 师 评 价		
	10~9	8~6	5~1	10~9	8~6	5~1	10~9	8~6	5~1
	占总评10%			占总评30%			占总评60%		
工具设备使用能力									
资料信息查阅能力									
数据读取分析能力									
实训报告撰写能力									
协作精神									
纪律观念									
表达能力									
工作态度									
安全意识									
总体表现									
小计									
总评									

指导教师：_____ 年 月 日

表2-8 评估记录表

课 堂 小 结
实训结束后，指导教师指导学生分享本次实训收获。

序 号	存在的问题
1	
2	

5S管理

1. 实训场地设备恢复。
2. 清洁实训车辆，打扫场地卫生，桌椅板凳摆放整齐有序。

3．将工具、仪器、设备等归还原位。
4．关闭实训场地的门窗、电源等。

习题测试

一、填空题

1．电动车窗控制开关分为_____和_____两种。
2．安全气囊中填充的气体是_____。带有安全气囊的部位标志为_____。
3．汽车空调系统由_____、_____、_____和_____四大部分组成。
4．巡航控制系统常见的仪表指示灯的颜色为_____。
5．雨刮系统的挡位有_____、_____、_____、_____和_____。

二、问答题

1．电动后视镜的功用是什么？
2．遥控门锁的原理是什么？
3．空调系统的功用有哪些？
4．巡航控制系统取消巡航的方法有哪些？
5．如何进行灯光开关操作？
6．简述雨刮系统的各挡位操作方法。

学习情境 3

新能源汽车电路识别及电气系统检查

学习情境描述

一辆 2018 年生产的北汽 EU5 R500 纯电动汽车，车辆行驶 7 万千米，最近该车事故修复后需要检查整车的电子元器件，主管让你去检查，并提醒你注意高压电，你能完成这个任务吗？

学习内容

1. 新能源汽车基本电路图的分类。
2. 新能源汽车基本电路图的识读方法。
3. 新能源汽车电子元器件的认知。

学习目标

1. 能够识读新能源汽车基本电路图，正确率不低于 85%。
2. 能够正确认知新能源汽车的电子元器件，正确率不低于 90%。
3. 弘扬精益求精的工匠精神，养成脚踏实地、认真负责的工作作风，践行安全生产、团队协作的职业素养。

教学准备

1. 教学用整车一辆（北汽 EU5 R500）、汽车举升机、拆装工具。
2. 防护工具：车内四件套、车外三件套、车辆挡块、灭火器、隔离桩、警示牌等。
3. 其他材料：车辆使用手册、维修手册、整车电路图册。

教学实施

资讯（一）

一、汽车电路的表示方法

汽车电路图是将各电气部件的图形符号通过引线连接在一起的关系图，主要用于表达各电气系统的工作原理及电气部件之间的连接关系，同时可表示各种电气部件、线束等在车上的具体位置。

汽车电路图可分为电路原理图、线路图、电路接线图、线束图和元件位置图。

1. 电路原理图

电路原理图先用简明的图形符号按照电路原理将每个系统由上到下合理地连接起来，再将每个系统合理排列而成，如图 3-1 所示。电路原理图可分为整车电路原理图和局部电路原理图。

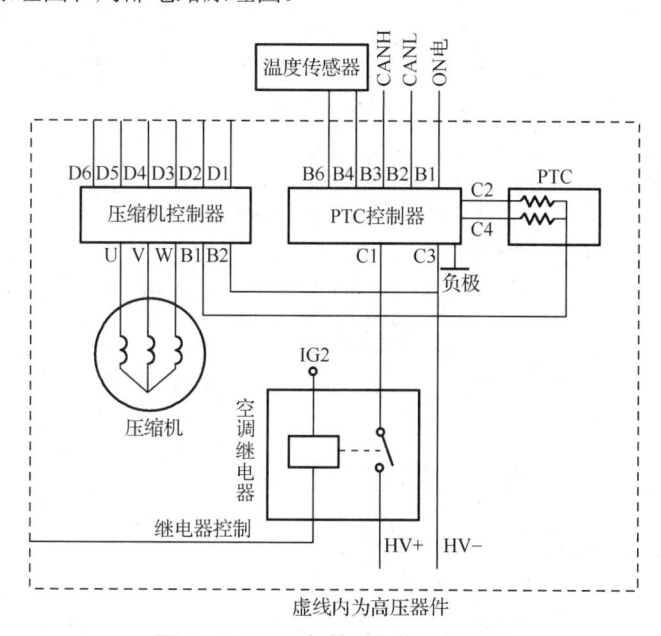

图 3-1 PTC 加热器的电路原理图

电路原理图与线路图相比，其优点是对线路图进行了大大简化，图面清晰，电路简单明了，通俗易懂，电路连接控制关系明确，便于查找、分析电路故障。

2. 线路图

线路图是传统的汽车电路表达方法，是将汽车电气部件在汽车上的实际位置用线从电源到开关再到搭铁一一连接起来构成的，如图3-2 所示。

线路图的优点：它能较完整地反映汽车电气部件和电子设备的相对位置，从中可以看出导线的走向、分支、节点（插接器连接）等情况，便于制作线束。

线路图的缺点：线束比较密集，纵横交叉，读图和故障分析不太方便。

3. 电路接线图

电路接线图是为了表达电子元器件的每个接线端、继电器的每个引脚，以及中央电器控制盒的每个端子等和线束的每个插接器接线端子之间的连接关系而绘制的，如图3-3 所示。

电路接线图是用来指导电子元器件和线束装配的，作为一种介于电路原理图和线路图之间的表达方式，既表达了电路之间的连接关系，又表达了电路的工作原理。

图 3-2 线路图

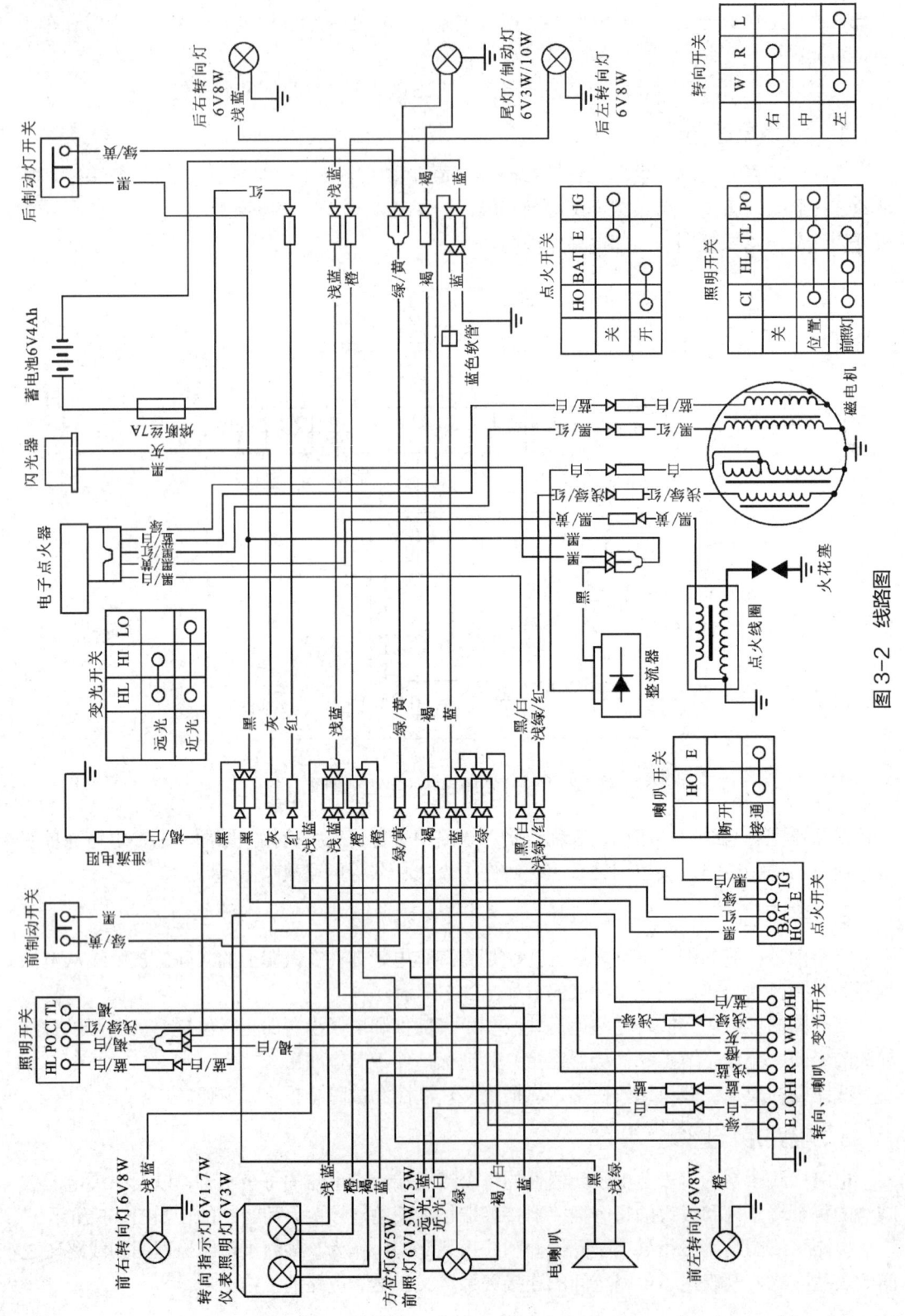

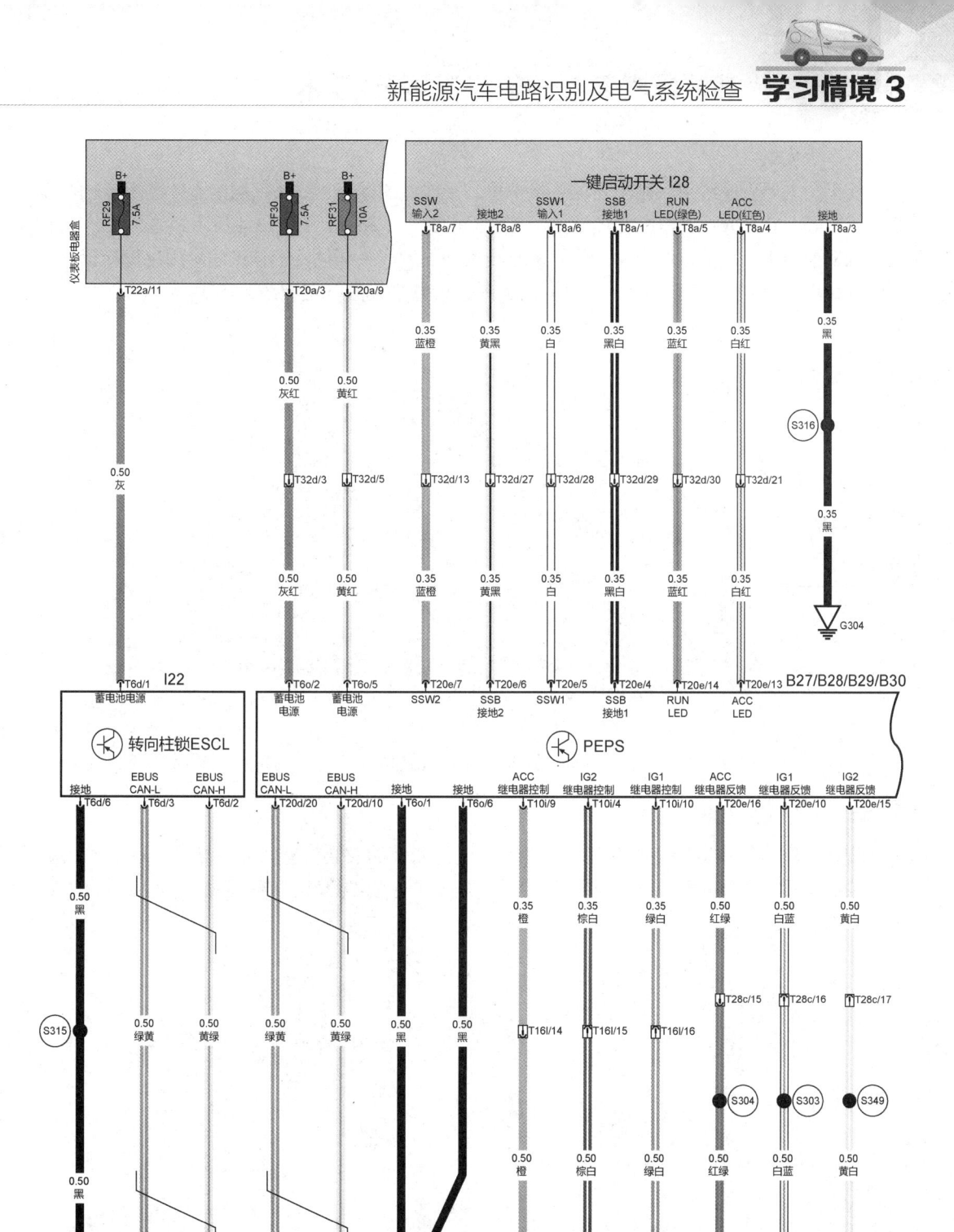

图 3-3　一键启动/无钥匙进入系统电路接线图

4. 线束图

线束图是用于制作、安装线束的生产用图，将相关电器的导线汇合在一起组成线束，以

便在汽车上安装。

线束图主要表明线束各用电器的连接部位、接线柱的标记、线头、插接器（连接器）的形状及位置等，它是人们在汽车上能够实际接触到的汽车电路图，如图3-4所示。这种图一般不去详细描绘线束内部的电线走向，只将露在线束外面的线头与插接器详细编号用字母标记。

线束图包括发动机线束图、仪表板线束图、车身线束图、空调线束图等。

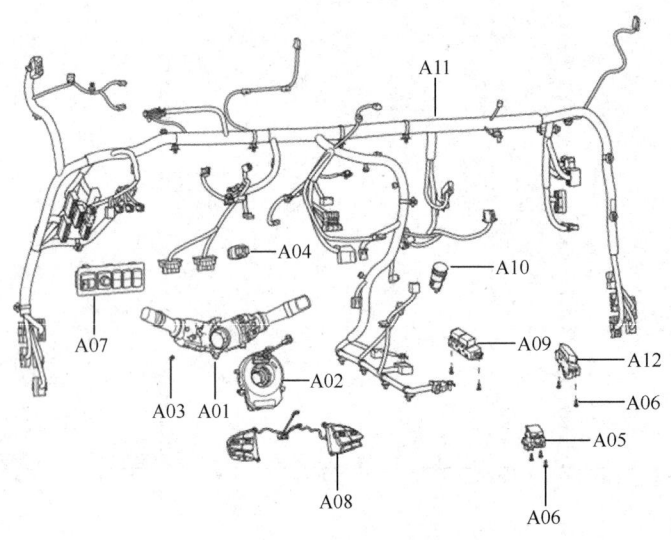

图3-4 仪表板线束图

5. 元件位置图

现在的汽车结构紧凑，不同的车型各个电子元器件的安装位置大同小异。有些电子元器件的安装位置较为隐蔽，电子元器件位置图就是为了方便维修和检查排除故障而绘制的，如图3-5所示。

1—右前门玻璃升降器开关；2—右后门玻璃升降器开关；3—左前门玻璃升降器开关；4—左后门玻璃升降器开关；
5—左后门玻璃升降器；6—左前门玻璃升降器；7—右后门玻璃升降器；8—右前门玻璃升降器

图3-5 新能源汽车电动车窗元件位置图

二、电气元件识别

汽车电路图是利用图形符号和文字符号表示汽车电路构成、连接关系和工作原理的一种简图，它不考虑元件的实际安装位置。为了使汽车电路图具有通用性，便于进行技术交流，构成汽车电路图的图形符号和文字符号有统一的国家标准。要看懂汽车电路图，必须要了解图形符号的含义、标注原则和使用方法。

图形符号是用于汽车电路图或其他文件中的表示项目或概念的一种图形、标记或字符，是电气领域中最基本的工程语言。具体电路图形符号和仪表、开关、指示灯标志图形符号的含义可参阅相关车型厂家维修资料。北汽 EU5 R500 纯电动汽车电路图中常见的电气元件符号和缩略语如表 3-1 和表 3-2 所示。

表 3-1　北汽 EU5 R500 纯电动汽车电路图中常见的电气元件符号

图形符号	元件名称	图形符号	元件名称	图形符号	元件名称
	搭铁		常闭继电器		蓄电池
	温度传感器		常开继电器		电容
	电磁阀		双掷继电器		点烟器
	电磁阀		电阻		天线
	轻负荷熔断器		电位计		常开开关
	重负荷熔断器		可变电阻		常闭开关
	电动机		双掷开关		风扇组件
	加热电阻丝		喇叭		低速风扇继电器 B
	二极管		灯泡		限位开关

图形符号	元件名称	图形符号	元件名称	图形符号	元件名称
	光电二极管		线方向		安全气囊
	发光二极管		未拼接		拼接
	时钟弹簧				

表3-2 北汽EU5 R500纯电动汽车电路图中常见的缩略语

缩略/术语	中文名称	缩略/术语	中文名称
A/C	空调	EBD	电子制动力分配系统
AAT	环境温度	ECC	空调面板控制器
ABS	防抱死系统	EHU	中控娱乐单元
ABUS	电辅助系统	EOBD	欧洲车载诊断接口
ACU	安全气囊控制单元	EPB	电子驻车制动系统
AHL	前照灯调平系统	EPS	电子助力转向系统
AM/FM	调幅/调频	ESCL	电子转向柱锁
APA	半自动泊车雷达控制系统	ESP	车身稳定系统
APP	加速踏板位置	EVBUS	新能源网络
AVM	全景影像系统	ESK	电子旋钮换挡
BCM	车身控制模块	FBUS	快充网络
BMS	动力电池管理系统	FWD	前轮驱动
CAN	控制器局域网	GPS	全球定位系统
CBUS	底盘控制网络	GVM	车辆总质量
CD	光盘	GW	独立网关控制器
CHG	充电机控制系统	HCU	液压控制单元
DiagBUS	诊断网络	HFM	免提电话模块
DC/DC	直流转换控制器	HID	高强度放电
DDM	驾驶员门控模块	HVAC	暖风、通风和空调
DLC	诊断接口	I/P	仪表板
DTC	故障代码	ICM	仪表控制系统
DVR	行车记录仪	ICU	集成控制单元
DRL	日间行车灯	IEC	仪表板电器盒
DSM	驾驶员座椅控制单元	IPC	组合仪表
EAS	压缩机控制器	IMMO	防盗控制器

续表

缩略/术语	中文名称	缩略/术语	中文名称
LED	发光二极管	PIN	个人身份识别码
LF	左前	PTC	空调制热系统
LIN	LIN总线	PWM	脉宽调制
LR	左后	RF	右前
MCU	驱动电动机控制器	RMS	远程监控系统
MIC	语言转换模块	RR	右后
MIL	故障指示灯	RPA	后泊车雷达
MP3	MP3	RVC	倒车影像系统
MPC	前摄像头	SAE	美国汽车工程师学会/国际自动机工程师学会
MRR	前置毫米波探测雷达	SAS	转向角传感器
MTC	手动温度控制器	SRS/SDM	安全气囊
MY	年型/年款	TBUS	远程控制网络
OBC	车载充电机	TPMS	轮胎压力监测系统
OBD-II	第二代车载诊断系统	T-Box	智能终端远程控制
OEM	原始设备制造商	VBUS	车身网络
OGC	直流充电桩	VBP	电子真空泵
PAM	停车辅助模块	VFD	真空荧光显示器
PDC	倒车雷达控制器	VIN	车辆识别代号
PDM	乘客门控制模块	VSP	低速行人警示系统
PDU	电源分配单元	VSS	车速传感器
PEPS	无钥匙进入及启动	WSS	轮速传感器
PEU	动力电子单元总成	YRS	横摆角速度传感器

决策

根据任务要求制订新能源汽车电路图拆画的实施计划,每个小组根据组员特点进行分工,并选出小组组长负责任务的分工与实施,决策记录表如表3-3所示。

表3-3 决策记录表

序号	小组成员	任务
1	A B	准备资料
2	C D	准备工具、查找元件
3	E F	记录、汇报
4	G H	安全员

计划

根据分工及任务要求制订工作计划,计划表如表3-4所示。

表3-4 计划表

序号	作业项目	操作人
1	查阅电路图等资料	A B
2	拆卸相关覆盖件	C D
3	查找元件	E F
4	协调组员并保证安全	G H

实施

电路元件整车认知：以小组为单位对北汽 EU5 R500 纯电动汽车电源供电熔断器、继电器、接地点及开关进行整车认知，实施记录表如表3-5所示。

表3-5 实施记录表

序号	部件名称	安装位置	包含的常用元件代号	操作人
1	前机舱电器盒1	前机舱左后方	ERY01、ERY13、EF02、EF44、PF01	A B
2	前机舱电器盒2	前机舱左前方	ERY90、ERY95、EF90、EF95	C D
3	仪表板电器盒	驾驶室仪表板左侧	RF01、RF47	E F
4	前机舱接地点	前机舱	G201、G202、G203、G801、G802、G803、G204、G205、G206	G H
5	仪表接地点	仪表板附近	G301、G302、G303、G304、G305、G306、G307、G308	A B
6	车身接地点	车身	G401、G402、G403、G404、G405、G406、G407、G408、G409	C D

资讯（二）

一、电路图识读

各个国家汽车电路图的绘制方法、符号标记、文字和技术标准不同，故不同国家汽车电路图有很大差异，甚至同一国家不同公司的汽车电路图也存在着较大差异。

当拿到汽车电路图时，首先要分清电路图的类型，然后认清电路图中的图形符号及有关标志，弄清汽车电路图中的电线及接线柱标记，并采用一些方法进行阅读。

1. 善于化整为零

按汽车电路系统各部分的功能及工作原理可把整车电气系统划分为若干个相对独立的电路，并分别进行分析。这样化整体为部分可以有重点地进行分析，并且各个单元电路有其自身的特点，按其特点去分析电路可减少盲目性。

2. 认真阅读图注

图注用于说明汽车所有电气设备的名称及其数码代号，首先通过阅读图注可初步了解该汽车都装配了哪些电气设备，然后通过电气设备的数码代号在电路图中找出该电气设备，再进一步找出连接、控制关系。这样就可以了解绝大部分电路的特点。

3. 熟悉电气元件及配线

在分析某个电路系统时，要清楚该电路中所包含的各部件的功能、作用及技术参数等。熟悉电路图的节点标记、线型、色码标记及位置，这对于阅读电路图有很大的帮助。

4. 注意开关的作用

开关是控制电路通断的关键。机械开关总处于零位，电子开关的状态则视情况而定。在复杂电路中，一个开关汇集许多导线，分析时需要注意以下几点。

① 蓄电池（或发电机）的电流是通过什么路径到达这个开关的，中间是否经过其他的开关或熔断器，这个开关是手动的还是电控的。

② 这个开关控制哪些用电器，每个被控电器的作用是什么。

③ 开关的许多接线端中，哪些是直通电源的，哪些是接用电器的，接线端旁是否有接线符号，这些符号是否常见。

④ 开关共有几个挡位，在每挡中哪些接线端有电，哪些接线端无电。

⑤ 在被控的用电器中，哪些电器应经常接通，哪些应短暂接通，哪些应先接通，哪些应后接通，哪些应当单独工作，哪些应当同时工作，哪些电器不允许同时接通。

5. 了解继电器的工作状态

在分析、识读继电器电路时，可以把含有线圈和触点的继电器看成由线圈工作的控制电路和由触点工作的主电路两部分组成，主电路中的触点只有在线圈电路中有工作电流流过时才能动作。电路图中的继电器都是继电器线圈处于失电状态时画出的。

6. 牢记回路原则

任何一个完整的电路都是由电源、开关、用电设备、导线等组成的。电流流向必须从电源正极出发，先经过熔断器、开关、导线等到达用电设备，再经过导线（或搭铁）回到电源负极，才能构成回路。这样的电路才是正确的，否则就是读错了或查错了。查询电路的具体方法可以沿着工作电流的流向，由电源查明用电设备；也可以逆着工作电流的流向，从用电设备查向电源。尤其是查寻一些不太熟悉的电路，后者比前者更方便。

【注意】

（1）从电源正极出发，经某用电器（或再经其他用电器）后，又回到同一电源的正极，由于电源的电位差（电压）仅存在于电源的正、负极之间，电源的同一电极是等电位的，没有电压。这种"从正到正"的途径是不会产生电流的。

（2）在汽车电路中，发电机和蓄电池都是电源，在寻找回路时，不能混为一谈，不能从一个电源的正极出发，经过若干用电器后，回到另一个电源的负极，这种做法不会构成一个真正的通路，也不会产生电流。所以必须强调，回路是指从一个电源的正极出发，经过用电器，再回到同一个电源的负极。

二、电路图识读举例

下面以北汽 EU5 R500 纯电动汽车 RPA 后泊车雷达系统接线图（见图 3-6）为例，进行电路图识读介绍。

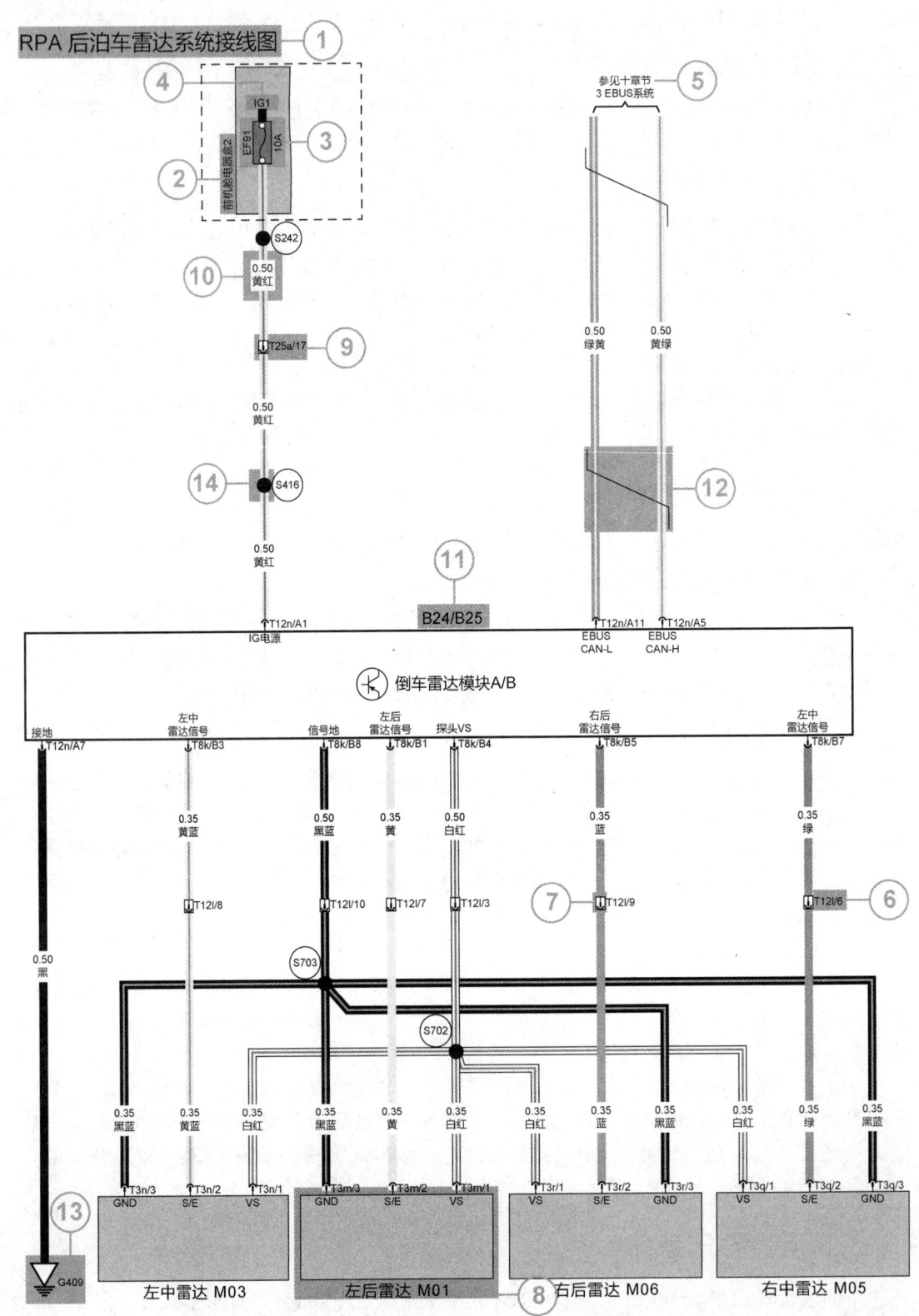

图 3-6 北汽 EU5 R500 纯电动汽车 RPA 后泊车雷达系统接线图

图 3-6 中各编号含义如下。

① 系统电路名称。

② 表示熔断器和继电器盒。

熔断器和继电器盒包含蓄电池电器盒、前机舱电器盒和仪表板电器盒。

③ 熔断器。

熔断器编号由熔断器代号和序列号组成。

④ 电源供应状态。

一般电源供应状态包括：

B+——蓄电池电源。

IG1——一键启动开关在"ON"位置时，经 IG1 继电器 87 号引脚输出的电源。

ACC——一键启动开关在"ACC"位置时，经 ACC 继电器 87 号引脚输出的电源。

⑤ 参考章节信息。如图 3-6 所示，表示本电路只绘制了一部分，它连接至（本手册）第十章节第 3 部分 EBUS 系统电路。

⑥ 插接器端子编号。

相互对插的线束插接器编号顺序互为镜像（以插头端子实际标号为准），如图 3-7 所示。

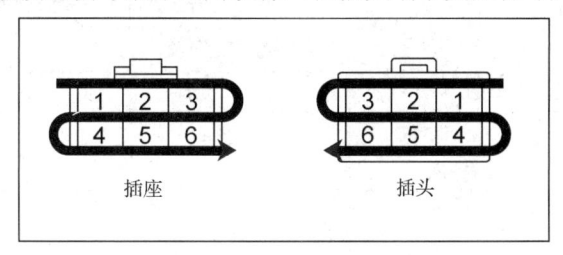

图 3-7 线束插接器编号

⑦ 插接器，针状插头和孔状插座对接，并用图标"▣"表示线束插头插接方向，如图 3-8 所示。

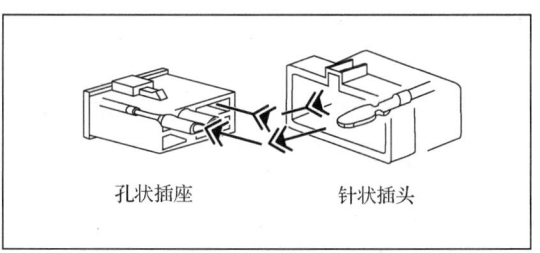

图 3-8 插接器连接

⑧ 电气元件及名称。

⑨ 连接线束和线束的中间插接器。

以 T00x 命名端子编号，其中"T"为所有插头引脚编号的前缀；00 为插头引脚数量；x 为序列号，用字母 a～z 来表示，可以由一个、两个或三个字母组成，其目的是区分并保证端子编号在整个电路图中的唯一性。

⑩ 导线颜色。

如果一根导线采用一种颜色，则其导线颜色及代码标识如图 3-9 所示。

如果一根导线有两种颜色，则第一个字母表示基本接线颜色，第二个字母表示条纹颜色。它们用"/"区分。例如，Y/W 表示以黄色为背景色，同时上面有白色条纹的导线，如图 3-10

所示，或者用中文"黄白"表示。

⑪ 线束插接器名称。

线束插接器是根据线束命名的。例如，前机舱线束插接器 U07，U 是线束代码，07 是插接器编号。常见的线束名称及代码如表 3-6 所示。

⑫ 屏蔽线。

导线的外表覆盖金属网。采用屏蔽线，外来的干扰信号可被外表覆盖的金属网导入大地，避免干扰信号进入内层导体，同时可减少传输信号的损耗。

线色代码	导线颜色
B	黑色
Br	棕色
Bl	蓝色
G	绿色
Gr	灰色
O	橙色
P	粉色
R	红色
V	紫色
W	白色
Y	黄色

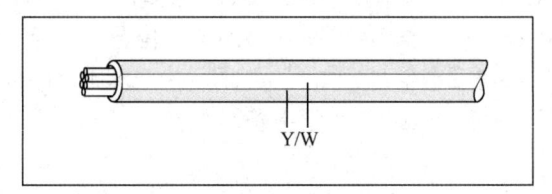

图 3-9　导线颜色及代码标识

图 3-10　双色线标识

表 3-6　常见的线束名称及代码

线束代码	线束名称	线束代码	线束名称
U	前机舱线束	M	前/后保险杠线束
I	仪表线束	F	前端线束
B	车身线束	P	PEU 线束
D	车门线束	A	空调线束
R	顶棚线束	H	高压部分线束

⑬ 接地编号。

其中：接地编号以 G 开头序列编号。

⑭ 导线拼接点。

导线拼接点表明两根或多根导线在此处相交。导线拼接标识如图 3-11 所示。

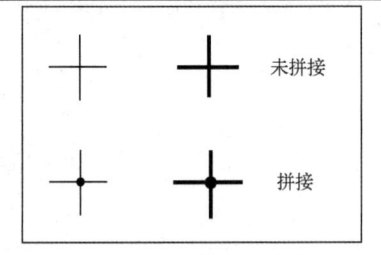

图 3-11　导线拼接标识

计划

根据分工及任务要求制订工作计划，计划表如表 3-7 所示。

表 3-7　计划表

序　号	作 业 项 目	操　作　人
1	查阅电路图	
2	分析电路原理及电流走向	
3	拆画电路草图	
4	协调组员并确定拆画电路图终稿	

实施

按照所制订的工作计划进行一键启动开关部分电路图拆画，并在拆画电路图中标注主要电气元件名称及线路电流走向（见图3-12）。

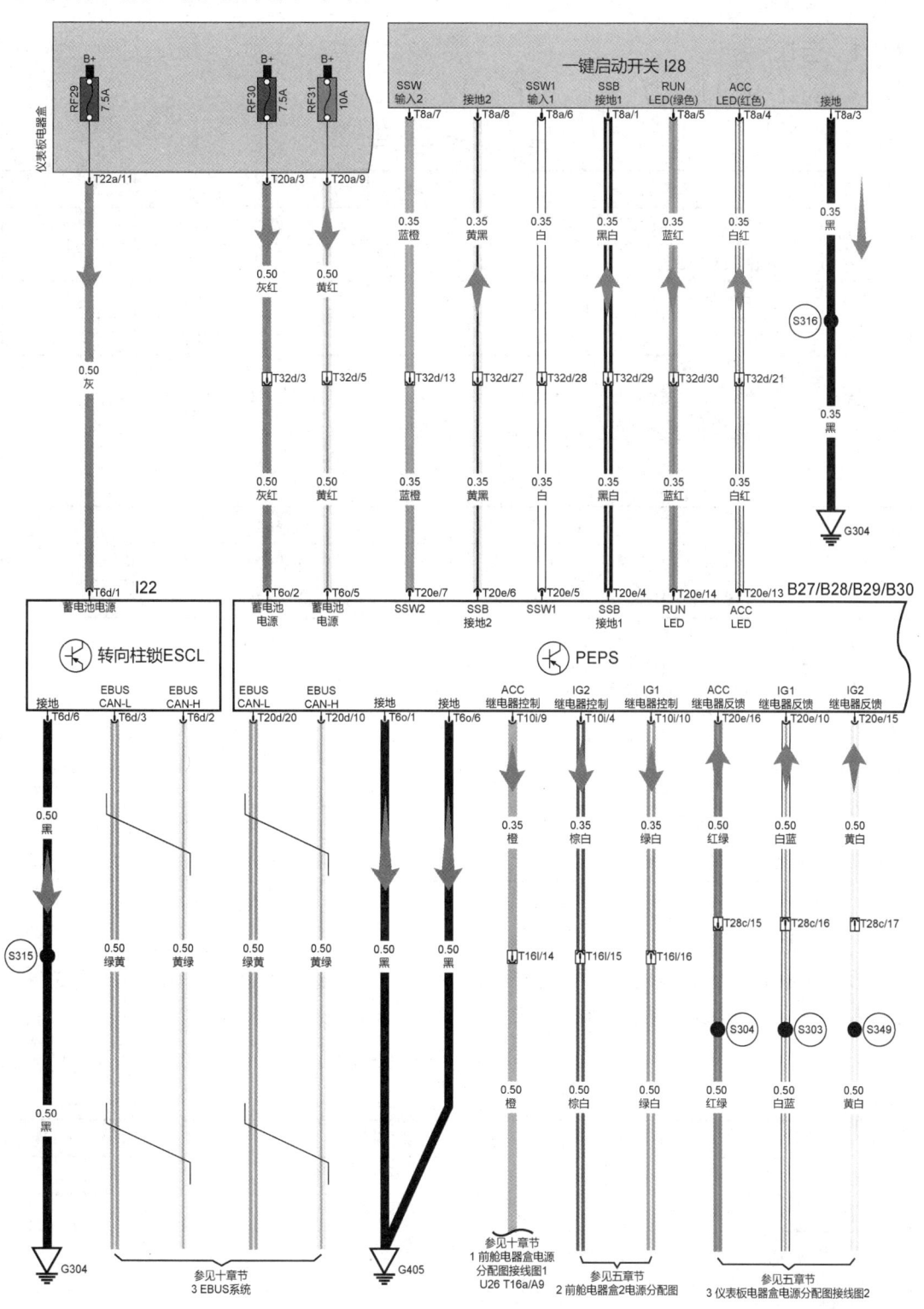

图 3-12　一键启动开关电路图

检查

1. 自检

各小组针对操作情况进行自检，自检记录表如表3-8所示。

表3-8 自检记录表

序号	检查项目	结果	序号	检查项目	结果
1	各拆装件是否复位	是 否	5	工位是否清洁复位	是 否
2	电路图拆画是否规范	是 否	6	是否独立查阅资料	是 否
3	启动开关是否关闭	是 否	7	数据记录是否齐全	7
4	电流方向标注是否正确	是 否	8	场地卫生是否清扫	是 否

2. 互检

各小组针对操作情况进行互检，互检记录表如表3-9所示。

表3-9 互检记录表

序号	检查项目	结果	序号	检查项目	结果
1	各拆装件是否复位	是 否	3	数据记录是否齐全	是 否
2	电路图拆画是否规范	是 否	4	电流方向标注是否正确	是 否

3. 终检

指导教师针对各小组实施情况进行终检，终检记录表如表3-10所示。

表3-10 终检记录表

序号	检查项目	结果	序号	检查项目	结果
1	各拆装件是否复位	是 否	3	数据记录是否齐全	是 否
2	电路图拆画是否规范	是 否	4	电流方向标注是否正确	是 否

评估

授课结束后，指导教师指导学生对操作过程进行评价，完成学习任务评价表（见表3-11），指导学生进行课后总结，查找存在的问题，完成评估记录表（见表3-12）。

表3-11 学习任务评价表

班级： 姓名： 学号：

项目	自我评价			小组互评			教师评价		
	10~9	8~6	5~1	10~9	8~6	5~1	10~9	8~6	5~1
	占总评10%			占总评30%			占总评60%		
工具设备使用能力									
资料信息查阅能力									

续表

项　目	自 我 评 价			小 组 互 评			教 师 评 价		
	10～9	8～6	5～1	10～9	8～6	5～1	10～9	8～6	5～1
	占总评10%			占总评30%			占总评60%		
数据读取分析能力									
实训报告撰写能力									
协作精神									
纪律观念									
表达能力									
工作态度									
安全意识									
总体表现									
小计									
总评									

指导教师：_____　　年　　月　　日

表 3-12　评估记录表

课 堂 小 结
实训结束后，指导教师指导学生分享本次实训收获。

序　号	存在的问题
1	
2	

5S管理

1. 实训场地设备恢复。
2. 清洁实训车辆，打扫场地卫生，桌椅板凳摆放整齐有序。
3. 将工具、仪器、设备等归还原位。
4. 关闭实训场地的门窗、电源等。

习题测试

一、填空题

1. 汽车电气设备电路图可分为_____、_____、_____、_____和_____。

2. 电路接线图作为一种介于_____和_____之间的表达方式，既表达了电路之间的连接关系，又表达了电路的工作原理。

3. 线束图包括_____、_____、_____、_____等。

4. 在电路图中 B+ 表示_____。

5. 电路图中双色线 Y/W 表示_____。

6. 熔断器编号由_____和_____组成。

7. 熔断器和继电器盒包含_____、_____和_____。

二、问答题

1. 电路图的识读方法有哪些？
2. 在分析电路图中的开关时需要注意哪些事项？
3. 简述新能源汽车电路图中的线束代码及名称。
4. 任选北汽 EU5 R500 纯电动汽车电路图中的某一系统拆画电路图。

学习情境 4

新能源汽车电动车窗不升降故障检修

学习情境描述

某客户驾驶的 2018 年生产的北汽 EU5 R500 新能源汽车，行驶里程显示 7 万千米，最近该车左后车窗出现了不能升降的故障，要求予以检修，你能完成此项工作任务吗？

学习内容

1. 新能源汽车电动车窗的功用、结构组成、工作原理。
2. 新能源汽车电动车窗控制电路图的识读。
3. 新能源汽车电动车窗的故障检修。

学习目标

1. 能够描述新能源汽车电动车窗的功用、结构组成、工作原理，正确率不低于 85%。
2. 能够按照正确的方法使用工具对新能源汽车电动车窗各元器件进行规范拆装，正确率不低于 90%。
3. 能熟练进行新能源汽车电动车窗控制电路图的识读，正确率不低于 90%。
4. 能够使用故障诊断仪结合故障现象初步判断电动车窗故障的原因，并进行故障检测及相关故障的排除，正确率不低于 90%。
5. 弘扬精益求精的工匠精神，养成脚踏实地、认真负责的工作作风，践行安全生产、团队协作的职业素养。

教学准备

1. 教学用整车一辆（北汽 EU5 R500）、汽车举升机、拆装工具。
2. 防护工具：车内四件套、车外三件套、车辆挡块、灭火器、隔离桩、警示牌等。
3. 其他材料：车辆使用手册、维修手册、整车电路图册。

教学实施

任务 1　电动车窗玻璃升降器的更换

资讯

一、电动车窗的功用

电动车窗的功用及结构组成

电动车窗又称电动门窗，如图 4-1 所示，它以电为动力实现车窗玻璃的自动升降。它由驾驶员或乘客操纵开关接通车窗升降电动机的电路，电动机产生动力，通过一系列机械传动使车窗玻璃按要求进行升降。现在汽车对车窗的舒适性和便捷性要求越来越高，电动车窗已经成为汽车的通用配置。

图 4-1　电动车窗

二、电动车窗的结构组成

电动车窗系统由车窗、玻璃升降器、电动机、继电器、控制开关等装置组成。一般的电动车窗系统都装有两套控制开关：一套装在仪表板或驾驶员侧车门扶手上，为主控开关，它由驾驶员控制每个车窗的升降；另一套分别装在每个乘客侧车门上，为分控开关，可由乘客进行操纵。

1. 电动机

电动车窗升降电动机如图 4-2 所示，其采用双向转动的电动机，分为永磁型和双绕阻型两种。通过改变电动机中的电流方向来实现正反转以实现车窗的升或降。

2. 玻璃升降器

玻璃升降器常见的有钢丝滚筒式和齿扇式两种。

（1）钢丝滚筒式玻璃升降器。

钢丝滚筒式玻璃升降器如图 4-3 所示，双向直流电动机前端安装有减速机构，其上安装一个绕有钢丝的滚筒，玻璃卡座固定在钢丝上且可在滑动支架上移动。

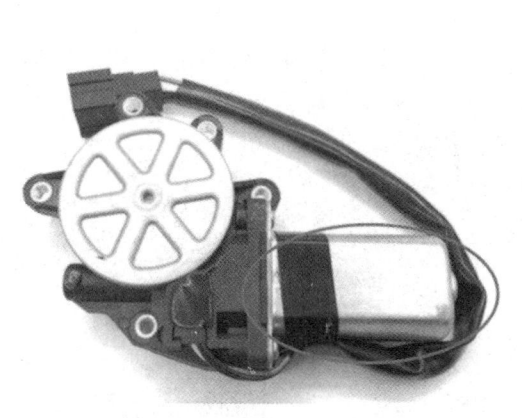

图 4-2　电动车窗升降电动机

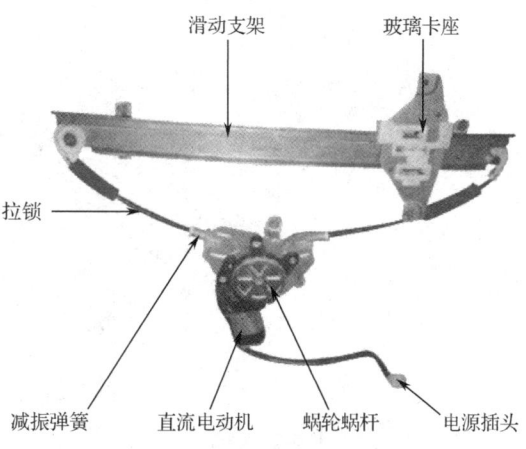

图 4-3　钢丝滚筒式玻璃升降器

钢丝滚筒式玻璃升降器按结构可分为双导轨式和单导轨式等，如图 4-4 所示。

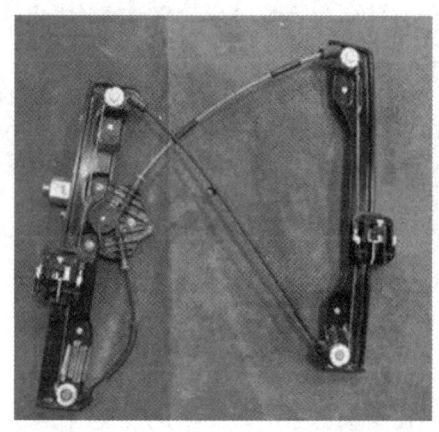

（a）双导轨式 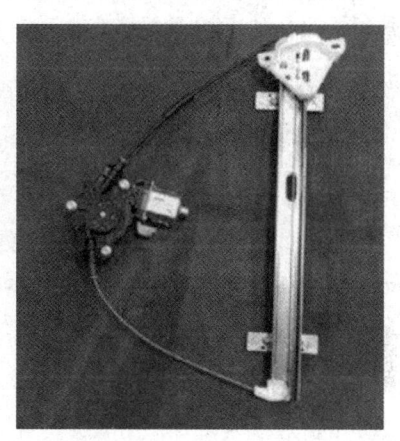　　　　（b）单导轨式

图 4-4　钢丝滚筒式玻璃升降器按结构分类

（2）齿扇式玻璃升降器。

齿扇式玻璃升降器如图 4-5 所示，双向直流电动机带动蜗轮蜗杆减速器改变方向后驱动齿扇，从而使玻璃上下移动，齿扇上装有螺旋弹簧。当车窗下降时，螺旋弹簧收缩，将一部分能量转化为弹性势能；当车窗上升时，螺旋弹簧伸展，释放出储存的弹性势能，达到直流电动机双向负荷平衡的目的。

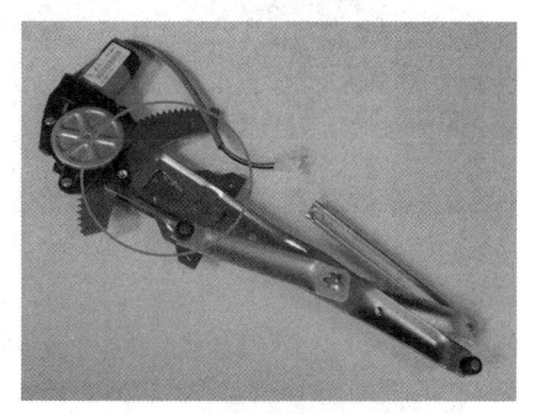

3. 控制开关

电动车窗有两套控制开关：一套为主控开关，安装在驾驶员侧车门扶手上或仪表板上，由驾驶员控制玻璃升降；另一套为分控开关，安装在乘客侧车门中部，可由乘客操纵。

主控开关上还安装了控制分控开关的总开

图 4-5　齿扇式玻璃升降器

关，称为儿童安全装置开关，若按下它，则分控开关就不起作用。

北汽 EU5 R500 纯电动汽车车窗控制开关位于驾驶员侧的车门扶手处，如图 4-6 所示。

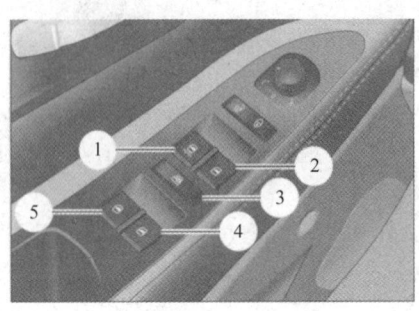

1—驾驶员侧车窗玻璃升降开关；2—副驾驶员侧车窗玻璃升降开关；3—非驾驶员侧车窗玻璃升降锁止按键；
4—后排右侧车窗玻璃升降开关；5—后排左侧车窗玻璃升降开关

图 4-6　北汽 EU5 R500 纯电动汽车车窗控制开关

北汽 EU5 R500 纯电动汽车副驾驶员侧和后排乘客侧的电动车窗玻璃升降开关位于各车车门上，如图 4-7 所示，使用方式与驾驶员侧车窗玻璃升降开关的使用方式相同。

三、电动车窗的工作原理

北汽 EU5 R500 纯电动汽车电动车窗在"启动/停止"按键位于"RUN"或"ACC"挡时，或按下"启动/停止"按键位于"OFF"挡后 30s 内可进行操控。所有车窗装有"一键"下降功能，即短按开关并松开，车窗将持续下降直至完全打开，下降过程中可通过向后拉动开关停止下降。

1. 驾驶员侧车窗玻璃升降控制

驾驶员侧车窗玻璃升降控制开关在车上的安装位置如图 4-8 所示，其工作原理如下。

图 4-7　北汽 EU5 R500 纯电动汽车分控开关 　　图 4-8　驾驶员侧车窗玻璃升降控制开关

（1）手动升降。

向上扳起驾驶员侧车窗玻璃升降开关并保持，可以控制驾驶员侧车窗玻璃上升，当车窗玻璃达到希望的位置时，松开开关即可；向下按压开关并保持，可以控制驾驶员侧车窗玻璃下降，当车窗玻璃达到希望的位置时，松开开关即可。

(2) 自动上升。

向上扳起驾驶员侧车窗玻璃升降开关并快速释放，驾驶员侧车窗玻璃将自动上升，直至升至顶部。如果在车窗玻璃自动上升的过程中，向上或向下操作按钮，那么车窗玻璃将停止上升，保持在当前位置。

(3) 自动下降。

向下按压驾驶员侧车窗玻璃升降开关并快速释放，驾驶员侧车窗玻璃将自动下降，直至降至底部。如果在车窗玻璃自动下降的过程中，向上或向下操作按钮，那么车窗玻璃将停止下降，保持在当前位置。

2. 副驾驶员侧车窗玻璃升降控制

副驾驶员侧车窗玻璃升降控制开关在车上的安装位置如图4-9所示，其工作原理如下。

图4-9　副驾驶员侧车窗玻璃升降控制开关在车上的安装位置

（1）手动升降：向上扳起左后车门车窗玻璃升降开关并保持，可以控制左后车门车窗玻璃上升，当车窗玻璃达到希望的位置时，松开开关即可；向下按压左后车门车窗玻璃升降开关并保持，可以控制左后车门车窗玻璃下降，当车窗玻璃达到希望的位置时，松开开关即可。

（2）自动下降：向下按压左后车门车窗玻璃升降开关后并快速释放，左后车门车窗玻璃将自动下降，直至降至底部。如果在车窗玻璃自动下降的过程中，向上或向下操作按钮，那么车窗玻璃将停止下降，保持在当前位置。

【注意】

① 副驾驶员侧车门、左后车门、右后车门车窗玻璃没有自动上升功能。

② 左后车门、右后车门车窗玻璃升降控制与副驾驶员侧车窗玻璃升降控制方法类似，在此不再赘述。

3. 非驾驶员侧车窗玻璃升降锁止开关控制

非驾驶员侧车窗玻璃升降锁止开关在车上的安装位置如图4-10所示，其工作原理如下。

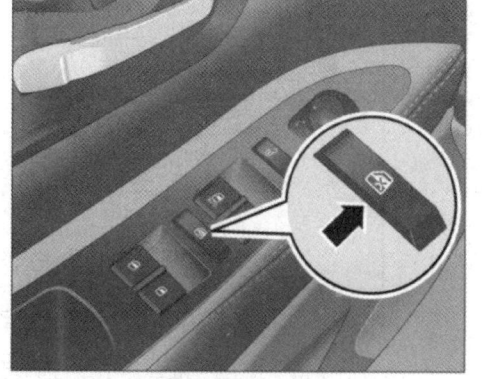

图4-10　非驾驶员侧车窗玻璃升降锁止开关在车上的安装位置

在非驾驶员侧车窗玻璃升降锁止开关未被激活的状态下，副驾驶员侧及后排乘客侧车窗玻璃都可以通过安装在每个车门上的车窗玻璃开关进行控制。在非驾驶员侧车窗玻璃升降锁止开关被激活的状态下，只能由驾驶员侧车窗玻璃升降开关控制每个车窗玻璃的升降。

【注意】
① 关闭车窗玻璃时应小心，以防被车窗玻璃夹伤。
② 建议在车内有儿童乘客的情况下，激活车窗玻璃升降锁止开关，防止乘车儿童出现意外。
③ 必要时，通过按压车窗玻璃升降锁止开关来实现对副驾驶员侧及后排乘客车窗玻璃升降开关的控制。

四、电动车窗玻璃升降器故障检修

电动车窗机械部分故障最常见的就是升降器变形；各滑动零部件运动不畅。对于升降器变形故障，维修时必须进行更换处理；对于滑动零部件运动不畅的故障，必须在相应部位加润滑脂。

北汽EU5 R500纯电动汽车玻璃升降器更换步骤如下（以左前门为例，其他车门可参考左前门）。

（1）在"启动/停止"按键位于"RUN"或"ACC"挡时，或按下"启动/停止"按键位于"OFF"挡后30s内将车窗玻璃降至距离下沿11~13cm处，如图4-11所示。

（2）拆卸车门内饰板组件。

（3）旋出驾驶员侧车门上的固定螺钉，如图4-12所示，取下前门内饰板固定支架①，螺钉拧紧扭矩为1.3~1.9N·m。

（4）拆卸驾驶员侧车门防水膜①和前门内水切②，如图4-13所示。

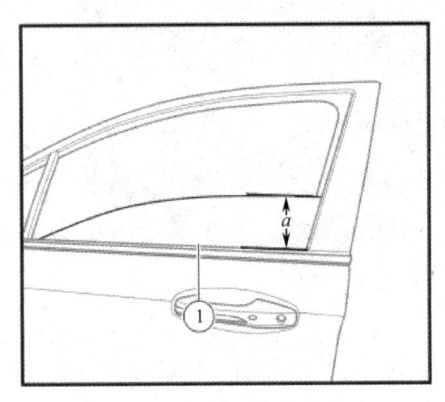

图4-11 降下车窗玻璃

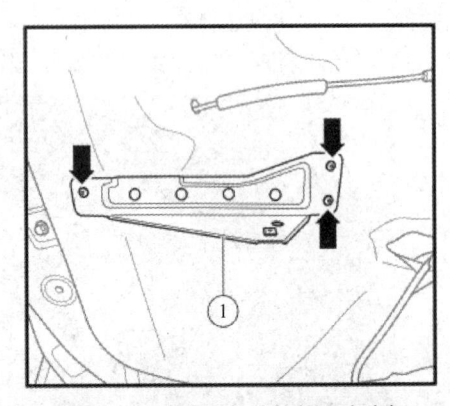

图4-12 拆卸前门内饰板固定支架

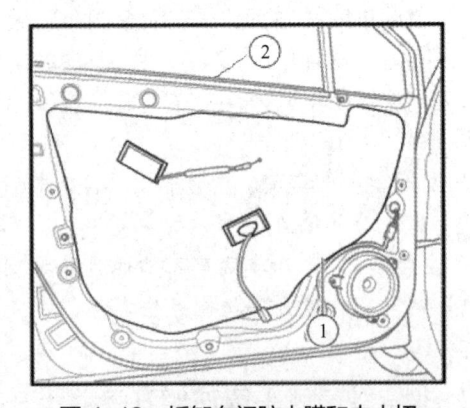

图4-13 拆卸车门防水膜和内水切

（5）使用8mm六角套筒工具拆卸左前门玻璃托架上的固定螺栓，如图4-14所示，螺栓规格为M6×1.0×12（单位为mm，后同），螺栓拧紧扭矩为8~10N·m。

（6）沿图 4-15 所示箭头方向取出左前门玻璃①。

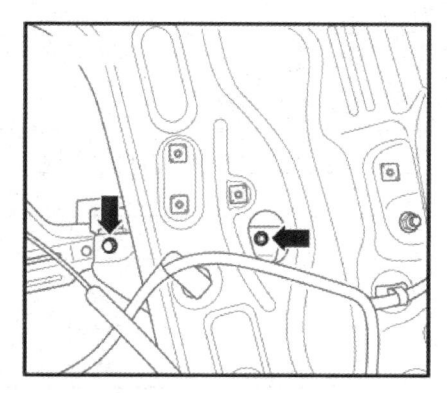

图 4-14　拆卸玻璃固定螺栓　　　　图 4-15　拆卸左前门玻璃

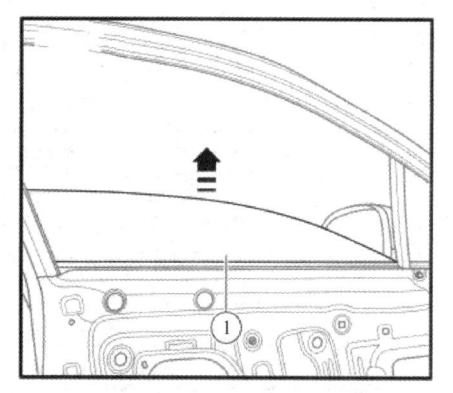

（7）断开左前门玻璃升降器线束连接插头，如图 4-16 所示。

（8）使用 10mm 六角套筒工具拆卸玻璃升降器固定螺母，拆下升降器总成①，如图 4-17 所示，螺母规格为 M6×1.0，螺栓拧紧扭矩为 9~12N·m。

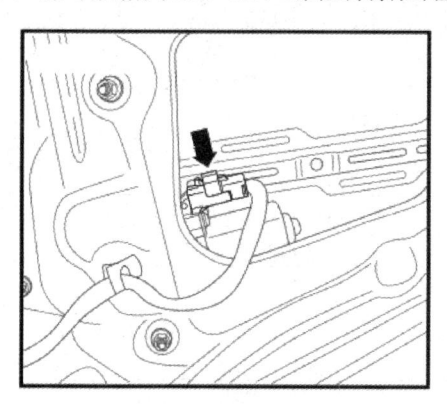

图 4-16　断开线束连接插头　　　　图 4-17　拆卸玻璃升降器

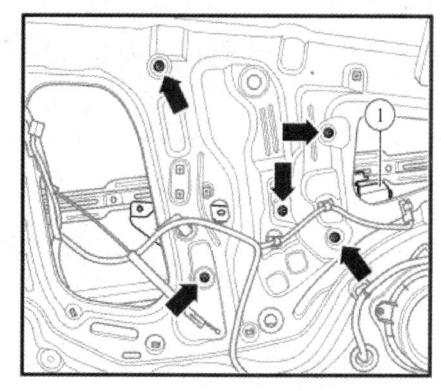

（9）玻璃升降器的安装。

北汽 EU5 R500 纯电动汽车玻璃升降器的安装以倒序进行，注意要在安装完成后，需要进行玻璃升降器功能测试。

决策

根据任务要求制订新能源汽车电动车窗玻璃升降器更换实施计划，每个小组根据组员特点进行分工，并选出小组组长负责任务的分工与实施，决策记录表如表 4-1 所示。

表 4-1　决策记录表

序　号	小 组 成 员	任　　务
1	A　B	查阅维修手册等资料
2	C　D	工具准备
3	E　F	记录、汇报
4	G　H	安全员

计划

根据分工及任务要求制订工作计划,计划表如表 4-2 所示。

表 4-2 计划表

序 号	作 业 项 目	操 作 人
1	拆卸车门内饰板	A B
2	拆卸车窗玻璃	C D
3	拆卸玻璃升降器	E F
4	安装玻璃升降器	A B
5	安装车窗玻璃	C D
6	安装车门内饰板	E F
7	安全、记录	G H

实施

根据工作计划完成玻璃升降器更换任务,填写实施记录表[见表 4-3(1)和表 4-3(2)],并在"结果"一栏根据操作过程选择是或否。

表 4-3(1) 实施记录表

序 号	实 施 项 目	结 果	序 号	实 施 项 目	结 果
1	车门内饰板是否拆卸	是 否	6	车门内饰板、防水膜、玻璃及内水切是否损坏	是 否
2	防水膜及内水切是否拆卸	是 否	7	玻璃升降器是否安装、连接插头是否复位	是 否
3	玻璃是否拆卸	是 否	8	玻璃是否安装	是 否
4	玻璃升降器连接插头是否断开	是 否	9	防水膜及内水切是否安装	是 否
5	玻璃升降器是否拆卸	是 否	10	车门内饰板是否安装	是 否

表 4-3(2) 实施记录表

序 号	配件名称	选用工具	拧紧扭矩	操 作 人
1	车门内饰板	塑料撬板	—	A B
2	车窗玻璃	8mm 六角套筒	8~10N·m	C D
3	玻璃升降器	10mm 六角套筒	9~12N·m	A B

5S 管理

1. 实训场地设备恢复。
2. 清洁实训车辆,打扫场地卫生,桌椅板凳摆放整齐有序。
3. 将工具、仪器、设备等归还原位。
4. 关闭实训场地的门窗、电源等。

任务 2　电动车窗不升降控制电路故障检修

🎯 资讯（一）

北汽 EU5 R500 纯电动汽车电动车窗控制系统由 BCM（Body Control Module，车身控制模块）、玻璃升降电动机（四个车门各一个）和玻璃升降开关（四个车门各一个）等组成。其工作过程如图 4-18 所示，当驾驶员操作车门上的玻璃升降开关时，玻璃升降开关将信号送至 BCM（车身控制模块），BCM（车身控制模块）接收到玻璃升降开关信号后根据内部的程序控制相应车门的玻璃升降电动机运行，实现车窗玻璃的升降控制。

玻璃升降开关　　　　BCM（车身控制模块）　　　　玻璃升降电动机

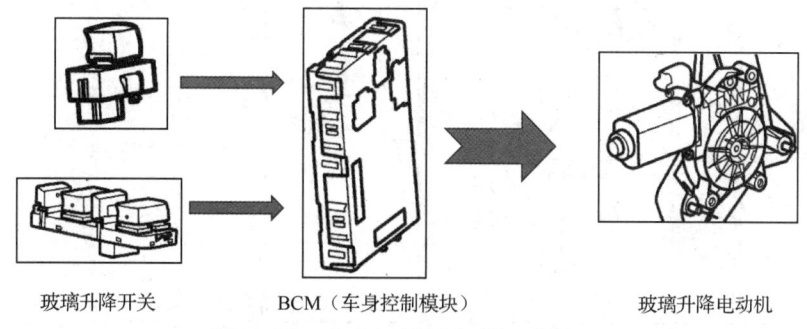

图 4-18　电动车窗控制系统工作过程

在进行电动车窗控制电路故障检修前，首先需要识读并拆画电动车窗控制电路图。拆画电路图注意事项如下。
① 尽量使用铅笔和直尺以保证所画电路的工整及可修改性。
② 标注关键元器件的名称代号及相应引脚号。
③ 电路图中的元器件符号要标准。
④ 在拆画的电路图中标注电流走向。

📝 计划

根据分工及任务要求制订工作计划，计划表如表 4-4 所示。

表 4-4　计划表

序　号	作 业 项 目	操 作 人
1	查阅电路图	A　B
2	分析电路原理及电流走向	C　D
3	拆画电路草图	E　F
4	协调组员并确定拆画电路图终稿	G　H

⚙️ 实施

按照所制订的工作计划进行电动车窗控制电路图拆画，并在拆画电路图中标注主要电气元件名称及线路电流走向（见图 4-19）。

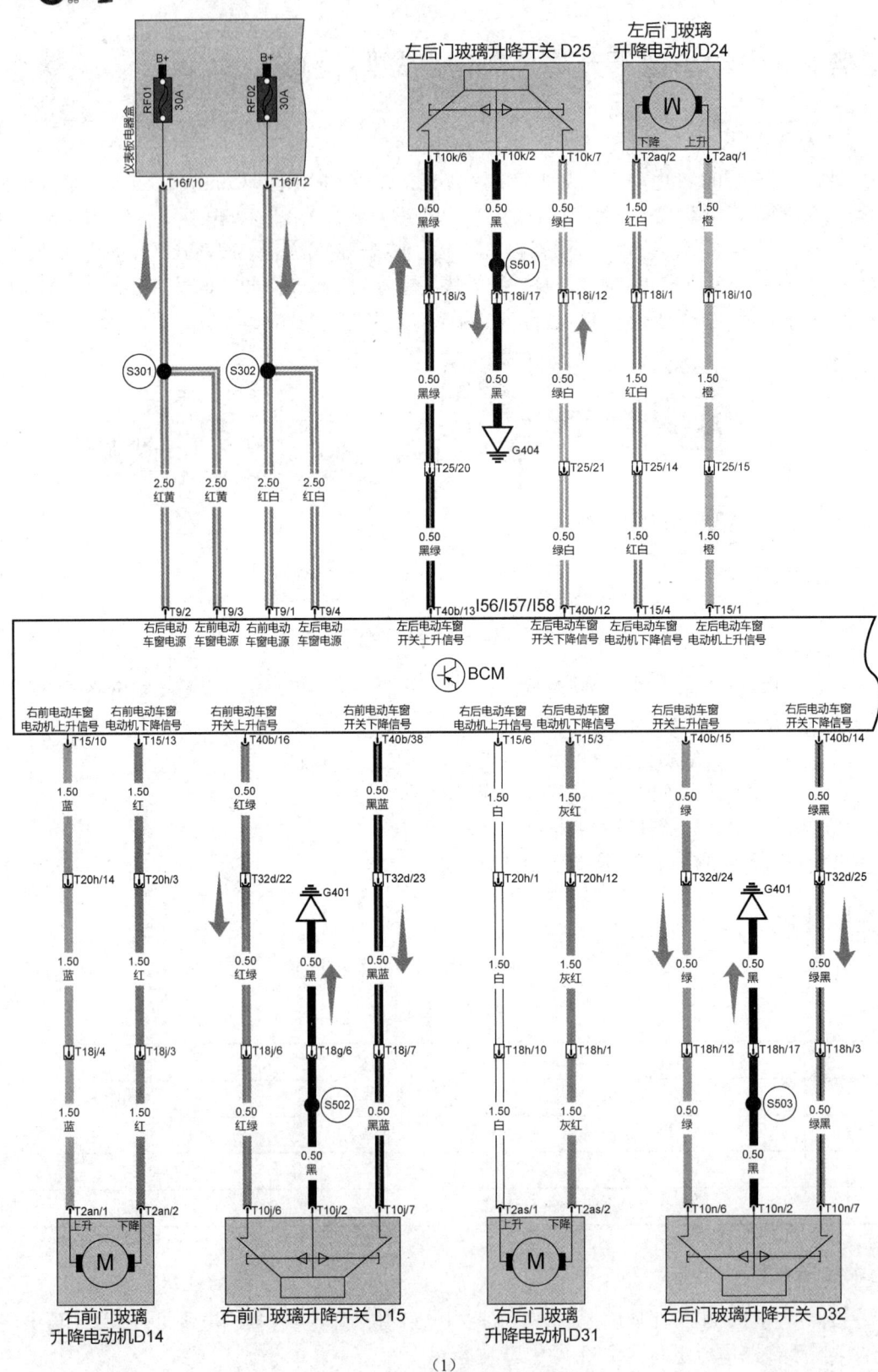

图 4-19 电动车窗控制电路图（1）

（2）

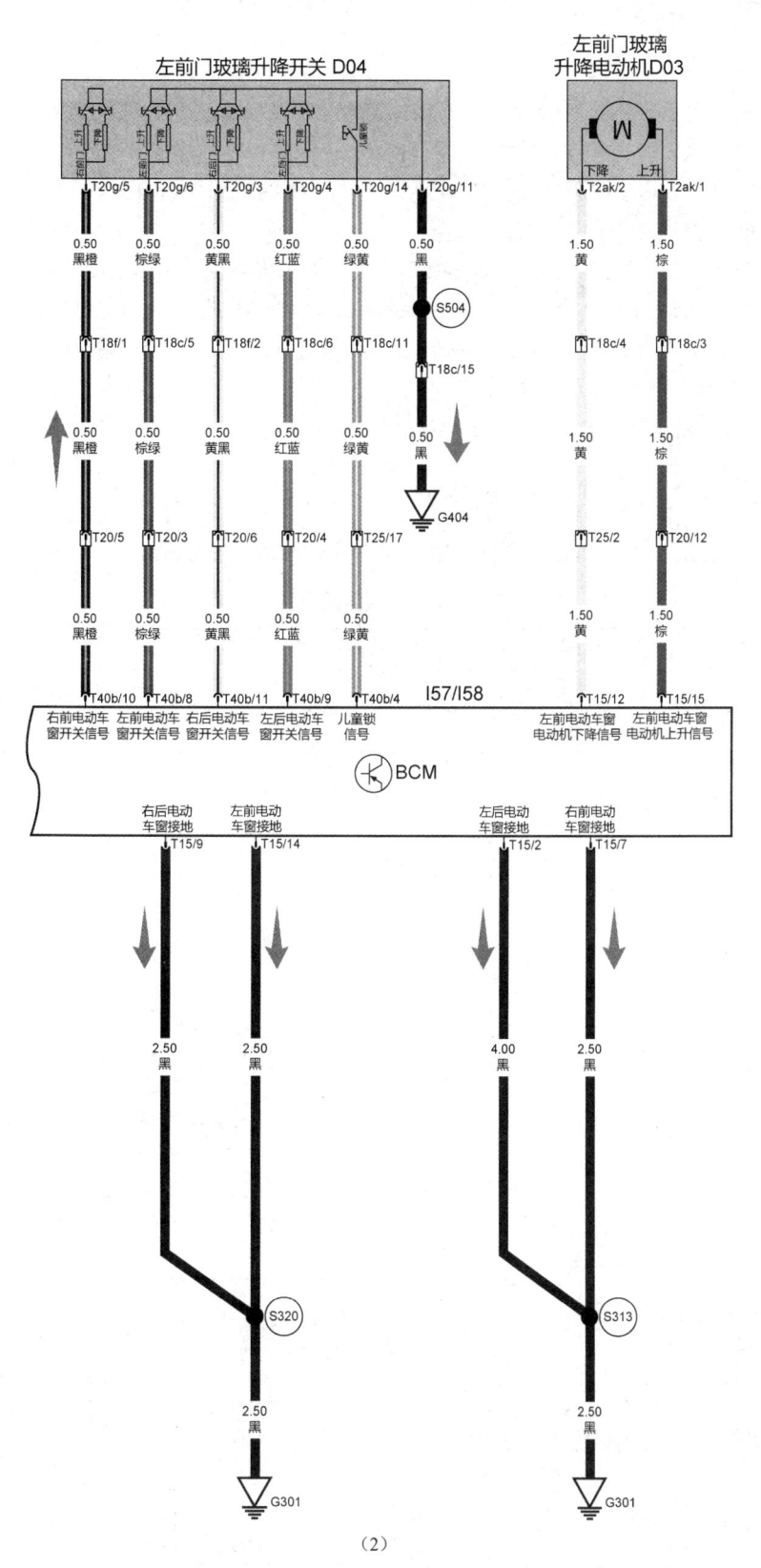

图 4-19　电动车窗控制电路图（续）

资讯（二）

打开启动开关后，BCM 工作，蓄电池电源通过仪表板电器盒内 RF01 30A 熔断器将 12V 电源送至 BCM T9/2 引脚和 T9/3 引脚，为右后电动车窗和左前电动车窗提供电源。同时，仪表板电器盒内 RF02 30A 熔断器将 12V 电源送至 BCM T9/1 引脚和 T9/4 引脚，为左后电动车窗和右前电动车窗提供电源。

当驾驶员操作各车门玻璃升降开关时，BCM 将提供的参考电压信号经玻璃升降开关内部电路，通过开关的搭铁线经中间插接器后接地，此时 BCM 相应引脚处电压信号会随着操控开关而变化。BCM 根据内部程序给相应车门的升降电动机发送控制电源，经玻璃升降电动机后再次回到 BCM，然后通过 BCM T15/2、T15/7、T15/9 或 T15/14 引脚经相应车门电动车窗接地线接地，形成闭合回路，玻璃升降电动机开始运行。

实施

根据故障现象，分析电动车窗不工作可能存在的故障点，实施记录表如表 4-5 所示。

表 4-5 实施记录表

序号	可能原因	序号	可能原因
1	BCM 供电熔断器损坏	6	BCM 搭铁线路损坏
2	熔断器至 BCM 线路损坏	7	搭铁点脱落
3	BCM 本身局部损坏	8	中间插接器松动
4	玻璃升降开关损坏	9	升降开关至 BCM 线路损坏
5	玻璃升降电动机损坏	10	升降电动机至 BCM 线路损坏

资讯（三）

1. 玻璃升降开关

北汽 EU5 R500 纯电动汽车电动车窗驾驶员侧玻璃升降开关端子如图 4-20 所示。驾驶员侧玻璃升降开关引脚编号及定义如表 4-6 所示。

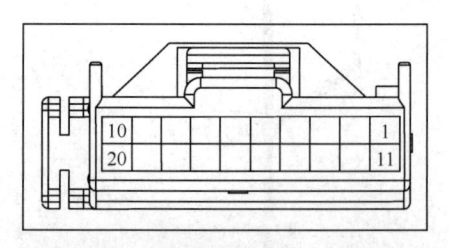

图 4-20 驾驶员侧玻璃升降开关端子

表 4-6 驾驶员侧玻璃升降开关引脚编号及定义

引脚编号	引脚定义
1	中控门锁闭锁信号
2	中控门锁开锁信号
3	右后电动车窗开关信号
4	左后电动车窗开关信号
5	右前电动车窗开关信号
6	左前电动车窗开关信号
11	接地
13	背光灯照明
14	儿童锁信号

右前、左后及右后的电动车窗玻璃升降开关类似,以右前电动车窗玻璃升降开关为例,开关端子如图 4-21 所示。

右前电动车窗玻璃升降开关引脚编号及定义如表 4-7 所示。

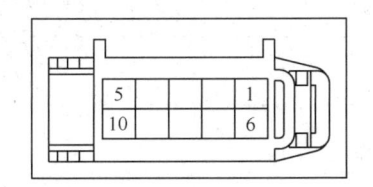

表 4-7 右前电动车窗玻璃升降开关引脚编号及定义

引脚编号	引脚定义
1	接地
2	接地
3	背光灯照明
4	上升信号
5	下降信号

图 4-21 右前电动车窗玻璃升降开关端子

2. 单件测试

单件测试方法如下。

关闭启动开关,断开蓄电池负极,拆卸玻璃升降开关及供电熔断器,利用万用表欧姆挡测量电动车窗控制系统供电熔断器和玻璃升降器控制开关在不同挡位的电阻阻值,若不符合要求,则应更换。

3. 利用诊断仪与万用表检测

连接诊断仪,打开启动开关,操作玻璃升降开关,首先利用诊断仪读取 BCM 故障代码或数据流,根据故障代码或数据流进行相应检测,然后利用万用表进行电压及电阻检测。

计划

根据分工及任务要求制订工作计划,计划表如表 4-8 所示。

表 4-8 计划表

序号	测试项目	使用工具	操作人
1	单件测试	万用表、跳线	A B
2	读故障代码或数据流	诊断仪	C D
3	电压检测	万用表、跳线	E F
4	电阻检测	万用表、跳线	G H

实施

按照制订的工作计划开展相应检测,并完成实施记录表。

1. 单件测试

关闭启动开关,断开蓄电池负极,拆卸玻璃升降开关及供电熔断器,利用万用表欧姆挡进行单件测试,完成单件测试记录表(见表 4-9),在测试结果是否正常栏选择是或否,如果不正常则给出维修建议。

表 4-9　单件测试记录表

序　号	测试项目	标　准　值	实　测　值	是否正常	维修建议（否）
1	左前玻璃升降开关	升： 降：	升： 降：	是　否	更换开关或检修线束
2	左后玻璃升降开关	升： 降：	升： 降：	是　否	更换开关或检修线束
3	右前玻璃升降开关	升： 降：	升： 降：	是　否	更换开关或检修线束
4	右后玻璃升降开关	升： 降：	升： 降：	是　否	更换开关或检修线束
5	RF01	<1Ω	—	是　否	更换熔断器
6	RF02	<1Ω	—	是　否	更换熔断器

2. 读取故障代码或数据流

打开启动开关，调节电动车窗升降控制开关，读取 BCM 中故障代码或数据流，并完成表 4-10。

表 4-10　故障代码或数据流记录表

序　号	故障代码或数据流含义	（异常）可能原因
1		
2		

清除故障代码，再次读取，故障代码能否清除：是　　否

3. 电压测试

打开启动开关，利用万用表电压挡对电动车窗控制电路进行电压测试，完成表 4-11 和表 4-12，在测试结果是否正常栏选择是或否，如果不正常则给出维修建议。

表 4-11　左前升降开关及电动机

序　号	测试项目	标　准　值	实　测　值	是否正常	维修建议（否）
1	T20g/3—地	升： 降：	升： 降：	是　否	更换开关或检修线束
2	T20g/4—地	升： 降：	升： 降：	是　否	更换开关或检修线束
3	T20g/5—地	升： 降：	升： 降：	是　否	更换开关或检修线束
4	T20g/6—地	升： 降：	升： 降：	是　否	更换开关或检修线束
5	T20g/14—地	按： 不按：	按： 不按：	是　否	更换开关或检修线束
6	RF01—地	—		是　否	更换熔断器
7	RF02—地	—		是　否	更换熔断器
8	T2ak/2—地	升： 降：		是　否	检修线束或 BCM
9	T2ak/1—地	升： 降：		是　否	检修线束或 BCM

表4-12 右前升降开关及电动机（左后、右后类似）

序号	测试项目	标准值	实测值	是否正常	维修建议（否）
1	T10j/6—地	升： 降：	升： 降：	是　否	更换开关或检修线束
2	T10j/7—地	升： 降：	升： 降：	是　否	更换开关或检修线束
3	T10j/2—地	＜0.5V		是　否	检修线束或搭铁点
4	T2an/2—地	升： 降：	升： 降：	是　否	检修线束或BCM
5	T2an/1—地	升： 降：	升： 降：	是　否	检修线束或BCM

4．电阻测试

根据上一步电压测量及实际故障现象，断开蓄电池负极，利用万用表电压挡对玻璃升降开关电动机进行电阻检测，完成表4-13和表4-14，在测试结果是否正常栏选择是或否，如果不正常则给出维修建议。

表4-13 左前升降开关及电动机

序号	测试项目	标准值	实测值	是否正常	维修建议（否）
1	T20g/3—T40b/11	＜1Ω		是　否	检修线束
2	T20g/4—T40b/9	＜1Ω		是　否	检修线束
3	T20g/5—T40b/10	＜1Ω		是　否	检修线束
4	T20g/6—T40b/8	＜1Ω		是　否	检修线束
5	T20g/14—T40b/4	＜1Ω		是　否	检修线束
6	T2ak/2—T15/12	＜1Ω		是　否	检修线束
7	T2ak/1—T15/15	＜1Ω		是　否	检修线束

表4-14 右前升降开关及电动机（左后、右后类似）

序号	测试项目	标准值	实测值	是否正常	维修建议（否）
1	T10j/6—T40b/16	＜1Ω		是　否	检修线束
2	T10j/7—T40b/38	＜1Ω		是　否	检修线束
3	T10j/2—地	＜1Ω		是　否	检修线束
4	T2an/2—T15/13	＜1Ω		是　否	检修线束
5	T2an/1—T15/10	＜1Ω		是　否	检修线束

检查

1．自检

各小组针对操作情况进行自检，填写自检记录表（见表4-15），在测试结果栏选择是或否。

表 4-15　自检记录表

序　号	检查项目	结　果	序　号	检查项目	结　果
1	是否规范操作仪器仪表	是　否	4	检测工具是否清洁复位	是　否
2	测试条件是否正确	是　否	5	测量插头、线束是否复位	是　否
3	启动开关是否关闭	是　否	6	场地卫生是否清扫	是　否

2. 互检

各小组针对操作情况进行互检，填写互检记录表（见表 4-16），在测试结果栏选择是或否。

表 4-16　互检记录表

序　号	检查项目	结　果	序　号	检查项目	结　果
1	启动开关是否关闭	是　否	3	测量插头、线束是否复位	是　否
2	检测工具是否清洁复位	是　否	4	场地卫生是否清扫	是　否

3. 终检

指导教师针对各小组实施情况进行终检，填写终检记录表（见表 4-17），在测试结果栏选择是或否。

表 4-17　终检记录表

序　号	检查项目	结　果	序　号	检查项目	结　果
1	启动开关是否关闭	是　否	3	测量插头、线束是否复位	是　否
2	检测工具是否清洁复位	是　否	4	场地卫生是否清扫	是　否

评估

授课结束后，指导教师指导学生对操作过程进行评价，完成学习任务评价表（见表 4-18），指导学生进行课后总结，查找存在的问题，填写评估记录表（见表 4-19）。

表 4-18　学习任务评价表

班级：　　　　　　姓名：　　　　　　学号：

项　　目	自 我 评 价			小 组 互 评			教 师 评 价		
	10～9	8～6	5～1	10～9	8～6	5～1	10～9	8～6	5～1
	占总评10%			占总评30%			占总评60%		
工具设备使用能力									
资料信息查阅能力									
数据读取分析能力									
实训报告撰写能力									

续表

项 目	自 我 评 价			小 组 互 评			教 师 评 价		
	10~9	8~6	5~1	10~9	8~6	5~1	10~9	8~6	5~1
	占总评10%			占总评30%			占总评60%		
协作精神									
纪律观念									
表达能力									
工作态度									
安全意识									
总体表现									
小计									
总评									

指导教师：_____　　年　　月　　日

表 4-19　评估记录表

课 堂 小 结
实训结束后，指导教师指导学生分享本次实训收获。

序　号	存在的问题
1	
2	

5S管理

1. 实训场地设备恢复。
2. 清洁实训车辆，打扫场地卫生，桌椅板凳摆放整齐有序。
3. 将工具、仪器、设备等归还原位。
4. 关闭实训场地的门窗、电源等。

习题测试

一、填空题

1. 电动车窗系统由_____、_____、_____、_____、_____等装置组成。
2. 电动车窗升降电动机采用双向转动的电动机，分为_____和_____两种。
3. 钢丝滚筒式玻璃升降器按结构可分为_____和_____等。
4. 电动车窗有两套控制开关：一套为_____，安装在驾驶员侧车门扶手上或仪表板上，由驾驶员控制玻璃升降；另一套为_____，安装在乘客侧车门中部，可由乘客操纵。

5. 北汽 EU5 R500 纯电动汽车电动车窗控制系统由_____、_____和_____等组成。

6. 电动车窗控制系统的控制逻辑是_____。

7. BCM 给玻璃升降开关提供的是_____信号。

二、问答题

1. 电动车窗的功用是什么？
2. 电动车窗的工作原理是什么？
3. 简述新能源汽车电动车窗不工作的原因可能有哪些。
4. 电动车窗玻璃升降开关如何进行单件测试？
5. 解释玻璃升降开关引脚的定义。

学习情境 5

新能源汽车电动后视镜不能调整故障检修

学习情境描述

某客户驾驶的 2018 年生产的北汽 EU5 R500 纯电动汽车，行驶里程为 7 万千米，据车主反映，左侧车外后视镜出现了不能调整的故障，要求予以检修。

学习内容

1. 新能源汽车电动后视镜的功用、结构组成、工作原理。
2. 新能源汽车电动后视镜控制电路图识读、分析。
3. 新能源汽车电动后视镜的故障检修。

学习目标

1. 能够描述新能源汽车电动后视镜的功用、结构组成、工作原理，正确率不低于 85%。
2. 能够使用工具按照正确的方法对电动后视镜各元器件进行规范拆装，正确率不低于 90%。
3. 能熟练进行新能源汽车电动后视镜控制电路图的识读，正确率不低于 90%。
4. 能够使用故障诊断仪结合故障现象初步判断电动后视镜故障的原因，并进行故障检测及相关故障排除，正确率不低于 90%。
5. 弘扬精益求精的工匠精神，养成脚踏实地、认真负责的工作作风，践行安全生产、团队协作的职业素养。

教学准备

1. 教学用整车一辆（北汽 EU5 R500）、汽车举升机、拆装工具。
2. 防护工具：车内四件套、车外三件套、车辆挡块、灭火器、隔离桩、警示牌等。

3. 其他材料：车辆使用手册、维修手册、整车电路图册。

教学实施

任务1　电动后视镜的更换

资讯

一、电动后视镜的功用

后视镜反映汽车后方、侧方和侧下方的情况，使驾驶员可以间接看清楚这些位置的情况，扩大了视野范围，确保行车或倒车安全。

轿车及其他轻型乘用车一般装配车外后视镜和车内后视镜。大型商用汽车（大客车和大货车）一般装配车外后视镜、车下后视镜和车内后视镜。车内后视镜可以防止后方车辆灯光引起驾驶员眩目；有的后视镜带有加热器，可以对后视镜进行除霜。

现在的汽车对车辆的舒适性和便捷性要求越来越高，电动后视镜已经成为汽车的通用配置，如图5-1所示。

图5-1　电动后视镜

二、电动后视镜的结构组成

电动后视镜主要由直流电动机、车镜支架、连接机构、镜面玻璃等构成。每个电动后视镜都用一个独立控制开关，控制杆可多方向移动，可使一个电动机工作或两个电动机同时工作。

有些汽车两侧的后视镜还带有折叠与伸缩功能，在必要时可以折叠收缩起来，分为手动和电动两种。电动伸缩后视镜有专门的伸缩电动机和驱动机构，使后视镜伸出或缩回。同时，个别车型的电动后视镜上还安装了高位转向灯。

1. 直流电动机

电动后视镜一般采用双向永磁式直流电动机。每个后视镜安装两个电动机，一个电动机控制上、下方向的转动，另一个电动机控制左、右方向的转动，如图5-2所示，通过改变电动机中电流方向来实现正反转以实现后视镜的上、下、左、右四个方向调节。

2. 控制开关

电动后视镜的控制开关通常安装在驾驶员侧车门扶手上或仪表板上，由驾驶员控制后视镜的角度。北汽EU5 R500纯电动汽车电动后视镜控制开关位于仪表板左下方的多功能开关上，如图5-3所示。其中，1为后视镜左右选择开关；2为后视镜调整开关。

带有折叠功能的后视镜控制开关位于左右选择开关字母"R"下方。

新能源汽车电动后视镜不能调整故障检修 **学习情境 5**

图 5-2 后视镜调节电动机　　　图 5-3 后视镜控制开关

三、电动后视镜的工作原理

北汽 EU5 R500 纯电动汽车电动后视镜在"启动/停止"按键位于 "RUN"或"ACC"挡时，可进行操控。

电动后视镜的工作原理

1. 车内后视镜调节

驾驶车辆前，应调节好车内后视镜，以获得最佳的视野角度，并且应当保持车内后视镜镜面的清洁。车内后视镜调节方法如图 5-4 所示。

前后拨动后视镜上的拨杆可以对车内后视镜进行调节，以减少后方车辆灯光对驾驶员造成的眩目。

2. 车外后视镜调节

车外后视镜调节方法如图 5-5 所示，选择需要调节的车外后视镜，旋转调节旋钮至 L（左侧车外后视镜）或 R（右侧车外后视镜）位置。

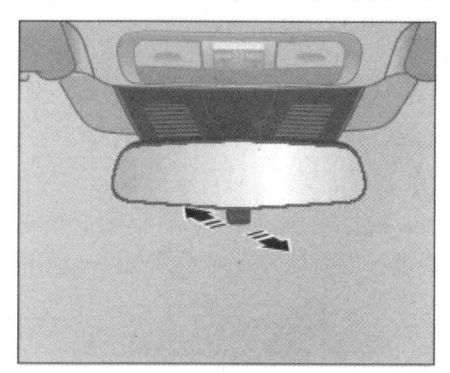

图 5-4 车内后视镜调节方法　　　图 5-5 车外后视镜调节方法

向上或向下操纵调节旋钮，调节车外后视镜的上翻或下翻角度；向左或向右操纵调节旋钮，调节车外后视镜的左转或右转角度。

对于带有后视镜电动折叠功能的车辆，将调节旋钮转至 ⮂ 位置，如图 5-6 所示，此时两侧的车外后视镜同时向车辆内侧折叠。只要将调节旋钮从 ⮂ 位置转出，两侧的车外后视镜将同时自动展开。

对自动折叠车外后视镜的车型，当所有车门、前机舱盖及后备箱盖关好后，按下遥控钥匙锁止键后，车外后视镜自动折叠，按下遥控钥匙解锁键后，车外后视镜自动展开。若中控

73

显示屏车辆设置中"后视镜自动折叠"选为关闭,则使用遥控钥匙无法实现后视镜自动折叠/展开,需要用手动方式折叠/展开。

对手动折叠车外后视镜的车型,用手将车外后视镜向后拉,如图5-7所示,可将车外后视镜折叠在车辆侧面。

图5-6 后视镜折叠开关

图5-7 后视镜手动折叠

3. 车外后视镜加热调节

当车外后视镜需要加热时,按下位于空调面板上的除霜/除雾按键,如图5-8所示,则打开加热器可清除车外后视镜与后窗玻璃上面的雾气或冰霜,约15min后,系统自动关闭车外后视镜和后窗玻璃加热除霜/除雾功能。如果在加热期间,则需要提前关闭加热功能,再次按下后窗玻璃除霜/除雾按键即可。

【注意】如果不再需要对车外后视镜除雾,则应关闭车外后视镜加热器,避免浪费蓄电池电量。

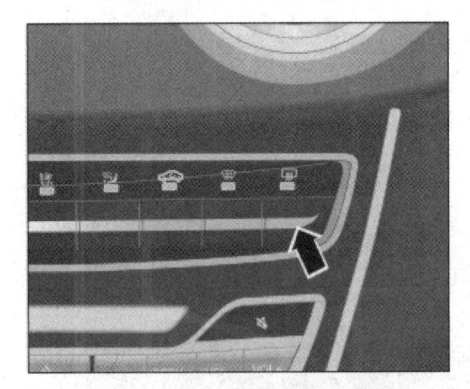

图5-8 车外后视镜除霜/除雾按键

四、电动后视镜机械故障检修

电动后视镜机械故障最常见的就是电动机损坏、镜片破损、各零部件运动不畅等。对于后视镜及镜片破损、电动机损坏故障,维修时必须进行更换处理;对于零部件运动不畅的故障,必须在拆解情况下清除异物及对干涉部位进行维修。

北汽EU5 R500纯电动汽车的车外后视镜更换步骤如下(以左侧后视镜为例,右侧的更换可参考左侧)。

1. 车外后视镜总成拆装

车外后视镜总成的拆装步骤如下。

(1)拆卸驾驶员侧车门内饰板。

(2)断开车外后视镜连接插头,如图5-9箭头所示,脱开车外后视镜线束密封胶套①与前门钣金焊接总成的连接。

(3)如图5-10所示,揭下驾驶员侧车门防水膜①,此处可揭下部分,不需要全部揭下。

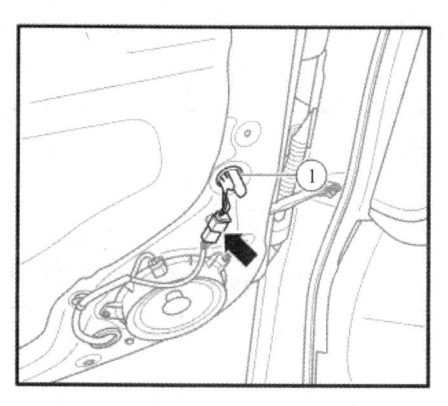

图 5-9　断开车外后视镜连接插头 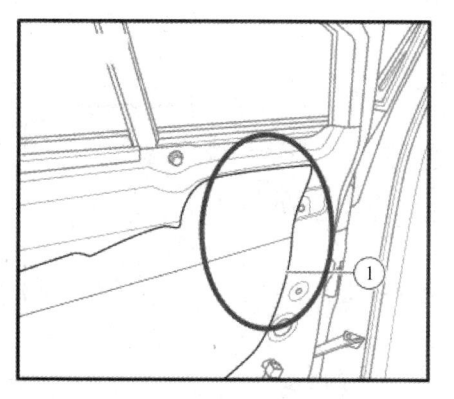　　图 5-10　揭下驾驶员侧车门防水膜

（4）断开车外后视镜线束固定卡扣（见图 5-11 箭头）与左前门钣金焊接总成的连接。

（5）断开车外后视镜线束插头（见图 5-12 箭头）。

图 5-11　断开车外后视镜线束固定卡扣 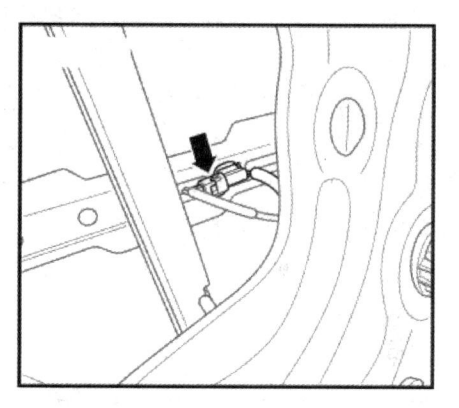　　图 5-12　断开车外后视镜线束插头

（6）使用 10mm 六角套筒拆卸车外后视镜总成固定螺母，如图 5-13 箭头所示，取下车外后视镜总成，螺母规格为 M6×1.0，螺母扭矩为 6～8N·m。

（7）车外后视镜总成的安装按照拆卸步骤倒序进行即可，需要注意安装完成后要进行车外后视镜功能检测。

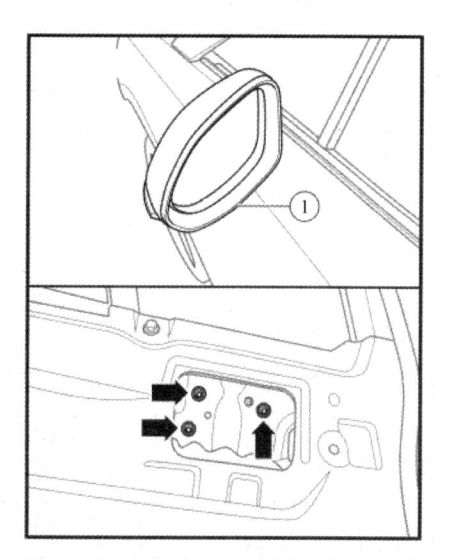

2. 车外后视镜镜片拆装（以左侧车外后视镜镜片为例，右侧可参考左侧）

（1）拆卸车外后视镜镜片时，沿图 5-14 所示箭头 A 方向翻转左侧车外后视镜镜片至极限位置。

（2）沿图 5-14 所示箭头 B 方向翻转左侧车外后视镜镜片至极限位置。

（3）撬出左侧车外后视镜镜片①。

图 5-13　拆卸车外后视镜总成固定螺母

【注意】在撬出左侧车外后视镜镜片①时，需要掌握好力度，以免力度过大损坏镜片。

(4）断开左侧车外后视镜镜片连接插头，如图 5-15 箭头 A 和箭头 B 所示，取下左侧车外后视镜镜片①。

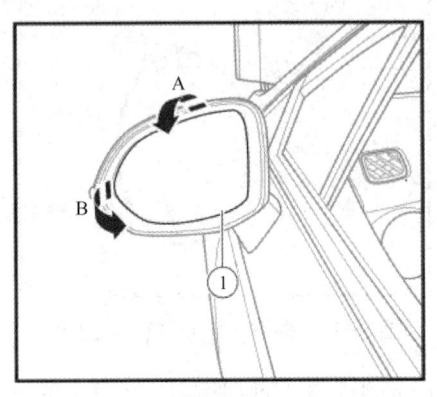

图 5-14　拆卸左侧车外后视镜镜片 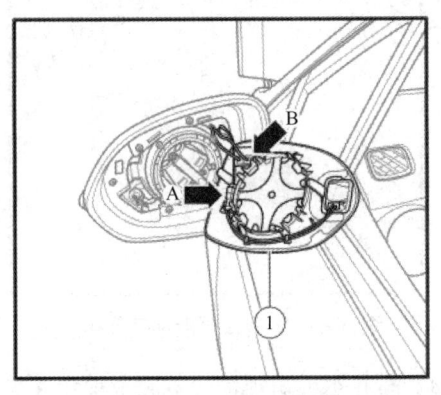　　　图 5-15　断开左侧车外后视镜镜片连接插头

（5）车外后视镜镜片的安装按照拆卸步骤倒序进行即可，需要注意安装完成后要进行车外后视镜镜片加热功能检测。

决策

根据任务要求制订新能源汽车电动后视镜更换实施计划，每个小组根据组员特点进行分工，并选出小组组长负责任务的分工与实施，决策记录表如表 5-1 所示。

表 5-1　决策记录表

序　号	小　组　成　员	任　　务
1	A　B	查阅维修手册等资料
2	C　D	工具准备
3	E　F	记录、汇报
4	G　H	安全员

计划

根据分工及任务要求制订工作计划，计划表如表 5-2 所示。

表 5-2　计划表

序　号	作业项目	操　作　人
1	拆卸车门内饰板	A　B
2	拆卸车外后视镜总成	C　D
3	拆卸车外后视镜镜片	A　B
4	安装车外后视镜镜片	C　D
5	安装车外后视镜总成	A　B
6	安装车门内饰板	C　D
7	安全、记录	E　F　G　H

实施

根据工作计划进行车外后视镜更换任务，完成实施记录表（见表5-3和表5-4），在测试结果栏选择是或否。

表5-3 实施记录表（1）

序号	实施项目	结果	序号	实施项目	结果
1	车门内饰板是否拆卸	是 否	6	车门内饰板、防水膜、镜片是否损坏	是 否
2	防水膜是否拆卸	是 否	7	车外后视镜镜片、车外后视镜总成是否安装	是 否
3	车外后视镜线束密封胶套是否拆卸	是 否	8	车外后视镜线束密封胶套是否安装、连接插头是否复位	是 否
4	车外后视镜连接插头是否断开	是 否	9	防水膜是否安装	是 否
5	车外后视镜镜片、车外后视镜总成是否拆卸	是 否	10	车门内饰板是否安装	是 否

表5-4 实施记录表（2）

序号	配件名称	选用工具	拧紧扭矩	操作人
1	车门内饰板	塑料撬板，十字螺丝刀	1.3~1.9N·m	A B
2	车外后视镜总成	10mm六角套筒	6~8N·m	C D

5S管理

1. 实训场地设备恢复。
2. 清洁实训车辆，打扫场地卫生，桌椅板凳摆放整齐有序。
3. 将工具、仪器、设备等归还原位。
4. 关闭实训场地的门窗、电源等。

任务2　电动后视镜不能调整控制电路故障检修

资讯（一）

北汽EU5 R500纯电动汽车电动后视镜控制系统由BCM（车身控制模块）、车外后视镜调节电动机（垂直调节电动机、水平调节电动机及折叠电动机）、后视镜调节开关等组成。其工作过程如图5-16所示，当驾驶员操作仪表板上的后视镜调节开关对左右两侧后视镜进行上下左右调节时，后视镜调节开关将对应侧后视镜调整电动机的两个端子分别与上游供电与下游搭铁相连，此时电动机中因有电流流过而转动，从而带动后视镜镜片移动，实现车外后视镜的调节控制。

当驾驶员操作仪表板上的后视镜调节开关对左右两侧后视镜进行折叠/展开调节时，后视镜调节开关将后视镜折叠/展开信号送至BCM，BCM接收到折叠/展开信号后便给左右两侧

77

后视镜折叠电动机发送控制指令，使折叠电动机运行实现车外后视镜折叠/展开操作。

当驾驶员开启小灯操作时，BCM 接收到灯光开关信号后便给后视镜调节开关提供背光电源，后视镜调节开关的背光灯便会被点亮。

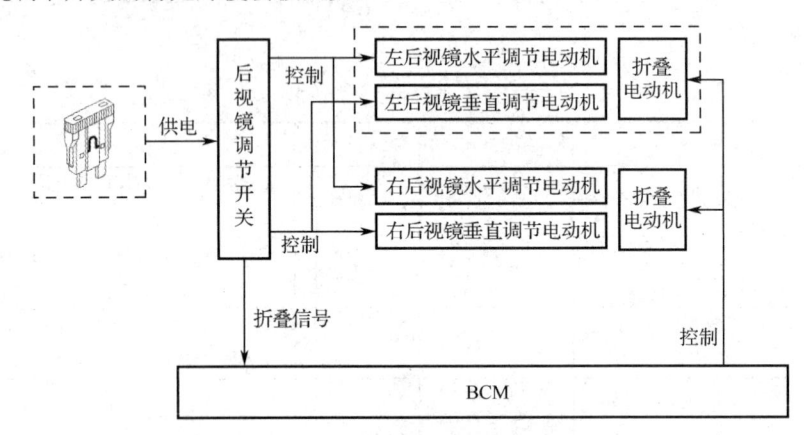

图 5-16 电动后视镜工作过程

在进行电动后视镜控制电路故障检修前，首先需要识读并拆画电动后视镜控制电路图。拆画电路图注意事项如下。

（1）尽量使用铅笔和直尺以保证所画电路的工整及可修改性。
（2）标注关键元器件的名称代号及相应引脚号。
（3）电路图中的元器件符号要标准。
（4）在拆画电路图中标注电流走向。

计划

根据分工及任务要求制订工作计划，计划表如表 5-5 所示。

表 5-5 计划表

序 号	作 业 项 目	操 作 人
1	查阅电路图	A B
2	分析电路原理及电流走向	C D
3	拆画电路草图	E F
4	协调组员并确定拆画电路图终稿	G H

实施

按照所制订的工作计划进行电动后视镜控制电路图拆画，并在拆画的电路图中标注主要电气元件名称及线路电流走向（见图 5-17）。

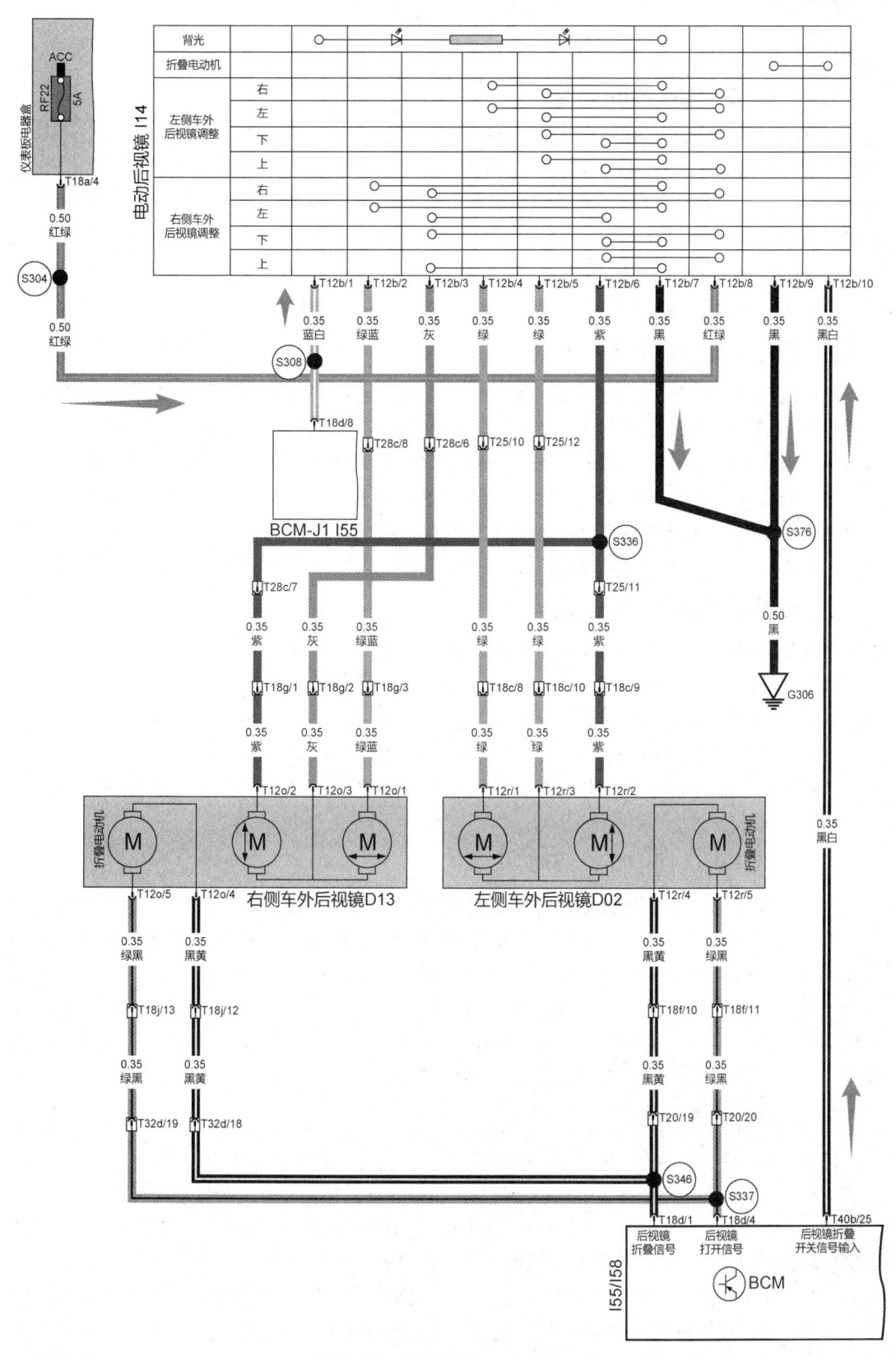

图 5-17 电动后视镜控制电路图

资讯（二）

1. 左侧车外后视镜向左调节

打开启动开关后，当驾驶员将后视镜调节开关调至"L"侧，即向左调节时，后视镜调节开关端子 T12b/4—T12b/8 和 T12b/5—T12b/7 相连。其电流路径为 ACC 电源→RF22（5A）熔断器→仪表板电器盒 T18a/4 端子→后视镜调节开关 T12b/8 端子→后视镜调节开关 T12b/4 端子→插接器 T25/10→插接器 T18c/8→左侧车外后视镜电动机 T12r/1 端子→左侧车外后视镜电动机 T12r/3 端子→插接器 T18c/10→插接器 T25/12→后视镜调节开关 T12b/5 端子→后视镜调节开关 T12b/7 端子→G306 搭铁点。此时，左侧车外后视镜向左运动。

2. 左侧车外后视镜向右调节

打开启动开关后，当驾驶员将后视镜调节开关调至"L"侧，即向右调节时，后视镜调节开关端子 T12b/4—T12b/7 和 T12b/5—T12b/8 相连。其电流路径为 ACC 电源→RF22（5A）熔断器→仪表板电器盒 T18a/4 端子→后视镜调节开关 T12b/8 端子→后视镜调节开关 T12b/5 端子→插接器 T25/12→插接器 T18c/10→左侧车外后视镜电动机 T12r/3 端子→左侧车外后视镜电动机 T12r/1 端子→插接器 T18c/8→插接器 T25/10→后视镜调节开关 T12b/4 端子→后视镜调节开关 T12b/7 端子→G306 搭铁点。此时，左侧车外后视镜向右运动。

3. 左侧车外后视镜向上调节

打开启动开关后，当驾驶员将后视镜调节开关调至"L"侧，即向上调节时，后视镜调节开关端子 T12b/5—T12b/7 和 T12b/6—T12b/8 相连。其电流路径为 ACC 电源→RF22（5A）熔断器→仪表板电器盒 T18a/4 端子→后视镜调节开关 T12b/8 端子→后视镜调节开关 T12b/6 端子→插接器 T25/11→插接器 T18c/9→左侧车外后视镜电动机 T12r/2 端子→左侧车外后视镜电动机 T12r/3 端子→插接器 T18c/10→插接器 T25/12→后视镜调节开关 T12b/5 端子→后视镜调节开关 T12b/7 端子→G306 搭铁点。此时，左侧车外后视镜向上运动。

4. 左侧车外后视镜向下调节

打开启动开关后，当驾驶员将后视镜调节开关调至"L"侧，即向下调节时，后视镜调节开关端子 T12b/6—T12b/7 和 T12b/5—T12b/8 相连。其电流路径为 ACC 电源→RF22（5A）熔断器→仪表板电器盒 T18a/4 端子→后视镜调节开关 T12b/8 端子→后视镜调节开关 T12b/5 端子→插接器 T25/12→插接器 T18c/10→左侧车外后视镜电动机 T12r/3 端子→左侧车外后视镜电动机 T12r/2 端子→插接器 T18c/9→插接器 T25/11→后视镜调节开关 T12b/6 端子→后视镜调节开关 T12b/7 端子→G306 搭铁点。此时，左侧车外后视镜向下运动。

5. 后视镜折叠调节

打开启动开关后，BCM 初始化完成后处于工作状态。当驾驶员将后视镜调节开关调至折叠挡位时，后视镜调节开关端子 T12b/9—T12b/10 相连。其电流路径为 BCM T40b/25 端子→后视镜调节开关 T12b/10 端子→后视镜调节开关 T12b/9 端子→G306 搭铁点。此时，BCM T40b/25 端子接收到搭铁信号，BCM 根据内部程序设定控制折叠电动机动作，其电路分为两路：一路由 BCM T18d/1 端子→插接器 T20/19→插接器 T18f/10→左侧车外后视镜折叠电动机 T12r/4 端子→左侧车外后视镜折叠电动机 T12r/5 端子→插接器 T18f/11→插接器 T20/20→BCM T18d/4 端子；另一路由 BCM T18d/1 端子→插接器 T32d/18→插接器 T18j/12→右侧车外后视镜折叠电

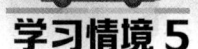

动机 T12o/4 端子→右侧车外后视镜折叠电动机 T12o/5 端子→插接器 T18j/13→插接器 T32d/19→BCM T18d/4 端子，经 BCM 搭铁点搭铁。此时，左右两侧车外后视镜进行折叠操作。

6. 后视镜展开调节

打开启动开关后，BCM 初始化完成后处于工作状态。当驾驶员将后视镜调节开关退出折叠挡位时，后视镜调节开关端子 T12b/9—T12b/10 断开。其电流路径为 BCM T40b/25 端子→后视镜调节开关 T12b/10 端子→后视镜调节开关 T12b/9 端子→G306 搭铁点线路短路。此时，BCM T40b/25 端子因未接收到搭铁信号而变为高电位，BCM 根据内部程序设定控制折叠电动机动作，其电路分为两路：一路由 BCM T18d/4 端子→插接器 T20/20→插接器 T18f/11→左侧车外后视镜折叠电动机 T12r/5 端子→左侧车外后视镜折叠电动机 T12r/4 端子→插接器 T18f/10→插接器 T20/19→BCM T18d/1 端子；另一路由 BCM T18d/4 端子→插接器 T32d/19→插接器 T18j/13→右侧车外后视镜折叠电动机 T12o/5 端子→右侧车外后视镜折叠电动机 T12o/4 端子→插接器 T18j/12→插接器 T32d/18→BCM T18d/1 端子，经 BCM 搭铁点进行搭铁。此时，左右两侧车外后视镜进行展开操作。

右侧车外后视镜的调节原理与左侧车外后视镜的调节原理相似，此处不再赘述。

实施

根据故障现象，分析电动后视镜不能调整可能存在的故障点，填写实施记录表（见表5-6）。

表 5-6 实施记录表

序 号	可 能 原 因	序 号	可 能 原 因
1	调节开关供电熔断器损坏	6	BCM 搭铁线路损坏
2	熔断器至调节开关线路损坏	7	搭铁点脱落
3	BCM 本身局部损坏	8	中间插接器松动
4	后视镜调节开关损坏	9	调节开关至电动机线路损坏
5	后视镜电动机损坏	10	电动机至 BCM 线路损坏

资讯（三）

1. 后视镜开关

北汽 EU5 R500 纯电动汽车右侧车外后视镜接线端子与左侧车外后视镜接线端子类似，以左侧车外后视镜为例，其接线端子如图 5-18 所示。

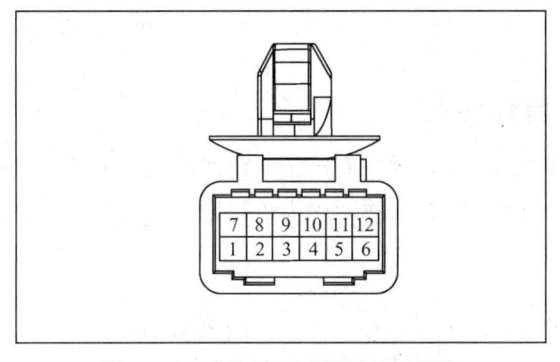

图 5-18 左侧车外后视镜接线端子

左侧车外后视镜引脚编号及定义如表5-7所示。

表5-7 左侧车外后视镜引脚编号及定义

引脚编号	引脚定义	引脚编号	引脚定义
1	后视镜水平调节信号	6	后视镜加热电源
2	后视镜垂直调节信号	7	接地
3	后视镜调节公共线	8	转向灯电源
4	后视镜折叠信号	9	电源
5	后视镜打开信号	10	左变道灯+

电动后视镜调节开关接线端子如图5-19所示。

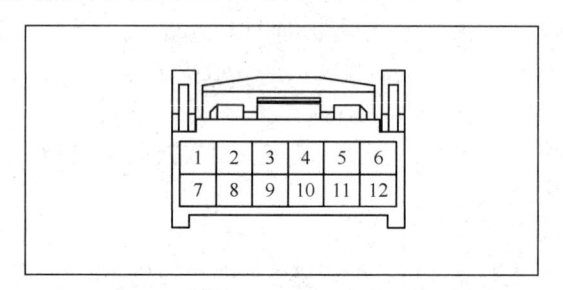

图5-19 电动后视镜调节开关接线端子

电动后视镜调节开关接线引脚编号及定义如表5-8所示。

表5-8 电动后视镜调节开关接线引脚编号及定义

引脚编号	引脚定义	引脚编号	引脚定义
1	背光照明	6	车外后视镜垂直调节信号
2	右侧车外后视镜水平调节信号	7	接地
3	右侧车外后视镜公共线	8	电源
4	左侧车外后视镜水平调节信号	9	接地
5	左侧车外后视镜公共线	10	接地

2. 单件测试

测试方法：关闭启动开关，断开蓄电池负极，拆卸后视镜调节开关及供电熔断器，利用万用表欧姆挡测量熔断器和后视镜调节开关在不同挡位的电阻阻值，若不符合要求，则应更换。

3. 利用诊断仪与万用表检测

连接诊断仪，打开启动开关，首先利用诊断仪读取BCM故障代码或数据流，根据故障代码或数据流进行相应检测，然后利用万用表进行电压及电阻检测。

计划

根据分工及任务要求制订工作计划，计划表如表5-9所示。

表5-9 计划表

序 号	测 试 项 目	使 用 工 具	操 作 人
1	单件测试	万用表、跳线	A B
2	读故障代码或数据流	诊断仪	C D
3	电压检测	万用表、跳线	E F
4	电阻检测	万用表、跳线	A B

实施

按照制订的工作计划开展相应检测，并完成实施记录表（见表5-10）。

表5-10 实施记录表

序 号	测 试 项 目	标 准 值	实 测 值	是否正常	维修建议（否）
1	"L"侧向上调节： T12b/6—T12b/8 T12b/5—T12b/7	<1Ω		是 否	更换开关
2	"L"侧向下调节： T12b/5—T12b/8 T12b/6—T12b/7	<1Ω		是 否	更换开关
3	"L"侧向左调节： T12b/4—T12b/8 T12b/5—T12b/7	<1Ω		是 否	更换开关
4	"L"侧向右调节： T12b/4—T12b/7 T12b/5—T12b/8	<1Ω		是 否	更换开关
5	"R"侧向上调节： T12b/6—T12b/8 T12b/3—T12b/7	<1Ω		是 否	更换开关
6	"R"侧向下调节： T12b/3—T12b/8 T12b/6—T12b/7	<1Ω		是 否	更换开关
7	"R"侧向右调节： T12b/3—T12b/8 T12b/2—T12b/7	<1Ω		是 否	更换开关
8	"R"侧向左调节： T12b/2—T12b/8 T12b/3—T12b/7	<1Ω		是 否	更换开关
9	折叠调节： T12b/9—T12b/10	<1Ω		是 否	更换开关
10	RF22	<1Ω		是 否	更换熔断器

1. 单件测试

关闭启动开关，断开蓄电池负极，拆卸后视镜调节开关及供电熔断器，利用万用表欧姆挡测量熔断器和后视镜调节开关在不同挡位的电阻阻值，在测试结果是否正常栏选择是或否，如果不正常则给出维修建议。

2. 读取故障代码或数据流

连接诊断仪，打开启动开关，利用诊断仪读取 BCM 中的故障代码或电动后视镜调节开关数据流，实施记录表如表 5-11 所示。

表 5-11 实施记录表

序　号	故障代码或数据流含义	可能原因（异常）
1		
2		
清除故障代码，再次读取，故障代码能否清除：是　　　否		

3. 电压测试

打开启动开关，调节后视镜调节开关，并用万用表电压挡测量后视镜调节开关对应引脚的对地电压值，填写实施记录表（1），如表 5-12 所示，在测试结果是否正常栏选择是或否，如果不正常则给出维修建议。

表 5-12 实施记录表（1）

序　号	测试项目	标　准　值	实　测　值	是否正常	维修建议（否）
1	T12b/8—地			是　否	检查上游供电或检修线束
2	T12b/9—地			是　否	检查搭铁点或检修线束
3	T12b/10—地			是　否	检查 BCM 或检修线束
4	RF22—地			是　否	更换熔断器或检查上游供电

4. 电阻检测

根据上一步电压测量及实际故障现象，断开蓄电池负极，用万用表欧姆挡测量后视镜调节开关及调节电动机相关线路电阻阻值，填写实施记录表（2），如表 5-13 所示，在测试结果是否正常栏选择是或否，如果不正常则给出维修建议。

表 5-13 实施记录表（2）

序　号	测试项目	标　准　值	实　测　值	是否正常	维修建议（否）
1	T18a/4—T12b/8	<1Ω		是　否	检修线束
2	T12b/7—G306 T12b/9—G306	<1Ω		是　否	检修线束
3	T12b/2—T12o/1	<1Ω		是　否	检修线束
4	T12b/3—T12o/3	<1Ω		是　否	检修线束
5	T12b/4—T12r/1	<1Ω		是　否	检修线束
6	T12b/5—T12r/3	<1Ω		是　否	检修线束
7	T12b/6—T12o/2 T12b/6—T2r/2	<1Ω		是　否	检修线束
8	T12b/10—T40b/25	<1Ω		是　否	检修线束
9	T18d/1—T12r/4 T18d/1—T12o/4	<1Ω		是　否	检修线束
10	T18d/4—T12r/5 T18d/4—T12o/5	<1Ω		是　否	检修线束

检查

1. 自检

各小组针对操作实施情况进行自检，自检记录表如表 5-14 所示，在测试结果栏选择是或否。

表 5-14 自检记录表

序号	检查项目	结果	序号	检查项目	结果
1	是否规范操作仪器仪表	是 否	4	检测工具是否清洁复位	是 否
2	测试条件是否正确	是 否	5	测量插头、线束是否复位	是 否
3	启动开关是否关闭	是 否	6	场地卫生是否清扫	是 否

2. 互检

各小组针对操作实施情况进行互检，互检记录表如表 5-15 所示，在测试结果栏选择是或否。

表 5-15 互检记录表

序号	检查项目	结果	序号	检查项目	结果
1	启动开关是否关闭	是 否	3	测量插头、线束是否复位	是 否
2	检测工具是否清洁复位	是 否	4	场地卫生是否清扫	是 否

3. 终检

指导教师针对各小组实施情况进行终检，终检记录表如表 5-16 所示，在测试结果栏选择是或否。

表 5-16 终检记录表

序号	检查项目	结果	序号	检查项目	结果
1	启动开关是否关闭	是 否	3	测量插头、线束是否复位	是 否
2	检测工具是否清洁复位	是 否	4	场地卫生是否清扫	是 否

评估

授课结束后，指导教师指导学生对操作过程进行评价，完成学习任务评价表（见表 5-17），指导学生进行课后总结，查找存在的问题，完成评估记录表（见表 5-18）。

表 5-17 学习任务评价表

班级：　　　　　姓名：　　　　　学号：

项目	自我评价			小组互评			教师评价		
	10~9	8~6	5~1	10~9	8~6	5~1	10~9	8~6	5~1
	占总评10%			占总评30%			占总评60%		
工具设备使用能力									

续表

项　　目	自 我 评 价			小 组 互 评			教 师 评 价		
	10~9	8~6	5~1	10~9	8~6	5~1	10~9	8~6	5~1
	占总评10%			占总评30%			占总评60%		
资料信息查阅能力									
数据读取分析能力									
实训报告撰写能力									
协作精神									
纪律观念									
表达能力									
工作态度									
安全意识									
总体表现									
小计									
总评									

指导教师：_____　　　　　　年　　月　　日

表 5-18　评估记录表

课 堂 小 结	
实训结束后，指导教师指导学生分享本次实训收获。	
序　　号	存在的问题
1	
2	

5S管理

1. 实训场地设备恢复。
2. 清洁实训车辆，打扫场地卫生，桌椅板凳摆放整齐有序。
3. 将工具、仪器、设备等归还原位。
4. 关闭实训场地的门窗、电源等。

习题测试

一、填空题

1. 轿车及其他轻型乘用车一般装配的后视镜分为_____和_____。

2．车内后视镜可以防止_____。

3．电动后视镜主要由_____、车镜支架、_____、_____等构成。

4．电动后视镜一般采用_____电动机，每个后视镜安装____个。

5．电动后视镜的控制开关通常安装在_____或_____上，由驾驶员控制后视镜的角度。

6．北汽 EU5 R500 纯电动汽车电动后视镜在"启动/停止"按键位于"_____"或"_____"挡时，可进行操控。

7．BCM 给后视镜调节开关提供的是_____信号。

8．北汽 EU5 R500 纯电动汽车电动后视镜控制系统由_____、_____、_____等组成。

二、问答题

1．电动后视镜的功用是什么？
2．电动后视镜的工作原理是什么？
3．电动后视镜常见的机械故障有哪些？
4．电动后视镜折叠与展开的原理是什么？
5．解释电动后视镜调节开关引脚的定义。
6．分析电动后视镜控制系统不工作可能的故障原因。

学习情境 6

新能源汽车中控门锁及防盗系统故障检修

学习情境描述

某客户驾驶的 2018 年生产的北汽 EU5 R500 纯电动汽车，该车行驶里程为 7 万千米，当用遥控器锁车时驾驶员侧中控门锁没有任何反应，其他车门落锁后自动解锁，要求予以检修。

学习内容

1. 新能源汽车中控门锁、遥控门锁的功用、结构组成、工作原理。
2. 新能源汽车防盗系统的分类、结构组成、工作原理。
3. 新能源汽车中控门锁控制电路图识读。
4. 新能源汽车防盗系统电路图识读。
5. 新能源汽车中控门锁系统的故障检修。
6. 新能源汽车防盗系统的故障检修。

学习目标

1. 能够描述新能源汽车中控门锁、遥控门锁的功用、结构组成、工作原理，正确率不低于 85%。
2. 能够描述新能源汽车防盗系统的分类、结构组成、工作原理，正确率不低于 85%。
3. 能够使用工具按照正确的方法对中控门锁各元器件进行规范拆装，正确率不低于 90%。
4. 能熟练进行新能源汽车中控门锁控制电路图的识读，正确率不低于 90%。
5. 能熟练进行新能源汽车防盗系统电路图的识读，正确率不低于 90%。
6. 能够使用故障诊断仪结合故障现象初步判断中控门锁故障的原因，并进行故障检测及相关故障排除，正确率不低于 90%。
7. 能够结合故障现象初步判断防盗系统故障的原因，并进行故障检测及相关故障排除，正确率不低于 90%。

8. 弘扬精益求精的工匠精神，养成脚踏实地、认真负责的工作作风，践行安全生产、团队协作的职业素养。

教学准备

1. 教学用整车一辆（北汽 EU5 R500）、汽车举升机、拆装工具。
2. 防护工具：车内四件套、车外三件套、车辆挡块、灭火器、隔离桩、警示牌等。
3. 其他材料：车辆使用手册、维修手册、整车电路图册。

教学实施

任务1　中控门锁总成的更换

资讯

一、中控门锁的功用

现代乘用车绝大部分都采用中央控制门锁系统，简称中控门锁系统。中控门锁利用每个门锁总成内的一个门锁电动机来实现门锁的锁止或解锁操作。门锁电动机只能由左前车门玻璃升降器总开关上的中控门锁控制开关或驾驶员侧车门上的锁芯开关或遥控钥匙来操纵。当用遥控钥匙或锁芯开关或中控门锁控制开关锁止或解锁驾驶员侧车门时，所有车门均应上锁或解锁。

1. 钥匙开锁/闭锁

（1）驾驶员侧车门钥匙转到开锁位置，四个车门门锁打开。
（2）驾驶员侧车门钥匙转到闭锁位置，四个车门门锁闭锁。
（3）车内开锁/闭锁开关（在驾驶员侧车门上）：开锁动作，四个车门门锁打开；闭锁动作，四个车门门锁闭锁。
（4）后备箱门可以被遥控器或开关开启。在车速达到 5km/h 以上时后备箱门开启功能禁止。

2. 自动落锁

（1）启动开关电源模式处于 ON 状态，车速连续 3s 以上大于 10km/h 后，四个车门门锁会自动闭锁。
（2）当用遥控器开启后备箱门时，后备箱门将在关闭 1.5s 后自动落锁。
（3）遥控器解锁 15s 后，若四个车门、后备箱盖任一车门未被打开，则车门都会自动重锁。车内灯关闭，系统进入布警状态。

3. 自动解锁

在门锁上锁且电源模式处于 OFF 状态时，四个车门自动开锁。电源模式在任何状态下，按下后备箱门遥控解锁按键超过 2s，后备箱门解锁。

4. 中控门锁控制功能

启动开关电源模式处于 OFF 状态，按压一次遥控器上的解锁键，四个车门解锁，转向灯

闪烁三次确认，车内灯点亮，示廓灯点亮。启动开关电源模式处于 OFF 状态，按下遥控器上的闭锁键一次，四个车门闭锁，转向灯闪烁确认，车内灯熄灭，示廓灯熄灭。按下车内闭锁键，四个车门闭锁。电源模式不在 ON 状态或在 ON 状态且车速小于 15km/h 时，如果中控开关按至解锁位置，则 BCM 驱动四个车门解锁。当车速大于 15km/h 时，中控解锁命令被禁止。电源模式在 ON 状态时，除了解除报警操作和后备箱门解锁的任何遥控命令，都不会被执行。

为了方便，除中央系统控制外，乘客仍可以利用各车门的机械式门锁开关控制对应车门。

二、中控门锁的组成

现在汽车的中控门锁采用电控，通过门锁控制开关控制门锁执行器实现开锁/闭锁操作，而且通常与汽车防盗系统结合在一起，提高了汽车的安全性能。

中控门锁系统一般由控制开关、门锁执行机构、门锁控制器等组成。

1. 控制开关

（1）门锁控制开关。

门锁控制开关一般安装在左前门内侧的扶手上，为杠杆型开关，如图 6-1 所示。将开关推向右侧是锁门，推向左侧是开门。其他车门的门锁控制开关不同，车型结构也不同，如图 6-2 所示。

图 6-1　驾驶员侧门锁控制开关

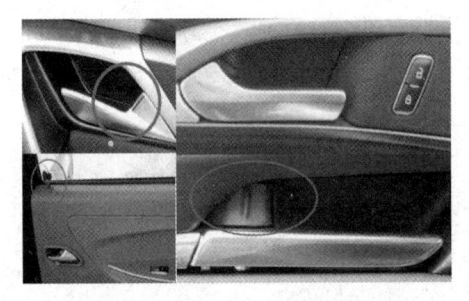

图 6-2　副驾驶员侧门锁控制开关

（2）机械钥匙控制开关。

大部分汽车车门钥匙孔位于车门把手尾部的锁盖上，出于美观考虑把钥匙孔隐藏起来，这种设计其实比直接外露的钥匙孔更加实用，平时钥匙孔隐藏起来可以防止钥匙孔进灰尘。当遥控钥匙失灵或没电时，就要把车门把手尾部的锁盖打开，如图 6-3 所示。当从车外用钥匙开锁或闭锁时，机械钥匙控制开关便会通过机械机构带动门锁总成内部产生开锁或闭锁信号。

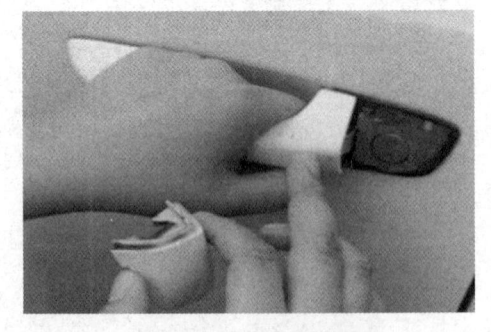

图 6-3　机械开关位置

（3）门控开关。

门控开关用来检测车门的开闭情况。车门打开时，门控开关接通；车门关闭时，门控开关断开。

（4）门锁开关。

门锁开关用来检测车门的开闭情况。当车门关闭时，门锁开关断开；反之，门锁开关接通。它比直接检测车门开闭情况的门控开关更安全、可靠，它能检测锁止的离合状态。

（5）后备箱开启开关。

后备箱开启开关通常位于仪表板下面或驾驶员侧车门上，拉动或按压此开关便能打开后备箱，如图 6-4 所示。

图 6-4　后备箱开启开关

2. 门锁执行机构

汽车门锁执行机构一般采用电磁铁或微型电动机控制。

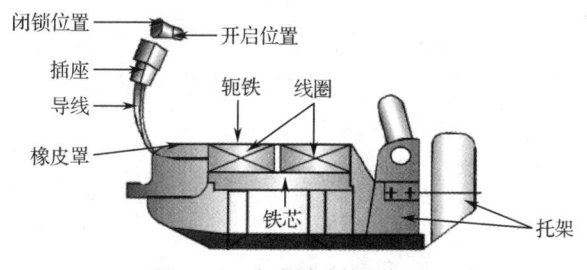

（1）电磁铁式执行机构。

电磁铁式执行机构的开锁和闭锁均由电磁铁驱动，如图 6-5 所示。铁芯与锁门操纵杆相连，且能在两个线圈中自由移动。当锁门线圈通电后，铁芯在电磁力作用下左移，将门锁锁止；当开门线圈通电后，铁芯右移，将门锁开启。

图 6-5　电磁铁式执行机构

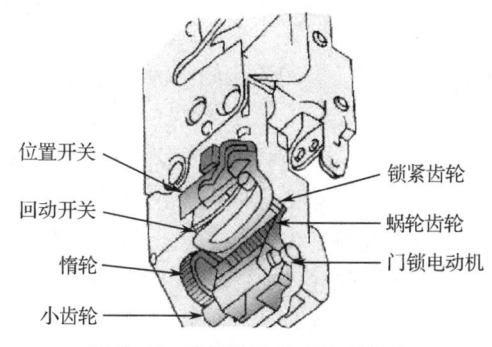

（2）微型电动机式执行机构。

微型电动机式执行机构由可逆电动机、传动装置及锁体总成构成。工作时，电动机带动齿轮齿条副或螺杆螺母副，进而驱动锁体总成，驱动车门闭锁或开锁。微型电动机式执行机构如图 6-6 所示。

图 6-6　微型电动机式执行机构

3. 门锁控制器

门锁控制器是为车门门锁执行机构提供开锁/闭锁脉冲电流的控制装置。无论何种门锁执行机构，都通过改变执行机构通电电流方向控制连杆移动，实现门锁的锁止和开启。

门锁控制器的种类很多，按其控制原理大致可分为晶体管式、电容式和车速感应式三种门锁控制器。

（1）晶体管式门锁控制器。

晶体管式门锁控制器内部有 2 个继电器，由晶体管开关电路控制，其中一个控制锁门，另一个控制开门，如图 6-7 所示。利用内部电容器的充放电过程控制脉冲电流，使门锁执行机构完成开闭功能。

（2）电容式门锁控制器。

电容式门锁控制器利用电容器充放电特性，平时电容器充足电，工作时把它接入控制电路，使电容器放电，并使继电器通电而短时吸合。电容器完全放电后，通过继电器的电流中断使其触点断开，门锁系统不再动作。此时，另一个电容器处于充电状态，为下一次操作储备能量，如图 6-8 所示。

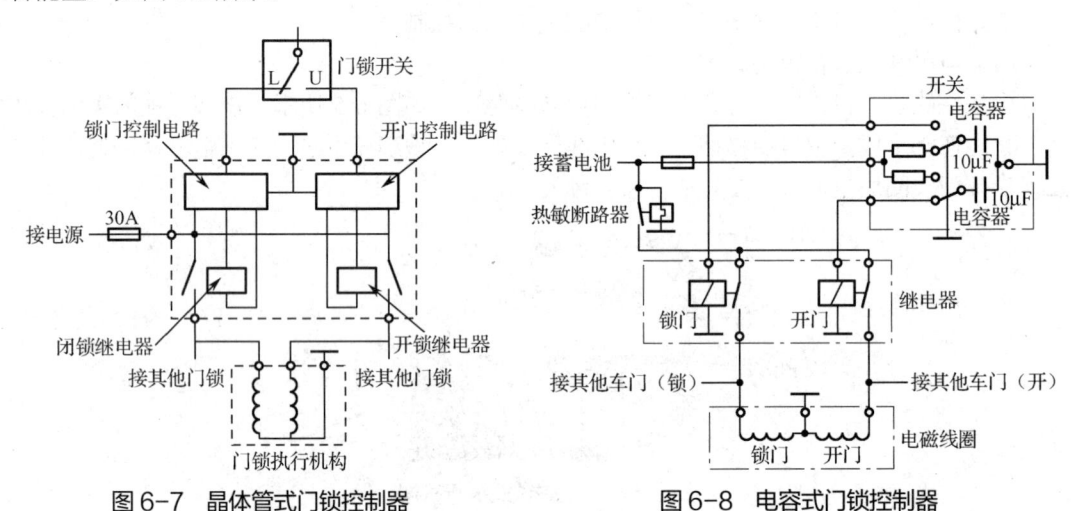

图 6-7 晶体管式门锁控制器

图 6-8 电容式门锁控制器

（3）车速感应式门锁控制器。

车速感应式门锁控制器系统内部装有一个车速为 10km/h 的感应开关，当车速大于 10km/h 时，若车门未上锁，驾驶员则不需要动手，门锁控制器自动将门上锁，如图 6-9 所示。

启动开关接通时，电流经警告灯可使 3 个车门的警告灯开关（此时门未锁）搭铁，警告灯亮。若按下锁门开关，则定时器使三极管 VT_2 导通，在三极管 VT_2 导通期间，锁定继电器线圈 L_1 通电，常开触点闭合，门锁执行机构通正向电流，执行锁门动作。当按下开锁开关时，开锁继电器线圈 L_2 通电，常开触点闭合，门锁执行机构通反向电流，执行开门动作。当汽车行驶时，若车门未锁且车速低于 10km/h 时，则置于车速表内的 10km/h 车速感应开关闭合，此时稳态电路不向三极管 VT_1 提供基极电流；当车速高于 10km/h 时，车速感应开关断开，此时稳态电路向三极管 VT_1 提供基极电流，VT_1 导通，定时器触发端经 VT_1 和车门报警开关搭铁，如同按下锁门开关一样，使车门锁定，从而保证行车安全。

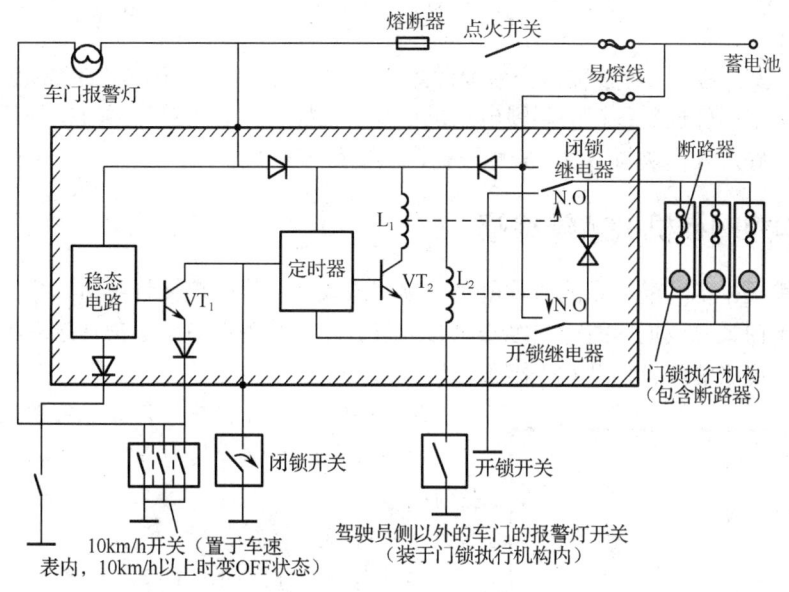

图 6-9 车速感应式门锁控制器

三、中控门锁工作原理

中控门锁系统原理：当驾驶员操作门锁控制开关或机械钥匙控制开关时，控制信号便被送至门锁控制器或控制单元，控制器或控制单元被触发，根据内部设定程序控制门锁执行机构动作，完成门锁的开锁、闭锁动作。吉利 EV300 中控门锁控制原理图如图 6-10 所示。

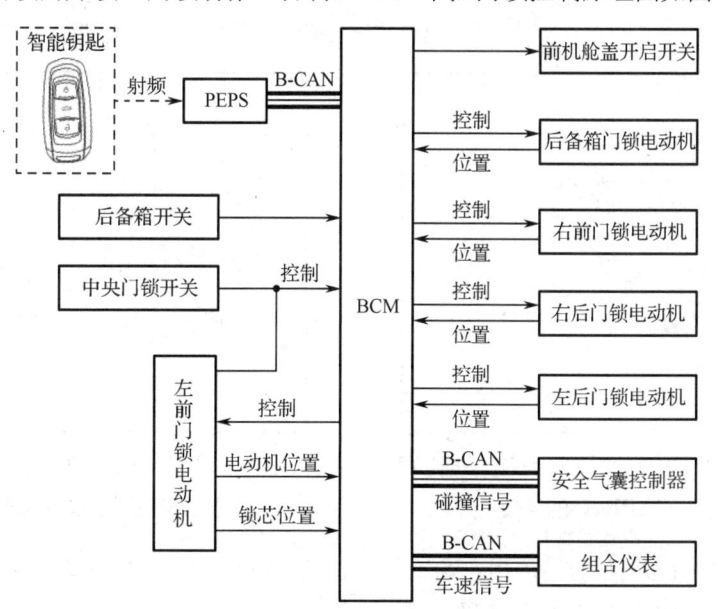

图 6-10 吉利 EV300 中控门锁控制原理图

（1）上锁操作。

当 BCM 接收到开关上锁输入信号或满足自动落锁条件时，从 BCM 的上锁输出端输出电源，控制五个车门的门锁电动机执行上锁操作。

(2) 解锁操作。

当 BCM 接收到开关解锁输入信号或满足自动解锁条件时，从 BCM 的解锁输出端输出电源，控制四个车门外加后备箱的门锁电动机执行解锁操作。后备箱可通过操作后备箱门锁开关或通过无钥匙进入模块与 BCM 信号控制，以进行单独开启。

四、中控门锁机械故障检修

中控门锁机械部分最常见的故障就是门锁总成损坏、机械连接杆脱落、相关零部件运动不畅等。对于门锁总成损坏故障，维修时必须进行更换处理；对于零部件运动不畅的故障，必须在拆解情况下清除异物及对干涉部位进行维修。

北汽 EU5 R500 纯电动汽车门锁总成更换步骤如下（以左前车门为例，其他车门门锁总成更换可参考左前门）。

(1) 拆卸左前车门内饰板组件。

(2) 拆卸左前车门内饰板固定螺钉，如图 6-11 箭头所示，取下左前车门内饰板固定支架①，螺钉拧紧扭矩为 1.3~1.9N·m。

(3) 拆卸左前车门防水膜。

(4) 从箭头位置断开左前车门把手基座总成拉杆①与左前车门锁体的连接，如图 6-12 所示。

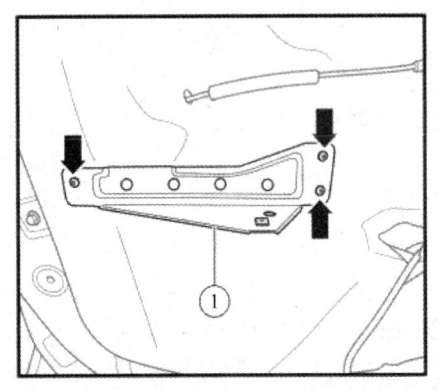

图 6-11 拆卸左前车门内饰板固定支架

(5) 从图 6-13 箭头所示位置断开左前车门锁体拉杆①与左前车门把手锁芯的连接。

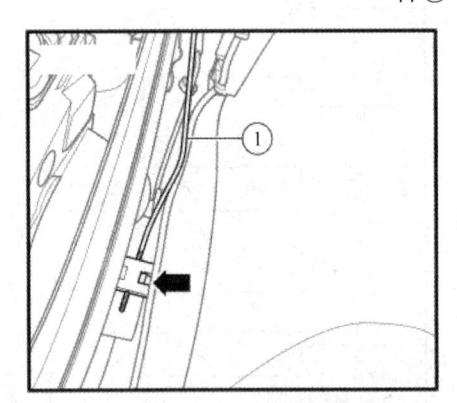

图 6-12 断开左前车门把手基座总成拉杆与左前车门锁体的连接

图 6-13 断开左前车门锁体拉杆与左前车门把手锁芯的连接

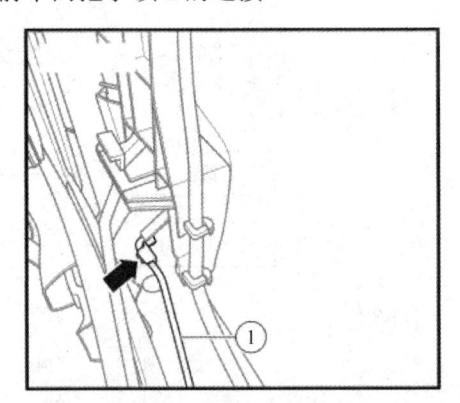

(6) 使用 10mm 六角套筒旋出左前车门导轨固定螺栓，拆下左前车门导轨，螺栓规格为 M6×1.0×12，螺栓拧紧扭矩为 8~10N·m。

(7) 使用 T30mm 花型旋具套筒旋出左前车门锁体总成固定螺栓，如图 6-14 箭头所示，断开左前车门锁体总成①与左前车门钣金焊接总成的连接，螺栓规格为 M6×1.0×18，螺栓拧紧扭矩为 8~10N·m。

(8) 断开左前车门锁体总成连接插头，如图 6-15 箭头所示，取下左前车门锁体总成①。

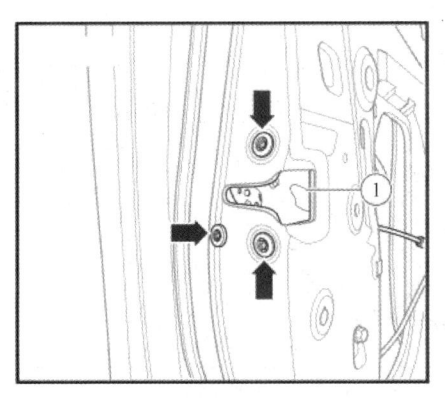

图 6-14 拆卸左前车门锁体总成固定螺栓 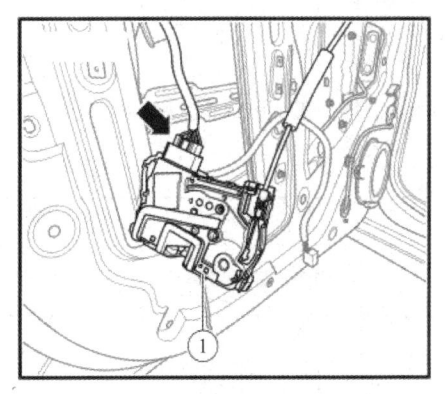　　图 6-15 断开左前车门锁体总成连接插头

（9）门锁总成的安装按照拆卸步骤倒序进行即可，需要注意安装完成后要进行门锁功能检测。

决策

根据任务要求制订新能源汽车门锁总成更换实施计划，每个小组根据组员特点进行分工，并选出小组组长负责任务的分工与实施，并填写决策记录表，如表 6-1 所示。

表 6-1　决策记录表

序　号	小　组　成　员	任　　务
1	A　B	查阅维修手册等资料
2	C　D	工具准备
3	E　F	记录、汇报
4	G　H	安全员

计划

根据分工及任务要求制订工作计划，计划表如表 6-2 所示。

表 6-2　计划表

序　号	作业项目	操作人
1	拆卸车门内饰板	A　B
2	拆卸车门导轨	C　D
3	拆卸门锁总成	E　F
4	安装门锁总成	A　B
5	安装车门导轨	C　D
6	安装车门内饰板	E　F
7	安全、记录	G　H

实施

根据工作计划进行门锁总成更换任务，完成实施记录表（见表 6-3 和表 6-4）。

表 6-3 实施记录表（1）

序 号	实施项目	结 果	序 号	实施项目	结 果
1	车门内饰板是否拆卸	是 否	6	车门内饰板、防水膜、拉杆是否有损坏	是 否
2	防水膜是否拆卸	是 否	7	门锁总成、车门导轨是否安装	是 否
3	车门导轨是否拆卸	是 否	8	拉杆、连接插头是否复位	是 否
4	门锁拉杆是否断开	是 否	9	防水膜是否安装	是 否
5	门锁总成是否拆卸	是 否	10	车门内饰板是否安装	是 否

表 6-4 实施记录表（2）

序 号	配件名称	选用工具	拧紧扭矩	操 作 人
1	车门内饰板	塑料撬板、十字螺丝刀	1.3～1.9N·m	A B
2	车门内饰板支架	十字螺丝刀	1.3～1.9N·m	C D
3	车门导轨	10mm 六角套筒	8～10N·m	E F
4	门锁总成	T30mm 花型旋具套筒	8～10N·m	A B

5S管理

1. 实训场地设备恢复。
2. 清洁实训车辆，打扫场地卫生，桌椅板凳摆放整齐有序。
3. 将工具、仪器、设备等归还原位。
4. 关闭实训场地的门窗、电源等。

任务 2　中控门锁不工作控制电路故障检修

北汽 EU5 中控门锁控制原理

资讯（一）

北汽 EU5 R500 纯电动汽车中控门锁控制系统由 BCM（车身控制模块）、门锁总成（左前门、左后门、右前门、右后门）、快充盖锁电动机、左前门玻璃升降开关、后备箱锁电动机、后备箱开启开关、后备箱灯等组成，如图 6-16 所示。其工作过程如下：当驾驶员操作仪表板上的中控门锁开关时，中控门锁开关将开锁/闭锁信号送至 BCM，BCM 接收到信号后根据内部程序设定，向各车门门锁总成电动机发送指令，此时电动机中因有电流流过而转动，从而门锁总成实现车门的开锁、闭锁控制。

当驾驶员利用机械钥匙进行开锁、闭锁操作时，左前门锁总成内的微动开关将开锁或闭锁信号送至 BCM，BCM 接收到信号后根据内部程序设定，向各车门门锁总成电动机发送指令，此时电动机中因有电流流过而转动，从而门锁总成实现车门的开锁、闭锁控制。

当驾驶员操作后备箱开关时，后备箱开关信号送至 BCM，BCM 接收到信号后根据内部程序设定，向后备箱门锁电动机发送指令，此时电动机中因有电流流过而转动，从而后备箱门锁电动机实现后备箱的解锁控制。同时，后备箱门锁电动机总成内部的位置开关将后备箱开启信号送至 BCM，并接通后备箱灯电路，实现照明功能。

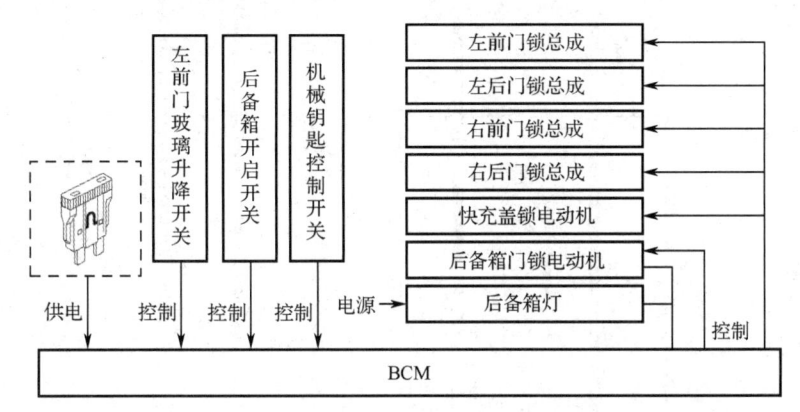

图 6-16　北汽 EU5 R500 纯电动汽车中控门锁控制原理图

在进行中控门锁控制电路故障检修前，首先需要识读并拆画中控门锁控制电路图。拆画电路图注意事项如下。

（1）尽量使用铅笔和直尺以保证所画电路的工整及可修改性。
（2）标注关键元器件的名称代号及相应引脚号。
（3）电路图中的元器件符号要标准。
（4）在拆画电路中标注电流走向。

计划

根据分工及任务要求制订工作计划，计划表如表 6-5 所示。

表 6-5　计划表

序　号	作　业　项　目	操　作　人
1	查阅电路图	
2	分析电路原理及电流走向	
3	拆画电路草图	
4	协调组员并确定拆画电路图终稿	

实施

按照所制订的工作计划进行中控门锁控制电路图拆画，并在拆画电路图中标注主要电气元件名称及线路电流走向（见图 6-17）。

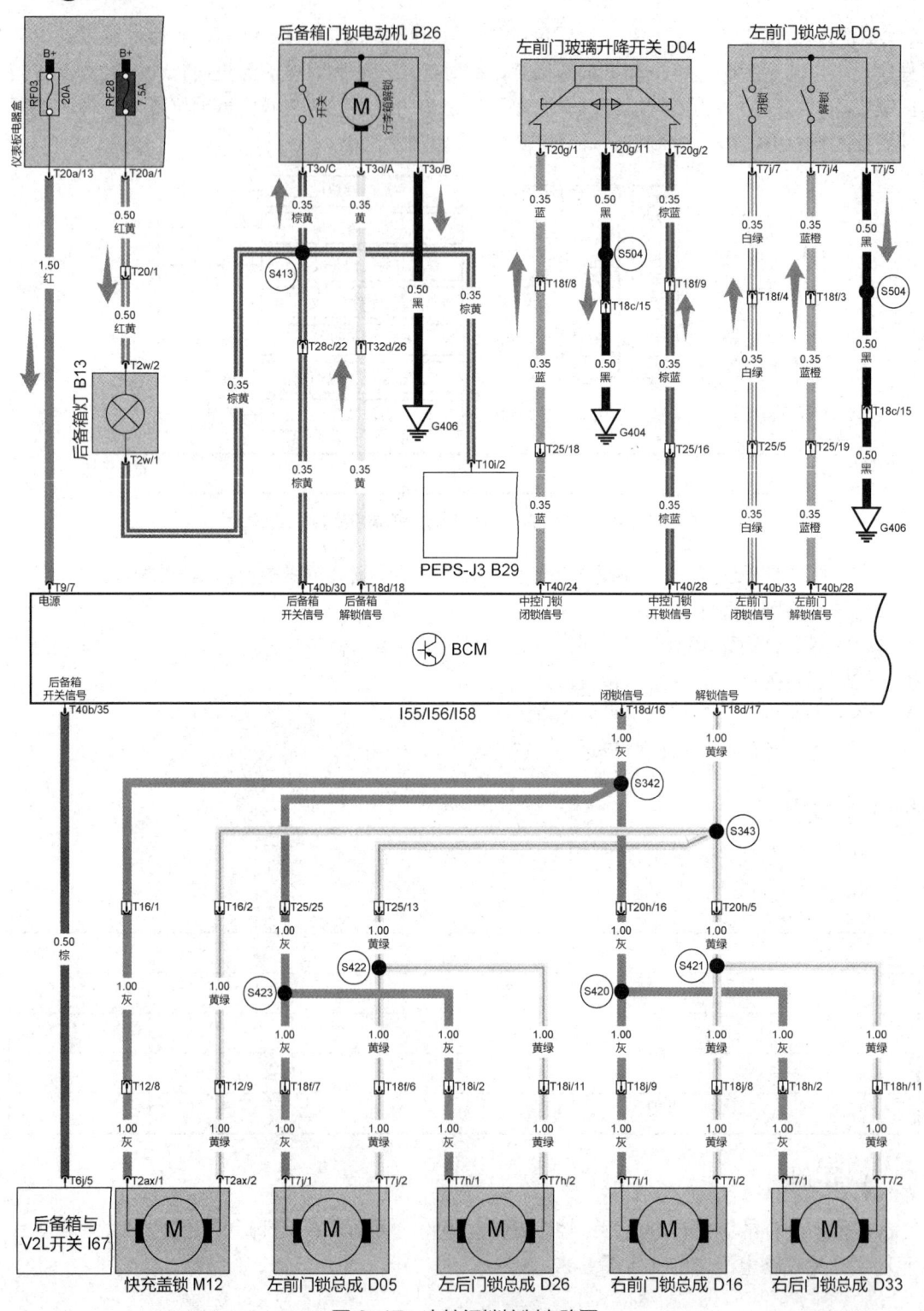

图 6-17 中控门锁控制电路图

资讯（二）

1. 中控门锁开关闭锁控制

打开启动开关后，BCM 工作，蓄电池电源通过仪表板电器盒内 RF03（20A）熔断器将 12V 电源送至 BCM T9/7 引脚，为 BCM 门锁控制功能提供电源。

当驾驶员操作左前门玻璃升降开关进行闭锁控制时，开关内 T20g/1 和 T20g/11 引脚相连，中控门锁闭锁信号路径为 BCM T40/24 端子→插接器 T25/18→插接器 T18f/8→左前门玻璃升降开关 T20g/1→左前门玻璃升降开关 T20g/11→G404，此时 BCM 接收到搭铁信号，根据设定程序，BCM T18d/16 端子发出高电位信号、T18d/17 端子发出低电位信号给各车门门锁总成电动机及快充盖锁电动机，电动机工作实现闭锁动作。

中控门锁开关开锁控制与闭锁控制类似，在此不再赘述。

2. 机械钥匙控制开关闭锁控制

当驾驶员将机械钥匙插入机械钥匙孔并转向闭锁方向时，左前门锁总成连杆会带动门锁总成内的闭锁微动开关闭合，此时左前门锁总成内 T7j/7 和 T7j/5 引脚相连，左前门锁闭锁信号路径为 BCM T40b/33 端子→插接器 T25/5→插接器 T18f/4→左前门锁总成 T7j/7→左前门锁总成 T7j/5→G406，此时 BCM 接收到搭铁信号，根据设定程序 BCM T18d/16 端子发出高电位信号、T18d/17 端子发出低电位信号给各车门门锁总成电动机及快充盖锁电动机，电动机工作实现闭锁动作。

机械钥匙控制开关开锁控制与闭锁控制类似，在此不再赘述。

3. 后备箱开关开锁控制

打开启动开关后，BCM 工作，蓄电池电源通过仪表板电器盒内 RF03（20A）熔断器将 12V 电源送至 BCM T9/7 引脚，为 BCM 门锁控制功能提供电源。同时，仪表板电器盒内 RF28（7.5A）熔断器将 12V 电源送至后备箱灯 T2w/2 引脚，为后备箱灯提供电源。

当驾驶员操作后备箱开关进行开锁控制时，后备箱开关信号便发送至 BCM T40b/35 端子，此时 BCM 接收到开锁信号，根据设定程序 BCM T18d/18 端子便发送高电位后备箱解锁指令，其路径为 BCM T18d/18 端子→插接器 T32d/26→后备箱门锁电动机 T3o/A 端子→后备箱解锁电动机→后备箱门锁电动机 T3o/B 端子→G406，电动机工作实现解锁动作。

后备箱解锁电动机动作的同时会带动微动开关闭合，此时后备箱灯搭铁回路闭合，其电流路径为 B+电源→仪表板电器盒 RF28（7.5A）熔断器→插接器 T20/1→后备箱灯 T2w/2 端子→后备箱灯→后备箱灯 T2w/1 端子→后备箱门锁电动机 T3o/C 端子→微动开关→后备箱门锁电动机 T3o/B 端子→G406，后备箱灯工作。同时，该搭铁信号也送至 BCM T40b/30 端子和 PEPS T10i/2 端子，为其提供后备箱开启/关闭信号。

实施

根据故障现象，以小组为单位分析中控门锁不工作可能存在的故障点，实施记录表如表 6-6 所示。

表 6-6 实施记录表

序 号	可能原因	序 号	可能原因
1	BCM 供电熔断器损坏	6	BCM 搭铁线路损坏
2	熔断器至 BCM 线路损坏	7	搭铁点脱落
3	BCM 本身局部损坏	8	中间插接器松动
4	中控门锁控制开关损坏	9	中控门锁开关至 BCM 线路损坏
5	门锁总成电动机损坏	10	门锁总成电动机至 BCM 线路损坏

资讯（三）

1. 中控门锁控制开关

北汽 EU5 R500 纯电动汽车中控门锁控制开关安装在左前门内侧的扶手上，与左前车窗玻璃升降开关集成在一起，其开关接线端子及引脚编号和定义参考图 4-20 和表 4-6，在此不再赘述。

后备箱与 V2L 开关接线端子如图 6-18 所示，其引脚编号及定义如表 6-7 所示。

四个车门门锁总成的接线端子均为 7 脚端子，如图 6-19 所示。不同门锁总成引脚编号及定义略有不同，如表 6-8 所示。

表 6-7 后备箱与 V2L 开关引脚编号及定义

引脚编号	定义
1	V2L 开关指示灯
2	蓄电池电源
3	接地
4	背光灯电源
5	后备箱开关信号
6	V2L 开关

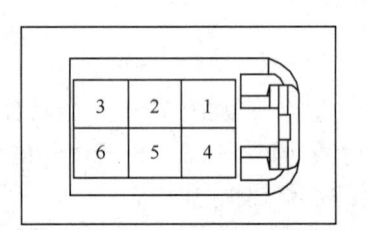

图 6-18 后备箱与 V2L 开关接线端子

图 6-19 门锁总成接线端子

表 6-8 门锁总成引脚编号及定义

引脚编号	左前门锁总成	左后门锁总成	右前门锁总成	右后门锁总成
1	闭锁信号	闭锁信号	闭锁信号	闭锁信号
2	解锁信号	解锁信号	解锁信号	解锁信号
3	接地	车门未关信号	接地	接地
4	—	—	—	—
5	车门未关信号	接地	车门未关信号	车门未关信号
6	—	—	—	—
7	—	—	—	—

2. 单件测试

测试方法：关闭启动开关，断开蓄电池负极，拆卸中控门锁供电熔断器、中控门锁控制开关机械钥匙控制开关，利用万用表欧姆挡测量熔断器、中控门锁控制开关和机械钥匙控制开关在不同挡位的电阻阻值，若不符合要求，则应更换。

3．利用诊断仪与万用表检测

连接诊断仪，打开启动开关，利用诊断仪读取 BCM 中相关故障代码或数据流，先根据故障代码或数据流进行相应检测，然后利用万用表进行电压及电阻检测。

计划

根据任务分工及任务要求制订检修工作计划，计划表如表 6-9 所示。

表 6-9　计划表

序号	测试项目	使用工具	操作人
1	单件测试	万用表、跳线	
2	读取故障代码或数据流	诊断仪	
3	电压检测	万用表、跳线	
4	电阻检测	万用表、跳线	

实施

按照制订的工作计划完成相应检测项目的检测，并完成实施记录表。

1．单件测试

关闭启动开关，断开蓄电池负极，拆卸中控门锁供电熔断器、中控门锁控制开关和机械钥匙控制开关，利用万用表欧姆挡测量熔断器、中控门锁控制开关和机械钥匙控制开关在不同挡位的电阻阻值，并完成单件测试记录表，如表 6-10 所示。

表 6-10　单件测试记录表

序号	测试项目	标准值	实测值	是否正常	维修建议（否）
1	中控门锁开关闭锁：T20g/1—T20g/11	导通		是　否	更换开关
2	中控门锁开关开锁：T20g/2—T20g/11	导通		是　否	更换开关
3	机械钥匙开关闭锁：T7j/7—T7j/5	导通		是　否	更换门锁总成
4	机械钥匙开关开锁：T7j/4—T7j/5	导通		是　否	更换门锁总成
5	RF03	<1Ω		是　否	更换熔断器
6	RF28	<1Ω		是　否	更换熔断器

2．读取故障代码或数据流

连接诊断仪，打开启动开关，读取 BCM 中相关故障代码或数据流，并完成故障代码或数据流记录表，如表 6-11 所示。

表 6-11　故障代码或数据流记录表

序　号	故障代码或数据流含义	可能原因（异常）
1		
2		
先清除故障代码，再次读取，故障代码能否清除：是　　　否		

3. 电压测试

打开启动开关，调节中控门锁控制开关，用万用表直流电压挡测量相关端子对地电压，并完成电压测试记录表，如表 6-12 所示。

表 6-12　电压测试记录表

序　号	测试项目	标准值	实测值	是否正常	维修建议（否）
1	T20g/1—地			是　否	检查 BCM 或检修线束
2	T20g/11—地			是　否	检查搭铁点或检修线束
3	T20g/2—地			是　否	检查 BCM 或检修线束
4	T7j/4—地			是　否	检查 BCM 或检修线束
5	T7j/7—地			是　否	检查 BCM 或检修线束
6	T7j/5—地			是　否	检查搭铁点或检修线束
7	T6j/5—地			是　否	检查 BCM 或检修线束
8	RF22—地			是　否	更换熔断器或检查上游供电
9	RF03—地			是　否	更换熔断器或检查上游供电

4. 电阻检测

根据前面电压测量及实际故障现象，断开蓄电池负极，利用万用表欧姆挡对中控门锁开关相关线路进行电阻检测，并完成电阻测试记录表，如表 6-13 所示。

表 6-13　电阻测试记录表

序　号	测试项目	标准值	实测值	是否正常	维修建议（否）
1	T20g/1—T40/24	<1Ω		是　否	检修线束
2	T20g/11—G404 T7j/5—G406 T3o/B—G406	<1Ω		是　否	检修线束
3	T20g/2—T40/28	<1Ω		是　否	检修线束
4	T7j/7—T40b/33	<1Ω		是　否	检修线束
5	T7j/4—T40b/28	<1Ω		是　否	检修线束
6	T20a/13—T9/7	<1Ω		是　否	检修线束
7	T6j/5—T40b/35	<1Ω		是　否	检修线束
8	T3o/A—T18d/18	<1Ω		是　否	检修线束
9	T3o/C—T40b/30	<1Ω		是　否	检修线束

续表

序号	测试项目	标准值	实测值	是否正常	维修建议（否）
10	T18d/16—T2ax/1 T18d/16—T7j/1 T18d/16—T7h/1 T18d/16—T7/1 T18d/16—T7i/1	<1Ω		是 否	检修线束
11	T18d/17—T2ax/2 T18d/17—T7j/2 T18d/17—T7h/2 T18d/17—T7/2 T18d/17—T7i/2	<1Ω		是 否	检修线束

检查

1. 自检

各小组针对操作情况进行自检，自检记录表如表6-14所示。

表6-14 自检记录表

序号	检查项目	结果	序号	检查项目	结果
1	是否规范操作仪器仪表	是 否	4	检测工具是否清洁复位	是 否
2	测试条件是否正确	是 否	5	测量插头、线束是否复位	是 否
3	启动开关是否关闭	是 否	6	场地卫生是否清扫	是 否

2. 互检

各小组针对操作情况进行互检，互检记录表如表6-15所示。

表6-15 互检记录表

序号	检查项目	结果	序号	检查项目	结果
1	启动开关是否关闭	是 否	3	测量插头、线束是否复位	是 否
2	检测工具是否清洁复位	是 否	4	场地卫生是否清扫	是 否

3. 终检

指导教师针对各小组实施情况进行终检，终检记录表如表6-16所示。

表6-16 终检记录表

序号	检查项目	结果	序号	检查项目	结果
1	启动开关是否关闭	是 否	3	测量插头、线束是否复位	是 否
2	检测工具是否清洁复位	是 否	4	场地卫生是否清扫	是 否

评估

授课结束后，指导教师指导学生对操作过程进行评价，完成学习任务评价表（见表6-17）。指导学生进行课后总结，查找存在的问题，完成评估记录表（见表6-18）。

表 6-17　学习任务评价表

班级：_____　姓名：_____　学号：_____

项目	自我评价			小组互评			教师评价		
	10~9	8~6	5~1	10~9	8~6	5~1	10~9	8~6	5~1
	占总评10%			占总评30%			占总评60%		
工具设备使用能力									
资料信息查阅能力									
数据读取分析能力									
实训报告撰写能力									
协作精神									
纪律观念									
表达能力									
工作态度									
安全意识									
总体表现									
小计									
总评									

指导教师：_____　　　　年　　月　　日

表 6-18　评估记录表

课堂小结	
实训结束后，指导教师指导学生分享本次实训收获。	
序　号	存在的问题
1	
2	

5S管理

1．实训场地设备恢复。

2．清洁实训车辆，打扫场地卫生，桌椅板凳摆放整齐有序。

3．将工具、仪器、设备等归还原位。

4．关闭实训场地的门窗、电源等。

任务3　无线遥控门锁故障检修

资讯

一、无线遥控门锁的功用

无线遥控门锁系统是用一个遥控发射器来开启或锁上车门的，它具有以下功能。

（1）可开启、锁上所有车门，可控制后备箱开启器。

（2）具有两级开锁功能。当将发射器上的开门开关按下一次时，只有驾驶员侧门锁开启；当将发射器上的开门开关按下两次时，所有门锁均开启。

（3）具有后备箱开启功能。后备箱可用发射器上的后备箱开关来打开。

（4）具有寻车功能。在所有车门关闭并锁上后，当按下发射器上的锁门开关时，大灯和尾灯会开关两次。

（5）发射器上有紧急开关，可使防盗系统警报器动作。

（6）为容纳多样功能，发射器从原来的与点火锁匙一体改为分离式，但从1998年后又改为与点火锁匙一体，并增加LED（指示灯），以检测电池容量。

（7）无线遥控门锁ECU（Electronic Control Unit，电子控制单元）包含天线，用以接收发射器的信号，并采用了电可擦编程只读寄存器（EEPROM），它可把发射器的识别码再编程。

（8）可用发射器控制电动车窗和天窗。

二、无线遥控门锁系统构成

无线遥控门锁系统主要由手持遥控发射器、接收器、控制单元及执行器等组成，控制流程图如图6-20所示，其零部件位置图如图6-21所示。

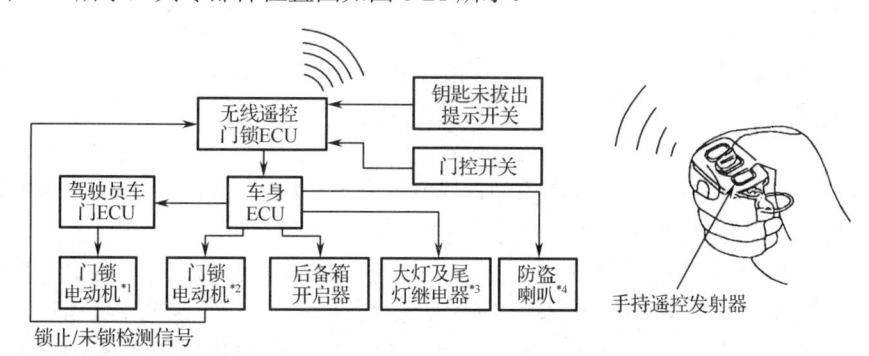

*1—只适用于驾驶员车门；　　*3—欧洲规格除外；
*2—前乘客（车门）及后门；　*4—中东地区国家除外

图6-20　无线遥控门锁系统控制流程图

1. 手持遥控发射器

为了适应无线遥控门锁系统提供的多种功能，以及为了提高开关使用的方便性，很多厂家都采用了与点火钥匙分开的钥匙扣型发射器，如图6-22（a）所示。该发射器装有一个紧急保险开关，可激活所有型号车辆上的防盗系统安全警报器（中东地区国家型号除外）。不过，

随着电子技术的发展，电子控制元件小型化，从 1998 年后，启动钥匙和发射器又合二为一实现了集成。

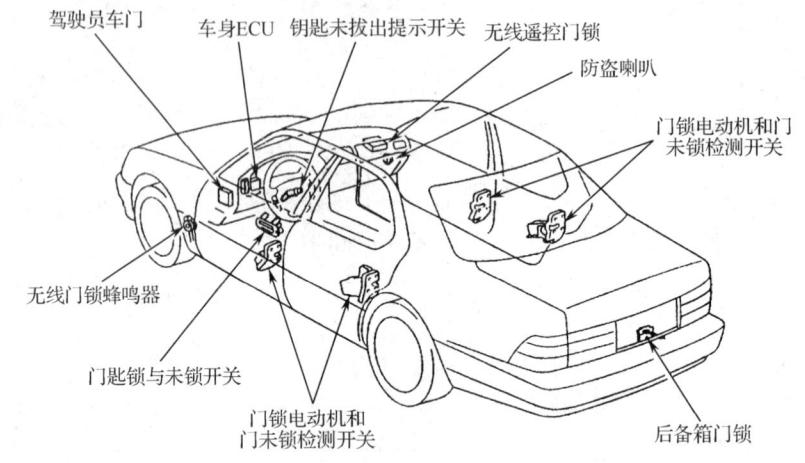

图 6-21 无线遥控门锁系统零部件位置图

遥控器按照遥控信号的载体可分为红外线式、无线电式和超声波式遥控器。其中，红外线式和无线电式应用较为广泛。

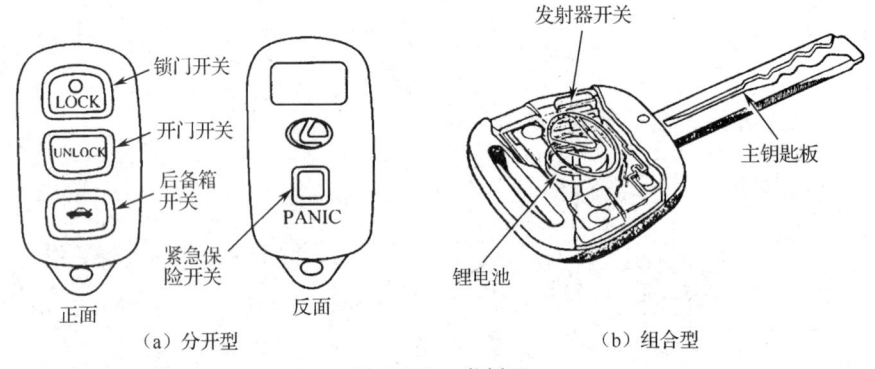

图 6-22 发射器

2. 接收器

接收器对接收的信号进行放大和调制，检查身份鉴定代码是否相符，当代码一致时，判别功能代码，并驱动相应的执行器。

无线电式接收器主要由电源电路、接收部分、身份鉴定代码存储器、身份鉴定控制电路 ECU、开关信号输入电路和输出电路等组成，如图 6-23 所示。接收部分主要由接收天线、射频放大器、局部振荡器、混频器、选频放大器、功率放大器、滤波器等组成。开关信号主要指车门手动开关的输入信号。输出电路主要控制车门锁止电动机。

3. 无线遥控门锁 ECU

发射器发射信号的频率被提高，而且接收该信号的天线已从早期的后窗除雾器上的印刷线路改为无线遥控门锁 ECU 的内置件。相应地，无线遥控门锁 ECU 的安装位置从后备箱内改为乘客侧的仪表台内。还有，电可擦编程只读寄存器（EEPROM）内的发射器识别码可再编程已被采用，使多达 4 个不同的识别码在电子可擦写程序只读寄存器内注册。

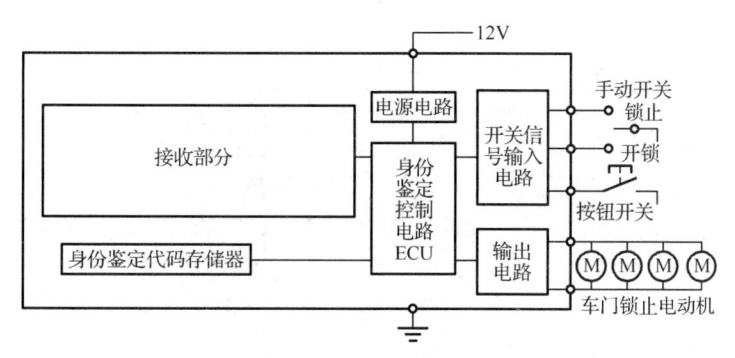

图 6-23　无线电式接收器组成

（1）发射原理。

密码信号、操作无线遥控门锁系统的信号包括由"0"和"1"组合而成的发射器识别码和功能码。至少有 100 万种可能的识别码组合，而包含在无线遥控门锁 ECU 内的电子可擦写程序只读寄存器，储存了与发射器对应的唯一的一套识别码。

功能码用来表示发射器上的哪个开关是被按下的密码，共有 4 种可用的密码，用于上锁、开锁、后备箱开启及紧急功能。

发射器的信号发生电路由振荡电路、密码发生器和 FM 解调电路构成，新、旧型号的工作原理一样。不过，在新型号中，对信号的频率进行了变更，如表 6-19 所示。

表 6-19　发射器新、旧型号的信号频率

指定地区	频率（新型号）	频率（旧型号）
欧洲	433.92MHz	27.045MHz
澳大利亚	304.84MHz	40.69MHz
中东地区	433.93MHz	40.275MHz
一般国家	314.22MHz	40.69MHz

（2）正常工作。

通常按下发射器上的每个开关，便可产生表 6-20 所示的操作。表 6-21 所示为无线遥控门锁系统各地区的操作项目。

表 6-20　无线遥控门锁系统正常工作

操　作	工　作　过　程
全部门上锁操作	按下发射器上的"锁门"开关，锁上所有的门
2 级开锁操作	按下发射器上的"开门"开关一次，只对驾驶员的门开锁；而在 3s 内按下两次就打开所有的门
全部门开锁操作	按下发射器上的"开门"开关一次，对全部门开锁
后备箱开启操作	持续按下发射器上的"后备箱开启器"开关多于 2s 打开后备箱
寻车操作	当全部门关上并上锁时，按下发射器上的"锁门"开关，可使远光灯和尾灯闪烁两次
紧急报警操作	当防盗系统已被设定时，按下发射器上的"紧急"开关可激活防盗系统的警报

表6-21 无线遥控门锁系统各地区的操作项目

操 作	欧 洲	澳大利亚	中东地区	一般国家
全部门上锁操作	○	○	○	○
2级开锁操作	—	○	○	○
全部开锁操作	○	—	—	—
后备箱开启操作	○	○	○	○
寻车操作	—	○	○	○
紧急报警操作	○	○	—	○

注：○表示有该项操作。

(3) 车门微开（未关好）警告功能。

当任何车门打开或微开（门控开关处于"开"状态）时，按下发射器的"锁门"开关，可使无线门锁蜂鸣器鸣叫10s。如果车门完全关上（门控开关处于"关"状态）或接收到来自发射器的"开锁"信号，则蜂鸣器就停止鸣叫。

(4) 内部灯功能。

车门由发射器开关操作开锁的同时，内部灯点亮15s。

(5) 自动上锁功能。

如果没有车门在被无线遥控门锁开锁后30s内打开，则全部车门会自动重新锁上。

(6) 发射器开关防止误操作功能。

当将启动钥匙插入匙胆时，无线遥控门锁会被临时取消，以防误操作。

(7) 频繁工作预防功能。

接收器在收到第一个正确密码之后，拒绝接收随后的密码信号，直到相同密码中止发射0.5s或更长时间，以防频繁工作。在图6-24所示的例子中，第一密码及第四密码被接收，而第二密码及第三密码不被接收。

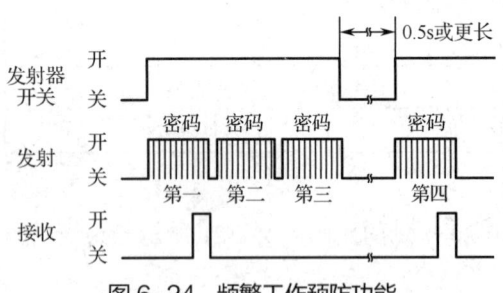

图6-24 频繁工作预防功能

(8) 安全功能。当无线遥控门锁ECU在10min内接收到（含）10个以上的错误密码时，它自动判断这是盗车企图并立刻中断接收。当这一情况发生时，ECU会拒绝包括正确密码在内的所有密码。

在图6-25 (a) 所示的例子中，密码A是正确密码，其他所有密码（B~K）是错误密码。当接收到密码K（在此例中是第10个不同的密码）时，系统停止接收。如果在接收到少于10个不同密码（在图6-25 (b) 中是B~G的9个密码）后又接收到一个正确密码（密码A），则密码前面的队列被取消，系统继续接收密码。

当停止接收时，可按下列步骤恢复。

① 用钥匙打开门锁。

② 打开车门。

③ 将启动钥匙插入钥匙孔。

(9) 保护电动机功能。

如图6-26所示，当无线遥控门锁ECU向门锁控制继电器发送上锁或开锁信号后，车门不上锁或开锁，它会每隔 2s 重复发送信号，2 次后它就停止发送信号以保护电动机。

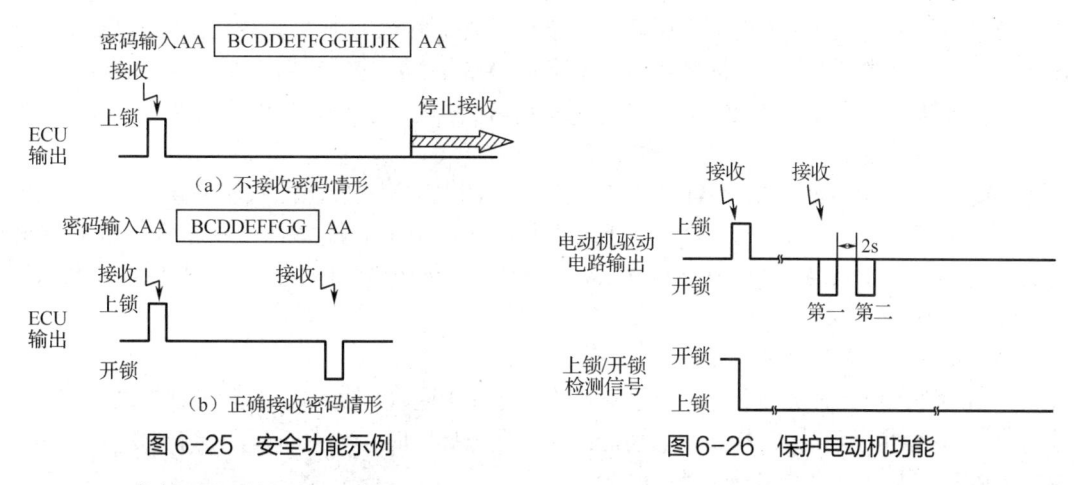

图 6-25　安全功能示例

图 6-26　保护电动机功能

（10）发射器识别码注册功能。

发射器可支持最多 4 个不同密码，它具有 3 种发射器识别码注册模式（见表 6-22）。密码被写入 EEPROM 中。

表 6-22　发射器识别码注册模式及功能

模　式	功　能
重写模式	删除全部原有的注册码并只注册新接收的密码。此模式在更换发射器或无线遥控门锁 ECU 时使用
加入模式	保留原有注册码的同时加入一个新接收的密码。此模式在增加一个新的发射器时使用。如果密码的数目超出 4 个，那么最旧的注册码就会被先删除
确认模式	确认当前有多少密码被注册。当加入一个新密码时，此模式被用于检查已存在多少个密码

三、无线遥控门锁的工作原理

无线遥控门锁系统电路图如图 6-27 所示，其工作过程如下。

（1）遥控天线电路。

当操纵启动钥匙上的发射器时，发射器即发射电磁波，该电磁波以汽车后窗玻璃上的除雾电热丝为天线，通过匹配器将其送至无线遥控门锁 ECU 的 ANT 端子。当 ECU 的 ANT 端子接收到该遥控电波信号时，即控制 4 个车门门锁自动进行打开或锁止操作。

（2）无线遥控门锁 ECU 电源电路。

当无线遥控门锁主开关接通时，蓄电池电压加到无线遥控门锁 ECU 的电源端子上，使 ECU 工作。该电源为 ECU 的控制电源。

（3）车门位置开关电路。

车门位置开关设在门锁电动机总成内。当车门门锁按钮处于锁止位置时，开关断开，当车门门锁按钮处于打开位置时，开关接通。无线遥控门锁 ECU 的 LSWR、LSWP、LSWD 端子分别为左前门、右前门和两后门的车门位置开关端子。当 4 个车门的任一车门门锁按钮处于锁止位置时，相对应的 ECU 端子的电压为蓄电池电压 12V；相反，当按钮处于打开位置时，端子的电压为 0V。

（4）钥匙操纵开关电路。

钥匙操纵开关设在车门锁芯内。当车门钥匙转至锁止侧时，开关的锁止端子搭铁；当车

门钥匙转至打开侧时,开关的打开端子搭铁。

当启动开关接通时,蓄电池电压通过防盗和门锁控制 ECU 加到无线遥控门锁 ECU 的锁止端子 L 和打开端子 UL 上,即锁止端子 L 和打开端子 UL 的电压为 12V。当钥匙操纵开关锁止端子搭铁时,无线遥控门锁 ECU 的锁止端子 L 的电压为 0V。当钥匙操纵开关打开端子搭铁时,无线遥控门锁 ECU 的打开端子 UL 的电压为 0V。

当无线遥控门锁 ECU 的 ANT 端子接收到启动钥匙发射器发出的遥控电波信号时,根据端子 L 和端子 UL 的电压信号,输出打开或锁止所有车门的信号,该信号通过两个 ECU 之间的通信线路 B7—LSWP、B10—LSWD、A11—LSWR 传送给防盗和门锁控制 ECU,从而控制门锁锁止或打开。

(5) 钥匙未锁警告开关电路。

当钥匙插入启动开关锁芯时,钥匙未锁警告开关接通,无线遥控门锁 ECU 的端子 UL 的电压为 0V,ECU 执行钥匙禁闭预防功能;当钥匙未插入时,开关断开,端子 UL 的电压为蓄电池电压 12V,钥匙禁闭预防功能解除。

(6) 门控灯开关电路。

门控灯开关在车门打开时被接通,在车门关闭时被关断。当任一车门打开时,无线遥控门锁 ECU 的端子 DSWD 的电压为 0V;当所有车门均关闭时,端子 DSWD 的电压为蓄电池电压 12V。

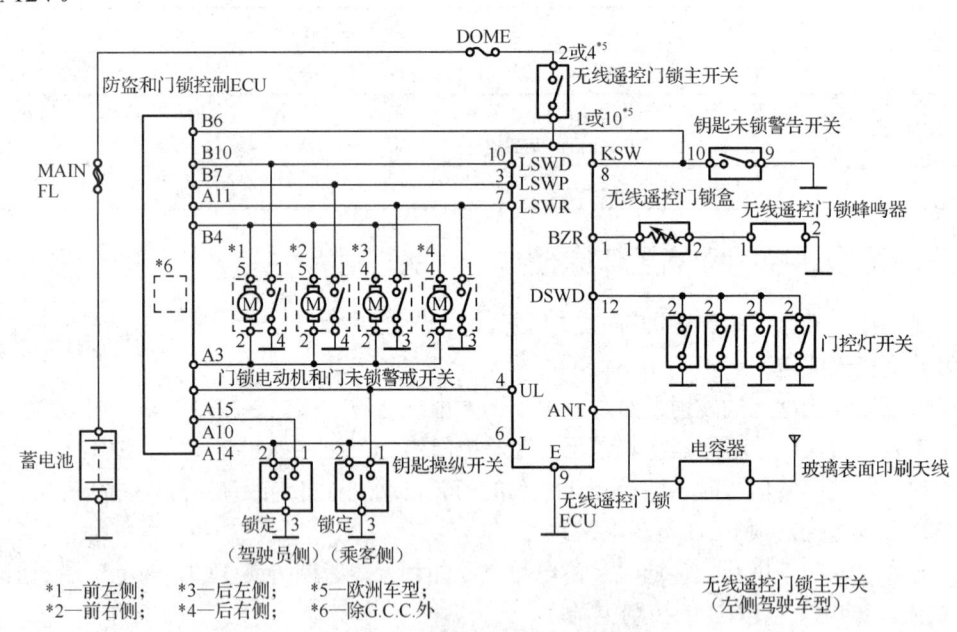

图 6-27 无线遥控门锁系统电路图

不同年代,不同车型的无线遥控门锁系统构成可能略有不同,但其工作过程是一样的。

四、无线遥控门锁系统的检修

1. 无线遥控门锁 ECU 和发射器的更换

发射器的分解和组装包括故障排除分析中所发现的有缺陷部件的更换。每个部件均为精密的电子元件,应小心操作。

(1) 失灵的发射器更换流程如图 6-28 所示。
① 准备新发射器。
② 运行 VAC（车辆存取码）程序。
③ 检查遥控门锁工作是否有效。
(2) 失灵的电池更换流程如图 6-29 所示。
① 准备新电池。
② 从发射器中拆出电池。
③ 将新电池装入发射器。
④ 检查遥控门锁工作是否有效。
(3) 失灵的 ECU 更换流程如图 6-30 所示。
① 准备好新的 ECU。
② 从车上拆出 ECU。
③ 将新的 ECU 装在车上。
④ 运行 VAC（车辆存取码）程序。
⑤ 检查遥控门锁工作应有效。

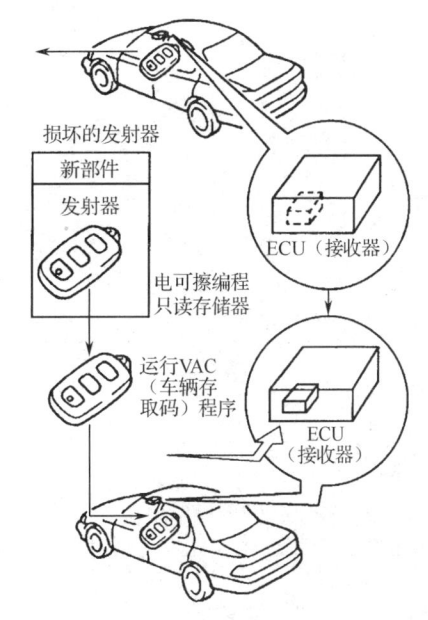

图 6-28 失灵的发射器更换流程

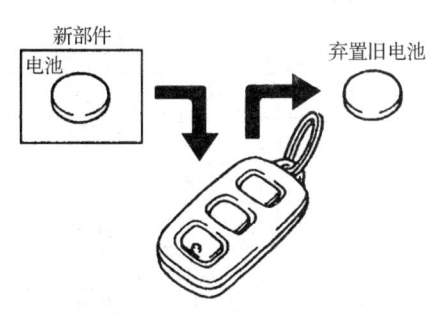

图 6-29 失灵的电池更换流程

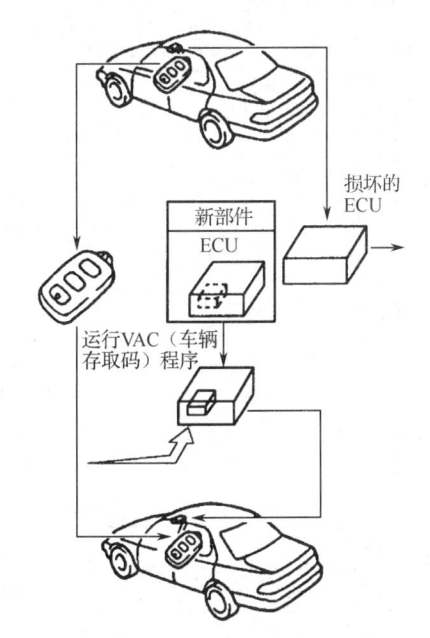

图 6-30 失灵的 ECU 更换流程

2. 更换发射器电池

(1) 用镊子等尖锐工具插入钥匙下端的小孔中，按下钥匙盖板的卡脚后，撬起盖板，如图 6-31 所示。
(2) 拆卸电池，如图 6-32 所示，取电池时避免接触电路板和电池卡箍。
(3) 安装电池时，应避免接触电池表面，并在安装前将电池擦拭干净。
(4) 装上钥匙盖板，安装时需要确保盖板啮合完好，避免灰尘或水汽进入。

图 6-31　拆卸钥匙盖板　　　　　　　图 6-32　拆卸电池

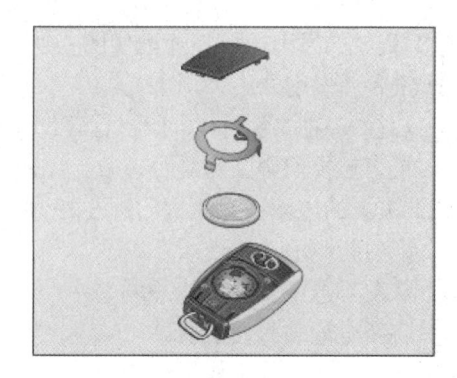

决策

根据任务要求制订新能源汽车车身控制模块更换实施计划，每个小组根据组员的特点进行分工，并选出小组组长负责任务的分工与实施，决策记录表如表 6-23 所示。

表 6-23　决策记录表

序　号	小组成员	任　　务
1	A B	查阅维修手册等资料
2	C D	工具准备
3	E F	记录、汇报
4	G H	安全员

计划

根据任务分工及任务要求制订工作计划，计划表如表 6-24 所示。

表 6-24　计划表

序　号	作业项目	操作人
1	断开蓄电池负极	A B
2	拆卸手套箱总成	C D
3	拆卸车身控制模块	E F
4	安装车身控制模块	A B
5	安装手套箱总成	C D
6	连接蓄电池负极	E F
7	安全、记录	G H

实施

根据工作计划进行车身控制模块的更换任务，完成实施记录表，如表 6-25 和表 6-26 所示。

新能源汽车中控门锁及防盗系统故障检修 学习情境 6

表 6-25 实施记录表（1）

序 号	实施项目	结 果	序 号	实施项目	结 果
1	蓄电池负极是否断开	是 否	6	车身控制模块是否安装	是 否
2	手套箱是否拆卸	是 否	7	车身控制模块固定螺母是否按规定扭矩拧紧	是 否
3	车身控制模块连接插头是否断开	是 否	8	车身控制模块连接插头是否复位	是 否
4	车身控制模块是否拆卸	是 否	9	手套箱是否安装	是 否
5	车身控制模块、手套箱、线束是否损坏	是 否	10	蓄电池负极是否连接	是 否

表 6-26 实施记录表（2）

配件名称	选用工具	拧紧扭矩	操作人
车身控制模块			

5S管理

1．实训场地设备恢复。
2．清洁实训车辆，打扫场地卫生，桌椅板凳摆放整齐有序。
3．将工具、仪器、设备等归还原位。
4．关闭实训场地的门窗、电源等。

任务 4　防盗系统故障检修

资讯（一）

一、防盗系统概述

汽车防盗系统就是通过设备防止车辆本身或车内部的物品被盗的一种系统。汽车防盗系统一般包括电子控制的遥控器或钥匙、电子控制电路、报警装置和执行机构。防盗系统的功能主要包括三个方面：防止非法进入汽车；防止破坏或非法搬运汽车（发动机防盗）；防止汽车被非法开走（汽车的防盗报警功能）。

随着科学技术的进步，为对付不断升级的盗车手段，人们一代一代地研制出了各种方式、不同结构的防盗系统。目前，防盗系统按其结构分类可分为机械式、电子式和网络式三类；按设定方式分类可分为定码式和跳码式两类。

钩锁、转向盘锁和变速挡锁等属于机械式防盗系统，它主要靠锁定离合器、制动踏板、加速踏板或转向盘、变速挡来达到防盗的目的，但只防盗不报警。机械式防盗系统的优点是价格便宜，安装方便；缺点是防盗安全系数低，拆装不方便。

电子式防盗系统主要靠锁定点火或启动装置来达到防盗的目的，同时具有防盗和声音报警功能。当电子式防盗系统被激活之后，若有人非法移动汽车、划破玻璃、破坏启动开关锁芯、拆卸轮胎或音响、打开车门、打开燃油箱盖、打开后备箱门、接通启动开关等，防盗器

113

会立即报警。报警的方式有灯光闪烁、警笛鸣响、发射电波等。有的车型在报警的同时切断起动电路，切断燃油供给，切断点火系统，切断喷油控制电路，切断发动机控制单元电路，甚至切断变速器控制电路，从而使汽车发动机不能起动和运行，变速器不能换挡，车辆处于完全瘫痪的状态。

GPS 卫星定位汽车防盗系统属于网络式防盗系统，它是在充分总结前几种防盗方式存在的人防与机防脱节、防盗方式单一、防盗不防劫的弊端之后而出现的一种更为先进的新型防盗方式。网络式汽车防盗系统通过卫星定位系统（GPS）对汽车进行监控，以达到防盗的目的。它主要靠锁定点火或启动来达到防盗的目的，同时可通过 GPS 卫星定位系统将报警信息和报警车辆所在位置无声地传送到报警中心。

未来的汽车防盗系统将是集无线通信、卫星定位、电子地图、信息服务、日常事务处理、娱乐等附加功能于一体的立体网络监护的汽车安防系统。

二、遥控防盗报警系统的工作原理

遥控防盗报警系统是一个辅助的车辆警报装置，该系统在出现强行侵入时被触发。遥控防盗报警系统与中控门锁系统配合使用，无线电频率干扰或电池电量用完都可能使该系统失效。

遥控防盗报警系统电气原理框图如图 6-33 所示。

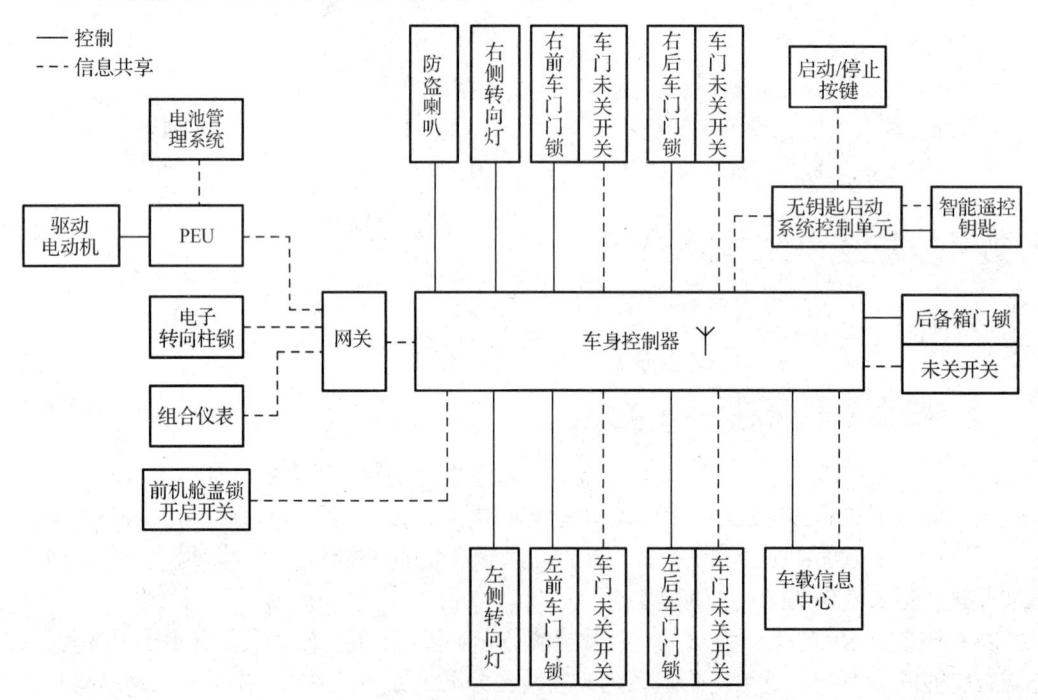

图 6-33 遥控防盗报警系统电气原理框图

当按下智能遥控钥匙上的按钮时，发射器向无钥匙启动系统控制单元发出信号，首先，无钥匙启动系统控制单元通过 CAN 网络向车身控制器发出响应指令。然后，车身控制器执行相应功能。驾驶员在无钥匙进入+无钥匙闭锁传感器（左前门、右前门把手）1.5m 范围内执行车门（前门或背门）开启动作，无钥匙启动系统控制单元检测智能遥控钥匙的有效性，并发送信号使车身控制器执行相应功能。

遥控防盗报警系统的设计是为了在有人强行打开车门时发出警报。在发出警报时，防盗喇叭将发出间歇警报声，同时转向信号灯也一起闪烁。30s 后警报器自动停止工作，仅左右闪光灯闪烁 5min。当所有车门都关闭后，警报器将继续鸣响 30s，30s 过后，警报器和车灯停止警报，并将车门锁定，系统返回正常状态。遥控防盗报警系统不会影响车辆的启动或正常运行。

三、无钥匙进入及启动系统

目前，很多车型配备了无钥匙进入及启动系统（Passive Entry Passive Start，PEPS），无钥匙进入及启动系统通过车辆和钥匙之间的低频和高频信号来验证用户是否合法。验证的方法是，车辆首先向用户携带的钥匙发送低频的随机数征询，然后钥匙向车辆发送加密的射频响应信号方式来进行验证。相对于传统先通过按遥控钥匙来打开车门，然后通过机械钥匙启动汽车，无钥匙进入及启动系统通过用户携带的钥匙不需要再操作钥匙就可实现车辆的控制，提高了使用的舒适性和便捷性。

1. 无钥匙进入及启动系统功用

无钥匙进入及启动系统的功用主要如下。
（1）具有传统遥控钥匙（RKE）系统的全部功用，如遥控解锁/闭锁及遥控升窗/降窗等。
（2）无钥匙解锁，按下门把手请求开关或触碰门把手感应区域，车门自动解锁。
（3）车主只需要按下"启动"按键或按钮即可启动发动机。

2. 无钥匙进入及启动系统组成

北汽 EU5 R500 纯电动汽车无钥匙进入及启动系统由门把手开关传感器、天线、转向柱锁 ESCL、一键启动开关、控制单元、智能钥匙等组成。

（1）门把手开关传感器。

大多数车型的门把手开关传感器为按钮式，个别车型为电容触摸式，如迈腾 B8。从使用体验上来看，肯定是电容触摸式更优雅，但零件成本也更高。北汽 EU5 R500 纯电动汽车采用按钮式，如图 6-34 所示，使用时通过按压的方式进行开锁和闭锁操作。

电容触摸式门把手开关传感器集成在车外门把手内，每个把手和支座上都装有一个电容片，当手放入手扣位置时电容内介质发生变化，从而产生一个信号，这个信号送入无钥匙进入及启动系统后进行分析，判断是否为开锁信号。

（2）天线。

车内天线的作用是，在进入、启动、锁止车辆过程中，检测是否有已授权的合法智能钥匙。北汽 EU5 R500 纯电动汽车内部共有两根车内低频天线，一根位于副仪表板内，另一根位于后备箱内。这两根天线的工作触发条件如下。

① 按下左前门或右前门的门把手。
② 按下启动/停止按键。
③ 最后一扇门关闭（钥匙不允许锁在车里，假如出现这种情况，门锁电动机不上锁，并同时发出声音报警）。

若车内低频天线有一根坏了，则扫描不能继续进行，此时功能失效需要检查天线状态及天线线束连接状态。

(3) 转向柱锁 ESCL。

ESCL（Electronic Steering Column Lock）全称为电子转向柱锁，它是车辆防盗系统的一部分，用于无钥匙进入及启动系统中锁止和解锁转向盘。ESCL 的锁止和解锁动作通过控制 ESCL 内的电动机动作来实现。

① 解锁。

当驾驶员按下一键启动开关 SSB，PEPS 控制单元与智能钥匙认证成功后，PEPS 会发起与 ESCL 的认证，认证成功后解锁，如图 6-35 所示。

图 6-34　按钮式门把手开关传感器

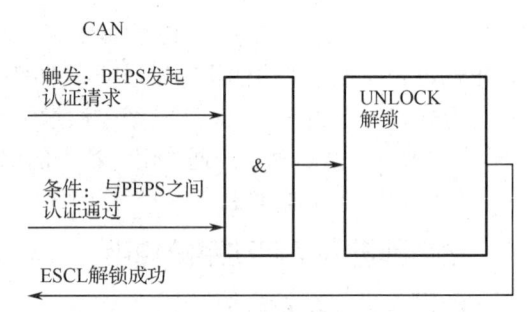

图 6-35　ESCL 解锁

② 闭锁。

ESCL 的闭锁控制逻辑只取决于控制器的判断，如图 6-36 所示。

(4) 一键启动开关。

"一键启动开关"位于转向盘右方的仪表板上，如图 6-37 所示。无钥匙"一键启动开关"模式与传统"一键启动开关"挡位一致。当智能钥匙在车内时，通过按压"一键启动开关"使之位于"OFF"、"RUN"或"ACC"挡来启动或停止车辆。

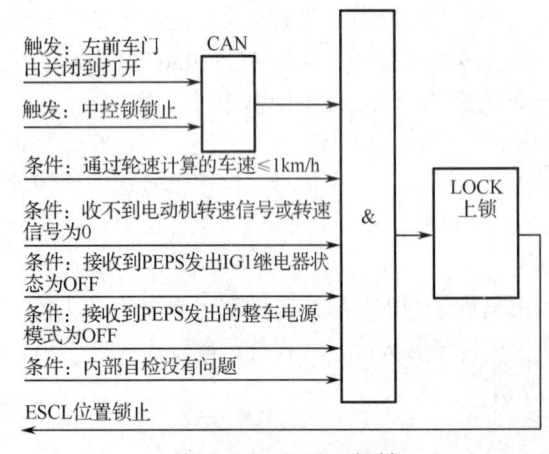

图 6-36　ESCL 闭锁

图 6-37　一键启动开关

智能钥匙在车内制动踏板未踩下且挡位在"P"挡时，通过按下"一键启动开关"可以实现以下顺序切换电源模式。

① 未按按键时："启动/停止开关"关闭，即保持"OFF"模式。

② 第一次按下按键时：开启"RUN"模式，所有用电器均处于接通状态。

③ 第二次按下按键时：开启"ACC"模式，部分用电设备处于接通状态。
④ 第三次按下按键时：返回"OFF"模式。
逐次按下"一键启动开关"，可在"OFF"→"RUN"→"ACC"三种模式下循环切换。

（5）PEPS 控制单元。

PEPS 控制单元是无钥匙进入及启动系统的核心控制部件，分别对 IMMO、ESCL、PDU 进行控制，是整个系统的高频、低频通信的基站，位于右侧后备箱装饰板后面。

（6）智能钥匙。

汽车智能钥匙是常见的无钥匙进入系统，也称为智能钥匙系统，是由发射器、遥控中央锁控制模块、驾驶授权系统控制模块三个接收器及相关线束组成的控制系统。汽车遥控器和发射器集成在智能钥匙上，车辆可以根据智能钥匙发来的信号进入锁止或不锁止状态，甚至可以自动关闭车窗和天窗。智能钥匙一般能接收低频触发信号，同时传输高频解锁信号。

3. 无钥匙进入及启动系统的工作原理

无钥匙进入及启动系统工作原理框图如图 6-38 所示。当驾驶员按压车门把手开关上的按钮解锁或闭锁时，PEPS 控制单元接收到门把手开关传感器解锁/闭锁指令，并通过车内低频天线发送低频信号寻找处于车辆环境中授权的合法智能钥匙。当智能钥匙接收到低频信号后，钥匙上的指示灯开始闪烁并发送合法钥匙代码的高频信号给 PEPS 控制单元，PEPS 控制单元接收到高频信号后验证钥匙合法性，若钥匙合法则通过 CAN 线发送解锁/闭锁指令给 BCM，BCM 接收到指令后便发送解锁/闭锁指令给门锁电动机，实现解锁/闭锁动作。

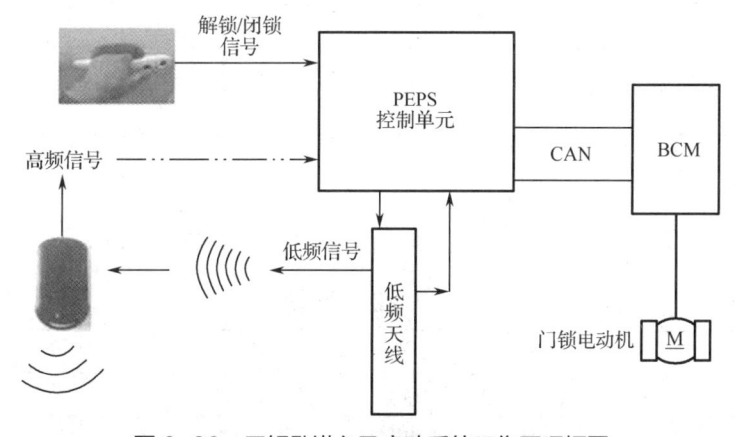

图 6-38 无钥匙进入及启动系统工作原理框图

四、无钥匙进入及启动系统（PEPS）控制单元故障检修

PEPS 控制单元是无钥匙进入及启动系统中非常关键的控制单元，它是无钥匙进入及启动系统的控制中枢，负责驱动室内低频天线与智能钥匙进行无线加密通信，认证钥匙合法性，与 BCM、仪表及电子转向柱锁 ESCL 等控制单元进行信息交互，并执行相关动作。同时，PEPS 控制单元还是电源管理系统，负责整车电源状态管理，整车的 ACC、ON 状态电源由 PEPS 控制单元控制。若其出现故障，则会导致整车无钥匙进入功能失效、整车无法上低压电、仪表不亮、车辆无法启动等故障。当无钥匙进入及启动系统中智能钥匙、PEPS 控制单元、电子转向柱锁 ESCL 需要更换时，需要向服务厂家进行申请，得到授权码后用专用设备进行防盗匹配。

北汽 EU5 R500 纯电动汽车 PEPS 控制单元的更换步骤如下：

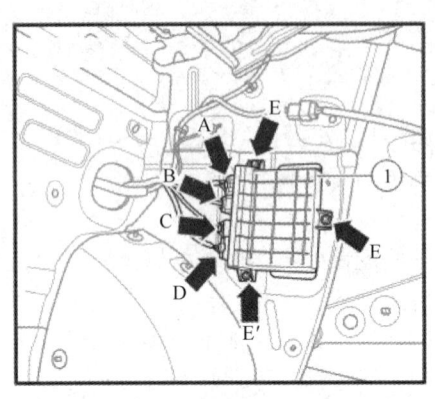

（1）断开蓄电池负极。

（2）拆卸后备箱右侧装饰板。

（3）断开 PEPS 控制单元连接插头（箭头 A、箭头 B、箭头 C、箭头 D），如图 6-39 所示。

（4）使用 10mm 六角套筒拆卸 PEPS 控制单元固定螺母，如图 6-39 箭头 E 所示，取下 PEPS 控制单元。螺母规格为 M6×1.0，螺母拧紧扭矩为 8~10N·m。

（5）安装以倒序进行，同时注意下列事项：PEPS 控制单元更换后，"启动/停止"按键置于"RUN"状态，进行 PEPS 控制单元的配置，具体配置项目参照诊断仪提示进行操作。

图 6-39 拆卸 PEPS 控制单元

决策

根据任务要求制订新能源汽车 PEPS 控制单元更换实施计划，每个小组根据组员特点进行分工，并选出小组组长负责任务的分工与实施，填写决策记录表，如表 6-27 所示。

表 6-27 决策记录表

序 号	小组成员	任 务
1	A B	查阅维修手册等资料
2	C D	工具准备
3	E F	记录、汇报
4	G H	安全员

计划

根据任务分工及任务要求制订工作计划，计划表如表 6-28 所示。

表 6-28 计划表

序 号	作 业 项 目	操 作 人
1	断开蓄电池负极	A B
2	拆卸后备箱右侧装饰板	C D
3	拆卸 PEPS 控制单元	E F
4	安装更换的 PEPS 控制单元	A B
5	安装后备箱右侧装饰板	C D
6	连接蓄电池负极	E F
7	安全、记录	G H

实施

根据工作计划进行 PEPS 控制单元更换任务，实施记录表如表 6-29 和表 6-30 所示。

表 6-29　实施记录表（1）

序　号	实施项目	结　果	序　号	实施项目	结　果
1	蓄电池负极是否断开	是　否	6	PEPS 控制单元是否安装	是　否
2	后备箱右侧装饰板是否拆卸	是　否	7	PEPS 控制单元固定螺母是否按规定拧紧	是　否
3	PEPS 控制单元连接插头是否断开	是　否	8	PEPS 控制单元连接插头是否复位	是　否
4	PEPS 控制单元是否拆卸	是　否	9	后备箱右侧装饰板是否安装	是　否
5	PEPS 控制单元、后备箱右侧装饰板、线束是否损坏	是　否	10	蓄电池负极是否连接	是　否

表 6-30　实施记录表（2）

配件名称	选用工具	拧紧扭矩	操作人
PEPS 控制单元			

资讯（二）

在进行 PEPS 控制单元故障检修前，首先需要识读并拆画 PEPS 控制单元电路图。
拆画电路图注意事项如下。
（1）尽量使用铅笔和直尺以保证所画电路的工整及可修改性。
（2）标注关键元器件的名称代号及相应引脚号。
（3）电路图中的元器件符号要标准。
（4）在拆画电路中标注电流走向。

计划

根据任务分工及任务要求制订工作计划，填写计划表，如表 6-31 所示。

表 6-31　计划表

序　号	作业项目	操作人
1	查阅电路图	
2	分析电路原理及电流走向	
3	拆画电路草图	
4	协调组员并确定拆画电路图终稿	

实施

按照所制订的工作计划进行 PEPS 控制单元电路图的拆画，并在拆画电路图中标注主要电气元件名称及线路电流走向（见图 6-40）。

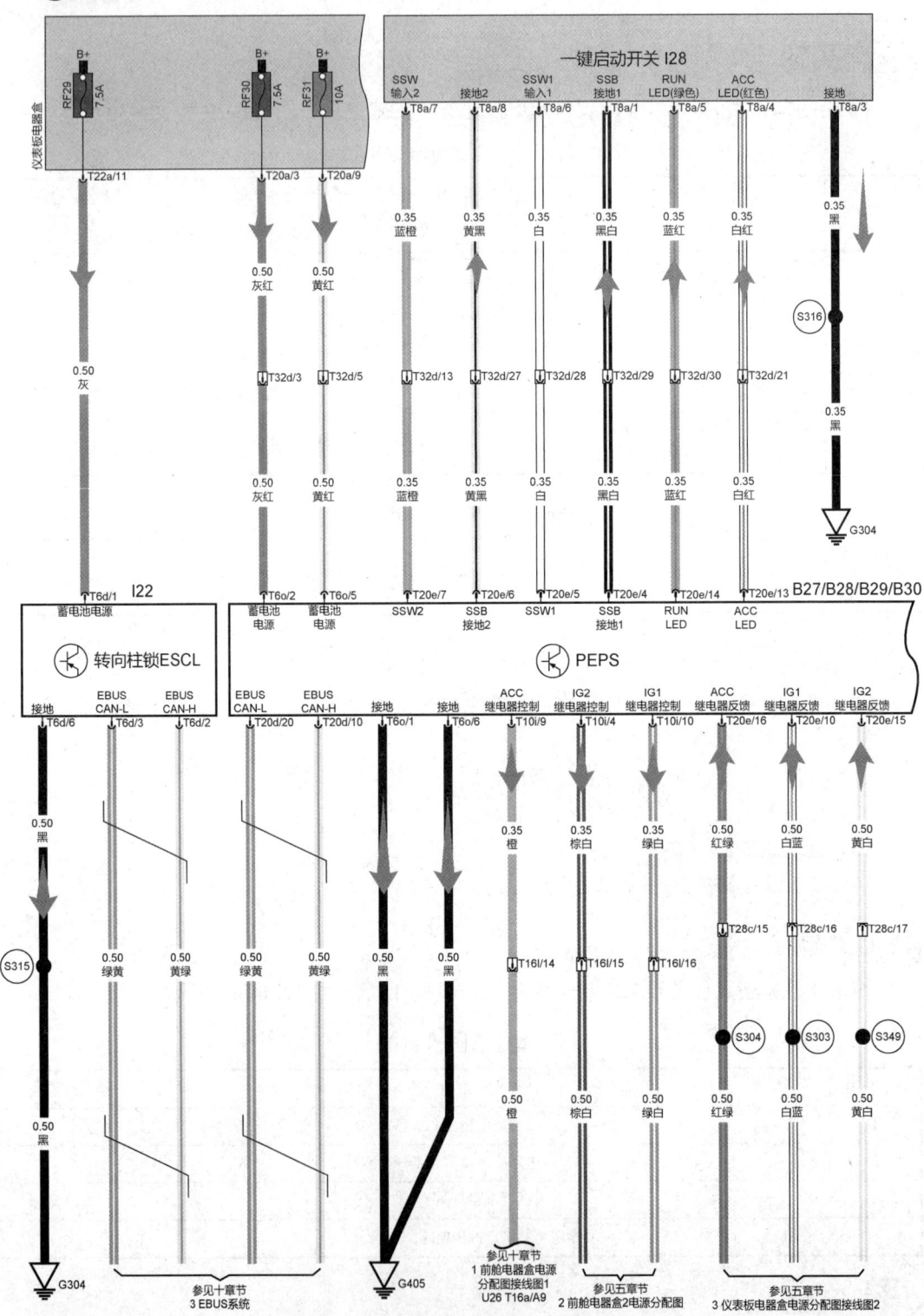

图 6-40　PEPS 控制单元电路图

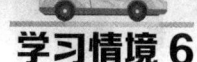

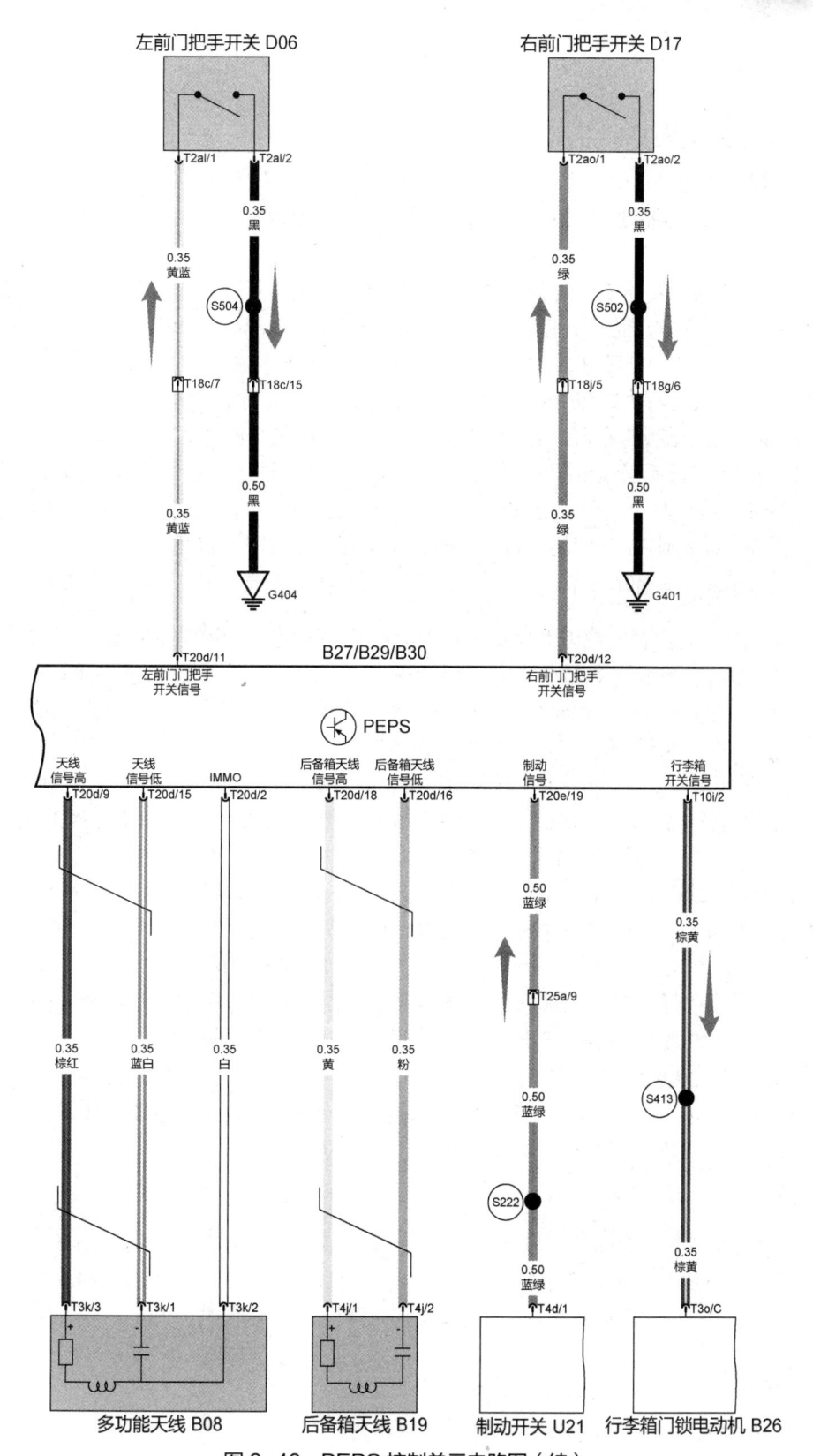

图 6-40　PEPS 控制单元电路图（续）

资讯（三）

1. 无钥匙进入开锁控制

PEPS 控制单元由蓄电池电源供电，蓄电池电源通过仪表板电器盒内 RF30（7.5A）熔断器和 RF31（10A）熔断器将 12V 电源送至 PEPS T6o/2 和 T6o/5 引脚，为 PEPS 控制单元提供电源。

当驾驶员携带合法智能钥匙操作左前门把手按钮开关进行开锁控制时，开关内 T2al/1 和 T2al/2 引脚相连，左前门把手开锁信号路径为 PEPS T20d/11 端子→插接器 T18c/7→左前门把手开关 T2al/1→左前门把手开关 T2al/2→插接器 T18c/15→G404，此时 PEPS 控制单元接收到搭铁信号，根据设定程序，PEPS T20d/9 端子和 T20d/15 端子便发出低频信号给智能钥匙。当智能钥匙接收到低频信号后，指示灯会闪烁并发送高频信号给 PEPS 控制单元。PEPS 控制单元接收到高频信号后验证钥匙合法性，若钥匙合法则通过 CAN 线发送解锁/闭锁指令给 BCM，BCM 接收到指令后便发送解锁/闭锁指令给门锁电动机，实现解锁/闭锁动作。

无钥匙进入闭锁控制与无钥匙进入解锁控制类似，在此不再赘述。

2. 一键启动开关控制

PEPS 控制单元由蓄电池电源供电，蓄电池电源通过仪表板电器盒内 RF30（7.5A）熔断器和 RF31（10A）熔断器将 12V 电源送至 PEPS T6o/2 和 T6o/5 引脚，为 PEPS 控制单元提供电源。转向柱锁 ESCL 由蓄电池电源供电，蓄电池电源通过仪表板电器盒内 RF29（7.5A）熔断器将 12V 电源送至 ESCL T6d/1 引脚，为转向柱锁 ESCL 提供电源。

当驾驶员按下一键启动开关时，开关内 T8a/6 和 T8a/1 引脚、T8a/7 和 T8a/8 引脚分别相连，一键启动开关信号路径分为两路：一路为 PEPS 控制单元 T20e/7 端子→插接器 T32d/13→一键启动开关 T8a/7→一键启动开关 T8a/8→插接器 T32d/27→PEPS 控制单元 T20e/6 端子，另一路为 PEPS 控制单元 T20e/5 端子→插接器 T32d/28→一键启动开关 T8a/6→一键启动开关 T8a/1→插接器 T32d/29→PEPS 控制单元 T20e/4 端子，两路经 PEPS 控制单元搭铁点接地，此时 PEPS 控制单元接收到搭铁信号，根据设定程序，PEPS 控制单元 T20d/9 端子和 T20d/15 端子便发出低频信号给智能钥匙。当智能钥匙接收到低频信号后，指示灯会闪烁并发送高频信号给 PEPS 控制单元，PEPS 控制单元接收到高频信号后验证钥匙合法性，若钥匙合法则通过 CAN 线发送解锁指令给 ESCL，同时向 IG1、IG2 和 ACC 继电器发送 12V 控制信号及一键启动开关状态指示灯发送控制指令。此时，转向盘解锁，继电器工作，一键启动开关状态指示灯被点亮、低压上电仪表被点亮。

3. 遥控开启后备箱

当驾驶员长按智能钥匙上的后备箱开启按钮时，智能钥匙直接发送高频信号给 PEPS 控制单元，PEPS 控制单元接收到高频信号后验证钥匙合法性，若钥匙合法则 PEPS 控制单元直接发送后备箱开启指令给后备箱门锁电动机，电动机工作，后备箱开启。

实施

根据故障现象，分析 PEPS 控制单元不工作可能存在的故障点，实施记录表如表 6-32 所示。

表 6-32 实施记录表

序 号	可 能 原 因	序 号	可 能 原 因
1	PEPS 供电熔断器损坏	6	PEPS 搭铁线路损坏
2	熔断器至 PEPS 线路损坏	7	搭铁点脱落
3	PEPS 本身局部损坏	8	中间插接器松动
4	开关损坏	9	开关、天线至 PEPS 线路损坏
5	天线损坏	10	PEPS 至 BCM 通信故障

资讯（四）

1. 一键启动开关

北汽 EU5 R500 纯电动汽车一键启动开关安装在仪表板上，其开关接线端子及引脚编号和定义如图 6-41 和表 6-33 所示。

表 6-33 一键启动开关引脚编号和定义

引脚编号	定 义
1	SSB 接地 1
2	背光电源
3	接地
4	ACC LED（红色）
5	RUN LED（绿色）
6	SSW 输入 1
7	SSW 输入 2
8	接地 2

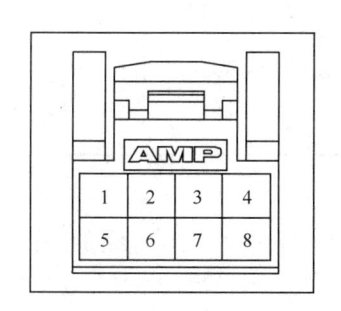

图 6-41 一键启动开关接线端子

PEPS 控制单元插头 B27 和 B30 均为 20 脚端子，如图 6-42 所示。不同插头引脚编号和定义略有不同，如表 6-34 所示。

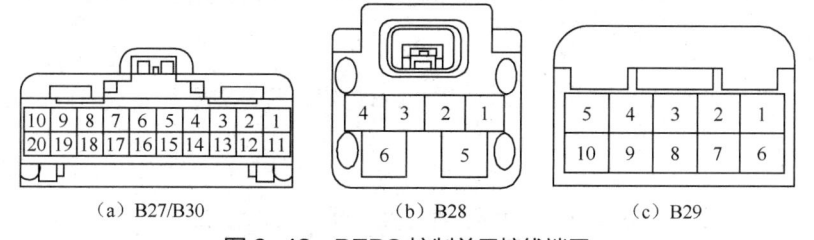

(a) B27/B30   (b) B28   (c) B29

图 6-42 PEPS 控制单元接线端子

表 6-34 PEPS 控制单元引脚编号和定义

引脚编号	B27	B28	B29	B30
1	—	接地	—	—
2	IMMO	蓄电池电源	后备箱开关信号	—
3	—	—	—	—
4	—	—	IG2 继电器控制	SSB 接地 1

续表

引脚编号	B27	B28	B29	B30
5	—	蓄电池电源	—	SSW1
6	—	接地	—	SSB 接地 2
7	—		—	SSW2
8	—		—	—
9	天线信号高		ACC 继电器控制	—
10	EBUS CAN-H		IG1 继电器控制	IG1 继电器反馈
11	左前门把手开关信号		—	—
12	右前门把手开关信号		—	—
13	—		—	ACC LED
14	—		—	RUN LED
15	天线信号低		—	IG2 继电器反馈
16	后备箱线性信号低		—	ACC 继电器反馈
17	—		—	—
18	后备箱线性信号高		—	—
19	—		—	制动信号
20	EBUS CAN-L		—	—

2. 单件测试

测试方法：关闭启动开关，断开蓄电池负极，拆卸无钥匙进入及启动系统供电熔断器、一键启动开关和门把手开关，利用万用表欧姆挡测量无钥匙进入及启动系统供电熔断器、一键启动开关和门把手开关在不同挡位的电阻阻值，若不符合要求，则应更换。

3. 利用诊断仪与万用表检测

连接诊断仪，打开启动开关，利用诊断仪读取 PEPS 控制单元中相关故障代码或数据流，首先根据故障代码或数据流进行相应检测，然后利用万用表进行电压及电阻检测。

4. 利用示波器检测

利用示波器检测车内低频天线信号波形，根据波形进行检测。

计划

根据任务分工及任务要求制订工作计划，填写计划表，如表 6-35 所示。

表 6-35 计划表

序号	测试项目	使用工具	操作人
1	单件测试	万用表、跳线	
2	读取故障代码或数据流	诊断仪	
3	电压检测	万用表、跳线	
4	电阻检测	万用表、跳线	

实施

按照制订的工作计划开展相应检测,并完成实施记录表。

1. 单件测试

关闭启动开关,断开蓄电池负极,拆卸无钥匙进入及启动系统供电熔断器、一键启动开关和门把手开关,利用万用表欧姆挡测量无钥匙进入及启动系统供电熔断器、一键启动开关和门把手开关在不同挡位的电阻阻值,并完成单件测试记录表(见表6-36)。

表6-36 单件测试记录表

序 号	测试项目	标准值	实测值	是否正常	维修建议(否)
1	一键启动开关: T8a/7—T8a/8	导通		是 否	更换开关
2	一键启动开关: T8a/67—T8a/1	导通		是 否	更换开关
3	左前门把手开关: T2al/1—T2al/2	导通		是 否	更换开关
4	右前门把手开关: T2ao/1—T2ao/2	导通		是 否	更换开关
5	RF29	<1Ω		是 否	更换熔断器
6	RF30	<1Ω		是 否	更换熔断器
7	RF31	<1Ω		是 否	更换熔断器

2. 读取故障代码或数据流

打开启动开关,利用诊断仪读取PEPS控制单元中相关故障代码或数据流,并完成故障代码或数据流记录表(见表6-37)。

表6-37 故障码或数据流记录表

序 号	故障代码或数据流含义	可能原因(异常)
1		
2		

清除故障代码,再次读取,故障代码能否清除: 是 否

3. 电压测试

操作驾驶员或副驾驶员车门上的微动开关,利用万用表直流电压挡测量相关端子对地电压值,并完成电压测试记录表(见表6-38)。

表6-38 电压测试记录表

序 号	测试项目	标准值	实测值	是否正常	维修建议(否)
1	T8a/7—地			是 否	检查PEPS或检修线束
2	T8a/6—地			是 否	检查PEPS或检修线束
3	T6o/1—地 T6o/6—地 T6d/6—地			是 否	检查搭铁点或检修线束
4	T2al/1—地			是 否	检查PEPS或检修线束

续表

序号	测试项目	标准值	实测值	是否正常	维修建议（否）
5	T2ao/1—地			是　否	检查PEPS或检修线束
6	T2al/2—地			是　否	检查搭铁点或检修线束
7	T2ao/2—地			是　否	检查搭铁点或检修线束
8	T6o/2—地			是　否	检查熔断器或检查线束
9	T6o/5—地			是　否	检查熔断器或检查线束
10	T6d/1—地			是　否	检查熔断器或检查线束

4. 电阻检测

根据上一步电压测量及实际故障现象，断开蓄电池负极，利用万用表欧姆挡测量相关线束的电阻阻值，并完成电阻测试记录表（见表6-39）。

表6-39　电阻测试记录表

序号	测试项目	标准值	实测值	是否正常	维修建议（否）
1	T20e/7—T8a/7	<1Ω		是　否	检修线束
2	T20e/5—T8a/6	<1Ω		是　否	检修线束
3	T20e/6—T8a/8	<1Ω		是　否	检修线束
4	T20e/4—T8a/1	<1Ω		是　否	检修线束
5	T6o/2—T20a/3	<1Ω		是　否	检修线束
6	T6o/5—T20a/9	<1Ω		是　否	检修线束
7	T6d/1—T22a/11	<1Ω		是　否	检修线束
8	T20d/11—T2al/1	<1Ω		是　否	检修线束
9	T20d/12—T2ao/1	<1Ω		是　否	检修线束
10	T6d/6—G304 T6o/1—G405 T6o/6—G405 T2al/2—G404 T2ao/2—G401	<1Ω		是　否	检修线束
11	T20d/9—T3k/3 T20d/15—T3k/1 T20d/2—T3k/2	<1Ω		是　否	检修线束

5. 波形检测

操作左前门或右前门上的微动开关，利用示波器测量多功能天线和后备箱天线的相关端子对地波形，并完成波形测试记录表（见表6-40）。

表6-40　波形测试记录表

序号	测试项目	标准波形	实测波形	是否正常	维修建议（否）
1	T3k/3—T3k/1			是　否	检修线束

续表

序 号	测试项目	标准波形	实测波形	是否正常	维修建议（否）
2	T4j/1—T4j/2			是　否	检修线束

检查

1. 自检

各小组针对操作情况进行自检，完成自检记录表（见表6-41）。

表6-41　自检记录表

序 号	检查项目	结 果	序 号	检查项目	结 果
1	是否规范操作仪器仪表	是　否	4	检测工具是否清洁、复位	是　否
2	测试条件是否正确	是　否	5	测量插头、线束是否复位	是　否
3	启动开关是否关闭	是　否	6	场地卫生是否清扫	是　否

2. 互检

各小组针对操作情况进行互检，完成互检记录表（见表6-42）。

表6-42　互检记录表

序 号	检查项目	结 果	序 号	检查项目	结 果
1	启动开关是否关闭	是　否	3	测量插头、线束是否复位	是　否
2	检测工具是否清洁、复位	是　否	4	场地卫生是否清扫	是　否

3. 终检

指导教师针对各小组实施情况进行终检，完成终检记录表（见表6-43）。

表6-43　终检记录表

序 号	检查项目	结 果	序 号	检查项目	结 果
1	启动开关是否关闭	是　否	3	测量插头、线束是否复位	是　否
2	检测工具是否清洁、复位	是　否	4	场地卫生是否清扫	是　否

评估

授课结束后，指导教师指导学生对操作过程进行评价，完成学习任务评价表（见表6-44）。指导学生进行课后总结，查找存在的问题，完成评估记录表（见表6-45）。

表6-44 学习任务评价表

班级：_____ 姓名：_____ 学号：_____

项 目	自 我 评 价			小 组 互 评			教 师 评 价		
	10～9	8～6	5～1	10～9	8～6	5～1	10～9	8～6	5～1
	占总评10%			占总评30%			占总评60%		
工具设备使用能力									
资料信息查阅能力									
数据读取分析能力									
实训报告撰写能力									
协作精神									
纪律观念									
表达能力									
工作态度									
安全意识									
总体表现									
小计									
总评									

指导教师：_____　　　年　月　日

表6-45 评估记录表

课 堂 小 结
实训结束后，指导教师指导学生分享本次实训收获。

序　　号	存在的问题
1	
2	

5S管理

1．实训场地设备恢复。

2．清洁实训车辆，打扫场地卫生，桌椅板凳摆放整齐有序。

3．将工具、仪器、设备等归还原位。

4．关闭实训场地的门窗、电源等。

习题测试

一、填空题

1. 中控门锁系统一般由_____、_____、_____等组成。
2. 门控开关用来检测车门的开闭情况。车门打开时，门控开关_____；车门关闭时，门控开关_____。
3. 门锁开关用来检测车门的开闭情况。当车门关闭时，门锁开关_____；反之，门锁开关_____。
4. 汽车门锁执行机构一般采用_____或_____控制。
5. 微型电动机式执行机构由_____、_____及_____构成。
6. 门锁控制器按其控制原理大致可分为_____、_____和_____三种门锁控制器。
7. BCM 给门锁控制开关提供的是_____信号。
8. 北汽 EU5 R500 纯电动汽车中控门锁控制系统由_____、_____、_____、_____、后备箱灯等组成。
9. 无线遥控门锁系统主要由_____、_____、_____及_____等组成。
10. 遥控器按照遥控信号的载体可分为_____、_____和_____。
11. 汽车防盗系统按设定方式可分为_____和_____两种。
12. 目前，防盗系统按其结构可分为_____、_____和_____三种。
13. 北汽 EU5 R500 纯电动汽车无钥匙进入及启动系统由_____、_____、_____、_____、_____、_____等组成。
14. 门把手开关传感器的类型为_____式，个别车型为_____式。

二、问答题

1. 新能源汽车中控门锁的功用是什么？
2. 新能源汽车中控门锁的工作原理是什么？
3. 晶体管式门锁控制器的工作原理是什么？
4. 中控门锁机械部分常见的故障有哪些？
5. 分析中控门锁控制系统不工作可能的故障原因。
6. 无线遥控门锁的功用是什么？
7. 如何更换遥控器电池？
8. 分析不同类型防盗系统的优缺点。
9. 防盗系统的工作原理是什么？
10. 无钥匙进入及启动系统的原理是什么？

学习情境 7

新能源汽车安全气囊系统故障检修

学习情境描述

李先生驾驶的 2018 年生产的北汽 EU5 R500 纯电动汽车，由于交通事故，驾驶员和乘客侧安全气囊已弹出，要求予以更换检修。你能完成安全气囊更换任务吗？

学习内容

1. 新能源汽车安全气囊的功用、结构组成、分类及工作原理。
2. 新能源汽车安全气囊控制电路图的识读。
3. 新能源汽车安全气囊系统的更换。
4. 新能源汽车安全气囊系统的故障检修。

学习目标

1. 能够描述新能源汽车安全气囊的功用、结构组成，正确率不低于 85%。
2. 能够描述新能源汽车安全气囊的分类、工作原理，正确率不低于 85%。
3. 能够使用工具按照正确的方法对安全气囊系统各元器件进行规范拆装，正确率不低于 90%。
4. 能熟练进行新能源汽车安全气囊控制电路图的识读，正确率不低于 90%。
5. 能够使用故障诊断仪结合故障现象初步判断安全气囊系统故障的原因，并进行故障检测及相关故障排除，正确率不低于 90%。
6. 弘扬精益求精的工匠精神，养成脚踏实地、认真负责的工作作风，践行安全生产、团队协作的职业素养。

教学准备

1. 教学用整车一辆（北汽 EU5 R500）、汽车举升机、拆装工具。
2. 防护工具：车内四件套、车外三件套、车辆挡块、灭火器、隔离桩、警示牌等。
3. 其他材料：车辆使用手册、维修手册、整车电路图册。

教学实施

任务 1　安全气囊的更换

资讯

一、安全气囊的功用

安全气囊系统又称为辅助乘员保护系统（SRS）。在汽车相撞时，汽车与汽车或汽车与障碍物之间的碰撞称为一次碰撞。一次碰撞后，汽车速度将急剧变化，驾驶员和乘客就会受到惯性力的作用而向前运动，并与车内的转向盘、风窗玻璃或仪表台等构件发生碰撞，称为二次碰撞。安全气囊系统是一种被动安全性的保护系统，在乘客发生二次碰撞前，使安全气囊膨胀以保护乘客的安全。它与座椅安全带配合使用，可以为乘客提供有效的防撞保护。

安全气囊的功用是当汽车遭受冲撞导致车速急剧变化时，安全气囊迅速膨胀，承受并缓冲驾驶员或乘客头部与身体上部和膝盖部位的惯性力，减轻人体遭受伤害的程度。汽车安全气囊可使头部受伤率减少 25%，面部受伤率减少 80%。

二、汽车对安全气囊的性能要求

安全气囊是在汽车发生碰撞时才工作的安全装置，所以它的可靠性就显得尤为重要。也就是说，汽车在发生碰撞时，根据不同车速确定安全气囊可靠地工作。但是，汽车在紧急制动或在高低不平的路面上行驶时，也会产生较大的制动减速度和激烈的震动，这时却要保证安全气囊不工作。此外，由于现在汽车的安全气囊大多是电子控制式的，这样要求安全气囊系统在汽车发生碰撞、电源出现故障的短时间（20s）内应能够正常工作。因此，一般情况下，安全气囊系统采用双电源：在电源断电的情况下，安全气囊控制系统电路中的备用电源，可引爆安全气囊。在技术上，对安全气囊的性能要求主要有以下几个方面。

（1）可靠性高。

在汽车未发生碰撞事故的情况下，安全气囊的使用年限为 7~15 年。若在碰撞事故中，安全气囊开启后，那么安全气囊系统要全套更换。

（2）安全性好。

安全气囊系统要能正确区分制动减速度和碰撞减速度。

（3）灵敏度高。

当汽车发生碰撞时，安全气囊系统要在二次碰撞（指驾驶员或乘客与转向盘、仪表板或风窗玻璃碰撞）前正确快速打开安全气囊，并能正确泄气，起到缓冲作用。

（4）有防误爆功能。

安全气囊系统一般采用二级门限控制，减速度的控制门限要合理。否则，汽车速度过低、轻微碰撞时，安全气囊就会引爆；汽车速度过高、发生碰撞时，安全气囊打不开，或者打开过晚。

（5）有自动诊断功能。

安全气囊系统能及时发现故障，并以警告灯的形式报告驾驶员。电子控制式安全气囊要有备用电源。

三、安全气囊的分类

1. 按照保护对象的不同分类

安全气囊按照保护对象的不同来分，可分为驾驶员防撞安全气囊（安装在转向盘上）、前排乘客防撞安全气囊（用于保护副驾驶员）、后排乘客防撞安全气囊（安装在前排座椅上，防止后排乘客在撞车时受到伤害）、侧面防撞安全气囊（安装在车门上，防止驾驶员及乘客侧面撞击）及顶部防撞安全气囊，如图 7-1 所示。驾驶员防撞安全气囊、前排乘客防撞安全气囊和后排乘客防撞安全气囊是目前应用最广泛的一种，而侧面防撞安全气囊和顶部防撞安全气囊将逐渐普及。

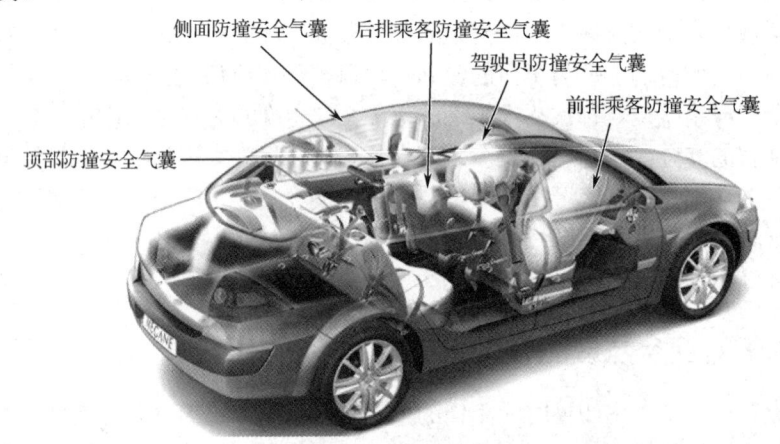

图 7-1 安全气囊

2. 按照数目分类

安全气囊按照数目来分，可分为单气囊系统（只安装在驾驶员侧）、双气囊系统（驾驶员侧和副驾驶员侧各有一个安全气囊）和多气囊系统（前排安全气囊、后排安全气囊、侧面安全气囊）。

3. 按照控制类型分类

安全气囊按照控制类型来分，可分为机械式和电子控制式，现在汽车大部分采用了电子控制式安全气囊。另外，新型的智能型安全气囊（Smart Air Bag）克服普通安全气囊系统的不足，增加了检测乘客是否系上座椅安全带、检测乘客乘坐位置、检测座椅上是否有乘客，以及调节安全气囊充气膨胀力等功能。

四、安全气囊的组成

不同类型的汽车安全气囊系统采用的气囊数量、结构及安装位置略有不同，但结构组成类似，主要由气囊组件、碰撞传感器、安全气囊控制单元和安全气囊警告灯四个部分组成，如图 7-2 所示。

1. 气囊组件

气囊组件主要由气囊装饰盖、气囊、气体发生器和装在气体发生器内部的点火器等组成，如图 7-3 所示。根据气囊保护对象的不同，气囊组件的安装位置也不同。

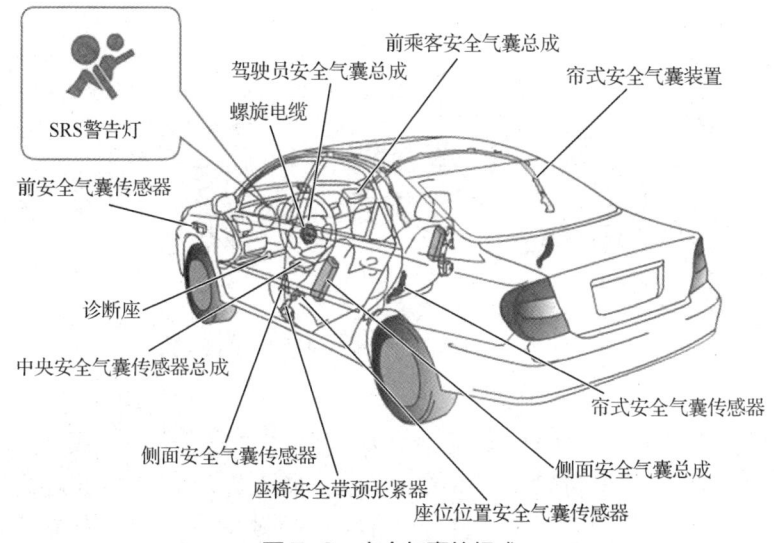

图 7-2 安全气囊的组成

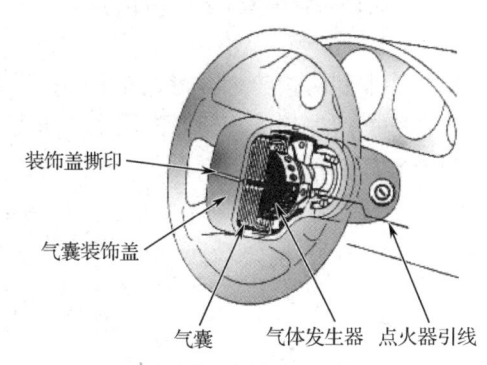

图 7-3 气囊组件结构

(1) 气囊。

气囊通常由防裂性能好的聚酰胺织物（如尼龙）制成，为密封气囊，内表面涂有聚氯丁二烯。为了实现安全气囊的可控制充气过程，设计了有阻尼作用的气囊。在气囊的内表面缝制阻尼带或采用其他方式对高压气体产生阻尼作用，引导安全气囊在展开时加速向侧面膨胀，以避免安全气囊自由展开。

气囊背面（与驾驶员或乘客方向相反的一面）或顶部设有2~4个排气孔，来减少固体燃料爆炸时的压力，缓和对乘客的冲击力。

(2) 气体发生器。

气体发生器用专用螺栓和专用螺母固定在气囊支架上，作用是在点火器引爆点火剂时，产生气体向气囊充气，使气囊爆开。为了便于安装，驾驶员侧安全气囊的气体发生器一般都做成圆形，副驾驶员侧安全气囊的气体发生器为长筒形。

气体发生器由点火器、点火剂、金属过滤器及气体发生剂等部件组成，如图7-4所示。目前，大多数安全气囊采用的气体发生剂为片状的叠氮化钠，其特性为受热时会产生大量的氮气。

当碰撞传感器向安全气囊计算机输送撞击信号时，安全气囊计算机向点火器发出指令，点火器点燃点火剂并传到氮气发生剂，使其产生大量的氮气，通过金属过滤器的冷却、降压迅速充胀气囊，使气囊爆开。

133

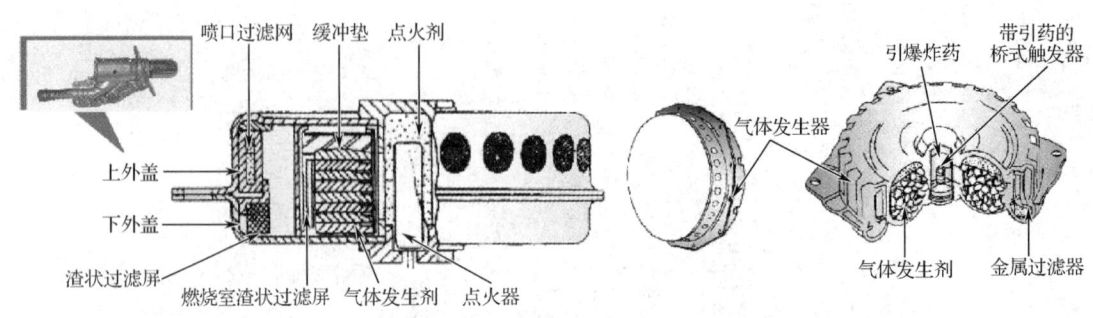

图 7-4　气体发生器结构

(3) 点火器。

点火器外包铝箔安装在气体发生器内部中央位置,主要部件包括引爆炸药、引药、电热丝、电极、引出导线、绝缘套管等,均装在药筒内,如图 7-5 所示。引出导线与气囊连接器插头连接,连接器(一般都为黄色)中设有短路片(铜质弹簧片)。当连接器插头拔下或插头与插座未完全结合时,短路片将两根引出导线短接,防止静电或误通电将电热丝电路接通而造成气囊误爆开。

点火器的功用是在前碰撞传感器和防护传感器将气囊电路接通时,电热丝电路被接通,电热丝迅速加热引药,引爆炸药瞬间产生热量,药筒内温度和压力急剧升高并冲破药筒,使气体发生剂(叠氮化钠)受热分解释放氮气充入气囊。

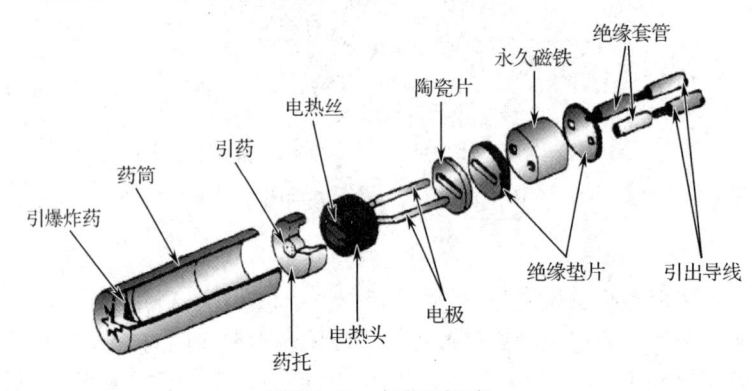

图 7-5　点火器组成

2. 碰撞传感器

碰撞传感器是安全气囊系统中的控制信号输入装置。其作用是在汽车发生碰撞时,由碰撞传感器检测汽车碰撞的强度信号,并将信号输入安全气囊计算机,安全气囊计算机根据碰撞传感器的信号来判定是否引爆充气元件使气囊充气。

(1) 碰撞传感器按照功能不同,可分为碰撞信号传感器和碰撞防护传感器。

碰撞信号传感器负责检测汽车碰撞强度的信号,并将信号输入安全气囊控制单元。根据安装位置不同,碰撞信号传感器可分为左前碰撞传感器、右前碰撞传感器和中央碰撞传感器。安装位置一般在车身的前部和中部,如车身两侧的翼子板内侧、前照灯支架下面和发动机散热器支架两侧等部位。

碰撞防护传感器又称为安全传感器,防止安全气囊系统在非碰撞的情况下发生误引爆。安全传感器安装在安全气囊 ECU 内部,通常有两个安全传感器。其原理和碰撞信号传感器相同，只是设定的减速度阈值不同，通常碰撞防护传感器的减速度阈值要比碰撞信号传感器的减速度阈值小一些。

（2）碰撞传感器按照结构不同，可分为机电结合式碰撞传感器、水银开关式碰撞传感器和电子式碰撞传感器。

① 机电结合式碰撞传感器。

机电结合式碰撞传感器一般安装在保险杠与挡泥板之间，用来感知低速碰撞的信号。它利用机械运动控制动静触点的通断来产生碰撞信号。传感器安装在一个密封的防震保护盒内。常见的机电结合式碰撞传感器又分为滚球式、滚轴式和偏心锤式三种。

偏心锤式机电结合式碰撞传感器结构如图7-6所示，丰田、马自达汽车安全气囊采用了这种传感器。传感器的转子总成由偏心锤、转动触点臂及转动触点等组成，安装在传感器轴上。偏心锤安装在偏心锤臂上。转动触点臂与两端固定有触点，触点随转动触点臂一起转动。两个固定触点固定在传感器壳体上，并用导线分别与传感器接线端子连接。

汽车正常行驶时，扭力弹簧将重锤、动触头定在上止点位置，传感器没有触发信号给中央控制器。

当汽车遭受碰撞且减速度达到设定阈值时，偏心锤产生的惯性扭矩将大于扭力弹簧的扭矩，转子总成在惯性扭矩作用下克服扭力弹簧扭矩沿逆时针方向转动一定角度，同时带动转动触点臂转动，并使转动触点臂与固定触点接触。当传感器作为碰撞信号传感器时，则将碰撞信号输入安全气囊计算机；当传感器作为碰撞防护传感器时，则将点火器电源电路接通。

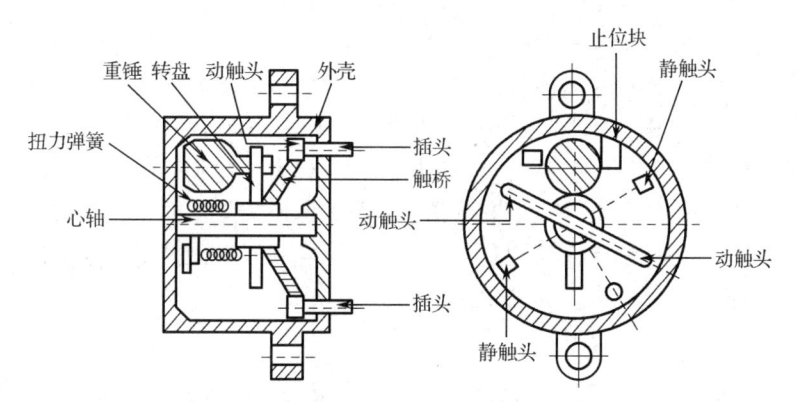

图7-6 偏心锤式机电结合式碰撞传感器结构

② 水银开关式碰撞传感器。

水银开关式碰撞传感器是利用水银具有良好的导电特性制成的，主要由水银、壳体、电极和密封螺塞组成，如图7-7所示。

当汽车发生碰撞时，减速度将使水银产生惯性力。惯性力在水银运动方向上的分力会将水银抛向传感器电极，使两个电极接通，从而接通安全气囊点火器电路的电源。

③ 电子式碰撞传感器。

电子式碰撞传感器对汽车正向加速度进行连续测量，并将结果输送给微处理器，微处理器内有一套复杂碰撞信号处理程序，能够判定气囊是否需要打开。中央安全气囊传感器是一

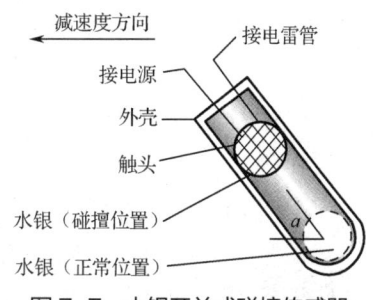

图7-7 水银开关式碰撞传感器

个半导体压力传感器，如图 7-8 所示。其悬臂架压在半导体应变片的两端。当汽车发生碰撞时，半导体应变片在悬臂减速惯性力的作用下发生弯曲应变，受压后的电阻变化由公式计算。电阻的变化引起动态传应变仪输出电压发生变化。

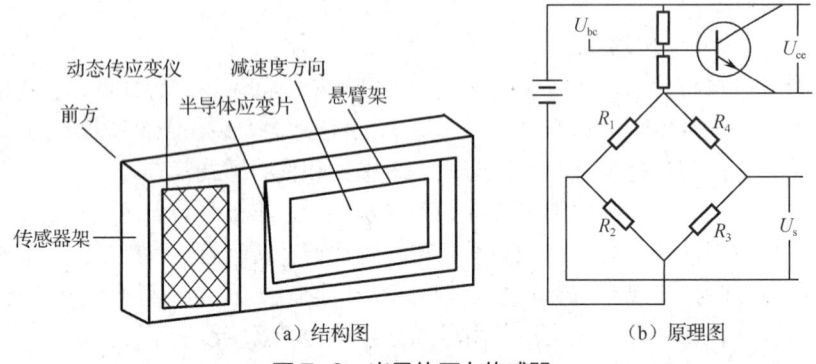

图 7-8 半导体压力传感器
(a) 结构图　(b) 原理图

汽车的速度越大，碰撞后产生加速度的力越大，输出的电压也越大，所以半导体压力传感器要求有稳定的电源。由于半导体压力传感器输出特性受温度影响较大，故应用晶体管的基极和发射极间的电压 U_{be} 的温度变化来消除传感器输出特性的变化。

（3）碰撞传感器按照碰撞位置不同，可分为正面碰撞传感器和侧面碰撞传感器。

正面碰撞传感器设有前碰撞传感器，侧面碰撞传感器设有侧碰撞传感器、乘客识别传感器及安全带扣环。

侧碰撞传感器通常安装于汽车 B 柱及 C 柱上用于检测汽车的侧面碰撞，条件符合后，安全气囊控制单元将侧面安全气囊展开。乘客识别传感器位于乘客座椅总成座垫内，用来感知乘客座椅位置是否有乘客。它是一个压变电阻型的传感器，通过电阻的变化感知压力的大小。当乘客座椅位置有乘客并且没有系上安全带时，位于仪表上控制面板的乘客侧安全带指示灯会被点亮，告知驾驶员提醒乘客系上安全带。若乘客侧座椅是空的或在座椅上放置重量非常轻的物品时，安全气囊控制单元检测到这一信号，当发生正面碰撞时，则不展开乘客侧安全气囊，避免不必要的维修成本。安全带扣环用于检测安全带是否系上。

3. 安全气囊控制单元

安全气囊控制单元是安全气囊系统的核心部件，其安装位置因车型而异。其功能是连续检测汽车行驶过程中传感器输送来的信号，经计算处理后，确定是否需要将气囊展开。此外，安全气囊控制单元还不断地对系统中的主要部件和外部电路进行诊断检测。一旦系统有故障被安全气囊控制单元的诊断功能检测出来，就以故障代码的形式存于存储器中，同时点亮安全气囊指示灯提示安全气囊系统有故障。安全气囊内部包括引爆控制电路、驱动电路、诊断电路和存储电路等。

4. 安全气囊警告灯

如果检测到故障，安全气囊控制单元就会存储一个故障诊断代码（DTC），然后通过 CAN-BUS 串行数据总线指令组合仪表点亮安全气囊警告灯。汽车启动后，安全气囊控制单元将不断地对各回路进行检测，如果有故障，那么安全气囊控制单元将通过 CAN-BUS 串行数据总线与组合仪表进行通信，5s 后安全气囊警告灯亮起。如果安全气囊系统存在故障，则可能导致安全气囊无法展开，或者在碰撞未达到设定的严重程度时展开安全气囊。如果安全气囊警告灯被点亮，则请尽快到授权服务站进行检修；在完成故障修理前，安全气囊警告灯不会熄灭。

5. 安全带预紧器

驾驶员安全带预紧器、乘客安全带预紧器模块包括一个壳体、一个点火引爆装置和装有气体发生剂。点火器是安全带预紧器展开回路的一部分。当车辆发生正面或侧面冲击力足够大的碰撞时，安全气囊控制单元就会发出点火命令（电流信号），电流流过点火器，引爆气体发生剂，从而迅速产生大量的气体。该反应产生的气体会迅速作用到安全带预紧器，从而快速收紧安全带，如图7-9所示。安全气囊控制单元线束连接器端子（每个安全带预紧器展开回路）上装有一个短路片。短路片可使安全带预紧器展开回路短路，以防安全带预紧器在维修时意外展开。

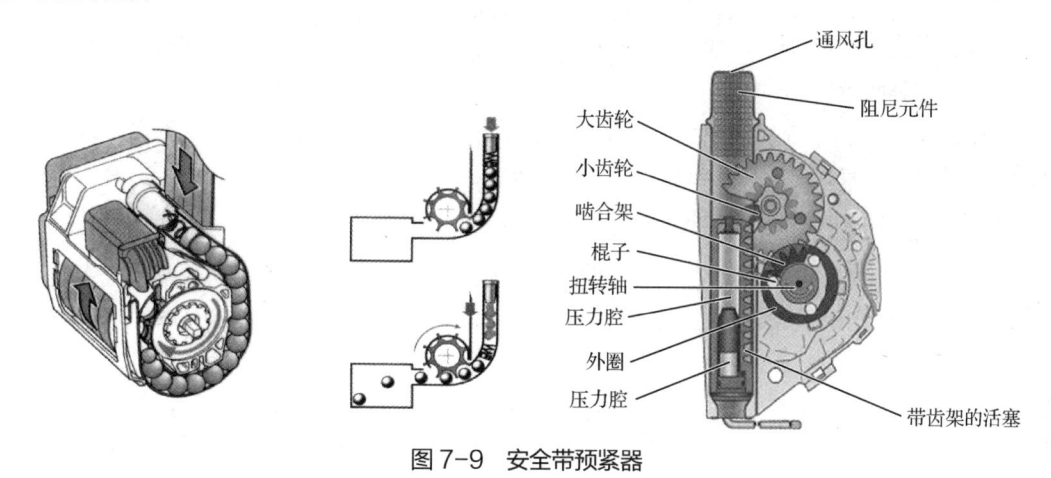

图7-9 安全带预紧器

五、安全气囊系统部件更换

安全气囊系统发生故障或引爆后都需要更换新的部件。下面以北汽EU5 R500纯电动汽车为例完成安全气囊部件的更换。

1. 安全气囊检修注意事项

在安全气囊系统（SRS）检修过程中，如果不按正确的操作顺序进行，则有可能导致气囊意外展开，造成严重事故。因此，检修安全气囊时应注意以下事项。

（1）诊断检修SRS之前，应先读取故障自诊断代码。

（2）关闭启动开关，并将蓄电池负极电缆端子拆下90s以上才可以开始检修工作。

（3）即使只发生了轻微碰撞而气囊没有展开，也应仔细检查安全气囊、传感器、座椅安全带预紧器、控制计算机，以及电缆、插头等。

（4）在检修过程中，若有可能对车前碰撞传感器产生冲击，则应在检修之前先拆下碰撞传感器，以防安全气囊误展开。

（5）安全气囊系统的所有部件均为一次性使用部件，不可重复使用，也不可使用其他车上的安全气囊系统部件。如果需要更换部件，则应使用与原车配套的新品。

（6）绝对不能检测安全气囊点火器或安全带预紧器点火器的电阻，否则可能导致安全气

囊引爆或安全带预紧器动作。

（7）检测其他部件电阻和检测安全气囊系统故障时，必须使用高阻抗的万用表，即最好使用数字式万用表。

（8）在安全气囊系统的各个总成或部件的表面上都有说明标牌，使用或检修时必须严格按照这些注意事项进行操作。在系统的维修工作完成后，应检查安全气囊警告灯，看系统工作是否正常。

（9）安装碰撞传感器时，其上的箭头应指向车辆前方。

（10）插上连接器时，务必将各种锁止机构可靠锁住，以防连接器松脱或出现一些失灵代码。

（11）转向盘必须正确装入转向柱内，否则会引起电缆接触不良。同时，螺旋形电缆应处于中间位置，否则极易在转动转向盘时遭到损坏。

（12）在拆卸、搬运或放置安全气囊时，其装饰盖一面应朝上。

（13）使用电弧焊时，应先将安全气囊及安全带预紧器的连接器脱开才可以开始工作。

（14）车辆报废时，应使用专用工具将安全气囊展开或让安全带起作用。

（15）安全气囊系统线束及线束连接器均为黄色，以便于区别。当发生交通事故而使安全气囊系统线束脱开或线束连接器破裂时，都应更换新品。

2. 安全气囊控制器更换

安全气囊控制器更换时要遵守操作安全气囊的安全措施。静电可能导致安全气囊被意外触发，因此在维修保护系统前必须释放静电，可以通过短时间触摸车身来释放静电。

（1）断开蓄电池负极。

（2）在箭头位置撬起并拆卸电子换挡旋钮①，如图7-10所示。

（3）断开电子换挡旋钮连接插头，取下电子换挡旋钮①。

（4）使用10mm六角套筒旋出固定螺母（箭头A），取出安全气囊控制器①，断开安全气囊控制器连接插头（箭头B、箭头C），取下安全气囊控制器①，如图7-11所示。螺母规格为M6×1.0，螺母箭头拧紧扭矩为8~10N·m。

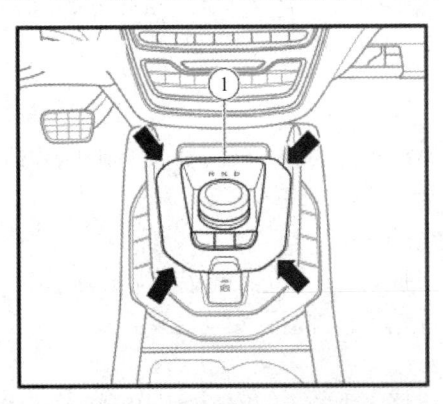

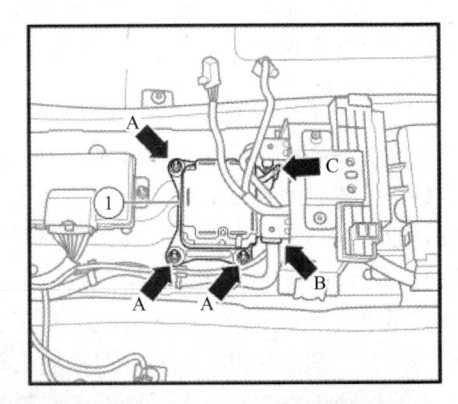

图7-10　拆卸电子换挡旋钮　　　图7-11　拆卸安全气囊控制器

（5）安装以拆卸步骤的倒序进行，同时注意下列事项。

安全气囊控制器更换后，"启动/停止"按键置于"RUN"状态，进行安全气囊控制器配置，具体配置项目参照诊断仪提示进行操作。

3. 驾驶员安全气囊总成更换

在进行驾驶员安全气囊总成更换时要遵守操作安全气囊的安全措施。静电可能导致安全气囊被意外触发，因此在维修保护系统前必须释放静电，可以通过短时间触摸车身来释放静电。

（1）断开蓄电池负极。

（2）将转向盘尽可能多地向后拉，并将其降到最低的位置。

（3）从转向盘后部预留孔插入工具，在箭头处撬动安全气囊锁止件，此时安全气囊会被解锁，如图 7-12 所示。

（4）断开驾驶员安全气囊总成连接插头（箭头 A）、喇叭开关连接插头（箭头 B），取下驾驶员安全气囊总成①，如图 7-13 所示。

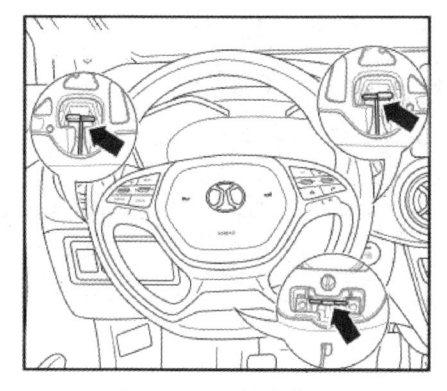

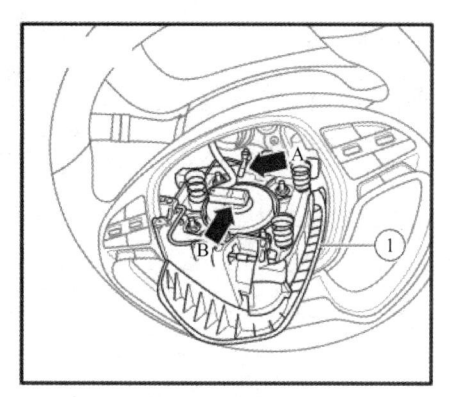

图 7-12　解锁安全气囊　　　图 7-13　拆卸驾驶员安全气囊总成

（5）安装以拆卸步骤的倒序进行，同时注意，插上插头时必须听到插头卡入的声音。

4. 时钟弹簧的更换

时钟弹簧用来连接驾驶员安全气囊与气囊连接线束，其安装于车辆的转向盘下方。它主要由柔性扁平电缆、进行相对转动的壳体、线束（导电引出线）和接插件等组成。在转向盘左、右的旋转动作中，以保证驾驶员安全气囊、喇叭开关等部件正常的电路连接。

拆卸时钟弹簧前，需要注意应使车轮处于直线行驶状态。

（1）拆卸转向盘。

（2）旋出转向柱下护罩固定螺栓。

（3）将转向柱上护罩从下护罩上脱开。拆卸护罩固定螺钉，拆下转向柱上护罩②，如图 7-14 所示，螺钉拧紧扭矩为 1.5～1.7N·m。

（4）断开时钟弹簧连接插头（箭头 B、箭头 C），脱开固定卡并取下时钟弹簧，如图 7-15 所示。

（5）安装以拆卸步骤的倒序进行，同时注意，安装时钟弹簧后调整时钟弹簧的线圈中心位置。

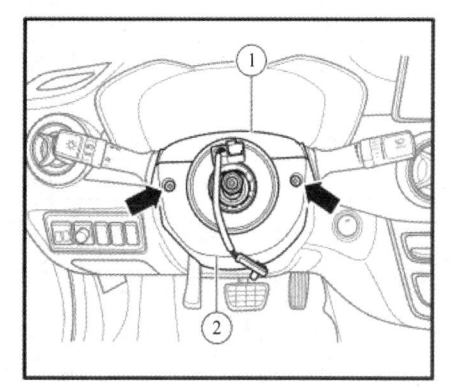

图 7-14　拆卸护罩

（6）时钟弹簧调节：先用手顺时针缓慢旋转时钟弹簧①，直至极限位置，然后逆时针旋转时钟弹簧①约 3 圈，以对准标记（箭头区域），如图 7-16 所示。

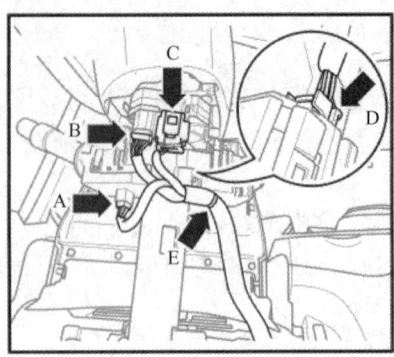

图 7-15 拆卸时钟弹簧　　　　　　　　图 7-16 时钟弹簧调节

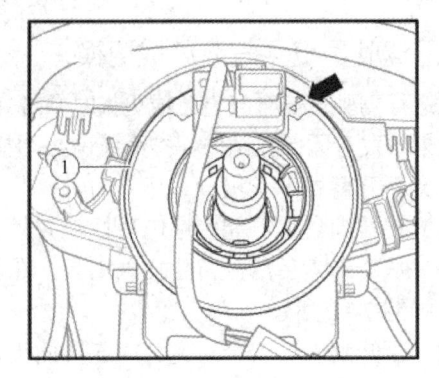

决策

根据任务要求制订新能源汽车安全气囊系统模块更换实施计划，每个小组根据组员特点进行分工，并选出小组组长负责任务的分工与实施，决策记录表如表 7-1 所示。

表 7-1 决策记录表

序 号	小组成员	任 务
1	A B	查阅维修手册等资料
2	C D	工具准备
3	E F	记录、汇报
4	G H	安全员

计划

根据任务分工及任务要求制订工作计划，计划表如表 7-2 所示。

表 7-2 计划表

序 号	作业项目	操 作 人
1	断开蓄电池负极	A B
2	拆卸电子换挡旋钮	C D
3	拆卸安全气囊控制器	E F
4	拆卸驾驶员安全气囊总成	A B
5	拆卸时钟弹簧	C D
6	安装时钟弹簧	E F
7	安装驾驶员安全气囊总成	A B
8	安装安全气囊控制器	C D
9	安装电子换挡旋钮	E F
10	连接蓄电池负极	A B
11	安全、记录	G H

实施

根据工作计划进行新能源汽车安全气囊系统模块更换任务，实施记录表如表 7-3 和表 7-4 所示。

表7-3　实施记录表（1）

序号	实施项目	结果	序号	实施项目	结果
1	蓄电池负极是否断开	是　否	6	时钟弹簧是否安装	是　否
2	电子换挡旋钮是否拆卸	是　否	7	驾驶员安全气囊总成是否安装	是　否
3	安全气囊控制器是否拆卸	是　否	8	安全气囊控制器是否安装	是　否
4	驾驶员安全气囊总成是否拆卸	是　否	9	电子换挡旋钮是否安装	是　否
5	时钟弹簧是否拆卸	是　否	10	蓄电池负极是否连接	是　否

表7-4　实施记录表（2）

序号	配件名称	选用工具	拧紧扭矩	操作人
1	安全气囊控制器			
2	时钟弹簧护罩			

5S管理

1. 实训场地设备恢复。
2. 清洁实训车辆，打扫场地卫生，桌椅板凳摆放整齐有序。
3. 将工具、仪器、设备等归还原位。
4. 关闭实训场地的门窗、电源等。

任务2　安全气囊控制电路故障检修

资讯（一）

一、安全气囊的工作原理

安全气囊工作原理框图如图7-17所示。安全气囊系统为乘客提供除安全带外的辅助保护，是一种被动安全系统。安全气囊系统具有多个充气保护模块，分布在车辆的不同位置上，包括转向盘、仪表台、前排座椅靠背、车顶纵梁上。除了充气保护模块，车辆还可配备安全带预紧器。在车辆发生碰撞时，它会张紧安全带，从而在充气模块展开的同时增加乘客与安全气囊之间的距离。每个充气保护模块都有一个引爆回路，该回路由安全气囊控制单元进行控制。当安全气囊控制单元检测到碰撞的冲击力足够大时控制安全气囊展开。安全气囊控制单元对安全气囊系统的部件进行连续诊断检测。当检测到电路故障时，安全气囊控制单元就设置一个故障诊断代码，并点亮安全气囊警告灯，以通知驾驶员。转向柱采用吸能式设计，在发生正面碰撞时可以收缩，降低了驾驶员的受伤概率。

安全气囊控制单元接收传感器的信号，用以判断碰撞的严重程度。当信号值大于存储器中的设定值时，安全气囊控制单元发出点火指令，从而展开安全气囊系统相应的充气保护模块。当遇到冲击力足够大的正面碰撞时，正面安全气囊和安全带预紧器就会展开；当遇到冲击力足够大的侧面碰撞时，前排侧安全气囊、安全气帘和安全带预紧器就会展开。

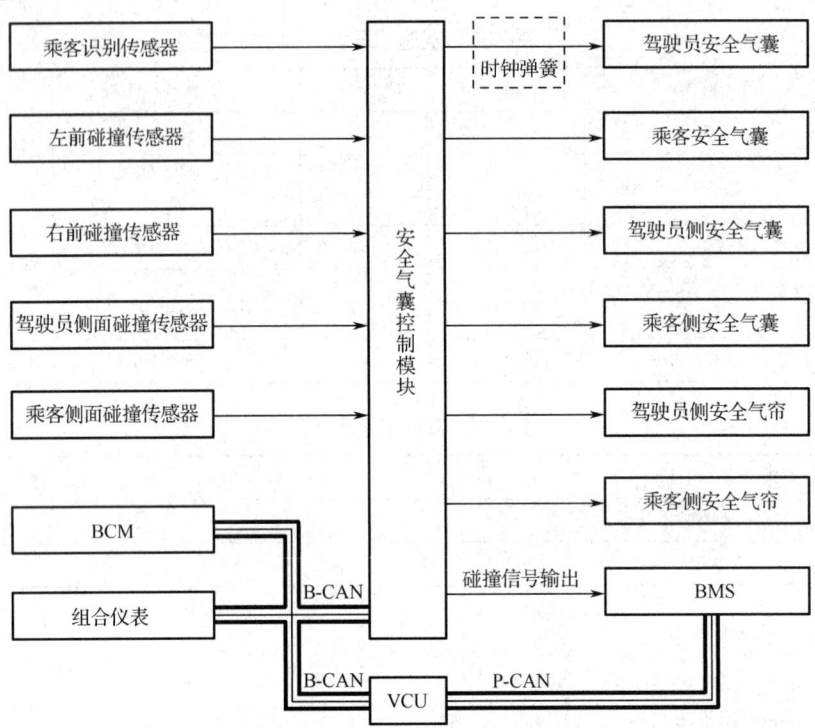

图 7-17 安全气囊工作原理框图

安全气囊控制单元确认碰撞信号后，会在 20ms 内向总线发送"碰撞解锁和断电"信号，20ms 为一个周期，共发送 3s。BCM 和 BMS 连续收到 3 个以上的信号，就会分别执行解锁和断电功能。

当汽车以 50km/h 速度与障碍物碰撞时，安全气囊引爆过程如图 7-18 所示。

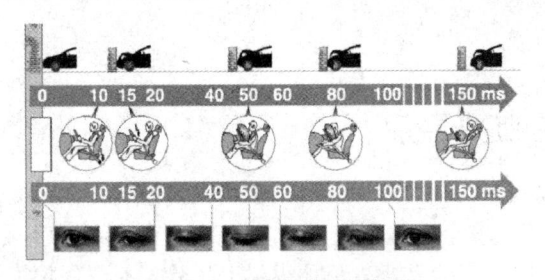

图 7-18 安全气囊引爆过程

（1）发生碰撞约 10ms 后，安全气囊达到引爆极限值，点火剂被引爆产生大量热量时气体发生剂（叠氮化钠）受热分解，这时驾驶员尚未有动作。

（2）发生碰撞约 15ms 后，大量气体进入气囊，气囊开始膨胀，驾驶员开始向前移动。

（3）发生碰撞约 50ms 后，气囊完全充满，体积最大，驾驶员身体向前移动，安全带在驾驶员身上充分拉紧，部分冲击能量被吸收。

（4）发生碰撞约 80ms 后，驾驶员头部和身体上部压向气囊，气囊和气囊上的排气孔在气体和人体压力作用下排气节流，吸收人体与气囊之间的弹性碰撞产生的动能。

（5）发生碰撞约 110ms 后，大部分气体已从气囊中逸出，驾驶员身体回靠到座椅上，汽车前方视野恢复。

（6）发生碰撞约 150ms 后，碰撞危害解除，车速降低至零。

由此可见，气囊从开始充气到完全充满只需要 30～50ms，从汽车遭受碰撞开始到气囊收缩为止，只用了 150ms，而我们眨一下眼睛大约需要 150ms，所以，气囊的动作完成在眨眼间就拥有强大的爆发力，时间极短，动作状态无法用肉眼来判别。

二、安全气囊的工作条件

安全气囊并不是在任何碰撞中都会被启动的，只有满足碰撞角度（汽车受撞击方向与车辆的中心线夹角）小于 30°（发生正面碰撞且方向在汽车总轴线两侧 30°）和碰撞强度足够大这两个条件时才被启动。如图 7-19 所示，即正面冲击力同汽车轴线夹角必须小于 30°，才能使安全气囊爆开。如果车速不超过 20km/h，安全气囊则不会被启动。因为低于 20km/h 的车速发生碰撞，虽然能够损坏车头，但是车头的塑性变形区和安全带已经可以为乘客提供有效的保护。因此，此时不需要启动安全气囊。一般情况下，安全气囊会在超过 30km/h 的速度发生撞击时才会被启动。侧面安全气囊和安全气帘原理与正面安全气囊和安全气帘原理类似，只是在侧面或后面碰撞时起作用。

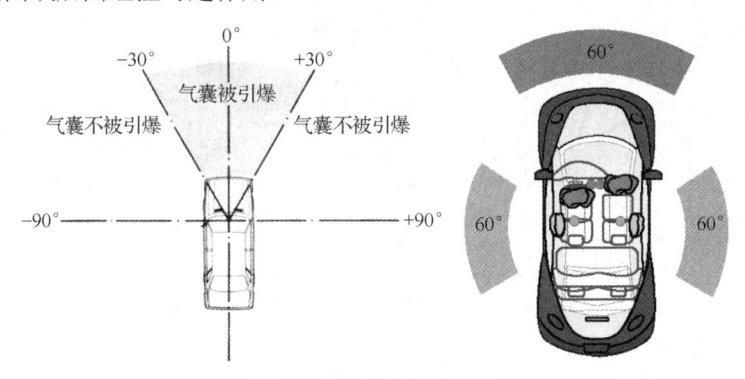

图 7-19 气囊引爆条件

安全气囊触发与否取决于撞车时汽车的减速率（减速度）与控制模块设定的减速率。若撞车时汽车的减速率小于控制单元设定的基准值，则即使碰撞可能严重损坏汽车，系统也不会触发安全气囊。例如，JETTA 的控制单元设定的减速度为 3～4g。当减速度为 3～4g 时安全气囊不一定引爆，小于 3g 时一定不引爆，大于 4g 时一定引爆。不同位置碰撞安全气囊引爆的条件不同，如图 7-20、图 7-21 和图 7-22 所示。

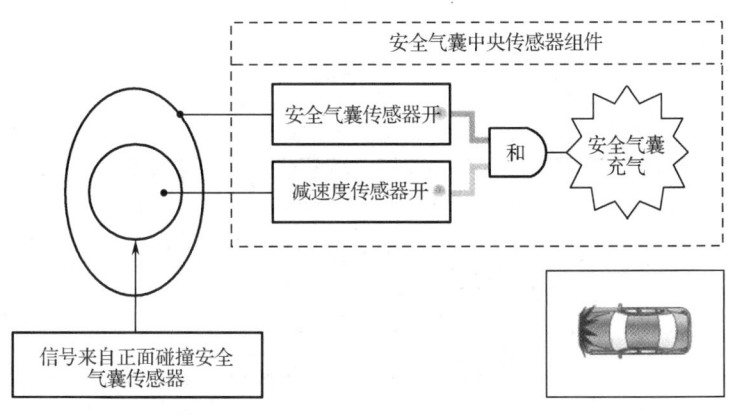

图 7-20 正面碰撞安全气囊引爆条件

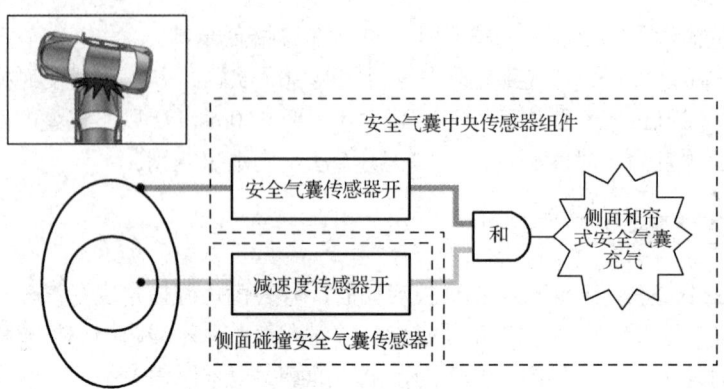

图 7-21 侧面碰撞安全气囊引爆条件

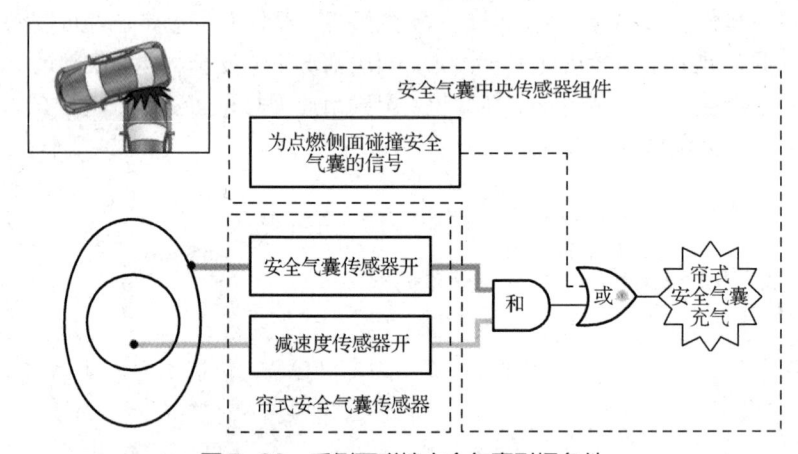

图 7-22 后侧面碰撞安全气囊引爆条件

在进行安全气囊控制电路故障检修前,首先需要识读并拆画安全气囊控制电路图。拆画电路图注意事项如下。

(1) 尽量使用铅笔和直尺以保证所画电路的工整及可修改性。
(2) 标注关键元器件的名称代号及相应引脚号。
(3) 电路图中的元器件符号要标准。
(4) 在拆画电路图中标注电流走向。

计划

根据任务分工及任务要求制订工作计划,计划表如表 7-5 所示。

表 7-5 计划表

序　号	作　业　项　目	操　作　人
1	查阅电路图	
2	分析电路原理及电流走向	
3	拆画电路草图	
4	协调组员并确定拆画电路图终稿	

实施

按照所制订的工作计划进行安全气囊控制电路图拆画，并在拆画电路图中标注主要电气元件名称及线路电流走向（见图 7-23）。

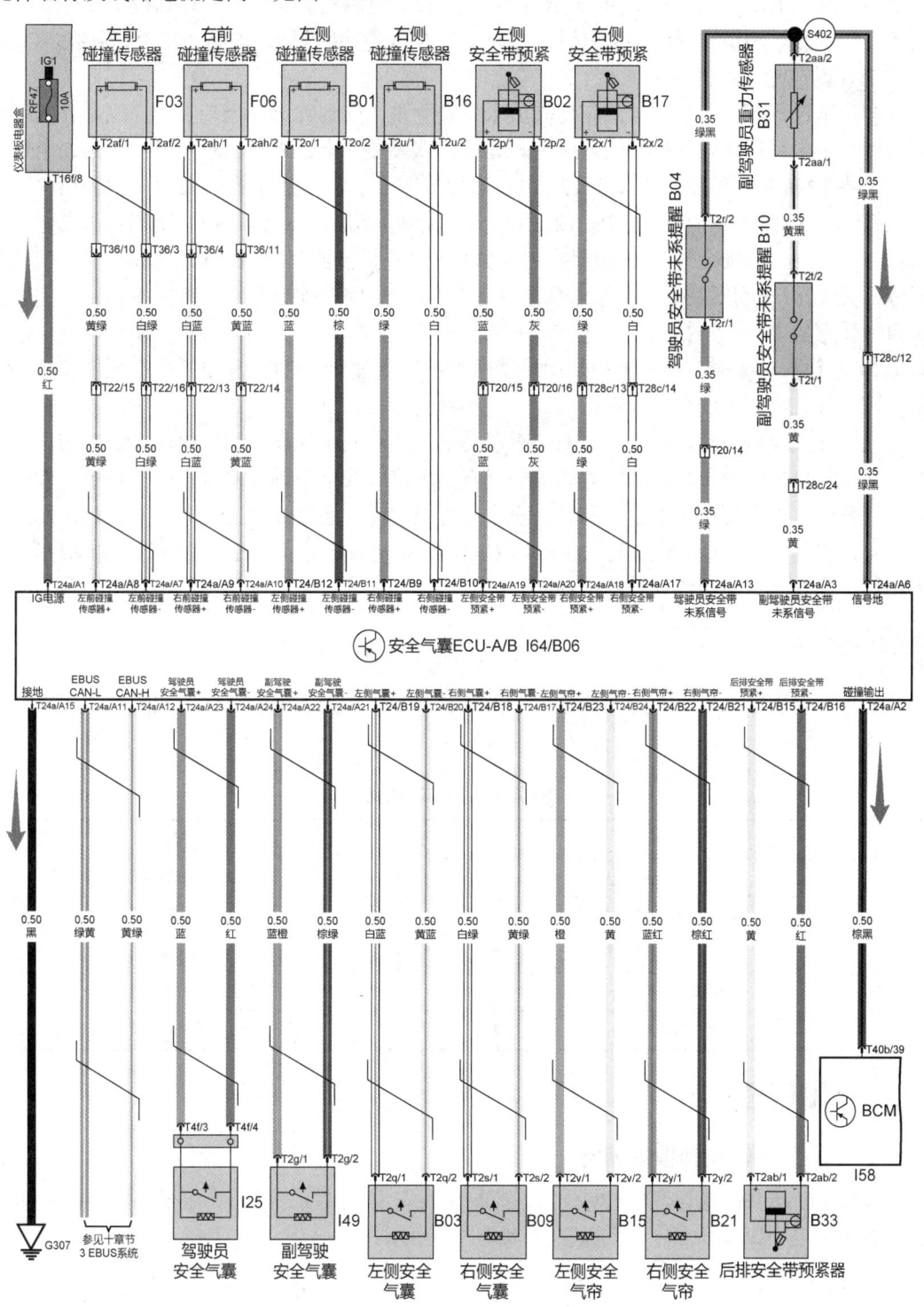

图 7-23 安全气囊控制电路图

资讯（二）

打开启动开关后，安全气囊控制模块工作，蓄电池电源通过仪表板电器盒内 IG1 继电器和 RF47 10A 熔断器将 12V 电源送至安全气囊控制模块 T24a/A1 引脚为安全气囊控制模块提供 IG 电源。同时，安全气囊控制模块 T24a/A15 引脚通过 G307 为安全气囊控制模块提供搭铁。

在行车过程中，若驾驶员或副驾驶员未系安全带，则驾驶员安全带未系提醒开关或副驾驶员安全带未系提醒开关处于闭合状态。此时，驾驶员安全带未系信号电流路径为安全气囊控制模块 T24a/A13 引脚→插接器 T20/14→驾驶员安全带未系提醒开关 T2r/1→驾驶员安全带未系提醒开关 T2r/2→插接器 T28c/12→安全气囊控制模块 T24a/A6 引脚；副驾驶员安全带未系信号电流路径为安全气囊控制模块 T24a/A3 引脚→插接器 T28c/24→副驾驶员安全带未系提醒开关 T2t/1→副驾驶员安全带未系提醒开关 T2t/2→副驾驶员重力传感器 T2aa/1→副驾驶员重力传感器 T2aa/2→插接器 T28c/12→安全气囊控制模块 T24a/A6 引脚。若副驾驶员位置有乘客或重物，则安全气囊控制模块便根据所得信号通过 EBUS CAN 将指令送至仪表板控制单元，使仪表板上的安全带未系指示灯点亮和蜂鸣器报警。

当车辆发生碰撞时，对应的碰撞传感器将信号送至安全气囊控制模块，根据内部设定程序，安全气囊控制模块向对应位置的安全气囊点火器和安全带预紧器发送点火指令，安全气囊引爆弹出，安全带迅速收紧。同时，安全气囊控制模块通过 T24a/A2 引脚向 BCM 发送碰撞信号，使其执行解锁功能。通过 EBUS CAN 将碰撞信号送至仪表板控制单元和 BMS，分别执行点亮安全气囊警告灯和断电功能。

实施

根据故障现象，以小组为单位分析安全气囊系统工作异常可能存在的故障点，实施记录表如表 7-6 所示。

表 7-6 实施记录表

序 号	可 能 原 因	序 号	可 能 原 因
1	ECU 供电熔断器损坏	6	ECU 搭铁线路损坏
2	熔断器至 ECU 线路损坏	7	搭铁点脱落
3	ECU 本身局部损坏	8	中间插接器松动
4	碰撞传感器损坏	9	传感器至 ECU 线路损坏
5	安全气囊总成损坏	10	安全气囊总成至 ECU 线路损坏

资讯（三）

1. 安全气囊控制模块端子

北汽 EU5 R500 纯电动汽车安全气囊控制模块安装在副仪表板内（电子换挡旋钮下部），其接线端子及引脚编号和定义如图 7-24 和表 7-7 所示。

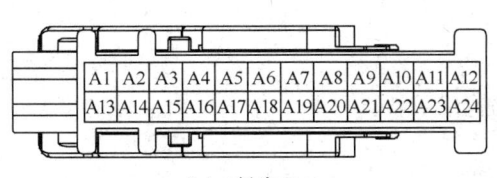

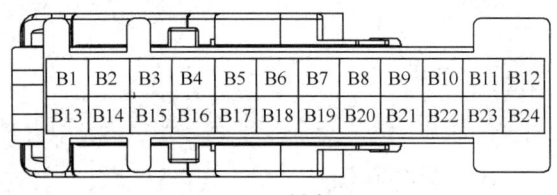

（a）A插头I64　　　　　　　　　　　　（b）B插头B06

图 7-24　安全气囊控制模块接线端子

表 7-7　安全气囊控制模块引脚编号和定义

引脚编号	A 插头 I64	B 插头 B06	引脚编号	A 插头 I64	B 插头 B06
1	IG 电源	—	13	驾驶员安全带未系信号	—
2	碰撞输出	—	14	—	—
3	副驾驶员安全带未系信号	—	15	接地	后排安全带预紧+
4	—	—	16	—	后排安全带预紧-
5	—	—	17	右侧安全带预紧-	右侧安全气囊-
6	信号地	—	18	右侧安全带预紧+	右侧安全气囊+
7	左前碰撞传感器-	—	19	A19 左侧安全带预紧+	B19 左侧安全气囊+
8	左前碰撞传感器+	—	20	左侧安全带预紧-	左侧安全气囊-
9	右前碰撞传感器+	右侧碰撞传感器+	21	副驾驶员安全气囊-	右侧安全气帘-
10	右前碰撞传感器-	右侧碰撞传感器-	22	副驾驶员安全气囊+	右侧安全气帘+
11	EBUS CAN-L	左侧碰撞传感器-	23	驾驶员安全气囊+	左侧安全气帘+
12	EBUS CAN-H	左侧碰撞传感器+	24	驾驶员安全气囊-	左侧安全气帘-

2. 单件测试

测试方法：关闭启动开关，断开蓄电池负极，拆卸安全气囊供电熔断器和 IG1 供电继电器，利用万用表欧姆挡测量熔断器电阻阻值，对继电器进行单件测试，若不符合要求，则应更换。

3. 利用诊断仪与万用表检测

连接诊断仪，打开启动开关，利用诊断仪读取安全气囊控制模块中相关故障代码或数据流，先根据故障代码或数据流进行相应检测，然后利用万用表进行电压及电阻检测。

计划

根据任务分工及任务要求制订工作计划，填写计划表，如表 7-8 所示。

表 7-8　计划表

序　号	测 试 项 目	使 用 工 具	操 作 人
1	单件测试	万用表、跳线	
2	读取故障代码或数据流	诊断仪	
3	电压检测	万用表、跳线	
4	电阻检测	万用表、跳线	

实施

按照制订的工作计划开展相应检测,并完成实施记录表。

1. 单件测试

关闭启动开关,断开蓄电池负极,拆卸安全气囊供电熔断器及 IG1 供电继电器,利用万用表欧姆挡测量熔断器电阻阻值,对继电器进行单件测试,并完成单件测试记录表(见表 7-9)。

表 7-9 单件测试记录表

序 号	测试项目	标准值	实测值	是否正常	维修建议(否)
1	IG1 继电器线圈电阻阻值	60~200Ω		是 否	更换继电器
2	IG1 继电器开关	导通		是 否	更换继电器
3	RF47	<1Ω		是 否	更换熔断器

2. 读取故障代码或数据流

连接诊断仪,打开启动开关,利用诊断仪读取安全气囊控制模块中相关故障代码或数据流,并完成故障代码或数据流记录表(见表 7-10)。

表 7-10 故障代码或数据流记录表

序 号	故障代码或数据流含义	可能原因(异常)
1		
2		

清除故障代码,再次读取,故障代码能否清除:是 否

3. 电压测试

打开启动开关,用万用表直流电压挡测量安全气囊控制模块相关端子对地电压值,并完成电压测试记录表(见表 7-11)。

表 7-11 电压测试记录表

序 号	测试项目	标准值	实测值	是否正常	维修建议(否)
1	T24a/A1—地	B+		是 否	检查熔断器或检修线束
2	T24a/A15—地	<0.1V		是 否	检查搭铁点或检修线束
3	T24a/A11—地			是 否	检修线束
4	T24a/A12—地			是 否	检修线束

4. 电阻测试

以左前碰撞传感器和驾驶员安全气囊总成为例,根据上一步电压测量及实际故障现象,断开蓄电池负极,拆卸左前碰撞传感器、驾驶员安全气囊及 BCM,用万用表欧姆挡测量相关线束电阻阻值,并完成电阻测试记录表(见表 7-12)。

表 7-12　电阻测试记录表

序号	测试项目	标准值	实测值	是否正常	维修建议（否）
1	T16f/8—T24a/A1	<1Ω		是　否	检修线束
2	T24a/A15—G307	<1Ω		是　否	检修线束
3	T2af/1—T24a/A8	<1Ω		是　否	检修线束
4	T2af/12—T24a/A7	<1Ω		是　否	检修线束
5	T4f/3—T24a/A23	<1Ω		是　否	检修线束
6	T4f/4—T24a/A24	<1Ω		是　否	检修线束
7	T24a/A2—T40b/39	<1Ω		是　否	检修线束

检查

1. 自检

各小组针对操作情况进行自检，完成自检记录表（见表 7-13）。

表 7-13　自检记录表

序号	检查项目	结果	序号	检查项目	结果
1	是否规范操作仪器仪表	是　否	4	检测工具是否清洁复位	是　否
2	测试条件是否正确	是　否	5	测量插头、线束是否复位	是　否
3	启动开关是否关闭	是　否	6	场地卫生是否清扫	是　否

2. 互检

各小组针对操作情况进行互检，完成互检记录表（见表 7-14）。

表 7-14　互检记录表

序号	检查项目	结果	序号	检查项目	结果
1	启动开关是否关闭	是　否	3	测量插头、线束是否复位	是　否
2	检测工具是否清洁复位	是　否	4	场地卫生是否清扫	是　否

3. 终检

指导教师针对各小组实施情况进行终检，填写终检记录表（见表 7-15）。

表 7-15　终检记录表

序号	检查项目	结果	序号	检查项目	结果
1	启动开关是否关闭	是　否	3	测量插头、线束是否复位	是　否
2	检测工具是否清洁复位	是　否	4	场地卫生是否清扫	是　否

评估

授课结束后，指导教师指导学生对操作过程进行评价，完成学习任务评价表（见表 7-16），指导学生进行课后总结，查找存在的问题，完成评估记录表（见表 7-17）。

表 7-16　学习任务评价表

班级：_____　　姓名：_____　　学号：_____

项　　目	自 我 评 价			小 组 互 评			教 师 评 价		
	10~9	8~6	5~1	10~9	8~6	5~1	10~9	8~6	5~1
	占总评10%			占总评30%			占总评60%		
工具设备使用能力									
资料信息查阅能力									
数据读取分析能力									
实训报告撰写能力									
协作精神									
纪律观念									
表达能力									
工作态度									
安全意识									
总体表现									
小计									
总评									

指导教师：_____　　　年　　月　　日

表 7-17　评估记录表

课 堂 小 结
实训结束后，指导教师指导学生分享本次实训收获。

序　号	存在的问题
1	
2	

5S管理

1. 实训场地设备恢复。
2. 清洁实训车辆，打扫场地卫生，桌椅板凳摆放整齐有序。
3. 将工具、仪器、设备等归还原位。
4. 关闭实训场地的门窗、电源等。

习题测试

一、填空题

1. 安全气囊系统又称为辅助乘员保护系统，英文简称是_____。
2. 按照保护对象的不同来分，安全气囊可分为_____、_____、_____、_____及_____。
3. 安全气囊主要由_____、_____、_____和_____四个部分组成。
4. 气体发生器由_____、_____、_____及_____等部件组成。
5. 大多数安全气囊采用的气体发生剂为片状的_____。
6. 碰撞传感器按照功能不同，可分为_____和_____。
7. 碰撞传感器按照结构不同，可分为_____、_____和_____。
8. 碰撞传感器按照碰撞位置不同，可分为_____和_____。
9. 拆卸时钟弹簧前，需要注意应使车轮处于_____状态。

二、问答题

1. 安全气囊的功用是什么？
2. 新能源汽车对安全气囊的要求有哪些？
3. 安全气囊中点火器的功用是什么？
4. 安全气囊检修的注意事项有哪些？
5. 如何进行时钟弹簧中心位置调节？
6. 安全气囊引爆的条件有哪些？
7. 分析安全气囊警告灯常亮的原因。

学习情境 8

新能源汽车电动座椅不能调节故障检修

学习情境描述

某客户驾驶的 2018 年生产的吉利帝豪 EV300 纯电动汽车，行驶里程为 7.5 万千米，最近该车电动座椅出现了不能调节的故障，要求予以检修。

学习内容

1. 新能源汽车电动座椅的功用、结构组成、工作原理。
2. 新能源汽车电动座椅控制电路图的识读。
3. 新能源汽车电动座椅的故障检修。

学习目标

1. 能够描述新能源汽车电动座椅的功用、结构组成、工作原理，正确率不低于 85%。
2. 能够使用工具按照正确的方法对电动座椅各元器件进行规范拆装，正确率不低于 90%。
3. 能熟练进行新能源汽车电动座椅控制电路图的识读，正确率不低于 90%。
4. 能够使用故障诊断仪结合故障现象初步判断电动座椅故障的原因，并进行故障检测及相关故障排除，正确率不低于 90%。
5. 弘扬精益求精的工匠精神，养成脚踏实地、认真负责的工作作风，践行安全生产、团队协作的职业素养。

教学准备

1. 教学用整车一辆（吉利帝豪 EV300）、汽车举升机、拆装工具。
2. 防护工具：车内四件套、车外三件套、车辆挡块、灭火器、隔离桩、警示牌等。
3. 其他材料：车辆使用手册、维修手册、整车电路图册。

新能源汽车电动座椅不能调节故障检修 **学习情境 8**

教学实施

任务 1 电动座椅的更换

资讯

电动座椅的功用及组成

一、电动座椅的功用

电动座椅是相对于手动调节座椅而言的，最早的手动调节座椅于 1921 年面世。手动调节方式需要乘客先通过手柄放松座椅的锁止机构，然后通过改变身体的坐姿和位置来带动座椅移动，最后将锁止机构的手柄放松，将座椅固定在所选择的位置上。这种调节方式的主动施力方是座椅上的乘客，座椅调节起来十分不方便。

人们对汽车舒适性的评价多是来自对座椅的感受，所以汽车上配备的电动座椅必须满足便利性和舒适性两大要求。电动座椅是指以电动机为动力，通过传动装置和执行机构来调节座椅的各种位置，使驾驶员或乘客乘坐舒适的座椅，如图 8-1 所示。驾驶员通过操纵按键，不仅能使驾驶员获得最好的视野，便于操纵转向盘、踏板、变速杆等，还可以将座椅调整到最佳的位置上，获得最舒适和最习惯的乘坐角度。

现在的汽车对座椅的便利性和舒适性要求越来越高，电动座椅已经逐渐成为中高端汽车的通用配置。

图 8-1 电动座椅

二、电动座椅的组成

电动座椅主要由双向直流电动机、传动装置和电动座椅调节器等组成，如图 8-2 所示。

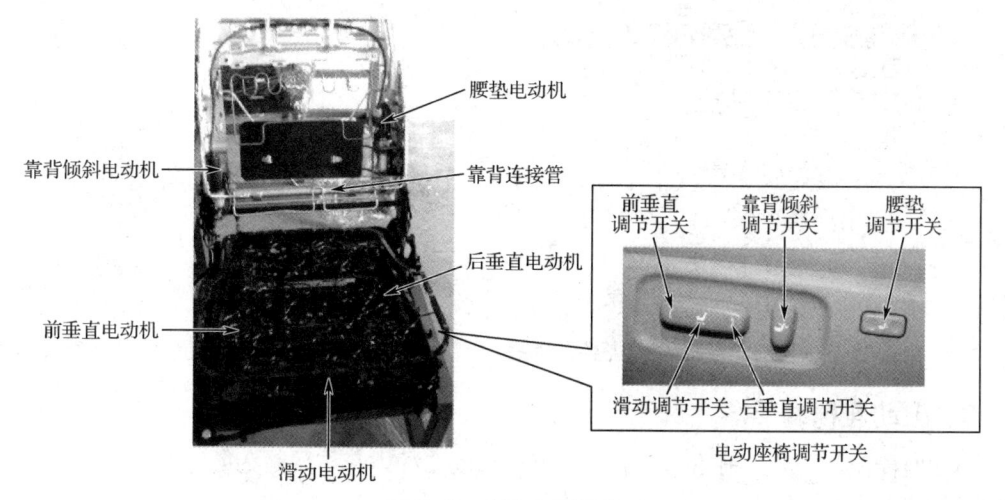

图 8-2 电动座椅组成

153

1. 双向直流电动机

电动座椅采用的双向直流电动机一般为永磁式双向直流电动机，其电动机的数量取决于电动座椅的类型，每个运动方向安装一个电动机，通过控制开关改变电动机中电流方向来实现正反转，即实现座椅的调节。进行前、后移动控制的电动座椅装有一个双向直流电动机。在前、后移动的基础上还可升、降的四向移动座椅装有两个双向直流电动机。除具有前、后移动和上、下升降功能外，座椅前端或后端还可分别升降的六向移动座椅装有三个双向直流电动机。除能保证六向移动的功能外，还能调整头枕高度、倾斜度、座椅长度及扶手位置等。

双向直流电动机内装有断路器，防止过载烧坏直流电动机。

2. 传动装置

传动装置的作用是将电动机的动力传给座椅调节装置，使其完成座椅的调整。电动座椅的传动装置主要由变速器（蜗轮、蜗杆）、联轴装置、齿轮、齿条等组成。其作用是把双向直流电动机产生的旋转运动变为座椅的位置调整。

（1）前、后调整传动装置。

电动座椅前、后调整传动装置如图 8-3 所示，主要由蜗杆、蜗轮、齿条、导轨等组成，齿条装在导轨上。

调整时，双向直流电动机产生的扭矩经蜗杆传至两侧的蜗轮上，经蜗轮、蜗杆减速后由与蜗轮同轴的齿轮带动齿条移动，进而导轨移动实现电动座椅前、后移动调节。

（2）上、下调整传动装置。

电动座椅上、下调整传动装置如图 8-4 所示，由蜗杆轴、蜗轮、心轴等组成。调整时，双向直流电动机产生的扭矩带动蜗杆轴、驱动蜗轮转动，使心轴在蜗轮内旋进或旋出，带动电动座椅上、下移动。

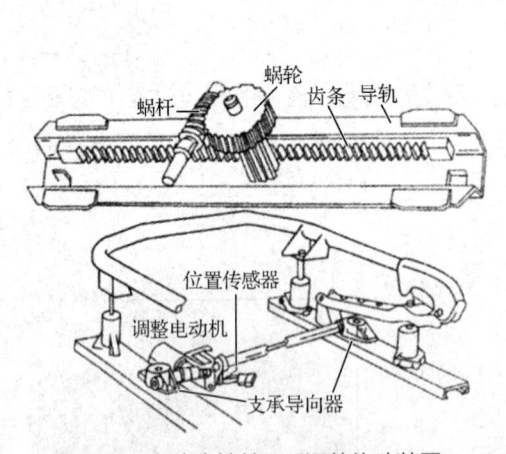

图 8-3　电动座椅前、后调整传动装置

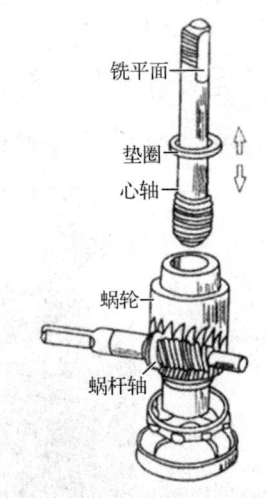

图 8-4　电动座椅上、下调整传动装置

3. 电动座椅调节器

电动座椅调节器分为前后、左右、高度与角度 4 种。其作用是为所选电动座椅电动机提供电源和接地电路，驱动电动机进行调节。

电动座椅调节开关位于座椅的侧面，因车型而异，如图 8-5 所示。

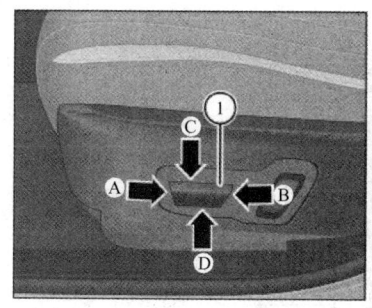

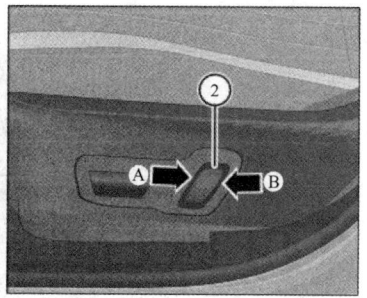

图8-5 电动座椅调节开关

副驾驶员侧的电动座椅调节控制开关位于副驾驶员侧座椅右侧，使用方式与驾驶员侧的使用方式相同，在此不再赘述。

三、电动座椅的工作原理

1. 前后位置调节

当操作电动座椅前后位置调节开关使整个电动座椅向前移动时，蓄电池正极电压通过前后调节电动机向前开关触点和前后调节电动机向前控制电路施加在前后调节电动机上。前后调节电动机通过前后调节电动机向后开关触点和前后调节电动机向后控制电路接地。电动机运行以驱动整个座椅向前移动，直到开关松开。向后移动整个座椅的操作过程与向前移动整个座椅的操作过程类似，不同的是，蓄电池正极电压和接地通过相反的电路施加在前后调节电动机上，从而使前后调节电动机反向运转。

吉利帝豪 EV300 纯电动汽车滑道调节范围：滑道前、后滑动总行程为200±3mm。

2. 高度调节

当操作电动座椅高度调节开关使整个电动座椅向上移动时，蓄电池正极电压通过高度调节电动机向上开关触点和高度调节电动机向上控制电路施加在高度调节电动机上。高度调节电动机通过向下开关触点和高度调节电动机向下控制电路接地。高度调节电动机驱动整个电动座椅向上移动，直到开关松开。向下移动整个电动座椅的操作过程与向上移动整个电动座椅的操作过程类似，不同的是，蓄电池正极电压和接地通过相反的电路施加在高度调节电动机上，从而使高度调节电动机反向运转。

3. 靠背调节

当操作电动座椅靠背调节开关使电动座椅靠背向前倾斜时，蓄电池正极电压通过靠背调节电动机向前开关触点和靠背调节电动机向前控制电路施加在靠背调节电动机上。电动机通过向后开关触点和靠背调节电动机向后控制电路接地。在靠背调节电动机运行使座椅靠背向前移动，直到开关松开。向后移动座椅靠背的操作过程与向前移动座椅靠背的操作过程类似，不同的是，蓄电池正极电压和接地通过相反的电路施加在靠背调节电动机上，从而使靠背调节电动机反向运转。

吉利帝豪 EV300 纯电动汽车靠背调节范围：从设计位置向前调节 25°±3°，从设计位置向后调节 36°±3°。

四、自动座椅

自动座椅是带存储功能的电动座椅，它是人体工程与电子技术相结合的产物，它能自动

满足不同体型的乘客乘坐舒适性的要求。自动座椅的调整装置除能改变座椅的前后、高低、靠背倾斜及头枕等的位置外,还能存储座椅位置的若干个数据(或信息),只要乘客一按按钮,就能自动调出座椅的各个位置,这主要应用于高端车型,其控制原理图如图8-6所示。

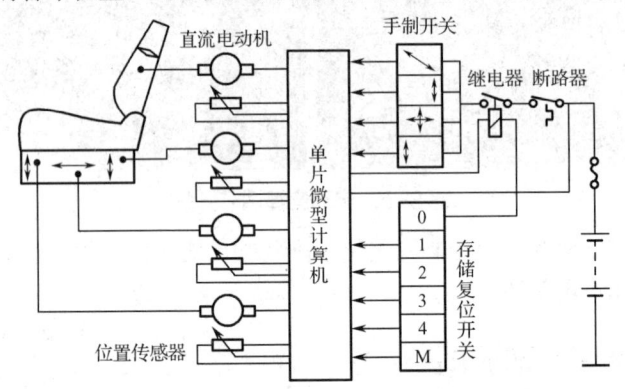

图8-6 自动座椅控制原理图

自动座椅一般由座椅调节开关、座椅调节控制单元、座椅调整电动机及位置传感器等组成。可以实现座椅前后滑动、前部上下、后部上下、靠背倾斜、头枕的上下及腰垫的前后调节和记忆功能。当启动开关接通,自动变速器选挡杆置于"P"位时,只要按下存储与复位开关,即可重复被存储的信息(或状态)。

自动座椅的位置传感器主要有两种形式,一种是滑动电位器式,另一种是霍尔式。

1. 滑动电位器式位置传感器

滑动电位器式位置传感器如图8-7所示,主要由壳体、螺杆、滑块及电阻丝等组成。当座椅移动时,电动机通过驱动齿轮带动螺杆转动,螺杆带动滑块在电阻丝上移动,阻值的变化转变为变化的电压信号送给控制单元。其原理与滑动变阻器的原理相同。

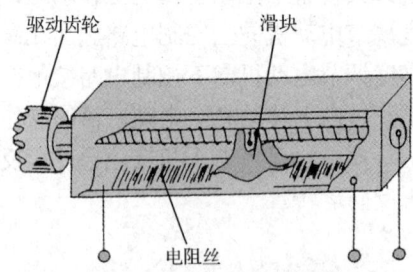

图8-7 滑动电位器式位置传感器

2. 霍尔式位置传感器

霍尔式位置传感器如图8-8所示,永久磁铁安装在由电动机驱动的轴上,由于转轴上磁铁的转动引起通过霍尔元件中磁通量的变化,从而霍尔元件产生霍尔电压,并送入控制单元。

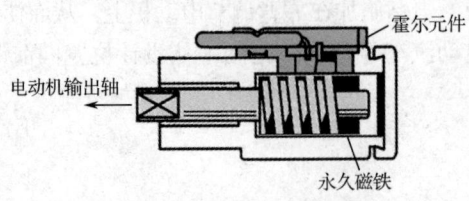

图8-8 霍尔式位置传感器

五、电动座椅机械部分故障检修

电动座椅机械部分故障最常见的就是传动装置打滑、各滑动零部件运动不畅。对于传动装置打滑故障，维修时必须进行更换处理；对于各滑动零部件运动不畅的故障，必须在相应部位加润滑脂。

吉利帝豪 EV300 纯电动汽车电动座椅（调节开关）更换步骤如下。

（1）打开前机舱盖。

（2）操作启动开关使电源模式至 ON 状态，调节电动座椅开关使电动座椅向后滑到底。拆卸电动座椅前部 2 个固定螺栓，如图 8-9 所示。

（3）操作电动座椅调节开关使电动座椅向前滑到底。拆卸电动座椅后部 2 个固定螺栓，如图 8-10 所示。

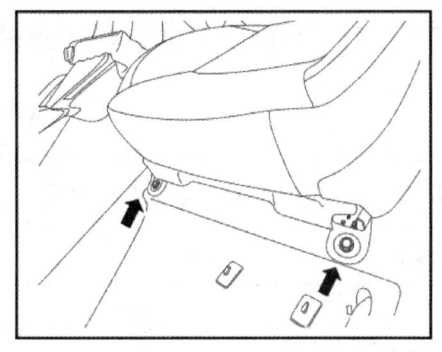

图 8-9　拆卸电动座椅前部固定螺栓 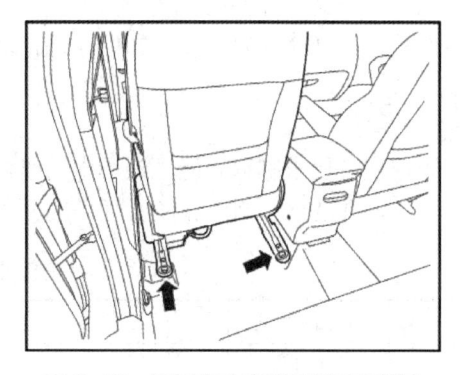　　　图 8-10　拆卸电动座椅后部固定螺栓

（4）操作启动开关使电源模式至 OFF 状态，断开蓄电池负极。断开电动座椅底部 3 个线束连接器，如图 8-11 所示，取出前电动座椅总成。

【注意】小心取放座椅，防止座椅磕碰车身造成面漆损伤。

（5）拆卸电动座椅坐垫及左侧装饰板。

（6）用螺丝刀轻轻地将前电动座椅调节开关的按钮往外敲，使其脱离调节开关，如图 8-12 所示。

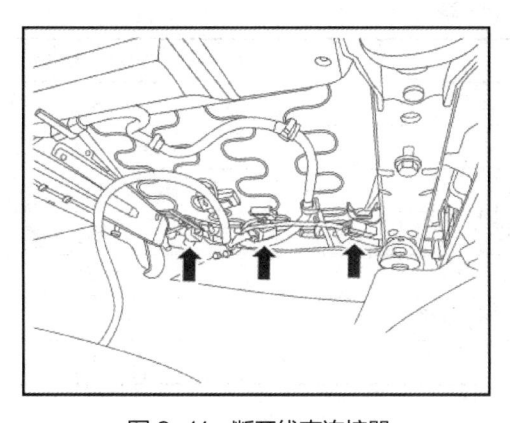

图 8-11　断开线束连接器 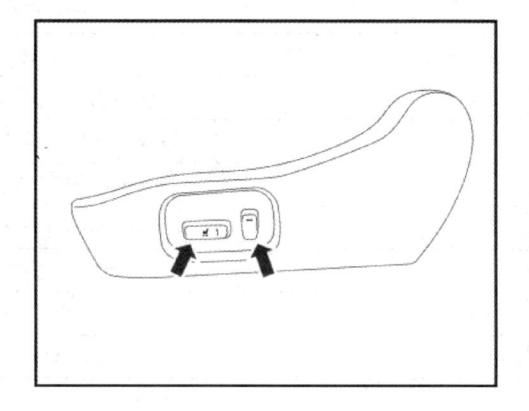　　　图 8-12　拆卸开关按钮

（7）拆卸电动座椅调节开关的 2 个固定螺钉，取下电动座椅调节开关，如图 8-13 所示。

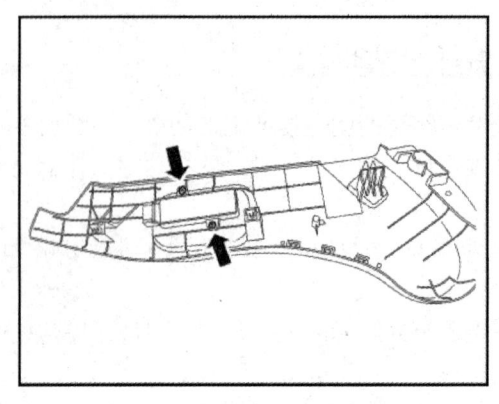

图 8-13 拆卸电动座椅调节开关

（8）座椅调节开关的安装。

座椅调节开关的安装以拆卸倒序进行，同时注意要在安装完成后进行电动座椅功能测试。

决策

根据任务要求制订新能源汽车电动座椅调节开关更换实施计划，每个小组根据组员特点进行分工，并选出小组组长负责任务的分工与实施，填写决策记录表，如表 8-1 所示。

表 8-1 决策记录表

序 号	小组成员	任 务
1	A B	查阅维修手册等资料
2	C D	工具准备
3	E F	记录、汇报
4	G H	安全员

计划

根据任务分工及任务要求制订工作计划，计划表如表 8-2 所示。

表 8-2 计划表

序 号	作业项目	操 作 人
1	拆卸电动座椅总成	A B
2	拆卸坐垫及左侧装饰板	C D
3	拆卸电动座椅调节开关	E F
4	安装电动座椅调节开关	A B
5	安装坐垫及左侧装饰板	C D
6	安装电动座椅总成	E F
7	安全、记录	G H

实施

根据工作计划进行电动座椅调节开关更换任务，实施记录表如表 8-3 和表 8-4 所示。

表 8-3　实施记录表（1）

序　号	实施项目	结　果	序　号	实施项目	结　果
1	电动座椅总成是否拆卸	是　否	6	坐垫及左侧装饰板是否安装	是　否
2	坐垫及左侧装饰板是否拆卸	是　否	7	电动座椅调节开关是否安装	是　否
3	电动座椅线束连接器是否断开	是　否	8	电动座椅线束连接器是否复位	是　否
4	电动座椅调节开关是否拆卸	是　否	9	电动座椅总成是否安装	是　否
5	电动座椅总成、开关按钮是否有损坏	是　否	10	电动座椅功能是否正常	是　否

表 8-4　实施记录表（2）

配件名称	选用工具	拧紧扭矩	操作人
电动座椅总成固定螺栓			

5S管理

1．实训场地设备恢复。
2．清洁实训车辆，打扫场地卫生，桌椅板凳摆放整齐有序。
3．将工具、仪器、设备等归还原位。
4．关闭实训场地的门窗、电源等。

任务 2　电动座椅不能调节控制电路故障检修

资讯（一）

吉利帝豪 EV300 纯电动汽车电动座椅控制系统由电动座椅调节开关、高度调节电动机、前后调节电动机和靠背调节电动机等组成。其系统框图如图 8-14 所示，当操作电动座椅调节开关时，蓄电池正极电压通过开关触点和电动机控制电路施加至电动机。电动机通过控制电路接地。电动机运行以驱动整个电动座椅移动，直至开关松开。反向移动整个电动座椅的操作过程与此类似，不同的是，蓄电池正极电压和接地通过相反的电路施加在电动机上，从而使电动机反向运转。

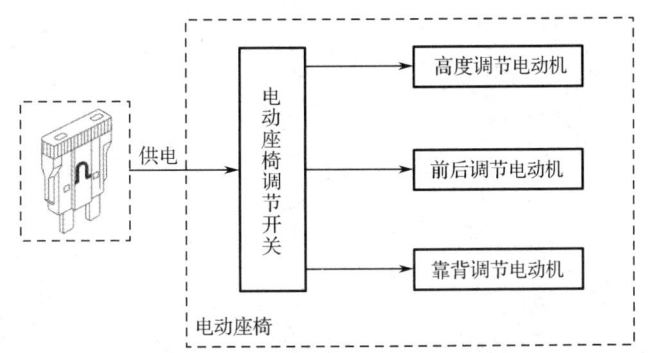

图 8-14　电动座椅控制系统框图

在进行电动座椅控制电路故障检修前，首先需要识读并拆画电动座椅控制电路图。
拆画电路图注意事项如下。
（1）尽量使用铅笔和直尺以保证所画电路的工整及可修改性。
（2）标注关键元器件的名称代号及相应引脚号。
（3）电路图中的元器件符号要标准。

（4）在拆画电路图中标注电流走向。

计划

根据任务分工及任务要求制订工作计划，计划表如表 8-5 所示。

表 8-5 计划表

序 号	作 业 项 目	操 作 人
1	查阅电路图	
2	分析电路原理及电流走向	
3	拆画电路草图	
4	协调组员并确定拆画电路图终稿	

实施

按照所制订的工作计划进行电动座椅控制电路图拆画，并在拆画电路图中标注主要电气元件名称及线路电流走向（见图 8-15）。

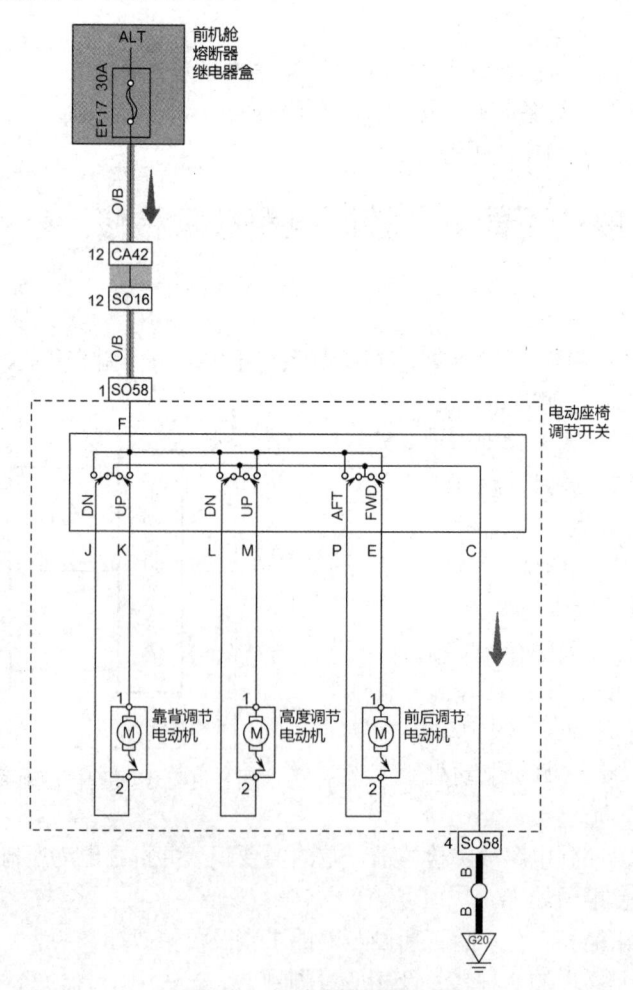

图 8-15 电动座椅控制电路图

资讯（二）

蓄电池电源经前机舱熔断器继电器盒内 EF17 30A 熔断器将 12V 电源送至电动座椅调节开关 F 端子，为电动座椅调节开关提供电源。电动座椅调节开关 C 端子经插接器 SO58/4 端子和底板线束至 G20 搭铁点接地，提供搭铁信号。

以高度调节电动机向上为例，当驾驶员操作电动座椅调节开关时，电动座椅调节开关内部 F 端子和 M 端子相连，L 端子和 C 端子相连。此时，电流流向为 ALT→EF17 30A 熔断器→插接器 CA42/12 端子→插接器 SO16/12 端子→插接器 SO58/1 端子→电动座椅调节开关内部 F 端子→电动座椅调节开关内部 M 端子→高度调节电动机 1#端子→高度调节电动机→高度调节电动机 2#端子→电动座椅调节开关内部 L 端子→电动座椅调节开关内部 C 端子→插接器 SO58/4 端子→G20 搭铁点，形成闭合回路，高度调节电动机开始运行，电动座椅向上运动。

其他方向的调节与此类似，在此不再赘述。

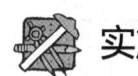

实施

根据故障现象，以小组为单位分析电动座椅不能调节可能存在的故障点，实施记录表如表 8-6 所示。

表 8-6 实施记录表

序 号	可 能 原 因	序 号	可 能 原 因
1	供电熔断器损坏	5	电动机至调节开关线路损坏
2	熔断器至调节开关线路损坏	6	调节开关搭铁线路损坏
3	调节开关本身局部损坏	7	搭铁点脱落
4	调节电动机损坏	8	中间插接器松动

资讯（三）

1. 线束插接器端子

吉利帝豪 EV300 纯电动汽车电动座椅控制电路图中涉及的中间插接器接线端子，如图 8-16 所示。

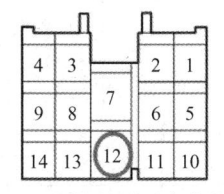

（a）SO16接发动机舱线束连接器　　（b）CA42接底板线束连接器左2　　（c）SO58驾驶员座椅线束连接器

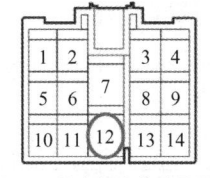

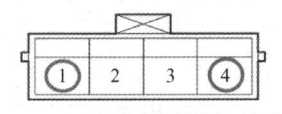

图 8-16 中间插接器接线端子

2. 单件测试

测试方法：关闭启动开关，断开蓄电池负极，拆卸电动座椅调节开关和供电熔断器，利用万用表欧姆挡测量熔断器和电动座椅调节开关在不同挡位的电阻阻值，若不符合要求，则应更换熔断器或调节开关。

3. 利用万用表检测

打开启动开关，调节电动座椅，利用万用表对座椅调节开关及电动机相关线路进行电压检测。关闭启动开关，断开蓄电池负极，利用万用表对电动座椅相关线路进行电阻检测。

计划

根据任务分工及任务要求制订工作计划，计划表如表 8-7 所示。

表 8-7 计划表

序 号	测试项目	使用工具	操作人
1	单件测试	万用表、跳线	
2	电压检测	万用表、跳线	
3	电阻检测	万用表、跳线	

实施

按照制订的工作计划开展相应检测，并完成实施记录表。

1. 单件测试

关闭启动开关，断开蓄电池负极，拆卸电动座椅调节开关和供电熔断器，利用万用表欧姆挡测量熔断器和电动座椅调节开关在不同挡位的电阻阻值，并完成单件测试记录表，如表 8-8 所示。

表 8-8 单件测试记录表

序 号	测试项目	标准值	实测值	是否正常	维修建议（否）
1	座椅向前调节： F—E P—C	导通		是 否	更换开关
2	座椅向后调节： F—P E—C	导通		是 否	更换开关
3	座椅向上调节： F—M L—C	导通		是 否	更换开关
4	座椅向下调节： F—L M—C	导通		是 否	更换开关
5	靠背向前调节： F—K J—C	导通		是 否	更换开关
6	靠背向后调节： F—J K—C	导通		是 否	更换开关
7	EF17	<1Ω		是 否	更换熔断器

2. 电压测试

打开启动开关，调节电动座椅，利用万用表对电动座椅调节开关及电动机相关线路进行电压检测，并完成电压检测记录表（见表8-9）。

表8-9 电压检测记录表

序 号	测试项目	标准值	实测值	是否正常	维修建议（否）
1	调节开关 F—地	+B		是 否	检修熔断器或检修线束
2	调节开关 C—地	<0.1V		是 否	检修搭铁点或检修线束
3	EF17—地	+B		是 否	更换熔断器或检测上游线束

3. 电阻检测

根据上一步电压测量及实际故障现象，关闭启动开关，断开蓄电池负极，利用万用表对电动座椅调节开关及相关线路进行电阻检测，并完成电阻检测记录表（见表8-10）。

表8-10 电阻检测记录表

序 号	测试项目	标准值	实测值	是否正常	维修建议（否）
1	CA42/12—EF17下端	<1Ω		是 否	检修线束
2	SO16/12—SO58/1	<1Ω		是 否	检修线束
3	SO58/4—G20	<1Ω		是 否	检修线束
4	F—SO58/1	<1Ω		是 否	检修线束
5	C—SO58/4	<1Ω		是 否	检修线束
6	E—前后调节电动机1#端子	<1Ω		是 否	检修线束
7	P—前后调节电动机2#端子	<1Ω		是 否	检修线束
8	M—高度调节电动机1#端子	<1Ω		是 否	检修线束
9	L—高度调节电动机2#端子	<1Ω		是 否	检修线束
10	K—靠背调节电动机1#端子	<1Ω		是 否	检修线束
11	J—靠背调节电动机2#端子	<1Ω		是 否	检修线束

检查

1. 自检

各小组针对操作情况进行自检，完成自检记录表（见表8-11）。

表8-11 自检记录表

序 号	检查项目	结果	序 号	检查项目	结果
1	是否规范操作仪器仪表	是 否	4	检测工具是否清洁复位	是 否
2	测试条件是否正确	是 否	5	测量插头、线束是否复位	是 否
3	启动开关是否关闭	是 否	6	场地卫生是否清扫	是 否

2. 互检

各小组针对操作情况进行互检，完成互检记录表（见表8-12）。

表8-12 互检记录表

序 号	检 查 项 目	结 果	序 号	检 查 项 目	结 果
1	启动开关是否关闭	是 否	3	测量插头、线束是否复位	是 否
2	检测工具是否清洁复位	是 否	4	场地卫生是否清扫	是 否

3. 终检

指导教师针对各小组实施情况进行终检，填写终检记录表（见表8-13）。

表8-13 终检记录表

序 号	检 查 项 目	结 果	序 号	检 查 项 目	结 果
1	启动开关是否关闭	是 否	3	测量插头、线束是否复位	是 否
2	检测工具是否清洁复位	是 否	4	场地卫生是否清扫	是 否

评估

授课结束后，指导教师指导学生对操作过程进行评价，完成学习任务评价表（见表8-14）。指导学生进行课后总结，查找存在的问题，完成评估记录表（见表8-15）。

表8-14 学习任务评价表

班级：_____ 姓名：_____ 学号：_____

项 目	自 我 评 价			小 组 互 评			教 师 评 价		
	10~9	8~6	5~1	10~9	8~6	5~1	10~9	8~6	5~1
	占总评10%			占总评30%			占总评60%		
工具设备使用能力									
资料信息查阅能力									
数据读取分析能力									
实训报告撰写能力									
协作精神									
纪律观念									
表达能力									
工作态度									
安全意识									
总体表现									
小计									
总评									

指导教师：_____ 年 月 日

表 8-15　评估记录表

课 堂 小 结	
实训结束后，指导教师指导学生分享本次实训收获。	
序　号	存在的问题
1	
2	

5S管理

1. 实训场地设备恢复。
2. 清洁实训车辆，打扫场地卫生，桌椅板凳摆放整齐有序。
3. 将工具、仪器、设备等归还原位。
4. 关闭实训场地的门窗、电源等。

习题测试

一、填空题

1. 电动座椅主要由＿＿＿＿、＿＿＿＿和＿＿＿＿等组成。
2. 电动座椅采用的双向直流电动机一般为＿＿＿双向直流电动机。
3. 电动座椅上电动机的数量取决于电动座椅的类型，每个运动方向安装＿＿＿个电动机，其内装有＿＿＿＿，防止过载烧坏直流电动机。
4. 自动座椅一般由＿＿＿＿、＿＿＿＿、＿＿＿＿及＿＿＿＿等组成。
5. 自动座椅的位置传感器主要有两种形式，一种是＿＿＿＿，另一种是＿＿＿＿。
6. 吉利帝豪 EV300 纯电动汽车电动座椅控制系统由＿＿＿＿、＿＿＿＿、＿＿＿＿和＿＿＿＿等组成。
7. 电动座椅工作时，电源为＿＿＿＿。

二、问答题

1. 电动座椅的功用是什么？
2. 电动座椅机械部分常见故障有哪些？
3. 电动座椅的工作原理是什么？
4. 分析电动座椅不工作的可能原因。
5. 拆画吉利帝豪 EV300 纯电动汽车电动座椅控制电路图，并分析原理。

学习情境 9

新能源汽车空调温控不良故障检修

学习情境描述

某客户驾驶的 2018 年生产的北汽 EU5 R500 纯电动汽车，行驶里程为 7 万千米，最近该车空调系统出现了温控不良的故障，要求予以更换检修。

学习内容

1. 新能源汽车空调制冷系统的功用、结构组成及工作原理。
2. 新能源汽车空调取暖系统的功用、结构组成及工作原理。
3. 新能源汽车空调通风、控制系统的功用、结构组成及工作原理。
4. 新能源汽车空调系统控制电路图的识读。
5. 新能源汽车空调系统零部件的更换。
6. 新能源汽车空调系统的故障检修。
7. 新能源汽车空调系统的维护。

学习目标

1. 能够描述新能源汽车空调制冷系统的功用、结构组成及工作原理，正确率不低于 85%。
2. 能够描述新能源汽车空调取暖系统的功用、结构组成及工作原理，正确率不低于 85%。
3. 能够描述新能源汽车空调通风、控制系统的功用、结构组成及工作原理，正确率不低于 85%。
4. 能够使用工具按照正确的方法对空调系统各元器件进行规范拆装，正确率不低于 85%。
5. 能熟练进行新能源汽车空调系统控制电路图的识读，正确率不低于 90%。
6. 能够使用故障诊断仪结合故障现象初步判断空调系统故障的原因，并进行故障检测及相关故障排除，正确率不低于 80%。
7. 弘扬精益求精的工匠精神，养成脚踏实地、认真负责的工作作风，践行安全生产、团队协作的职业素养。

教学准备

1. 教学用整车一辆（北汽 EU5 R500）、汽车举升机、拆装工具。
2. 防护工具：车内四件套、车外三件套、车辆挡块、灭火器、隔离桩、警示牌等。
3. 其他材料：车辆使用手册、维修手册、整车电路图册。

教学实施

任务1　空调制冷系统机械部分故障检修

资讯

一、空调系统的功用

汽车空调系统具有调节车内温度、湿度、气流速度、空气洁净度等功能，从而为乘客和驾驶员创造新鲜舒适的车内环境，以减轻驾驶员的疲劳度，提高行车安全性。

汽车空调系统可以预防或去除风窗玻璃上的雾、霜和冰雪。衡量汽车空调性能的主要指标有车内温度、湿度、气流速度和空气洁净度四个方面。

二、空调系统的特点

（1）制冷/制热能力强。

车内乘员密度大，产生的热量多，热负荷大；汽车为了减轻自重，隔热层薄；汽车的门窗多、面积大，热量流失严重；汽车在野外行驶，直接受到太阳的照射、霜雪的冷冻、风雨的潮湿，环境恶劣，千变万化。因此，要求汽车空调能迅速制冷/制热。

（2）抗冲击能力强。

汽车在颠簸不平的路面上行驶时，空调系统承受剧烈、频繁的震动和冲击，因此，汽车空调的各零部件应有足够的强度和抗震能力。

（3）结构紧凑。

由于汽车本身的特点，所以要求汽车空调结构紧凑，能在有限的空间进行安装，并且安装空调后不至于使汽车增重太多，影响其他性能。

（4）动力源多样。

轿车、轻型车、中小型客车及工程机械，其空调所需要的动力和驱动汽车的动力都来自汽车本身的发动机，这种空调系统被称为非独立式空调系统。对于大型客车和豪华型大中客车，由于所需制冷量和暖气量大，因此一般采用专用发动机驱动制冷压缩机和设置独立的采暖设备，故称之为独立式空调系统。

三、空调制冷系统的组成

汽车空调系统由制冷系统、取暖系统、通风系统、控制系统四大部分组成。汽车空调制冷系统主要由压缩机、冷凝器、蒸发器、膨胀阀、储液干燥器、制冷剂等组成，如图9-1所示。

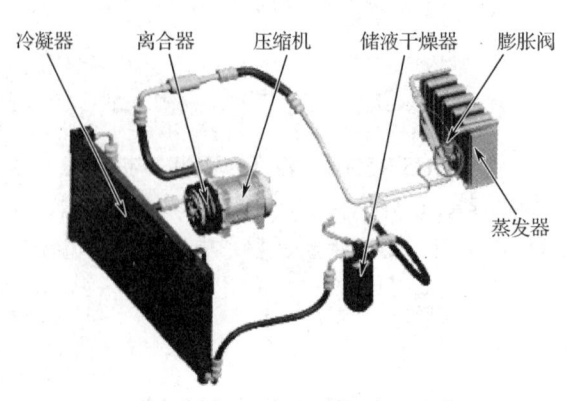

图 9-1 汽车空调制冷系统的组成

1. 压缩机

压缩机是汽车空调制冷系统的心脏，其作用是将低压低温的气态制冷剂压缩成高压高温的气态制冷剂，并推动制冷剂在系统中循环流动。根据工作方式的不同，压缩机一般可以分为往复式和旋转式，常见的往复式压缩机有曲轴连杆式和轴向活塞式，常见的旋转式压缩机有旋转叶片式和涡旋式，如图9-2所示。

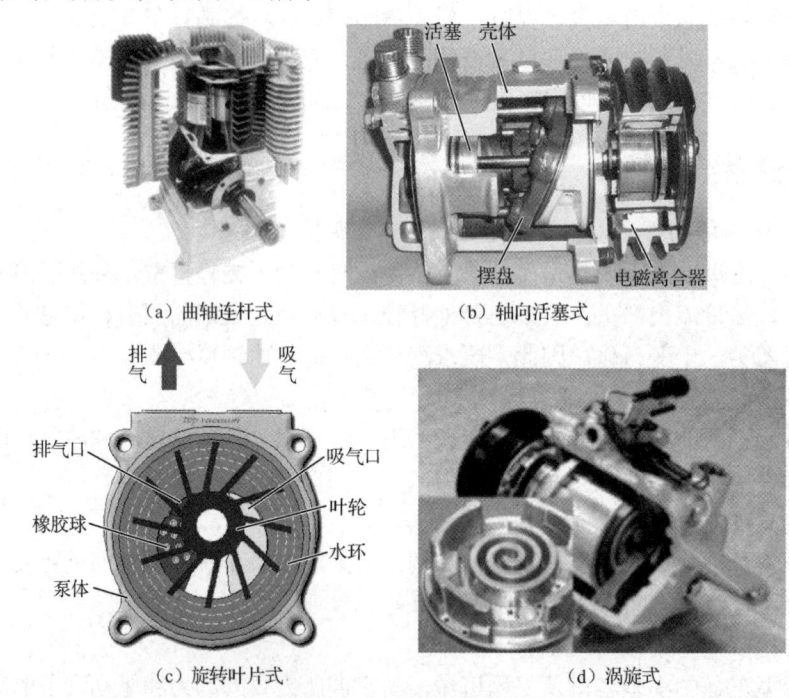

（a）曲轴连杆式　　（b）轴向活塞式

（c）旋转叶片式　　（d）涡旋式

图 9-2 压缩机的类型

目前，新能源汽车常用的压缩机为涡旋式压缩机。涡旋式压缩机的结构主要分为动静式和双公转式两种。目前，应用最为普遍的是动静式涡旋式压缩机，它的工作部件主要包括动涡轮（旋转涡管）与静涡轮（固定涡管）。动、静涡轮的结构十分相似，都是由端板和由端板上伸出的渐开线形涡旋齿组成的，如图9-3所示。两者偏心配置且相互错开，静涡轮静止不动，而动涡轮在专门防转机构的约束下，由曲柄轴带动进行偏心回转平动，即无自转，只有公转。

涡旋式压缩机工作过程如图9-4所示，吸气口设在静涡轮外侧，由于曲柄的转动，气体由边缘吸入，并被封闭在月牙形容积内，随着接触线沿涡旋面向中心推进，月牙形容积逐渐缩小而压缩气体。高压气体通过固定涡旋盘上的轴向中心孔排出。图9-4（a）表示正好吸气完的位置，图9-4（b）表示涡旋外围为吸气过程，中间为压缩过程，中心处为排气过程。图9-4（c）、图9-4（d）表示连续且同时进行着吸气过程和压缩过程。在曲轴的每转中，都形成一个新的吸气容积，所以上述过程不断重复，按顺序完成。

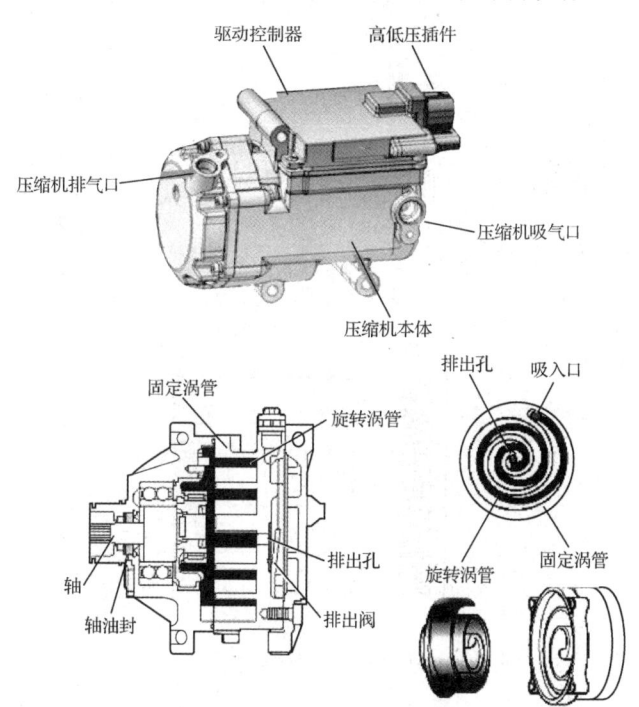

图9-3 涡旋式压缩机结构

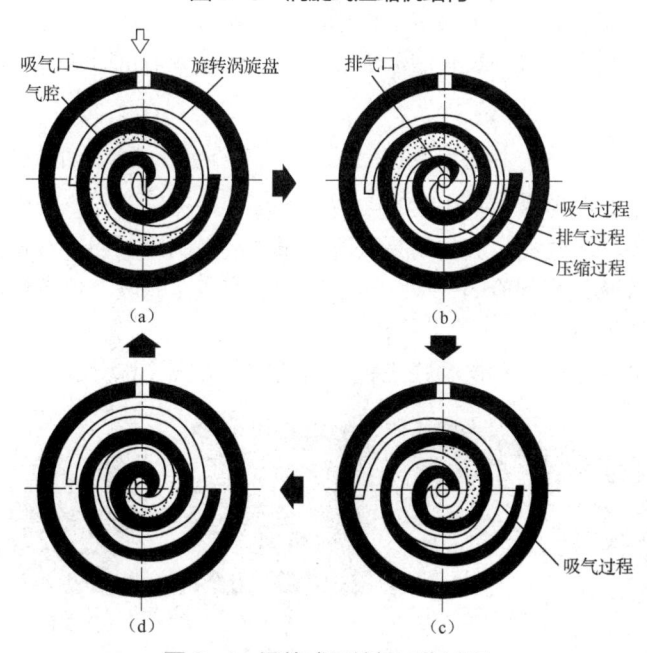

图9-4 涡旋式压缩机工作过程

2. 冷凝器

汽车空调冷凝器的作用是把压缩机排出的高温、高压气态制冷剂，通过冷凝器将热量散发到车外空气中，从而使高温、高压的气态制冷剂冷凝成较高温度的高压液态制冷剂。汽车空调冷凝器有管片式、管带式及平流式三种结构形式，如图9-5所示。目前，汽车上应用较多的是平流式冷凝器。

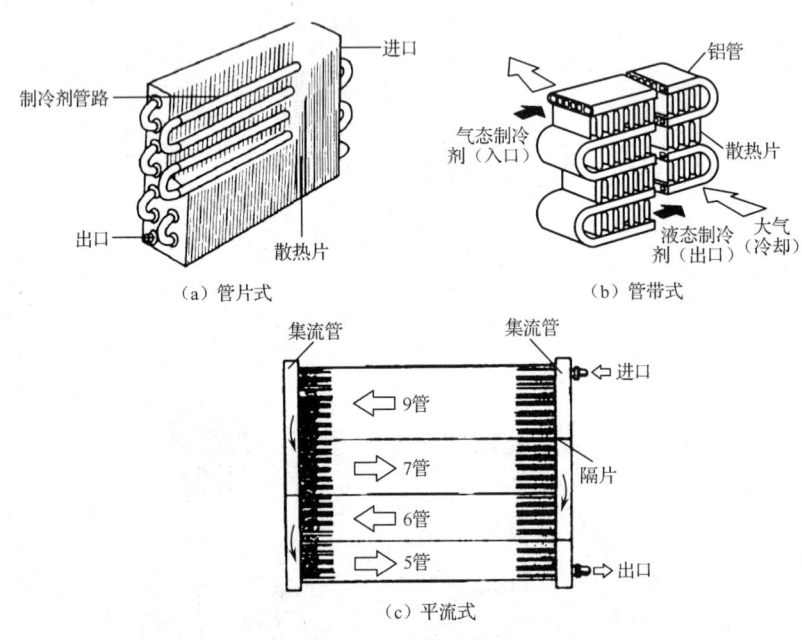

图9-5 冷凝器类型

冷凝器除利用发动机的水箱风扇冷却外，往往还需要单独使用冷却风扇冷却。对于小型车辆，这两者是分开安装的，对于大中型车辆，这两者组成一体，成为冷凝器机组。风机一般采用轴流式，在框架上一般都装有储液干燥器。有些冷凝器机组还带有过冷器，原则上冷凝器的制冷剂应上进下出。

3. 蒸发器

汽车空调蒸发器是制冷零部件中很重要的一个部件，蒸发器和冷凝器类似，也是一种热交换器，属于直接风冷式结构。其作用是低温低压的液态制冷剂通过蒸发器，与车内的空气进行热交换，气化吸热达到制冷的效果。蒸发器安装在汽车驾驶室仪表台后方，蒸发器侧面有两根管引出连接膨胀阀。

蒸发器有管片式、管带式和层叠式三种基本结构，如图9-6所示。

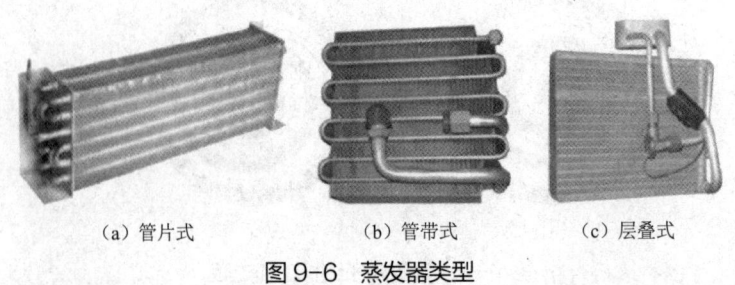

图9-6 蒸发器类型

4. 膨胀阀

汽车空调制冷系统中，膨胀阀具有节流降压、调节流量、防止液击和防止异常过热等功能，是制冷系统中的重要部件。流体在管道内流动过程中，若遇到缩口（如小孔、阀孔等），则局部产生阻力，其压力会显著下降，这种现象被称为节流。

膨胀阀按照平衡方式不同，分为内平衡式和外平衡式，如图 9-7 所示。

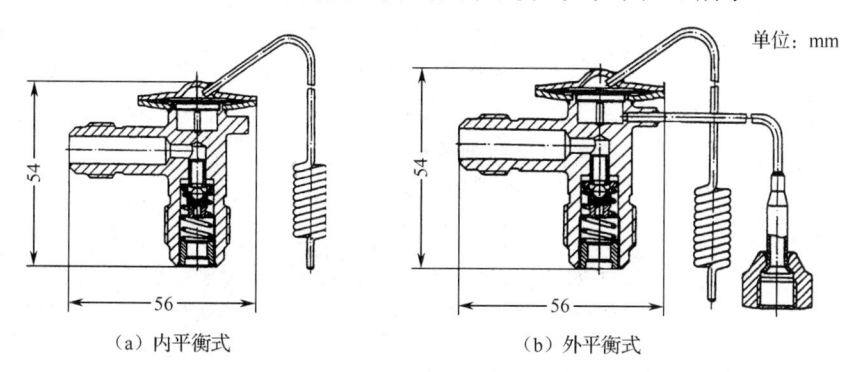

（a）内平衡式　　　（b）外平衡式

图 9-7　膨胀阀类型

目前，大部分汽车膨胀阀采用的是 H 型膨胀阀，如图 9-8 所示。H 型膨胀阀有四个接口与制冷系统连接，其中两个接口与普通膨胀阀的两个接口相同，一个连接储液干燥器，一个连接蒸发器进口；另外两个接口，一个连接蒸发器出口，一个连接压缩机进口。感温包直接处在蒸发器出口的制冷剂气流中。该膨胀阀由于取消了 F 型膨胀阀中的感温包、毛细管和外平衡接管，因此提高了调节灵敏度，结构紧凑，抗震可靠。

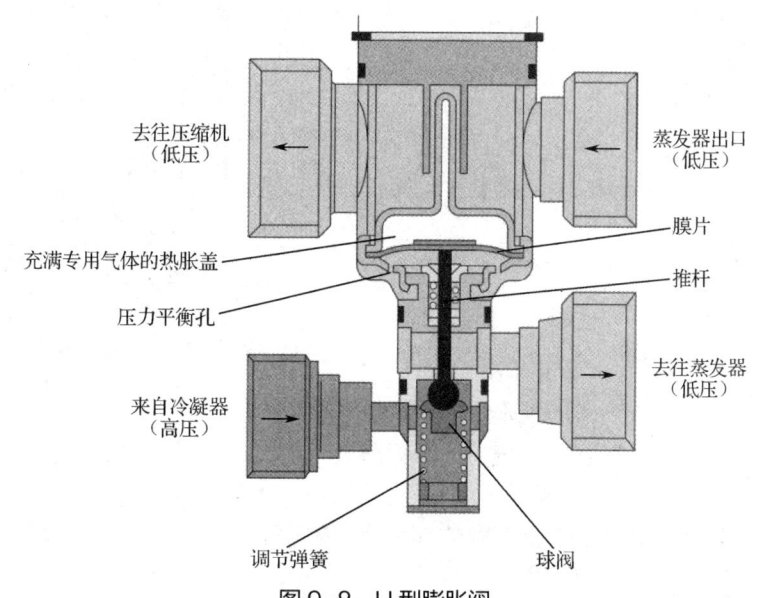

图 9-8　H 型膨胀阀

还有的汽车膨胀阀采用的是节流管式膨胀阀，也称为细管式膨胀阀。它没有感温包、平衡管，而有一个小孔节流元件和一个网状过滤器，如图 9-9 所示。它一般用在隔热性能好且车内负荷变化不大的汽车上。

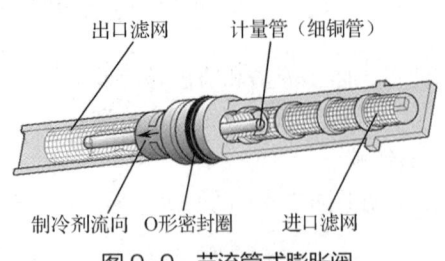

图 9-9 节流管式膨胀阀

5. 储液干燥器

汽车空调系统不可避免地会掺入空气中的水分和在制造时由于没有处理干净而带入微量碎屑、尘土,或者由于制冷剂的不纯净而带入脏物,或者由于制冷剂对系统部件内壁发生侵蚀作用而脱落杂质。水分在物理形态转化过程中会结成固态的冰,堵塞空调系统密闭管路,从而影响制冷剂流动,最终导致制冷失效,严重时会产生爆破。储液干燥器的作用是吸走密封空调管路中的水分,过滤掉管路中的微小杂质,同时可以根据需要暂时储存制冷剂。

对于 F 型或 H 型膨胀阀系统一般都采用储液干燥器,如图 9-10 所示,通常安装在冷凝器和膨胀阀之间的高压管路上。而对于节流管式膨胀阀一般采用气液分离器,如图 9-11 所示,通常安装在蒸发器和压缩机之间的低压管路上。气液分离器能保证压缩机只能吸入气态制冷剂,不会吸入液态制冷剂,避免发生"液击"现象,能减少压缩机排气脉冲,使系统工作更平衡。在制冷剂不足的情况下,能维持一定量的润滑油回流,从而降低制冷剂泄漏对系统的影响。

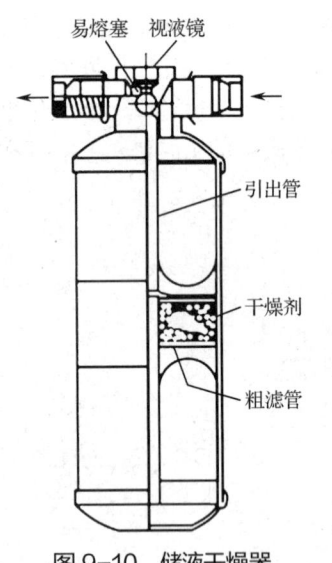

图 9-10 储液干燥器

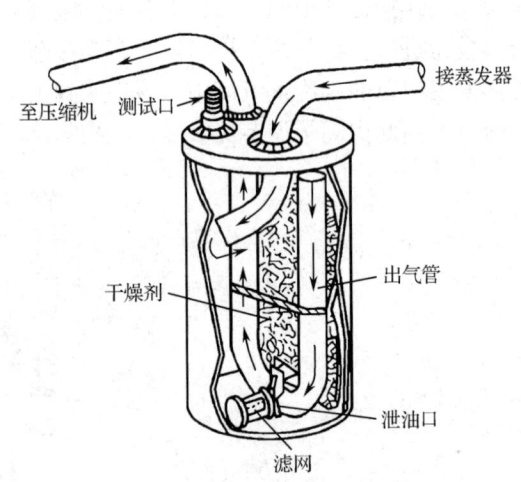

图 9-11 气液分离器

储液干燥器和气液分离器的区别主要包括以下几个方面。

(1) 气液分离器安装在制冷系统的低压管路上,而储液干燥器安装在制冷系统的高压管路上。

(2) 气液分离器和储液干燥器储存的都是液态制冷剂,但气液分离器储存的液态制冷剂会慢慢地自然蒸发,离开气液分离器的只是气态制冷剂,起到气液分离的作用。而储液干燥器留下的是多余的液态制冷剂。

(3) 气液分离器中主要是气体,要求容积较大,故体积也较大,而储液干燥器的体积一般较小。

6. 制冷剂

制冷剂是空调制冷系统中的"热载体"，它可根据空调制冷系统的要求变化状态，实现制冷循环。车用空调的制冷剂主要是 R-12（氟利昂）和 R-134a，如图 9-12 所示。其中字母"R"是 Refrigerant（制冷剂）的简称。由于 R-12 对地球臭氧层有害，在使用上已被禁止，所以目前 R-134a 已经基本替代了 R-12，并得到广泛应用。

图 9-12 汽车用制冷剂

R-134a 的沸点为-26.5°，无色无味，无毒，无易燃易爆，但在高温下或遇明火和红热表面时将分解放出有毒的刺激性气体。与 R-12 不同，R-134a 不会破坏臭氧层。R-134a 空调制冷系统与 R-12 空调制冷系统使用不同的干燥剂、润滑油、软管、O 形密封圈和其他零部件。其中，R-134a 空调制冷系统的某些零部件与 R-12 空调制冷系统的某些零部件外形相似，甚至功能相同，但这两种系统是在不同压力下运行的，所以这些零部件不可互换。

四、空调制冷系统的工作原理

汽车空调制冷系统是利用相变制冷的原理，通过消耗一定的动力先把制冷剂由气体转变成液体，然后利用由液体转变成气体过程中吸收外部热量来达到汽车制冷的目的，如图 9-13 所示。

新能源汽车空调制冷系统的工作过程与传统汽车空调制冷系统的工作过程相同，每个工作循环包括以下 5 个基本过程，如图 9-14 所示。

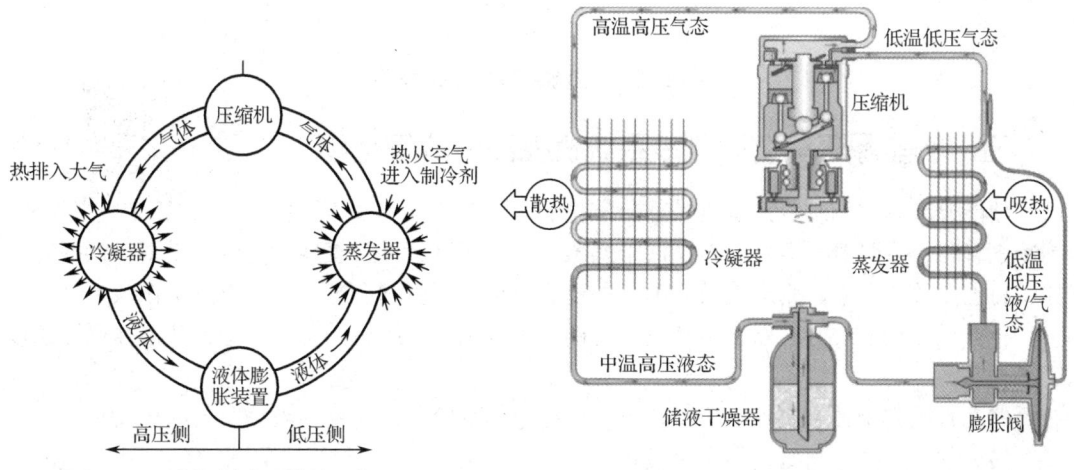

图 9-13 空调制冷系统的工作原理

图 9-14 空调制冷系统的工作过程

（1）压缩过程。

压缩机将流经蒸发器低温低压的气态制冷剂压缩为高温高压的气态制冷剂，并输送到冷凝器。

（2）冷凝过程。

当制冷剂流经冷凝器时，将高温高压的气态制冷剂冷却，使其变为中温高压的液态制冷剂，并送入储液干燥器。

（3）干燥过程。

储液干燥器将中温高压的液态制冷剂过滤，除去制冷剂中的杂质和水分，送入膨胀阀，并根据制冷负荷情况储存小部分的制冷剂。

（4）膨胀过程。

膨胀阀将过滤后的中温高压液态制冷剂利用节流原理，使其转变为低温低压雾状的液/气态混合物，送入蒸发器。

（5）蒸发过程。

低温低压雾状的液/气态混合物流至蒸发器，吸收车内周围的热量而汽化，达到制冷的目的。吸收热量后的制冷剂再次被压缩机吸入进行下一个工作循环，进而实现持续制冷的目的。

新能源汽车空调制冷系统的主要工作参数如下：低压一般为 0.25～0.3MPa、高压一般为 1.3～1.5MPa，平衡压力一般为 0.6MPa 左右。因同时受环境温度及制冷剂加注量的影响，不可作为主要依据，仅为参考数值，如图 9-15 所示。

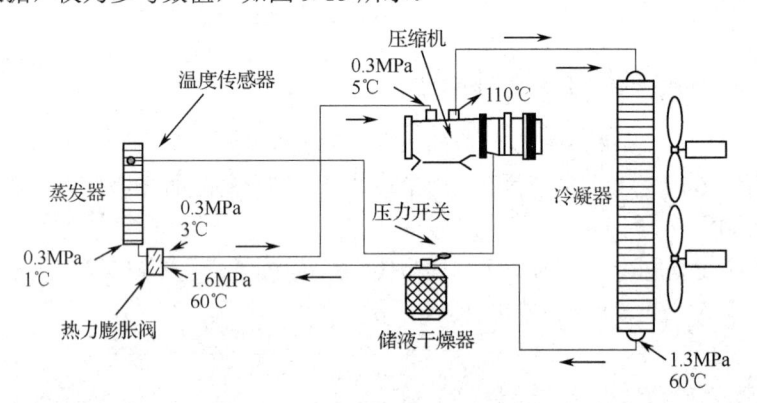

图 9-15 空调制冷系统工作参数

五、新能源汽车空调制冷系统机械部分故障检修

新能源汽车空调制冷系统机械部分常见的故障主要集中在压缩机、制冷剂管路、冷凝器、蒸发器、储液干燥器、膨胀阀等部件，表现为异响、堵塞、泄漏等。如果有上述故障发生，则应当及时拆装并检修或更换，否则会影响制冷系统工作效果。

下面以北汽 EU5 R500 纯电动汽车为例，进行电动压缩机的拆卸。但拆卸前需要注意以下事项。

（1）必须完全抽空制冷剂后，才可以进行空调制冷系统管路的维修。

（2）制冷剂抽空需要使用专用设备。

（3）抽空制冷剂时要佩戴护目镜和手套。

（4）保持工作区域自然通风，并打开车间内排气装置。

（5）打开的空调制冷系统管路需要立即密封处理，防止湿气和脏物侵入。

（6）空调制冷系统管路密封圈是一次性部件，安装前用制冷剂油浸润。

拆卸步骤如下。

(1) 拆卸前机舱装饰板总成。
(2) 断开蓄电池负极。
(3) 按照高压安全操作规范进行高压断电。
(4) 用空调制冷剂充放机将制冷剂抽出，拆卸电动机前部挡板。
(5) 先断开电动压缩机低压连接插头（箭头A），再断开电动压缩机高压连接插头（箭头B），如图9-16所示。
(6) 使用10mm六角套筒拆卸电动压缩机吸气管固定螺栓，脱开压缩机吸气管总成①、排气管总成②与电动压缩机的连接，如图9-17所示。螺栓规格为M6×1.0×25，螺栓拧紧扭矩为8～10N·m。
(7) 使用10mm六角套筒拆卸电动压缩机固定螺栓，取下电动压缩机①，如图9-18所示，螺栓规格为M8×1.25×80，螺栓拧紧扭矩为21～27N·m。

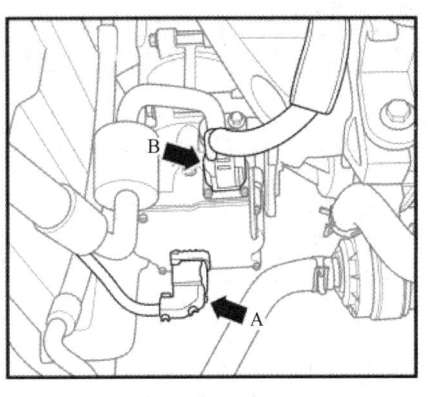

图9-16 断开压缩机高压/低压连接插头

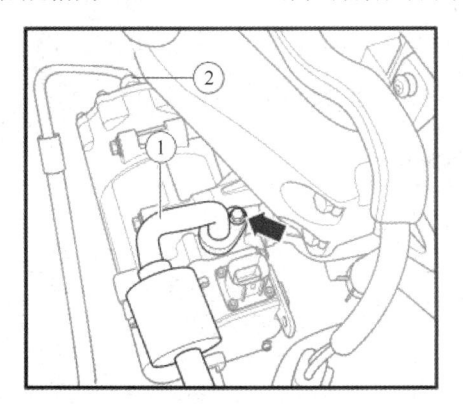

图9-17 拆卸吸气管/排气管总成

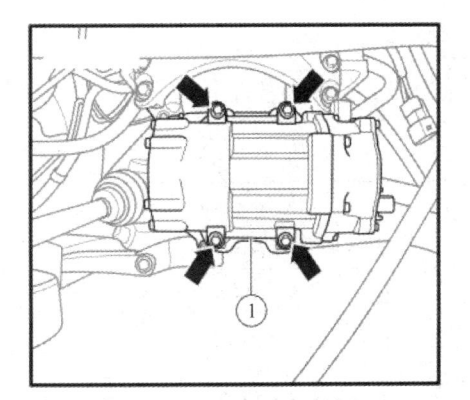

图9-18 拆卸压缩机

(8) 安装以拆卸步骤的倒序进行。同时注意要在电动压缩机更换后，"启动/停止"按键置于"RUN"状态，进行空调控制器配置及性能检测。

决策

根据任务要求制订新能源汽车空调压缩机更换实施计划，每个小组根据组员特点进行分工，并选出小组组长负责任务的分工与实施，填写决策记录表，如表9-1所示。

表9-1 决策记录表

序 号	小组成员	任 务
1	A B	查阅维修手册等资料
2	C D	工具准备
3	E F	记录、汇报
4	G H	安全员

计划

根据任务分工及任务要求制订工作计划并完成计划表,如表9-2所示。

表9-2 计划表

序 号	作 业 项 目	操 作 人
1	拆卸前机舱装饰板,断开蓄电池负极	A B
2	高压断电	C D
3	拆卸空调压缩机	E F
4	安装空调压缩机	A B
5	高压上电	C D
6	安装前机舱装饰板,安装蓄电池负极	E F
7	安全、记录	G H

实施

根据工作计划进行空调压缩机更换任务,实施记录表如表9-3和表9-4所示。

表9-3 实施记录表(1)

序 号	实 施 项 目	结 果	序 号	实 施 项 目	结 果
1	前机舱装饰板是否拆卸	是 否	7	压缩机是否安装	是 否
2	是否正确高压断电	是 否	8	压缩机进气管/排气管是否安装	是 否
3	制冷剂是否排放	是 否	9	压缩机高低压插头是否正确复位	是 否
4	压缩机高低压插头是否断开	是 否	10	制冷剂是否添加	是 否
5	压缩机进气管/排气管是否拆卸	是 否	11	高压是否正常上电	是 否
6	压缩机是否拆卸	是 否	12	前机舱装饰板是否正确安装	是 否

表9-4 实施记录表(2)

序 号	配件名称	选用工具	拧紧扭矩	操 作 人
1	蓄电池负极			
2	压缩机进气管/排气管			
3	空调压缩机			

5S管理

1. 实训场地设备恢复。
2. 清洁实训车辆,打扫场地卫生,桌椅板凳摆放整齐有序。
3. 将工具、仪器、设备等归还原位。
4. 关闭实训场地的门窗、电源等。

任务 2 空调制冷系统控制电路故障检修

资讯（一）

北汽 EU5 R500 纯电动汽车空调制冷系统由空调压缩机继电器、压缩机控制器、空调控制器、电池管理系统（BMS）等组成。空调制冷系统框图如图 9-19 所示，当驾驶员打开启动开关时，ON 挡信号激活 BMS，BMS 控制空调压缩机继电器吸合，蓄电池电源经空调压缩机继电器给空调控制器和压缩机控制器提供 12V 工作电源。此时，如果驾驶员操作空调面板上的 AC 按键和冷暖选择按键，那么 AC 信号和冷暖选择信号便由空调控制器通过 IBUS 总线送至压缩机控制器，压缩机控制器便接通压缩机高压工作电源，高压电便由动力电池经 PEU、压缩机控制器送至压缩机，压缩机开始工作。在工作过程中，空调压缩机继电器通过空调压力开关、各类温度传感器信号经压缩机控制器控制压缩机的转速，实现制冷量的控制。

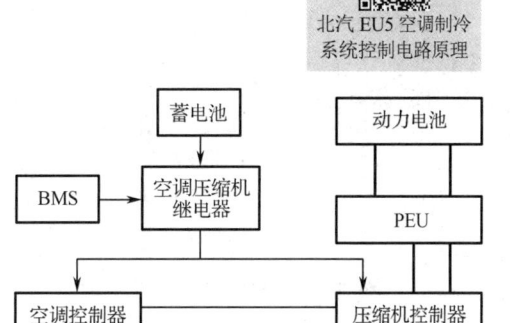

图 9-19 空调制冷系统框图

在进行空调制冷系统控制电路故障检修前，需要识读并拆画空调制冷系统控制电路图。拆画电路图注意事项如下。
（1）尽量使用铅笔和直尺以保证所画电路的工整及可修改性。
（2）标注关键元器件的名称代号及相应引脚号。
（3）电路图中的元器件符号要标准。
（4）在拆画的电路图中标注电流走向。

计划

根据任务分工及任务要求制订工作计划，计划表如表 9-5 所示。

表 9-5 计划表

序　号	作　业　项　目	操　作　人
1	查阅电路图	
2	分析电路原理及电流走向	
3	拆画电路草图	
4	协调组员并确定拆画电路图终稿	

实施

按照所制订的工作计划进行空调制冷系统控制电路图拆画，并在拆画的电路图中标注主要电气元件名称及线路电流走向（见图 9-20）。

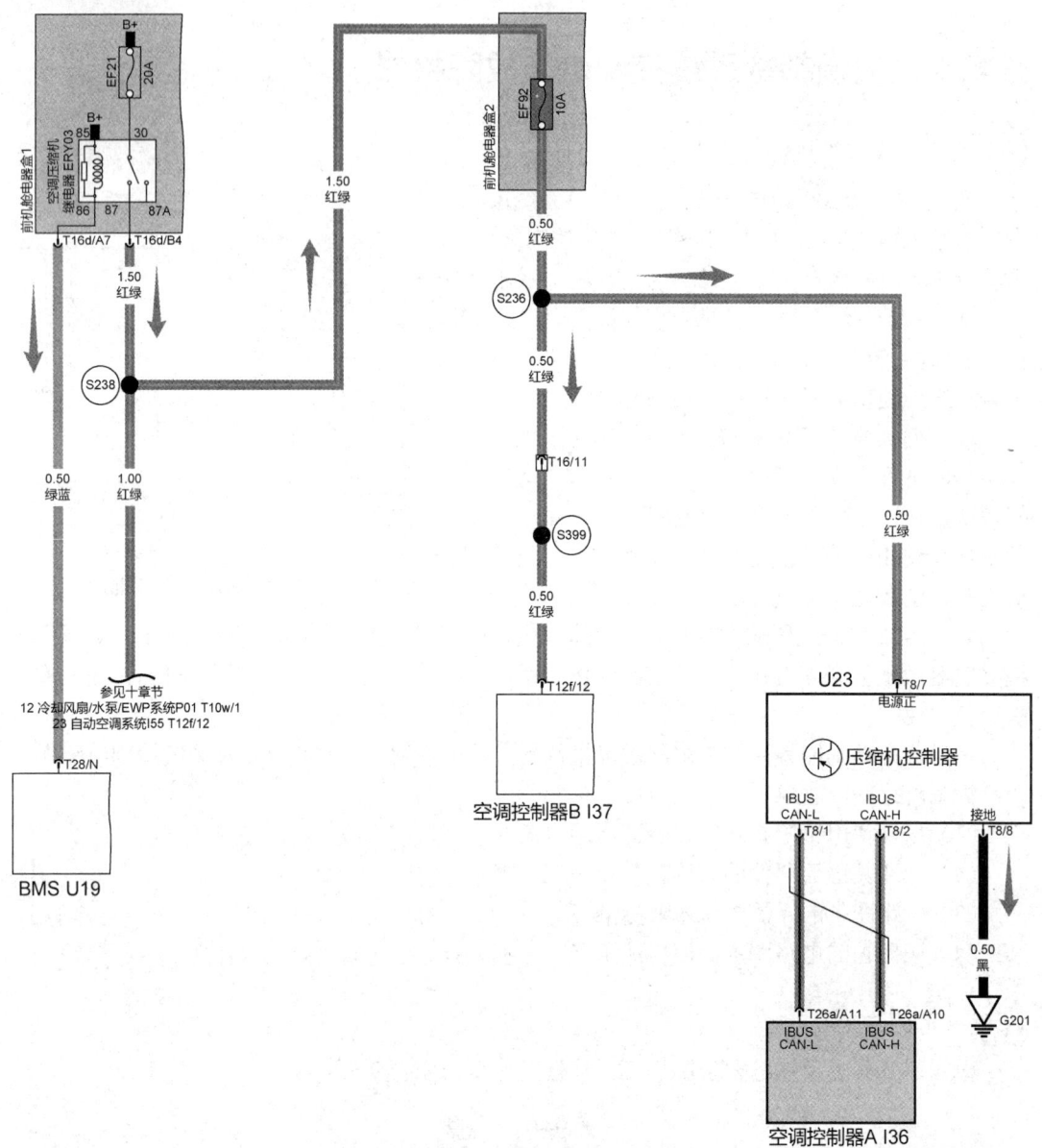

图 9-20 空调制冷系统控制电路图

资讯（二）

当驾驶员打开启动开关时，BMS 控制单元通过 T28/N 端子为空调压缩机继电器 ERY03 提供搭铁控制指令，此时电路走向为 B+→空调压缩机继电器 85#→空调压缩机继电器 86#→插接器 T16d/A7→BMS T28/N 端子，继电器线圈通电，开关吸合。开关电路走向为 B+→空调压缩机继电器 30#→空调压缩机继电器 87#→插接器 T16d/B4→前机舱电器盒 2 EF92 10A 熔断器→压缩机控制器 T8/7 端子、插接器 T16/11 端子→空调控制器 BT12f/12 端子，为空调控制器和压缩机控制器提供电源。压缩机控制器由 T8/8 端子经 G201 搭铁点提供搭铁信号。

驾驶员操作空调面板上的功能按键将信号和各传感器信号送至空调控制器 A，空调控制器 A 将信号进行处理后发送控制指令经 IBUS 总线系统将指令送至压缩机控制器控制压缩机的工作。

实施

根据故障现象,以小组为单位分析空调压缩机不工作可能存在的故障点,实施记录表如表 9-6 所示。

表 9-6 实施记录表

序 号	可 能 原 因	序 号	可 能 原 因
1	供电熔断器损坏	5	压缩机控制器局部损坏
2	BMS 局部损坏	6	CAN 总线线路损坏
3	继电器本身损坏	7	搭铁点脱落
4	空调控制器局部损坏	8	线路损坏或中间插接器松动

资讯(三)

1. 线束插接器端子

北汽 EU5 R500 纯电动汽车空调压缩机控制电路图中涉及的低压插接器接线端子如图 9-21 所示。插接器 8 个接线端子只用到了 1、2、7 和 8 引脚。

空调压缩机低压插接器中所用到的接线端子的引脚编号和定义如表 9-7 所示。

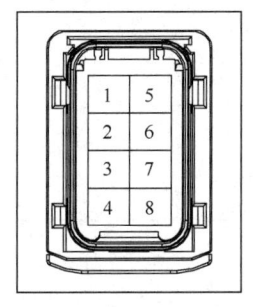

图 9-21 空调压缩机低压插接器接线端子

表 9-7 空调压缩机低压插接器中所用到的接线端子的引脚编号和定义

引脚编号	定 义
1	IBUS CAN-L
2	IBUS CAN-H
7	电源正
8	接地

2. 单件测试

测试方法:关闭启动开关,断开蓄电池负极,拆卸压缩机控制器供电熔断器和继电器,利用万用表欧姆挡进行熔断器和继电器的单件测试,若不符合要求,则应更换熔断器或继电器。

3. 利用诊断仪与万用表检测

连接诊断仪,打开启动开关,利用诊断仪读取空调系统控制单元中相关故障代码或数据流,先根据故障代码或数据流进行相应检测,然后利用万用表进行电压及电阻检测。

4. 利用示波器检测

打开启动开关,启动车辆开启空调,利用示波器检测压缩机控制器端 IBUS 总线信号波形,根据波形进行检测并判断是否正常。

新能源汽车电子电气空调舒适技术

计划

根据任务分工及任务要求制订工作计划，填写计划表（见表9-8）。

表9-8 计划表

序 号	测 试 项 目	使 用 工 具	操 作 人
1	单件测试	万用表、跳线	
2	读取故障代码或数据流	诊断仪	
3	电压检测	万用表、跳线	
4	电阻检测	万用表、跳线	
5	波形检测	示波器、探针	

实施

按照制订的工作计划开展相应检测，并完成实施记录表。

1. 单件测试

关闭启动开关，断开蓄电池负极，拆卸压缩机控制器供电熔断器和继电器，利用万用表欧姆挡进行熔断器和继电器的单件测试，并完成单件测试记录表（见表9-9）。

表9-9 单件测试记录表

序 号	测 试 项 目	标 准 值	实 测 值	是 否 正 常	维修建议（否）
1	EF21	导通		是　否	更换熔断器
2	EF92	导通		是　否	更换熔断器
3	ERY03：85#—86#	60～200Ω		是　否	更换继电器
4	ERY03（电阻正常、通电）：30#—87#	导通		是　否	更换继电器

2. 读取故障代码或数据流

连接诊断仪，打开启动开关，利用诊断仪读取空调系统控制单元中相关故障代码或数据流，并完成故障代码或数据流记录表（见表9-10）。

表9-10 故障代码或数据流记录表

序 号	故障代码或数据流含义	可能原因（异常）
1		
2		
清除故障代码，再次读取，故障代码能否清除：是　　　否		

3. 电压测试

打开启动开关，启动车辆，开启空调，用万用表直流电压挡测量空调制冷系统相关端子对地电压，并完成电压测试记录表（见表9-11）。

表 9-11 电压测试记录表

序 号	测试项目	标准值	实测值	是否正常	维修建议（否）
1	ERY03 87#—地			是 否	检查继电器或开关供电
2	ERY03 30#—地			是 否	检查熔断器或上游供电
3	ERY03 85#—地			是 否	检查上游供电
4	ERY03 86#—地			是 否	检查继电器或检修线束
5	T16/11—地			是 否	检查熔断器或检修线束
6	T12f/12—地			是 否	检查线束
7	T8/7—地			是 否	检查线束
8	T28/N—地			是 否	检查 BMS 或检查线束
9	EF21—地			是 否	检查熔断器或检查上游供电
10	EF92—地			是 否	检查熔断器或检查上游供电

4. 电阻检测

根据上一步电压测量及实际故障现象，关闭启动开关，断开蓄电池负极，用万用表欧姆挡测量空调制冷系统相关线路电阻阻值，并完成电阻检测记录表（见表 9-12）。

表 9-12 电阻检测记录表

序 号	测试项目	标准值	实测值	是否正常	维修建议（否）
1	T16d/A7—T28/N	<1Ω		是 否	检修线束
2	T16d/B4—EF92（上）	<1Ω		是 否	检修线束
3	EF92（下）—T12f/12	<1Ω		是 否	检修线束
4	EF92（下）—T8/7	<1Ω		是 否	检修线束
5	EF21（下）—ERY03 30#	<1Ω		是 否	检修线束
6	T8/8—G201	<1Ω		是 否	检修线束
7	T8/1—T26a/A11	<1Ω		是 否	检修线束
8	T8/2—T26a/A10	<1Ω		是 否	检修线束

5. 波形检测

打开启动开关，启动车辆开启空调，利用示波器检测压缩机控制器端 IBUS 总线信号波形，并完成波形测试记录表（见表 9-13）。

表 9-13 波形测试记录表

序 号	测试项目	标准波形	实测波形	是否正常	维修建议（否）
1	T8/1—地			是 否	检修线束

续表

序 号	测试项目	标准波形	实测波形	是否正常	维修建议（否）
2	T8/2—地			是 否	检修线束

检查

1. 自检

各小组针对操作情况进行自检，完成自检记录表（见表9-14）。

表9-14 自检记录表

序 号	检查项目	结 果	序 号	检查项目	结 果
1	是否规范操作仪器仪表	是 否	4	检测工具是否清洁、复位	是 否
2	测试条件是否正确	是 否	5	测量插头、线束是否复位	是 否
3	启动开关是否关闭	是 否	6	场地卫生是否清扫	是 否

2. 互检

各小组针对操作情况进行互检，完成互检记录表（见表9-15）。

表9-15 互检记录表

序 号	检查项目	结 果	序 号	检查项目	结 果
1	启动开关是否关闭	是 否	3	测量插头、线束是否复位	是 否
2	检测工具是否清洁、复位	是 否	4	场地卫生是否清扫	是 否

3. 终检

指导教师针对各小组实施情况进行终检，完成终检记录表（见表9-16）。

表9-16 终检记录表

序 号	检查项目	结 果	序 号	检查项目	结 果
1	启动开关是否关闭	是 否	3	测量插头、线束是否复位	是 否
2	检测工具是否清洁、复位	是 否	4	场地卫生是否清扫	是 否

评估

授课结束后，指导教师指导学生对操作过程进行评价，完成学习任务评价表（见表9-17），指导学生进行课后总结，查找存在的问题，完成评估记录表（见表9-18）。

表 9-17　学习任务评价表

班级：_____　　姓名：_____　　学号：_____

项　　目	自 我 评 价			小 组 互 评			教 师 评 价		
	10～9	8～6	5～1	10～9	8～6	5～1	10～9	8～6	5～1
	占总评10%			占总评30%			占总评60%		
工具设备使用能力									
资料信息查阅能力									
数据读取分析能力									
实训报告撰写能力									
协作精神									
纪律观念									
表达能力									
工作态度									
安全意识									
总体表现									
小计									
总评									

指导教师：_____　　年　　月　　日

表 9-18　评估记录表

课 堂 小 结
实训结束后，指导教师指导学生分享本次实训收获。

序　号	存在的问题
1	
2	

5S管理

1．实训场地设备恢复。

2．清洁实训车辆，打扫场地卫生，桌椅板凳摆放整齐有序。

3．将工具、仪器、设备等归还原位。

4．关闭实训场地的门窗、电源等。

任务3 空调取暖系统机械部分故障检修

资讯

一、空调取暖系统的功用

汽车空调取暖系统是将冷空气送入热交换器，吸收某种热源的热量，提高空气的温度，并将热空气送入车内。

汽车空调取暖系统的作用如下。

（1）与蒸发器一起共同将空气调节到使人感到舒适的温度。

（2）在寒冷的冬季向车内供暖，提高车内空气的温度。

（3）当车窗结霜，影响驾驶员和乘客的视线，不利于行车安全时，可通过取暖系统吹出的热风除霜。

（4）必要时，为实现电池制热性能提供热量来源。

二、空调取暖系统的组成及工作原理

汽车空调取暖系统根据所使用热源的不同，可分为余热式取暖系统和独立热源式取暖系统；按照载热体介质的不同可分为水暖式取暖系统和气暖式取暖系统。

传统汽车空调取暖系统大部分采用发动机余热水暖式取暖系统，利用发动机冷却液对车内空气进行加热，如图9-22所示。该系统具有设备简单、安全性高、成本低的特点，但其工作受发动机运行工况的影响较大，特别是冷车工况。汽车空调取暖系统主要由加热器芯、离心式水泵、腊式节温器、冷却液膨胀箱、冷却液进水管等组成，如图9-23所示。

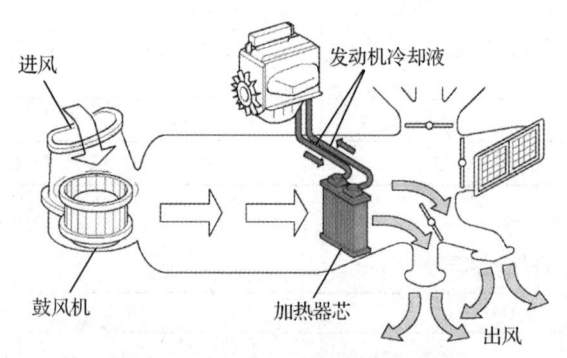

图9-22 发动机余热水暖式取暖系统工作原理

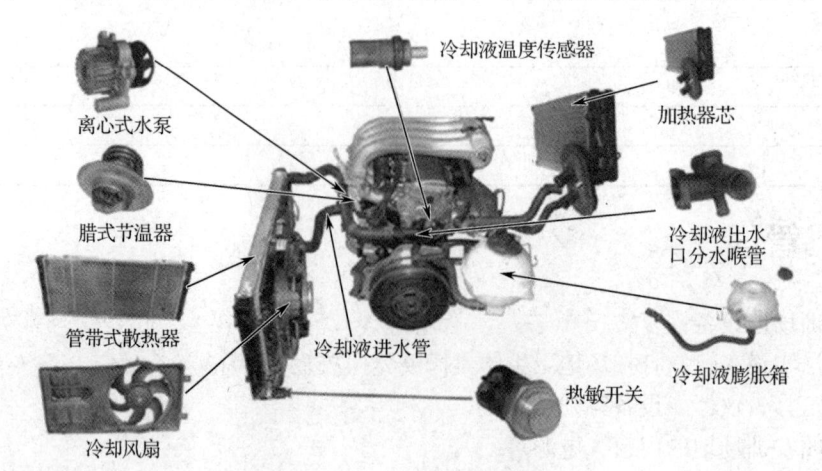

图9-23 汽车空调取暖系统的组成

新能源汽车结构与传统汽车结构不同，不同类型的新能源汽车又有不同的特点。对于纯电动汽车因取消了发动机，无法利用发动机余热以达到取暖和除霜的效果。而对于混合动力汽车来说，发动机因其控制策略决定不能随时作为制热的热源。

新能源汽车空调取暖系统的取暖方式主要有以下几种。

1. PTC加热器的取暖方式

纯电动汽车没有传统汽车的发动机，没有了热源，通常采用电加热方式。电加热方式分为两种：一种是先通过加热冷却液，再经过循环为暖水箱提供热量（目前为主流），如图9-24所示；另一种是直接加热经过蒸发箱的空气以实现暖风。而对于混合动力汽车，其暖风的来源在发动机工作时以发动机冷却液作为热源；在EV模式时一般采用电加热的PTC来提供热源。PTC是正温度系数（Positive Temperature Coefficient）的英文缩写。

2. 加热丝加热冷却液的取暖方式

新能源汽车冷却液的作用一方面是给汽车上容易发热的元件（如电动机等）散热，另一方面是在温度较低的情况下提供热能来供驾驶室采暖。纯电动汽车没有传统汽车的发动机，没有了足够的热源，这样一来在温度较低的情况下仅靠电动汽车上的元件工作的热量来加热冷却液是远远不够的，无法给驾驶室提供足够的温度。

为保证在温度较低的情况下给车内提供足够的温度，冷却液循环系统上安装了一个加热装置，如图9-25所示，串联在冷却液循环系统中，来加热冷却液，使冷却液达到合适的温度。加热器一般包括控温器和限温器。控温器一般都设置在插入水中的金属管内，其最高控制温度一般都设定在合适的温度区域，这样就可保证加热器有较大的蓄热量。为了避免控温器失灵时加热冷却液温度过高，而影响车辆的工作性能，热水器上安装了限温器，其限温值设定在略高于控温器的最高控制温度上，一旦加热温度达到设定值，限温器就立即切断电源，避免了因加热失控而影响整车性能。

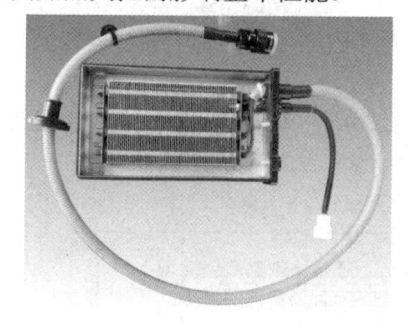

图9-24　PTC加热器　　　　图9-25　冷却液加热装置

3. 热泵空调的取暖方式

热泵空调系统的制冷/制热模式由四通换向阀转换，实线箭头表示制冷模式，虚线箭头表示制热模式，如图9-26所示。从原理上来讲，该系统与普通的热泵空调并无区别，但是当用于电动汽车上时，专门开发了双工作腔滑片压缩机、直流无刷电动机和逆变器控制系统。在热泵工况下，系统从除霜模式转为制热模式时，车内换热器上的冷凝水将迅速蒸发，在风窗玻璃上结霜会影响驾驶的安全性。

新能源汽车空调取暖系统由风机调速电阻、电子开关模块、风机、轮式换风器、PTC加热器、温度传感器、出风风道、出风口等元件构成，电子开关模块包括场效应管（MOSFET）、

光电耦合器等部件。PTC 加热器作为加热元件，通过动力蓄电池为其供电，由电子开关模块控制其通电发热，风机和轮式换风器实现暖风的输送及风向的改变。暖风热源采用 PTC 加热器，安全可靠，能自行调节驾驶室温度。

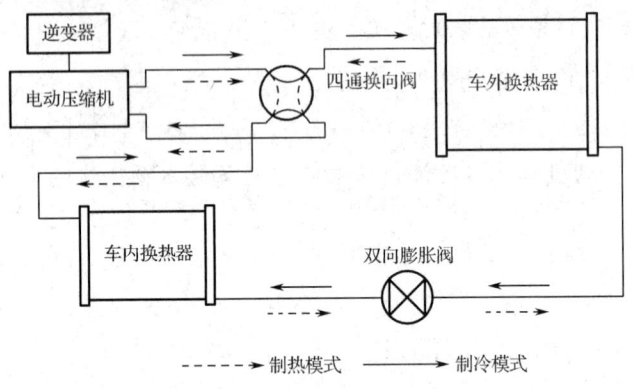

图 9-26　热泵空调系统原理图

三、PTC 加热器

PTC 技术已成为现代化工业的重要组成部分。PTC 作为一种新型热敏电阻材料，其主要用途可分为开关和发热两大类别。利用 PTC 材料的热敏特性，制成热敏开关类产品。利用发热类 PTC 性能稳定、升温迅速、受电源电压波动影响小等特性，制成的各种加热器产品，已成为金属电阻丝类发热材料最理想的替代产品。目前，PTC 加热器已大量应用于电动汽车暖风系统、电动汽车除霜机等。

PTC 加热器采用 PTCR 热敏陶瓷元件，由若干单片组合后与波纹散热铝条经高温胶黏结而成，如图 9-24 所示，具有热阻小、换热效率高的显著优点。它的最大特点在于安全性高，即遇风机故障堵转时，PTC 加热器因得不到充分散热，功率会自动急剧下降，此时 PTC 加热器的表面温度维持限定温度（一般为 240℃ 左右），从而不致产生电热管类加热器表面的"发红"现象，从而排除了发生事故的隐患。

新能源汽车常见的 PTC 加热器的结构与参数，如图 9-27 所示，主要由加热器和温度传感器组成。为防止 PTC 加热器失控发生火灾，其内部安装有熔断器，如图 9-28 所示。

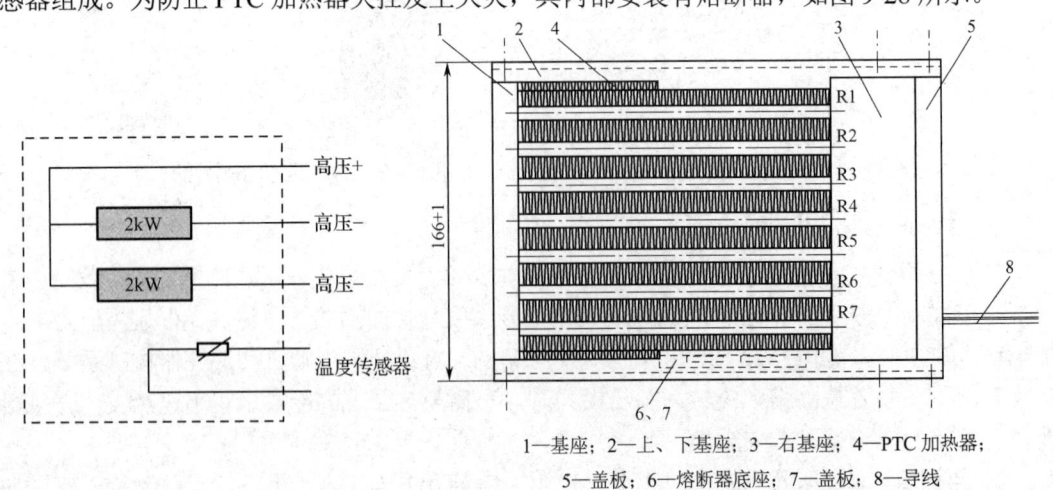

1—基座；2—上、下基座；3—右基座；4—PTC 加热器；
5—盖板；6—熔断器底座；7—盖板；8—导线

图 9-27　PTC 结构示意图　　　　图 9-28　PTC 加热器结构

（1）加热器：由 2 组电热阻丝并联组成，单独控制。

（2）温度传感器：检测加热器本体的温度，控制加热器导通或切断。

四、新能源汽车空调取暖系统机械部分故障检修

新能源汽车空调取暖系统机械部分常见的故障主要集中在加热器、散热器、混合风门电动机等部件。如果有上述故障发生，则应当及时拆装并检修或更换相关部件，否则会影响取暖系统工作效果。

下面以北汽 EU5 R500 纯电动汽车为例，进行 PTC 总成的更换。

（1）断开蓄电池负极，按照高压安全操作规范进行高压断电。

（2）拆卸驾驶员侧膝部装饰板总成。

（3）拆卸"启动/停止"按键。

（4）拆卸手套箱总成。

（5）拆卸中控信息娱乐主机。

（6）拆卸副仪表板总成。

（7）从箭头位置撬起并拆卸右前门踏板①，如图 9-29 所示。

（8）从箭头位置撬起并拆卸右侧 A 柱下装饰板①，如图 9-30 所示。

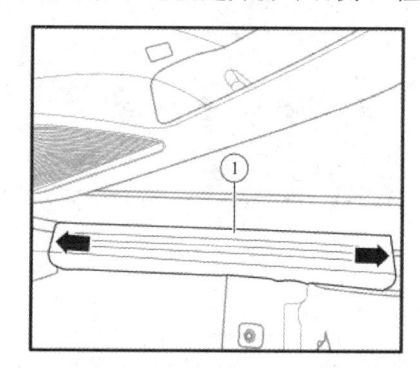

图 9-29 拆卸右前门踏板

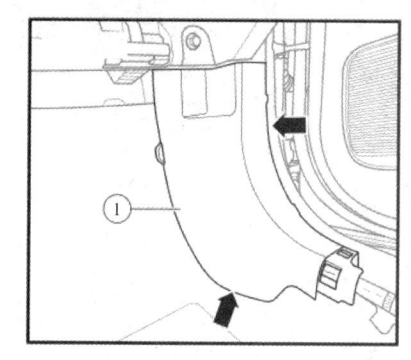

图 9-30 拆卸右侧 A 柱下装饰板

（9）脱开前车门门框密封条①盖住仪表板右侧端盖总成部分，从箭头位置撬起并拆下仪表板右侧端盖总成②，如图 9-31 所示。

（10）拆卸副仪表板支架固定螺钉（箭头），拆下副仪表板支架①，如图 9-32 所示。

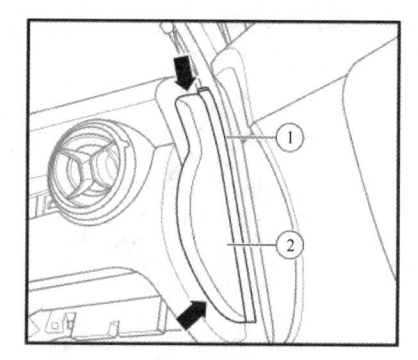

图 9-31 拆卸仪表板右侧端盖总成

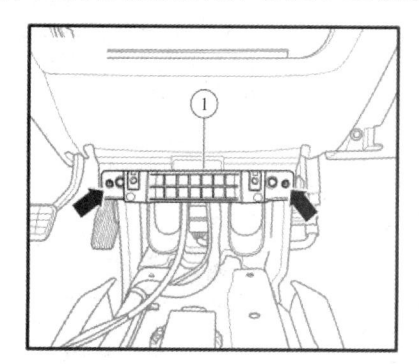

图 9-32 拆卸副仪表板支架

（11）使用 10mm 六角套筒拆卸仪表板固定螺栓 A 和仪表板下本体固定螺钉 B，如图 9-33 所示，螺栓规格为 M6×1.0×20，螺栓拧紧扭矩为 5~7N·m，螺钉拧紧扭矩为 1.5~1.7N·m。

（12）拆卸仪表板固定螺栓，如图 9-34 所示。

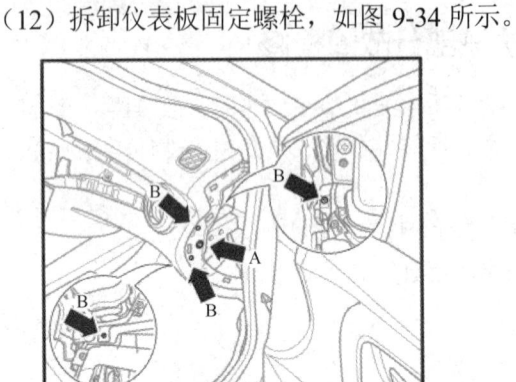

图 9-33 拆卸仪表板固定螺栓和仪表板下本体固定螺钉

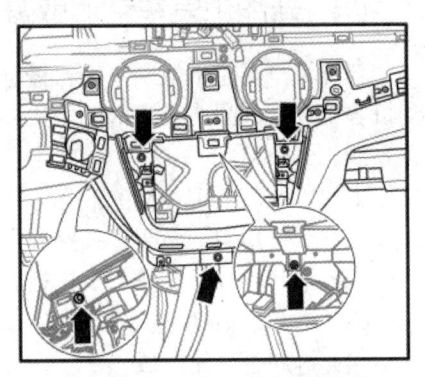

图 9-34 拆卸仪表板固定螺栓

（13）拆卸仪表板固定螺栓，如图 9-35 所示，拆卸仪表板固定螺钉和仪表板下本体①，如图 9-36 所示。

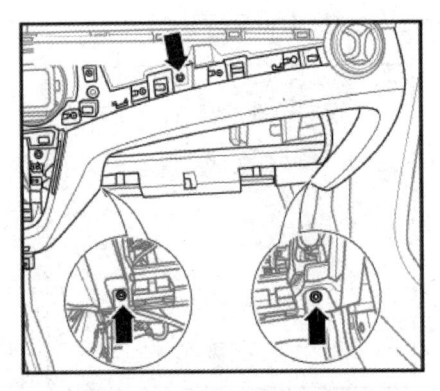

图 9-35 拆卸仪表板固定螺栓

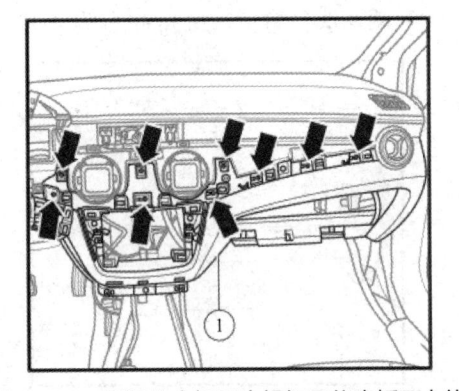

图 9-36 拆卸仪表板固定螺钉和仪表板下本体

（14）断开线束固定卡扣（箭头），脱开线束与仪表板下本体①的连接，取下仪表板下本体，如图 9-37 所示。

（15）脱开线束卡子（箭头 A），拆卸仪表板固定螺钉（箭头 B），拆下右侧吹脚风道①，如图 9-38 所示，螺钉拧紧扭矩为 1.4~1.8N·m。

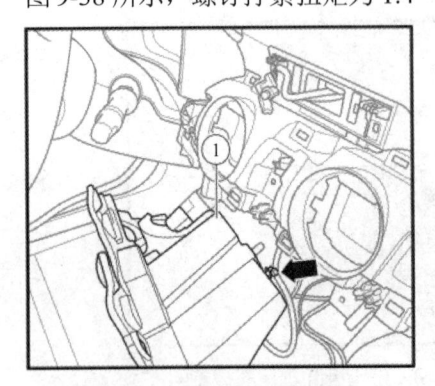

图 9-37 拆卸仪表板下本体

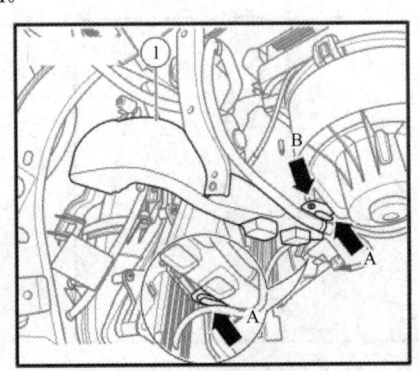

图 9-38 脱开线束卡子、拆卸仪表板固定螺钉和右侧吹脚风道

(16) 拆卸 PTC 总成低压线束插头（箭头 B）和高压线束插头（箭头 A），如图 9-39 所示。
(17) 拆卸 PTC 总成固定螺钉（箭头），拆卸 PTC 总成①，如图 9-40 所示。

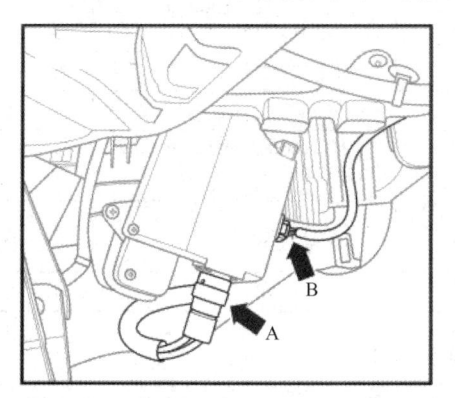

图 9-39　拆卸 PTC 高压/低压线束插头　　　　图 9-40　拆卸 PTC 总成

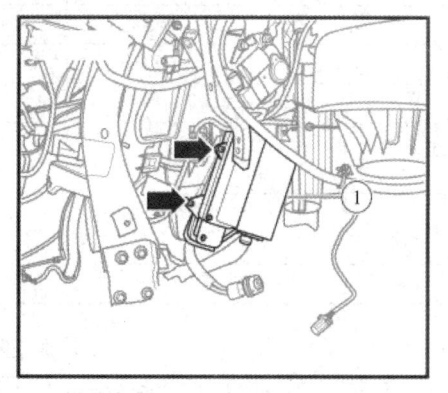

(18) 安装以拆卸步骤的倒序进行。同时注意要在安装完成后检查空调功能。

决策

根据任务要求制订新能源汽车 PTC 总成更换实施计划，每个小组根据组员特点进行分工，并选出小组组长负责任务的分工与实施，完成决策记录表，如表 9-19 所示。

表 9-19　决策记录表

序　号	小组成员	任　　务
1	A B	查阅维修手册等资料
2	C D	工具准备
3	E F	记录、汇报
4	G H	安全员

计划

根据任务分工及任务要求制订工作计划，并完成计划表，如表 9-20 所示。

表 9-20　计划表

序　号	作业项目	操作人
1	拆卸蓄电池负极，断高压电	A B
2	拆卸仪表板	C D
3	拆卸 PTC 总成	E F
4	安装 PTC 总成	A B
5	安装仪表板	C D
6	安装蓄电池负极，高压上电	E F
7	性能检查、安全、记录	G H

实施

根据工作计划进行 PTC 总成更换任务，完成实施记录表，如表 9-21 和表 9-22 所示。

表 9-21 实施记录表（1）

序号	实施项目	结果	序号	实施项目	结果
1	是否正确高压断电	是 否	7	PTC 总成是否安装	是 否
2	手套箱总成是否拆卸	是 否	8	仪表板是否安装	是 否
3	副仪表板本体是否拆卸	是 否	9	手套箱总成是否安装	是 否
4	仪表板是否拆卸	是 否	10	PTC 总成高压/低压线束插头是否复位	是 否
5	PTC 总成高压/低压线束插头是否拆卸	是 否	11	副仪表板本体是否安装	是 否
6	PTC 总成是否拆卸	是 否	12	高压是否上电	是 否

表 9-22 实施记录表（2）

序号	配件名称	选用工具	拧紧力矩	操作人
1	仪表板固定螺栓			
2	仪表板固定螺钉			
3	PTC 总成固定螺钉			

任务 4　空调取暖系统控制电路故障检修

北汽 EU5 空调取暖系统控制电路原理

资讯（一）

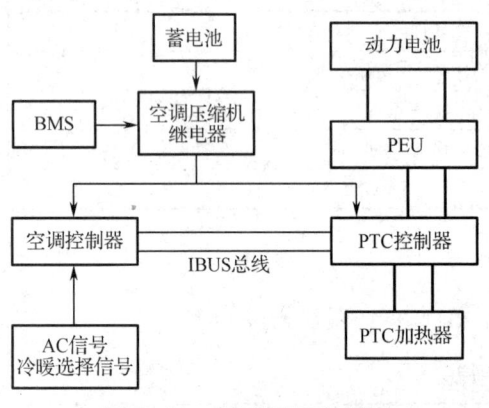

图 9-41　空调取暖系统框图

北汽 EU5 R500 纯电动汽车空调取暖系统由 PTC 加热器、PTC 控制器、空调控制器、电池管理系统（BMS）等组成。其系统框图如图 9-41 所示，当驾驶员打开启动开关时，ON 挡信号激活 BMS，BMS 控制空调压缩机继电器吸合，蓄电池电源经空调压缩机继电器给空调控制器和 PTC 控制器提供 12V 工作电源。此时，如果驾驶员操作空调面板上的 AC 按键和冷暖选择按键，AC 信号和冷暖选择信号便由空调控制器通过 IBUS 总线送至 PTC 控制器，PTC 控制器便接通 PTC 加热器高压工作电源，高压电便由动力电池经 PEU、PTC 控制器送至 PTC 加热器，PTC 加热器开始工作。在工作过程中，PTC 控制器通过各类温度传感器信号经 PTC 控制器控制 PTC 加热器工作，实现暖风控制。

在进行空调取暖系统控制电路故障检修前，需要识读并拆画空调取暖系统控制电路图。拆画电路图注意事项如下：

（1）尽量使用铅笔和直尺以保证所画电路的工整及可修改性。
（2）标注关键元器件的名称代号及相应引脚号。
（3）电路图中的元器件符号要标准。
（4）在拆画的电路图中标注电流走向。

计划

根据任务分工及任务要求制订工作计划，计划表如表 9-23 所示。

表 9-23 计划表

序 号	作 业 项 目	操 作 人
1	查阅电路图	
2	分析电路原理及电流走向	
3	拆画电路草图	
4	协调组员并确定拆画电路图终稿	

实施

按照所制订的工作计划进行空调取暖系统控制电路图拆画，并在拆画的电路图中标注主要电气元件名称及线路电流走向（见图 9-42）。

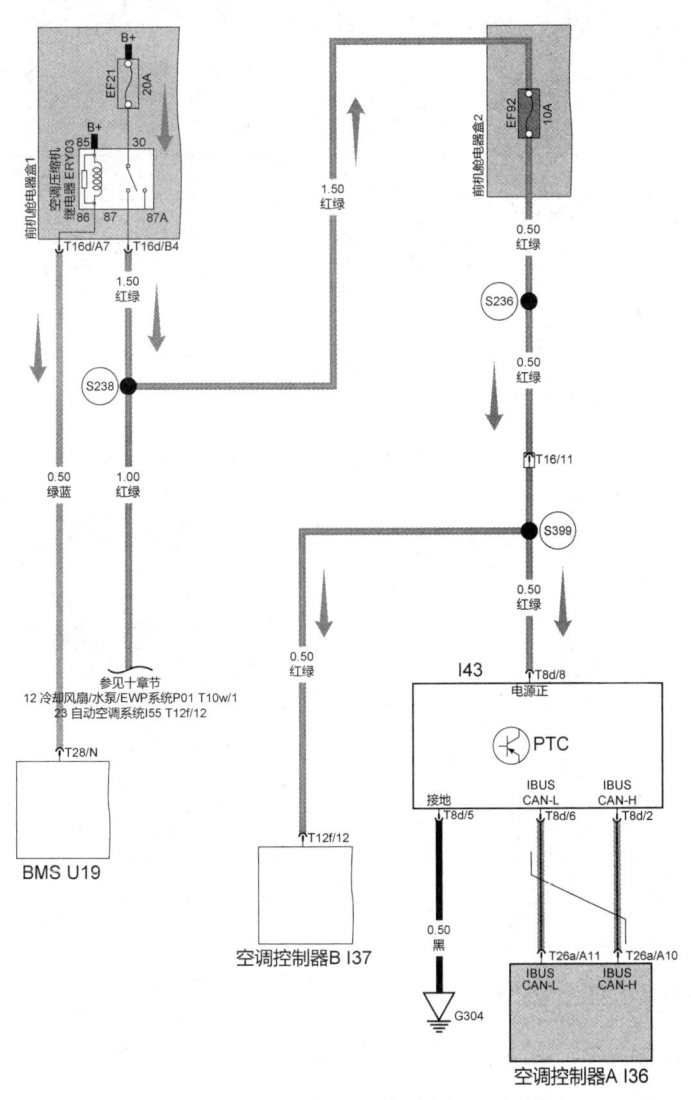

图 9-42 空调取暖系统控制电路图

资讯（二）

当驾驶员打开启动开关时，BMS 控制单元通过 T28/N 端子为空调压缩机继电器 ERY03 提供搭铁控制指令，此时电路走向为 B+→空调压缩机继电器 85#→空调压缩机继电器 86#→插接器 T16d/A7→BMS T28/N 端子，继电器线圈通电，开关吸合。开关电路走向为 B+→空调压缩机继电器 30#→空调压缩机继电器 87#→插接器 T16d/B4→前机舱电器盒 2 EF92 10A 熔断器→插接器 T16/11 端子→空调控制器 T12f/12 端子、PTC 控制器 T8d/8 端子，为空调控制器和 PTC 控制器提供电源。PTC 控制器由 T8d/5 端子经 G304 搭铁点提供搭铁信号。

驾驶员操作空调面板上的功能按键将信号和各传感器信号送至空调控制器 A，空调控制器 A 将信号进行处理后发送控制指令经 IBUS 总线系统将指令送至 PTC 控制器控制 PTC 加热器工作。

实施

根据故障现象，以小组为单位，分析空调取暖系统不工作可能存在的故障点，实施记录表如表 9-24 所示。

表 9-24 实施记录表

序 号	可能原因	序 号	可能原因
1	供电熔断器损坏	5	PTC 控制器局部损坏
2	BMS 局部损坏	6	CAN 总线线路损坏
3	继电器本身损坏	7	搭铁点脱落
4	空调控制器局部损坏	8	线路损坏或中间插接器松动

资讯（三）

1. 线束插接器端子

北汽 EU5 R500 纯电动汽车 PTC 低压插接器接线端子如图 9-43 所示，PTC 低压插接器引脚编号和定义如表 9-25 所示。

表 9-25 PTC 低压插接器引脚编号和定义

引脚编号	定 义
1	—
2	IBUS CAN-H
3	—
4	—
5	接地
6	IBUS CAN-L
7	—
8	电源正

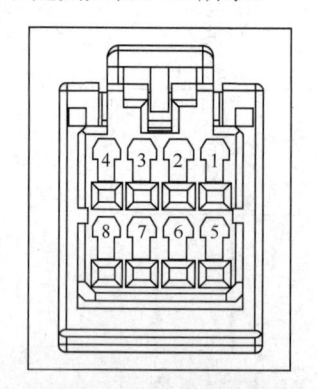

图 9-43 PTC 低压插接器接线端子

2. 单件测试

测试方法：关闭启动开关，断开蓄电池负极，拆卸空调取暖系统供电熔断器和继电器，利用万用表欧姆挡测量熔断器和继电器的电阻阻值，若不符合要求，则应更换熔断器或继电器。

3. 利用诊断仪与万用表检测

连接诊断仪，打开启动开关，启动车辆，开启暖风开关，利用诊断仪读取空调控制单元故障代码或数据流，先根据故障代码或数据流进行相应检测，然后利用万用表进行电压及电阻检测。

4. 利用示波器检测

打开启动开关，利用示波器检测 IBUS 总线信号波形，根据波形进行检测并判断波形是否正常。

计划

根据任务分工及任务要求制订工作计划，填写计划表，如表 9-26 所示。

表 9-26　计划表

序号	测试项目	使用工具	操作人
1	单件测试	万用表、跳线	
2	读取故障代码或数据流	诊断仪	
3	电压检测	万用表、跳线	
4	电阻检测	万用表、跳线	
5	波形检测	示波器、探针	

实施

按照制订的工作计划开展相应检测，并完成实施记录表。

1. 单件测试

关闭启动开关，断开蓄电池负极，拆卸空调取暖系统供电熔断器和继电器，利用万用表欧姆挡测量熔断器和继电器的电阻阻值，并完成单件测试记录表（见表 9-27）。

表 9-27　单件测试记录表

序号	测试项目	标准值	实测值	是否正常	维修建议（否）
1	EF21	导通		是　否	更换熔断器
2	EF92	导通		是　否	更换熔断器
3	ERY03：85#—86#	60～200Ω		是　否	更换继电器
4	ERY03（电阻正常、通电）：30#—87#	导通		是　否	更换继电器

2. 读取故障代码或数据流

连接诊断仪，打开启动开关，启动车辆，开启暖风开关，利用诊断仪读取空调控制单元故障代码或数据流，并完成故障代码或数据流记录表（见表 9-28）。

表9-28 故障代码或数据流记录表

序 号	故障代码或数据流含义	可能原因（异常）
1		
2		

清除故障代码，再次读取，故障代码能否清除： 是　　否

3. 电压测试

打开启动开关，启动车辆，开启暖风开关，利用万用表直流电压挡测量空调取暖系统相关端子对地电压值，并完成电压测试记录表（见表9-29）。

表9-29 电压测试记录表

序 号	测试项目	标准值	实测值	是否正常	维修建议（否）
1	ERY03 87#—地			是　否	检查继电器或开关供电
2	ERY03 30#—地			是　否	检查熔断器或上游供电
3	ERY03 85#—地			是　否	检查上游供电
4	ERY03 86#—地			是　否	检查继电器或检修线束
5	T16/11—地			是　否	检查熔断器或检修线束
6	T12f/12—地			是　否	检查线束
7	T8d/8—地			是　否	检查线束
8	T28/N—地			是　否	检查BMS或检查线束
9	EF21—地			是　否	检查熔断器或检查上游供电
10	EF92—地			是　否	检查熔断器或检查上游供电

4. 电阻检测

根据上一步电压测量及实际故障现象，断开蓄电池负极，利用万用表欧姆挡测量空调取暖系统相关线路电阻阻值，并完成电阻检测记录表（见表9-30）。

表9-30 电阻检测记录表

序 号	测试项目	标准值	实测值	是否正常	维修建议（否）
1	T16d/A7—T28/N	<1Ω		是　否	检修线束
2	T16d/B4—EF92（上）	<1Ω		是　否	检修线束
3	EF92（下）—T12f/12	<1Ω		是　否	检修线束
4	EF92（下）—T8d/8	<1Ω		是　否	检修线束
5	EF21（下）—ERY03 30#	<1Ω		是　否	检修线束
6	T8d/5—G304	<1Ω		是　否	检修线束
7	T8d/6—T26a/A11	<1Ω		是　否	检修线束
8	T8d/2—T26a/A10	<1Ω		是　否	检修线束

5. 波形检测

打开启动开关，利用示波器检测IBUS总线信号波形，根据波形进行检测并判断波形是否正常，并完成波形测试记录表（见表9-31）。

表9-31 波形测试记录表

序号	测试项目	标准波形	实测波形	是否正常	维修建议（否）
1	T8d/6—地			是　否	检修线束
2	T8d/2—地			是　否	检修线束

检查

1. 自检

各小组针对操作情况进行自检，完成自检记录表（见表9-32）。

表9-32 自检记录表

序号	检查项目	结果	序号	检查项目	结果
1	是否规范操作仪器仪表	是　否	4	检测工具是否清洁、复位	是　否
2	测试条件是否正确	是　否	5	测量插头、线束是否复位	是　否
3	启动开关是否关闭	是　否	6	场地卫生是否清扫	是　否

2. 互检

各小组针对操作情况进行互检，完成互检记录表（见表9-33）。

表9-33 互检记录表

序号	检查项目	结果	序号	检查项目	结果
1	启动开关是否关闭	是　否	3	测量插头、线束是否复位	是　否
2	检测工具是否清洁、复位	是　否	4	场地卫生是否清扫	是　否

3. 终检

指导教师针对各小组实施情况进行终检，完成终检记录表（见表9-34）。

表9-34 终检记录表

序号	检查项目	结果	序号	检查项目	结果
1	启动开关是否关闭	是　否	3	测量插头、线束是否复位	是　否
2	检测工具是否清洁、复位	是　否	4	场地卫生是否清扫	是　否

评估

授课结束后，指导教师指导学生对操作过程进行评价，完成学习任务评价表（见表9-35），指导学生进行课后总结，查找存在的问题，完成评估记录表（见表9-36）。

表9-35 学习任务评价表

班级：_____ 姓名：_____ 学号：_____

项目	自我评价			小组互评			教师评价		
	10~9	8~6	5~1	10~9	8~6	5~1	10~9	8~6	5~1
	占总评10%			占总评30%			占总评60%		
工具设备使用能力									
资料信息查阅能力									
数据读取分析能力									
实训报告撰写能力									
协作精神									
纪律观念									
表达能力									
工作态度									
安全意识									
总体表现									
小计									
总评									

指导教师：_____　　　　年　月　日

表9-36 评估记录表

课堂小结
实训结束后，指导教师指导学生分享本次实训收获。

序号	存在的问题
1	
2	

5S管理

1. 实训场地设备恢复。
2. 清洁实训车辆，打扫场地卫生，桌椅板凳摆放整齐有序。
3. 将工具、仪器、设备等归还原位。
4. 关闭实训场地的门窗、电源等。

任务 5　空调通风、空气净化与配气系统故障检修

资讯

一、空调通风系统

汽车空调通风系统的功用是将车外的新鲜空气引入车内，将车内的污浊空气排出车外，同时空调通风系统还具有风窗除霜的作用。空调通风系统可使车内的空气保持新鲜，提高车辆的舒适性。

目前，汽车上采用的通风方式主要有动压通风、强制通风和综合通风三种。

1．动压通风

动压通风又称为自然通风，是利用汽车在行驶时各个部位所产生的不同压力进行通风的。

汽车在行驶过程中，汽车不同部位与空气流产生不同的压力，如图 9-44 所示。汽车进排风口位置的选择取决于车身结构和风压分布状况，通常进风口设置在正风压区且离地面尽可能高，以免汽车行驶时扬起的灰尘进入车内，排风口设置在负风压区，这样就可借助风压进行空气流动。动压通风的空气流动如图 9-45 所示，进风口设置在前窗玻璃下部的正风压区，并且此处设置有内外循环的控制阀门，当内外温差较大时，可采用内循环工作方式。排风口设置在汽车尾部的负风压区。

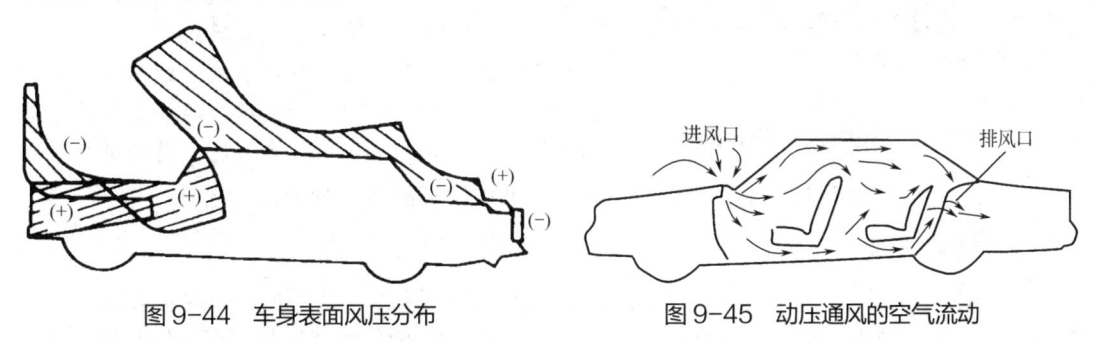

图 9-44　车身表面风压分布　　　　图 9-45　动压通风的空气流动

2．强制通风

强制通风是利用鼓风机强制将车外新鲜空气送入车内进行通风换气的。在汽车的通风系统中，由于空调采用冷暖一体化的配气方式，蒸发器与加热器联合工作，因此，采用强制通风时，可对车内的温度、湿度及空气净化进行综合调节，使车内更舒适。

3．综合通风

综合通风是指同时采用动压通风和强制通风的通风方式，这种方式是在自然通风基础上利用通风设备，并根据需要进行通风的。虽然这种通风方式结构复杂，但在现在汽车中应用越来越多。

二、空调空气净化系统

汽车空调空气净化的目的是除去车内有害气体及粉尘，使车内保持清洁

舒适的空气环境。一些高档汽车还设有除臭和空气负离子发生装置。

汽车空调的净化包括两部分，即室外流入室内的空气净化和室内循环空气的净化。汽车行驶过程中，粉尘是最大的污染物，空调空气净化系统对室外空气中粉尘的净化，主要采取过滤除尘和静电除尘两种形式。

1. 过滤除尘

过滤除尘是在空调系统的送风和进风口处设置由无纺布、过滤纤维等组成的干式纤维空气滤清装置，主要是对尘埃等颗粒物进行过滤。对大颗粒尘埃，直接被纤维过滤装置拦住，而小颗粒尘埃在随气流运动过程中，与过滤纤维摩擦产生静电而被吸附在过滤器表面。

2. 静电除尘

静电除尘是在空气进口的过滤器后面设置一套静电除尘装置。静电除尘是先利用高压电极产生高压电场，对空气进行电离，使尘粒带电，然后在电场作用下产生定向运动，沉降在正、负电极上而实现对空气的过滤除尘。

静电除尘的工作原理如图9-46所示，主要由电离部、集尘部、活性炭吸附器三部分组成。电离部和集尘部可做成一体，也可分开。它们是静电式净化器的主要组成部分。电离部在电极之间加以5kV的电压，产生电晕放电，粉尘被电离带上负电并被正极板吸引。正极板是集尘部，在集尘部外加高电压，使粉尘受库仑力作用而吸附在正极板上。当集尘部上积灰达到一定量时，可进行清洗、除尘或更换。除去粉尘后的空气再用活性炭吸附，除去臭味及有害气体，最后被送到车厢。有的净化器还设有负离子发生器，以改善车厢内空气品质，利于人体健康。

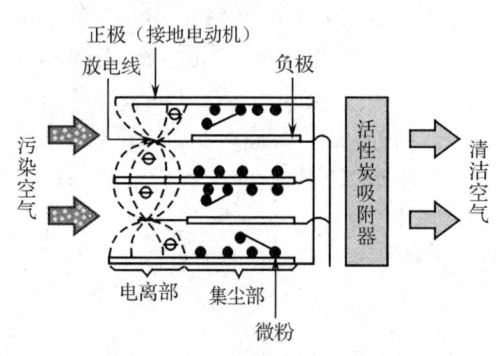

图9-46 静电除尘的工作原理

3. 烟雾净化

在一些高档汽车上安装有自动空调系统，还安装有烟雾浓度传感器，如图9-47所示。当汽车运行，自动空调系统处于AUTO模式工作时，烟雾浓度传感器开始对烟雾进行检测，并将信号送至控制单元，控制单元自动控制鼓风机运转。当烟雾浓度下降到下限值时，空调系统停止工作，始终保持车内空气清新。

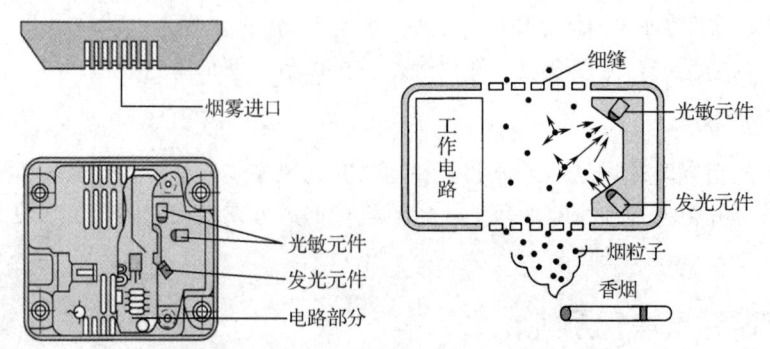

图9-47 烟雾浓度传感器的结构及工作原理

三、空调配气系统

汽车空调已由单一制冷或采暖方式发展到冷暖一体化形式，由季节性空调发展到全年性空调，真正起到空气调节的作用。空调配气系统根据空调的工作要求，将外界新鲜空气送入车内，起到通风换气作用；同时根据功能键位置不同，改变冷暖流的流向与分配，将冷风、热风按照配置送到车内，满足调节需求，提高舒适性。

汽车空调配气系统的基本结构组成如图 9-48 所示，由空气进口段、空气混合段和空气分配段三部分组成。

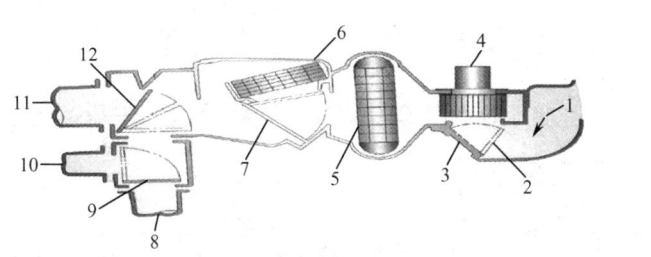

1—新鲜空气；2—新鲜空气/车内空气风门；3—车内空气入口；4—鼓风机；5—蒸发器；6—加热器；7—混合风门；8—风窗玻璃出风口；9—仪表板/风窗玻璃风门；10—脸部出风口；11—脚部出风口；12—脚部/脸部与风窗玻璃风门

图 9-48　汽车空调配气系统的基本结构组成

空气进口段主要控制新鲜空气和室内循环空气的比例，当夏天室外温度较高、冬天室外温度较低的情况下，应尽量多用车内空气，使压缩机运行时间减少。当汽车长期运行时，车内空气品质下降，这时应定期开大风门多采用室外新鲜空气。空气进口段由用来控制新鲜空气/车内空气的风门 2 与伺服器组成，其工作形式分为内循环和外循环两种。

空气混合段主要由加热器 6、蒸发器 5 及调节控制空气冷暖的混合风门 7 等组成。当混合风门 7 全开时，冷空气全部经过加热器 6，空气被加热从而出来的是暖风；当混合风门 7 全关时，冷空气不经过加热器 6，吹出来的是冷风；当混合风门 7 处于中间位置时，即可得到不同温度的空气流。

空气分配段主要由仪表板/风窗玻璃风门 9、脚部/脸部与风窗玻璃风门 12 及各出风口组成，通过控制可调节出风口的出风位置。

空调配气系统的工作过程：新鲜空气或车内循环空气→进入风机→空气进入蒸发器冷却→由空气混合风门调节进入加热器的空气量→空气混合室→进入各风口。

汽车空调配气系统采用的配气方式有多种，目前最常用的是空气混合式和全热式两种。

1. 空气混合式配气系统

空气混合式配气系统的结构组成如图 9-49 所示，主要由外界空气入口、蒸发器、加热器、鼓风机、出风口等组成。其工作过程：车外空气或车内空气→鼓风机 2→蒸发器 3→由风门调节进入加热器 4 加热→出风口 6、7、8。空气进入蒸发器 3 后再进入加热器 4 的空气量可用风门 5、9 进行调节。若进入加热器的风量少，也就是冷风量相对较多，则这时冷风由出风口 8 吹出；反之，则吹出的热风较多，热风由除霜出风口 6 或脚部出风口 7 吹出。

空气混合式配气系统的优点是可以节省部分冷气量，缺点是冷暖风不能均匀混合，空气处理后的参数不能完全满足要求，即被处理的空气参数精度要差一些。

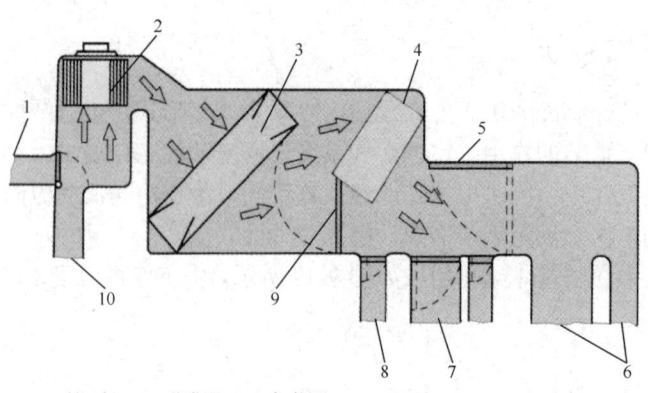

1—外界空气入口；2—鼓风机；3—蒸发器；4—加热器；5、9—风门；6、7、8—出风口；10—车内空气入口

图9-49 空气混合式配气系统的结构组成

2. 全热式配气系统

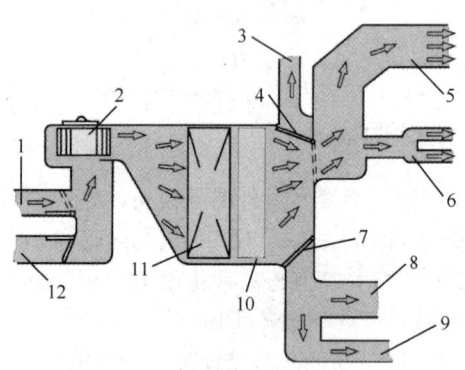

全热式配气系统的结构组成与空气混合式配气系统的结构组成类似，如图9-50所示，主要由外界空气入口、蒸发器、加热器、鼓风机、出风口等组成。其工作过程：车外空气或车内空气→鼓风机2→蒸发器11→空气全部进入加热器10→出风口3、5、6、8、9。全热式配气系统与空气混合式配气系统的区别在于由蒸发器出来的冷空气全部直接进入加热器，两者之间不设风门进行冷热空气的风量调节，而是冷空气全部进入加热器再加热。

1—外界空气入口；2—鼓风机；3、5、6、8、9—出风口；4、7—风门；10—加热器；11—蒸发器；12—车内空气入口

图9-50 全热式配气系统

全热式配气系统的优点是被处理后的空气参数精度较高，缺点是浪费一部分冷气，即为了达到较高的空气参数精度而不惜浪费少量冷气。这种配气方式只用在一些高级豪华汽车空调上。

四、新能源汽车空调通风、空气净化与配气系统故障检修

新能源汽车空调通风、空气净化与配气系统常见的故障主要有伺服电动机失效、空调滤芯脏堵、鼓风机故障及送风风道故障等。如果有上述故障发生，则应当及时拆装并检修，或者更换相关部件，否则会影响空调系统工作效果。

下面以北汽EU5 R500纯电动汽车为例，介绍冷暖电动机、模式电动机、循环电动机和鼓风机的更换。

1. 冷暖电动机的更换

（1）断开蓄电池负极。

（2）在箭头处撬出副仪表板左侧盖板①，如图9-51所示。

（3）拆卸冷暖电动机固定螺钉（箭头A），取出冷暖电动机①，如图9-52所示，螺钉的拧紧扭矩为1.5～1.6N·m。

（4）在箭头B处脱开冷暖电动机与摆臂的连接，断开冷暖电动机连接插头箭头C，取下冷暖电动机①。

(5)安装以拆卸步骤的倒序进行即可,注意螺钉拧紧扭矩。

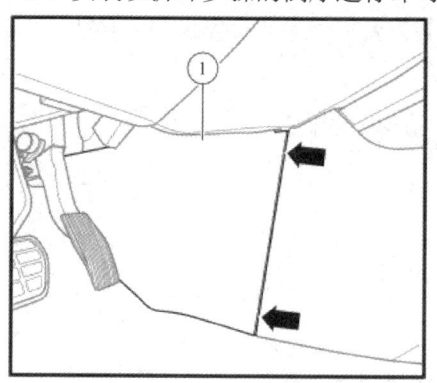

图 9-51 拆卸副仪表板左侧盖板

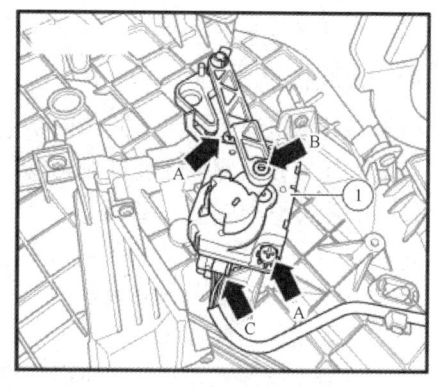

图 9-52 拆卸冷暖电动机

2. 模式电动机的更换

(1)断开蓄电池负极。

(2)拆卸副驾驶员侧手套箱总成。

(3)拆卸模式电动机固定螺钉箭头 A,取出模式电动机①,如图 9-53 所示,螺钉的拧紧扭矩为 1.5～1.6N·m。

(4)断开模式电动机连接插头(箭头 B),取下模式电动机①。

(5)安装以拆卸步骤的倒序进行即可,注意螺钉拧紧扭矩。

3. 循环电动机的更换

(1)断开蓄电池负极。

(2)拆卸副驾驶员侧手套箱总成。

(3)断开车身控制器连接插头(箭头 B、箭头 C、箭头 D),如图 9-54 所示,脱开线束固定卡扣(箭头 A),移开仪表板线束。

(4)拆卸内外循环电动机固定螺钉(箭头 A),取出内外循环电动机①,如图 9-55 所示,螺钉的拧紧扭矩为 1.5～1.6N·m。

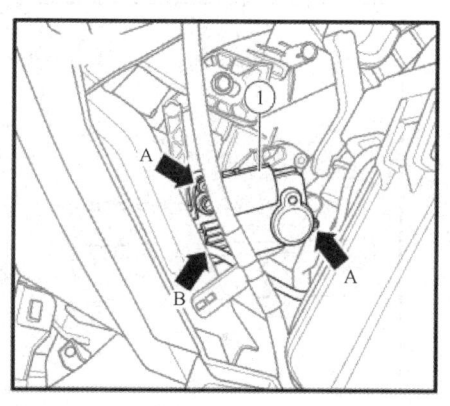

图 9-53 拆卸模式电动机

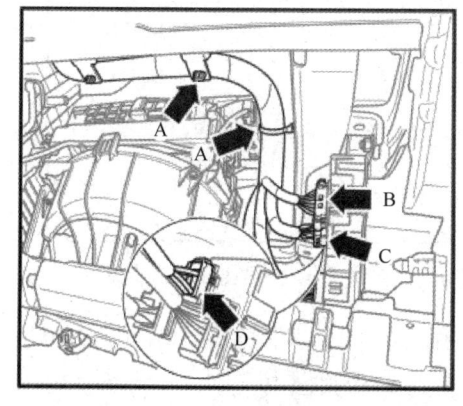

图 9-54 拆卸车身控制器连接插头

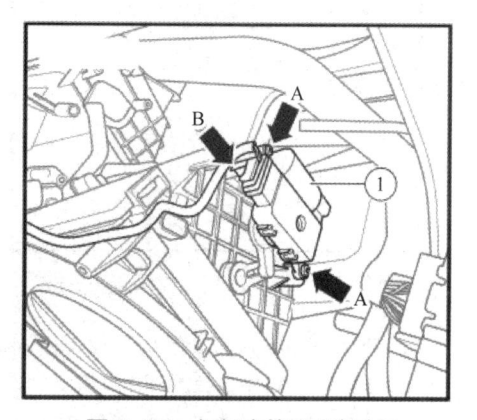

图 9-55 拆卸内外循环电动机

201

（5）断开内外循环电动机连接插头（箭头B），取下内外循环电动机①，如图9-55所示。

（6）安装以拆卸步骤的倒序进行即可，注意安装后要检查循环空气风门的功能。

4. 鼓风机的更换

（1）断开蓄电池负极，按照高压安全操作规范进行高压断电。

（2）拆卸驾驶员侧膝部装饰板总成。

（3）拆卸"启动/停止"按键。

（4）拆卸手套箱总成。

（5）拆卸中控信息娱乐主机。

（6）拆卸副仪表板总成。

（7）从箭头位置撬起并拆卸右前门踏板，如图9-56所示。

（8）从箭头位置撬起并拆卸右侧A柱下装饰板，如图9-57所示。

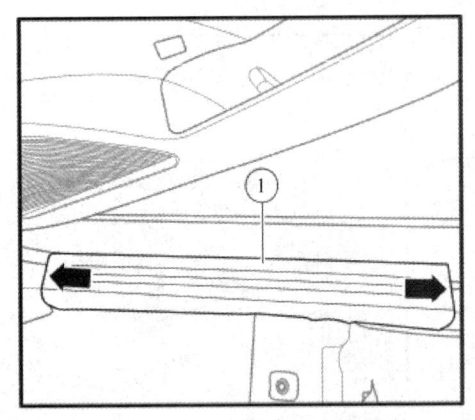

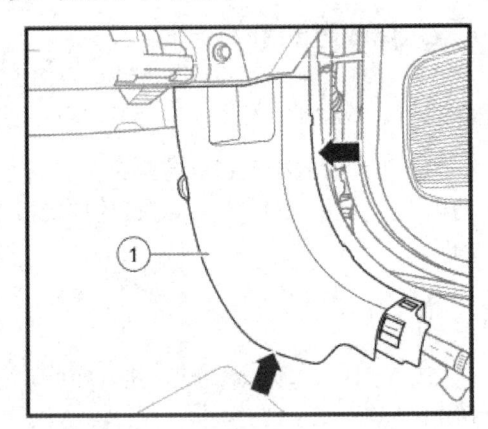

图9-56 拆卸右前门踏板　　图9-57 拆卸右侧A柱下装饰板

（9）脱开前车门门框密封条①盖住仪表板右侧端盖总成部分，从箭头位置撬起并拆下仪表板右侧端盖总成②，如图9-58所示。

（10）拆卸副仪表板支架固定螺钉（箭头），拆下副仪表板支架①，如图9-59所示。

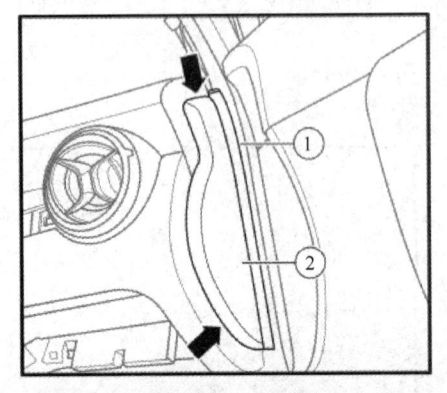

图9-58 拆卸仪表板右侧端盖总成　　图9-59 拆卸副仪表板支架

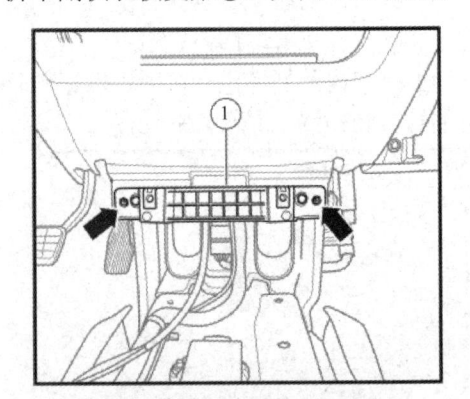

（11）使用10mm六角套筒拆卸仪表板固定螺栓A和仪表板下本体固定螺钉B，如图9-60所示，螺栓规格为M6×1.0×20，螺栓的拧紧扭矩为5~7N·m，螺钉的拧紧扭矩为1.5~1.7N·m。

（12）拆卸仪表板固定螺栓，如图9-61所示。

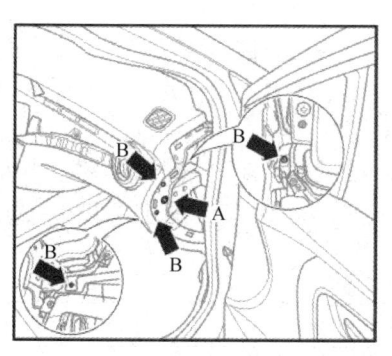

图 9-60　拆卸仪表板固定螺栓和固定螺钉 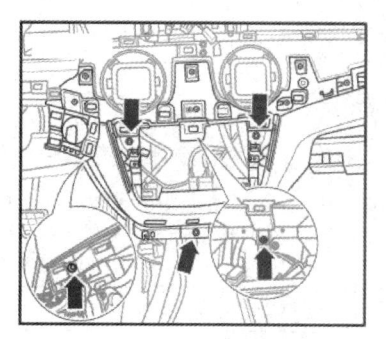　　　图 9-61　拆卸仪表板固定螺栓 1

（13）拆卸仪表板固定螺栓，如图 9-62 所示。拆卸仪表板固定螺钉和仪表板下本体①，如图 9-63 所示。

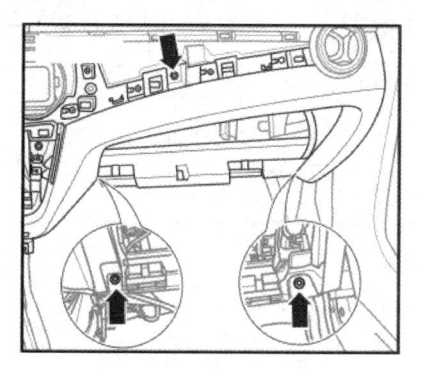

图 9-62　拆卸仪表板固定螺栓 2 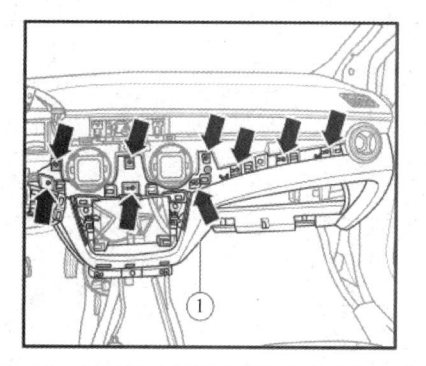　　　图 9-63　拆卸仪表板固定螺钉和仪表板下本体

（14）断开线束固定卡扣（箭头），脱开线束与仪表板下本体①的连接，取下仪表板下本体①，如图 9-64 所示。

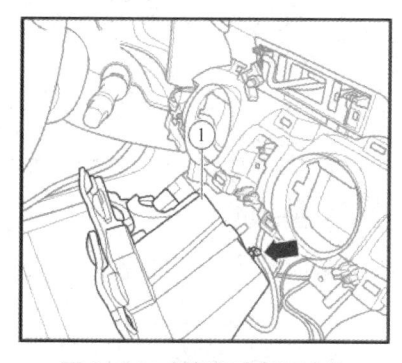

（15）脱开线束卡子（箭头 A），旋出固定螺钉（箭头 B），拆卸右侧吹脚风道①，如图 9-65 所示，螺钉拧紧扭矩为 1.5～1.6N·m。

（16）断开鼓风机连接插头（箭头 A），拆卸鼓风机固定螺钉（箭头 B）、脱开固定卡扣（箭头 C），拆卸鼓风机①，如图 9-66 所示，螺钉拧紧扭矩为 2～4N·m。

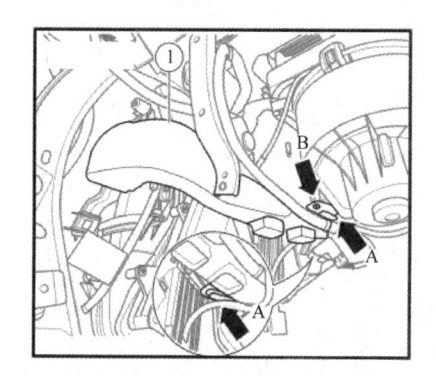

图 9-64　拆卸仪表板下本体

图 9-65　拆卸右侧吹脚风道 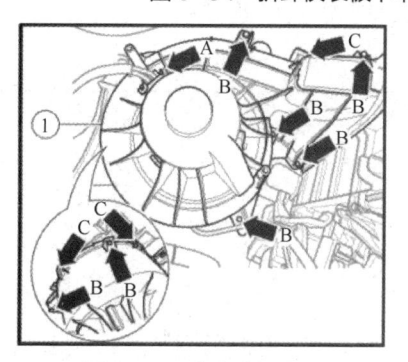　　　图 9-66　拆卸鼓风机

203

(17)安装以拆卸步骤的倒序进行即可,注意安装后要检查鼓风机的功能。

决策

根据任务要求制订新能源汽车空调伺服电动机和鼓风机更换实施计划,每个小组根据组员特点进行分工,并选出小组组长负责任务的分工与实施,完成决策记录表(见表9-37)。

表9-37 决策记录表

序 号	小组成员	任 务
1	A B	查阅维修手册等资料
2	C D	工具准备
3	E F	记录、汇报
4	G H	安全员

计划

根据任务分工及任务要求制订工作计划,并完成计划表(见表9-38)。

表9-38 计划表

序 号	作业项目	操作人
1	拆卸蓄电池负极,断高压电	A B
2	拆卸仪表板	C D
3	拆卸伺服电动机和鼓风机	E F
4	安装伺服电动机和鼓风机	A B
5	安装仪表板	C D
6	安装蓄电池负极,高压上电	E F
7	性能检查、安全、记录	G H

实施

根据工作计划进行空调压缩机更换任务,完成实施记录表(见表9-39和表9-40)。

表9-39 实施记录表(1)

序 号	实施项目	结 果	序 号	实施项目	结 果
1	是否正确高压断电	是 否	7	伺服电动机和鼓风机是否安装	是 否
2	手套箱总成是否拆卸	是 否	8	伺服电动机和鼓风机插头是否复位	是 否
3	副仪表板本体是否拆卸	是 否	9	仪表板是否安装	是 否
4	仪表板是否拆卸	是 否	10	副仪表板本体是否安装	是 否
5	伺服电动机和鼓风机插头是否拆卸	是 否	11	手套箱总成是否安装	是 否
6	伺服电动机和鼓风机是否拆卸	是 否	12	高压是否上电	是 否

表9-40 实施记录表（2）

序 号	配件名称	选用工具	拧紧扭矩	操 作 人
1	仪表板固定螺栓			
2	仪表板固定螺钉			
3	伺服电动机固定螺钉			
4	鼓风机固定螺钉			

5S管理

1. 实训场地设备恢复。
2. 清洁实训车辆，打扫场地卫生，桌椅板凳摆放整齐有序。
3. 将工具、仪器、设备等归还原位。
4. 关闭实训场地的门窗、电源等。

任务6 空调控制系统故障检修

资讯（一）

本任务主要介绍自动空调系统的控制系统故障检修。

自动空调系统

一、自动空调系统概述

自动空调系统可以根据驾驶员和乘客的要求，对车内空气的温度、湿度、清洁度、风量和风向等进行自动调节，给驾驶员和乘客提供一个良好的乘车环境，并保证在各种外界气候和条件下都能使驾驶员和乘客处于一个舒适的空气环境中。自动空调系统可以实现以下几个方面的功能。

1. 汽车空调自动调节功能

控制单元将根据驾驶员或乘客通过空调控制面板上的按钮进行的设定，使空调系统自动运行，并根据各种传感器输入的信号，对送风温度和送风速度及时进行调整，使车内的空气环境保持最佳状态。驾驶员还可以根据气候变化通过选择送风口来改变车内的温度分布。

2. 节能运行控制功能

当车外温度与设定的车内温度较为接近时，控制单元可以缩短制冷压缩机的工作时间，甚至在不启动压缩机的情况下就能使车内温度保持设定状态，以达到节能的目的。

3. 全面的显示功能

通过安置在汽车仪表板上的空调显示控制面板，可以随时显示当时的设置温度、车内温度、车外温度、送风速度、进风口和送风口状态，以及空调系统的运行方式等信息，使驾驶员能够及时并全面地了解空调系统的工作状态。

自动空调系统组成与手动空调系统、半自动空调系统组成类似，由制冷系统、取暖系统、通风/净化/配气系统和控制系统组成，如图9-67所示。区别在于自动空调系统的控制系统和通风系统增加了各种伺服电动机、温度的设定及选择开关。

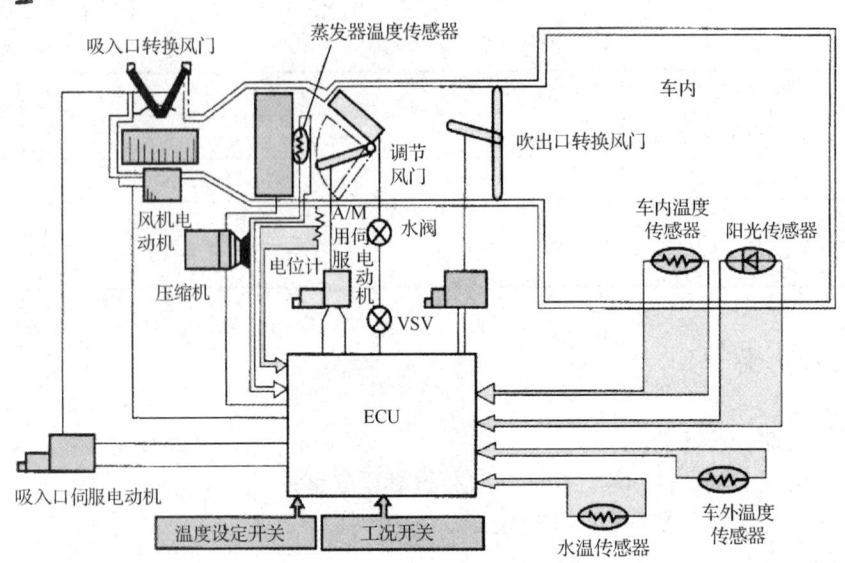

图 9-67　自动空调系统组成

二、自动空调控制系统组成

汽车自动空调控制系统主要由传感器、执行器、空调控制单元三部分组成。

1. 传感器

（1）车内、外温度传感器。

车内、外温度传感器影响自动空调对车内空气温度的自动控制，这些传感器都是对温度敏感的热敏元件，传感器的电阻阻值和温度变化成反比。空调控制单元根据电阻阻值信息设置内外循环电动机、冷暖温度混合风门电动机、鼓风机调速模块等来控制空调温度。

车内温度传感器壳体通过软管管道连接到吸气器，流出空调主机的气流在吸气器软管端部形成微小真空度。这种真空使车内空气流经车内温度传感器，提高了传感器检测车内温度的准确性。北汽 EU5 R500 纯电动汽车车内温度传感器位于驾驶员侧膝部装饰板后的仪表板内，如图 9-68（a）所示。此外，在吹面、吹脚和除霜风道内部还安装有前通风温度补偿传感器，以实现对温度的精确控制。

车外温度传感器位于车辆前保险杠下面的前格栅区域，空调控制单元使用这个传感器来获知周围空气温度信息，并在仪表上显示车辆外部温度。北汽 EU5 R500 纯电动汽车车外温度传感器位于前保险杠总成上，如图 9-68（b）所示。

（2）蒸发器温度传感器。

蒸发器温度传感器安装在蒸发器的表面，用来检测蒸发器表面的温度变化，进而控制车内的温度。空调控制单元将对蒸发器温度传感器和设定的温度电位器的信号进行比较，以实现对空调压缩机的控制。

（3）阳光传感器。

阳光传感器位于仪表板上部装饰衬垫中间，如图 9-69 所示。阳光传感器属于光照能量传感器，该传感器可测量阳光照射到车辆所产生的热量，为空调控制单元提供更多的补偿参数。空调控制单元根据车外光照强度的状态和车内空调工况需求，实时自动调整空调风量和冷/热风混合比例，让所有乘客均能获得最舒适的感觉。

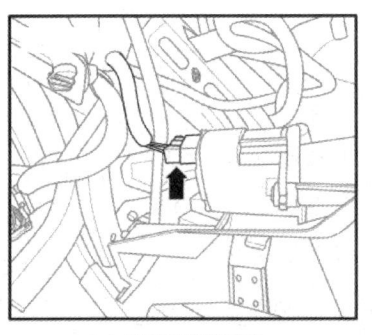

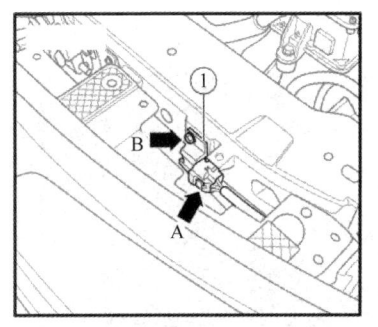

(a) 车内温度传感器　　　　　　　　(b) 车外温度传感器

图 9-68　车内、外温度传感器

图 9-69　阳光传感器

（4）压力保护开关。

汽车空调系统中一般设有一个或几个压力保护开关，压力保护开关分高压开关、低压开关和高低压组合开关三种。空调系统的压力太高或太低都将会严重损坏空调压缩机，或者会使制冷系统出现工作异常、蒸发器表面结冰等现象。因此，压力保护开关的作用有两个：一是控制空调压缩机工作，防止空调压缩机在系统没有制冷剂或系统压力过高的情况下工作而损坏；二是控制冷却风扇在系统压力上升到中等强度时，开始工作。

高压开关一般安装在制冷系统高压管路上或储液干燥器上，用来防止系统压力过高、压缩机过载或系统管路被损坏。高压开关有触点动断型和触点动合型两种。低压开关也被称为制冷剂泄漏检测开关。汽车空调上的低压开关一般安装在高压回路中，主要目的是保护压缩机不致在缺少制冷剂的情况下空转，以免压缩机因缺乏润滑油而遭受破坏，同时起到低温环境保护作用，以免在过低的环境温度下使制冷系统工作时造成蒸发器表面结冰，增加不必要的功耗。高低压组合开关将上述两种开关的结构和功能组合成一体，起双重保护作用。

目前，汽车空调压力开关应用最多的是三态压力开关，根据空调制冷循环制冷剂压力值，打开或关断压力开关，产生空调系统压力信号，实现空调系统的压力保护。北汽 EU5 R500 纯电动汽车空调压力开关安装在储液干燥器和蒸发器之间的高压管路上，如图 9-70 所示。

三态压力开关内部由接受压力的隔膜、碟形弹簧、轴和触点组成。触点分低压触点及高压触点。低压时，防止因系统制冷剂泄漏而损坏压缩机；当系统内制冷剂压力过高时，保护系统不受损坏；正常状况下，在冷凝器风扇低速运转时实现低噪声，节省动力；在系统压力升高后（中压时）风扇高速运转，改善冷凝器的散热条件，实现风扇二级变速。

三态压力开关内部电路结构如图 9-71 所示。

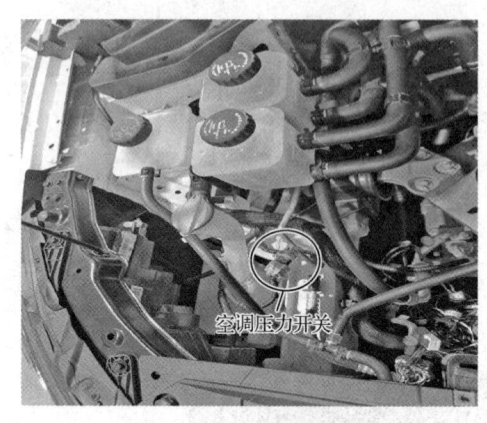

图 9-70　空调压力开关

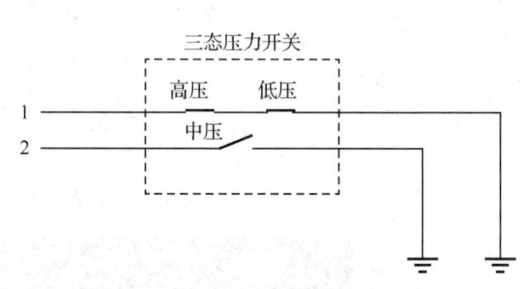

图 9-71　三态压力开关内部电路结构

三态压力开关内设有低压开关、高压开关和平衡压力开关（也叫中压开关），其中低压开关和高压开关串联在一起，构成一路信号，用于控制空调压缩机的运转状态。平衡压力开关为常开状态（系统内正常的压力就足以让它闭合），高压开关和低压开关为常闭状态。若当系统内的压力正常时，空调控制器检测到此信号正常后就允许压缩机工作。反之，当系统的压力过低时低压开关将断开，同时空调控制器通知压缩机控制器不允许压缩机工作，以保护压缩机。当系统压力过高时高压开关将被断开，空调控制器检测到此信号后，通知压缩机控制器不允许压缩机工作，否则将损坏压缩机。另外，平衡压力开关为常开状态，且有以下三种工作状态。

当低压压力≤系统压力<中压压力时，平衡压力开关处于开的状态，冷凝器的电子风扇开始低速运行。若系统压力低于低压压力，则电子风扇停止运行。

当中压压力≤系统压力<高压压力时，平衡压力开关处于闭合状态，冷凝器的电子风扇将高速运转，直至系统压力降至稍低于中压压力后，压力开关才能断开，电子风扇转换为低速运转（中压开关在设计时，其闭合压力比断开压力要大些）。

当系统压力≥高压压力时，平衡压力开关处于闭合状态，冷凝器的电子风扇高速运转，直至系统压力降至稍低于中压压力后，压力开关才能断开，电子风扇转换为低速运转（中压开关在设计时，其闭合压力比断开压力要大些）。

（5）烟雾传感器。

烟雾传感器用来检测车内的烟雾，通过控制单元控制通风装置工作，保持车内空气清新。一般汽车上应用的烟雾传感器为光电型散射光式烟雾传感器，如图 9-72 所示。

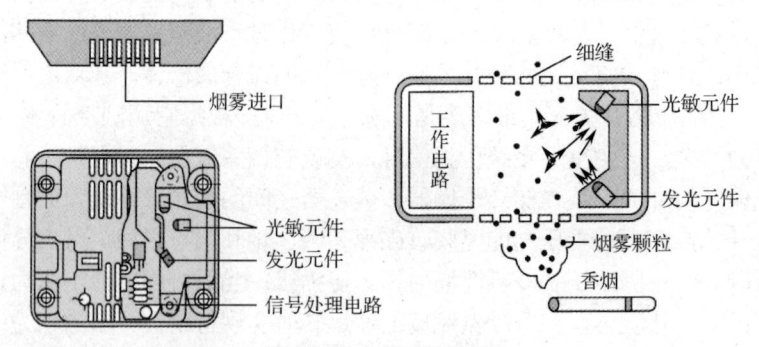

图 9-72　烟雾传感器

烟雾传感器由发光元件、光敏元件及信号处理电路等组成。当空气流过烟雾传感器时，发光元件发出的红外线在没有烟雾的情况下照射不到光敏元件上，信号处理电路不工作。当含有烟雾的空气流过时，烟雾颗粒会对红外线进行漫反射，此时红外线照射到光敏元件，信号处理电路产生信号送至控制单元。

2. 执行器

自动空调控制系统的执行器主要包括风门伺服电动机（见图9-73）、鼓风机（见图9-74）等，传统能源汽车还包括压缩机电磁离合器（见图9-75）。风门伺服电动机包括循环风门伺服电动机、模式风门伺服电动机及冷暖风门伺服电动机。

图9-73 风门伺服电动机 　　　　图9-74 鼓风机

（1）循环风门伺服电动机。

循环风门伺服电动机控制空调系统的内外循环，电动机通过连杆与进风风门相连。当驾驶员选择"内循环"或"外循环"模式时，控制信号送至空调控制单元。空调控制单元会发送控制指令让循环风门伺服电动机正转或反转，从而带动进风风门开启或关闭。

当空调处于"AUTO"模式时，空调控制单元先计算所需的送风温度，根据计算结果自动改变循环风门伺服电动机的旋转方向，实现进风方式的自动控制。

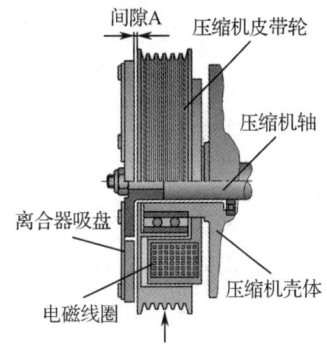

图9-75 电磁离合器

（2）模式风门伺服电动机。

模式风门伺服电动机用于控制空气出风口的位置，当电动机工作时带动相应风门移动，打开对应的送风风道。

（3）冷暖风门伺服电动机。

冷暖风门伺服电动机用于控制改变冷空气和暖空气的混合比例，从而调节出风的温度。电动机内部的位置传感器实时将位置信号送回空调控制单元，以实现电动机工作的反馈控制。

3. 空调控制单元

空调控制单元又称为空调控制器，通常与空调控制面板制成一个整体，空调控制器总成上的按键作为空调控制器的信号输入开关，此外各个传感器的信号也送入空调控制器，空调控制器通过计算、分析和比较后发送控制指令，控制执行器工作。北汽EU5 R500纯电动汽车空调控制面板如图9-76所示。空调控制器功能如表9-41所示。

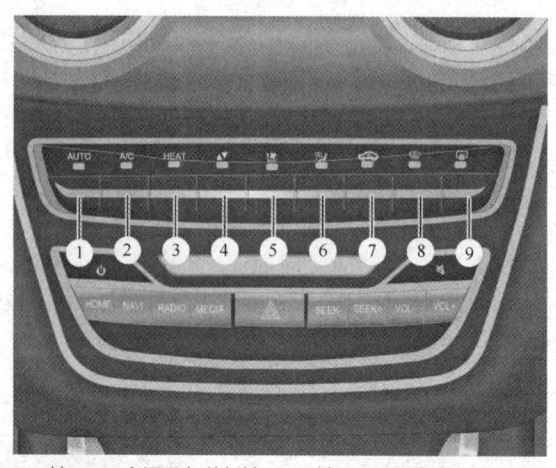

1—全自动运行键（AUTO 键）；2—空调开启/关闭键（A/C 键）；3—制热键（HEAT 键）；4—温度调节按键；5—风量调节按键；6—模式切换键；7—内外循环切换键；8—前风窗玻璃除霜/除雾按键；9—后风窗玻璃除霜/除雾按键

图 9-76　北汽 EU5 R500 纯电动汽车空调控制面板

表 9-41　空调控制器功能

功　能	说　明
空调控制	空调控制包括温度自动控制、风量控制、运转方式给定的自动控制、换气量控制等，满足车内空调对舒适性的要求
节能控制	节能控制包括压缩机运转控制、换气量的适量控制，以及随温度变化的换气切换、自动转入经济运行，根据车内外温度自动切断压缩机电源等
故障、安全报警	故障、安全报警包括制冷剂不足报警、制冷压力高或低报警、离合器打滑报警、各种控制器件的故障判断报警等
故障诊断存储	汽车空调系统发生故障，微计算机将故障部位用代码的形式存储起来，在需要修理时指示故障的部位
显示	显示包括显示给定的温度、控制温度、控制方式和运转方式的状态等

三、空调系统控制模式

汽车空调系统控制模式有手动调节和自动调节，如图 9-77 所示。

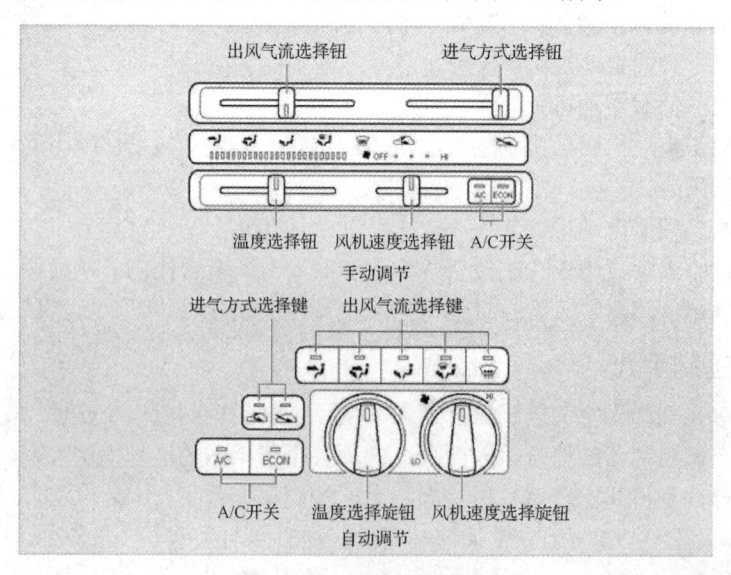

图 9-77　空调控制模式

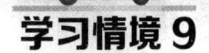

1. 出风模式控制

出风模式控制如图 9-78 所示，通过控制面板上的出风模式切换拨杆或开关，分别设置了中央出风口、侧出风口、脚下出风口和除霜出风口等不同的出风口。

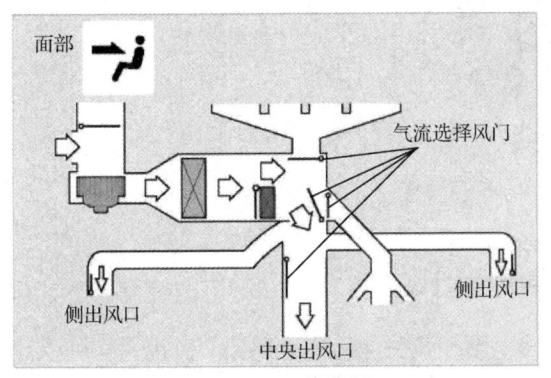

（a）面部出风

（b）脚下、除霜出风

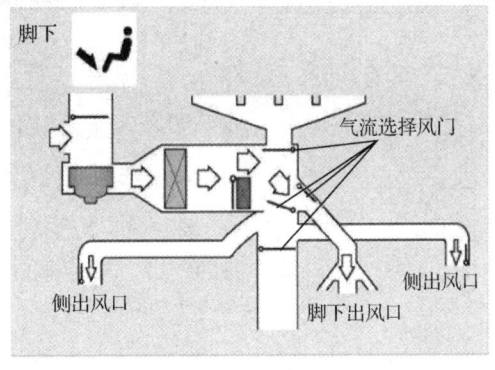

（c）脚下出风

图 9-78　出风模式控制

空调系统控制模式

2. 温度模式控制

温度模式控制如图 9-79 所示，温度调节采用冷暖风混合的方式，用一个调节风门控制通过加热器芯的空气量，通过加热器芯的空气和未通过加热器芯的空气混合后形成不同温度的空气从出风口吹出，实现温度调节。

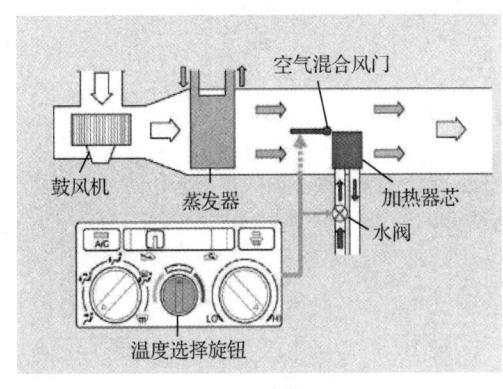

（a）自然风

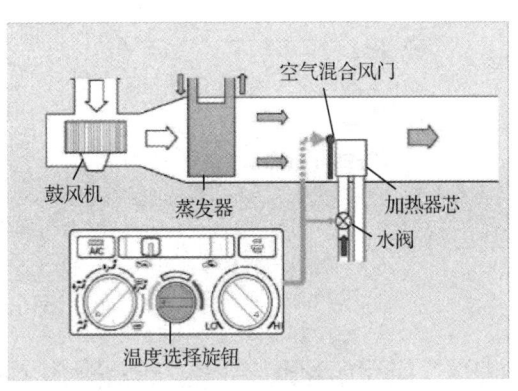

（b）冷风

图 9-79　温度模式控制

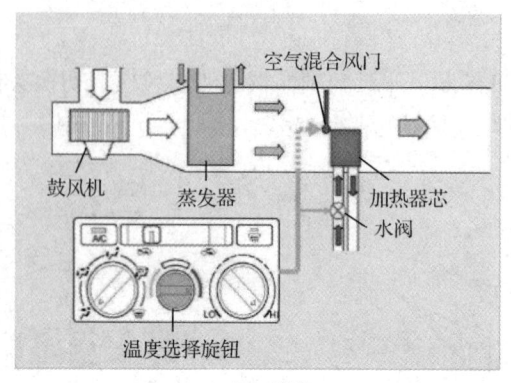

(c) 暖风

图 9-79　温度模式控制（续）

3. 进气模式控制

进气模式控制如图 9-80 所示，选择进入车内的空气是车外的新鲜空气还是车内的非新鲜空气，如果选择车外新鲜空气则称为外循环，如果选择车内空气则称为内循环。

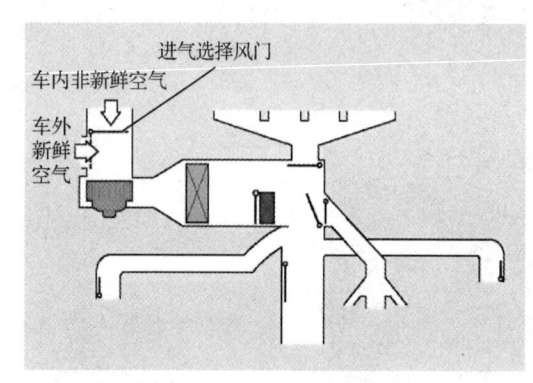

4. 鼓风机调速控制

鼓风机调速控制的目的是调节升温或降温的速度，稳定车内温度。常用的鼓风机调速方式主要有两种，一种是在鼓风机电路中串联不同的电阻来实现，另一种是电控模块通过大功率晶体管控制实现，如图 9-81 所示。

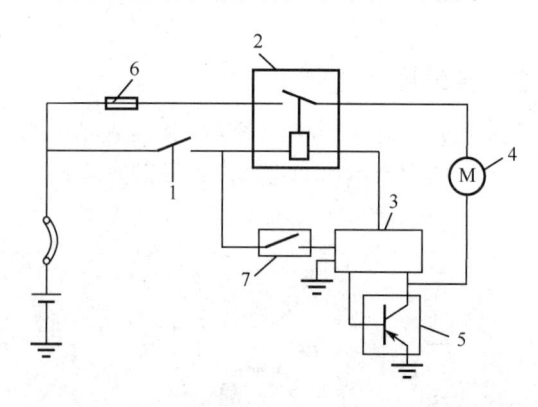

图 9-80　进气模式控制

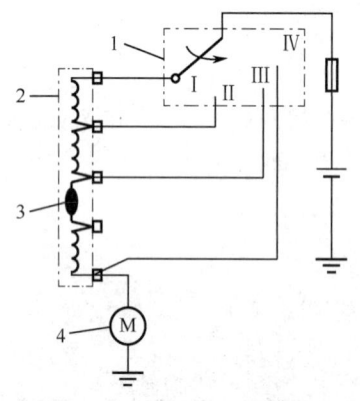

1—鼓风机开关；2—调速电阻；3—限温开关；4—鼓风机

(a) 串联电阻调速

1—启动开关；2—加热继电器；3—空调放大器；
4—鼓风机；5—晶体管；6—熔丝；7—鼓风机开关

(b) 晶体管调速

图 9-81　鼓风机调速

四、自动空调控制系统电路图拆画

在进行自动空调控制系统电路故障检修前，需要识读并拆画自动空调控制系统电路图。

拆画电路图注意事项如下。
（1）尽量使用铅笔和直尺以保证所画电路的工整及可修改性。
（2）标注关键元器件的名称代号及相应引脚号。
（3）电路图中的元器件符号要标准。
（4）在拆画的电路图中标注电流走向。

计划

根据任务分工及任务要求制订工作计划，填写计划表，如表9-42所示。

表9-42 计划表

序 号	作 业 项 目	操 作 人
1	查阅电路图	
2	分析电路原理及电流走向	
3	拆画电路草图	
4	协调组员并确定拆画电路图终稿	

实施

按照所制订的工作计划进行空调控制系统电路图拆画，并在拆画的电路图中标注主要电气元件名称及线路电流走向（见图9-82）。

资讯（二）

当驾驶员打开启动开关时，空调控制器通过T12f/B12引脚得到IG电源被激活。同时，蓄电池电源通过仪表板电器盒RF32 10A熔断器为空调控制器T12f/B11引脚提供电源，空调控制器T12f/B6引脚和T12f/A21引脚通过G304搭铁点为空调控制器提供搭铁。

当空调控制器被激活后，空调控制器T26a/A6引脚便发出搭铁指令控制鼓风机继电器ERY07吸合，线圈电路走向：B+→前机舱电器盒EF18 5A熔断器→插接器T16a/B5→插接器T16a/A7→鼓风机继电器ERY07 85#→鼓风机继电器ERY07 86#→插接器T16e/A2→插接器T32/29→空调控制器T26a/A6引脚，通过空调控制器搭铁。继电器开关电路走向：B+→前机舱电器盒EF04 40A熔断器→鼓风机继电器ERY07 30#→鼓风机继电器ERY07 87#→插接器T3c/1→插接器T4e/4→鼓风机T2f/1引脚→鼓风机T2f/2引脚→调速电阻T3j/D引脚，当驾驶员操作控制面板调节鼓风机转速时，空调控制器T26a/A7引脚发出控制指令接通调速电阻模块晶体管，调速电阻T3j/D引脚→调速电阻T3j/S引脚→G302电路接通，鼓风机开始工作。同时，空调控制器T26a/A8引脚通过仪表板电器盒RF42 5A也获得一个电压信号，作为鼓风机控制的反馈信号反馈至空调控制单元。当空调控制器接收到的反馈信号与发出的鼓风机控制指令不一致时，便会产生故障代码。

当驾驶员操作进气模式开关、出风模式开关或温度调节开关时，空调控制器便给相应电动机发送控制指令，电动机工作带动相应风门动作，实现相应功能控制。自动空调系统在工作过程中，室内温度传感器、蒸发器温度传感器、空调压力开关等传感器会将信号送至空调控制器，空调控制器根据内部程序设定控制电动压缩机和冷凝器散热风扇工作，实现空调系统的自动控制。

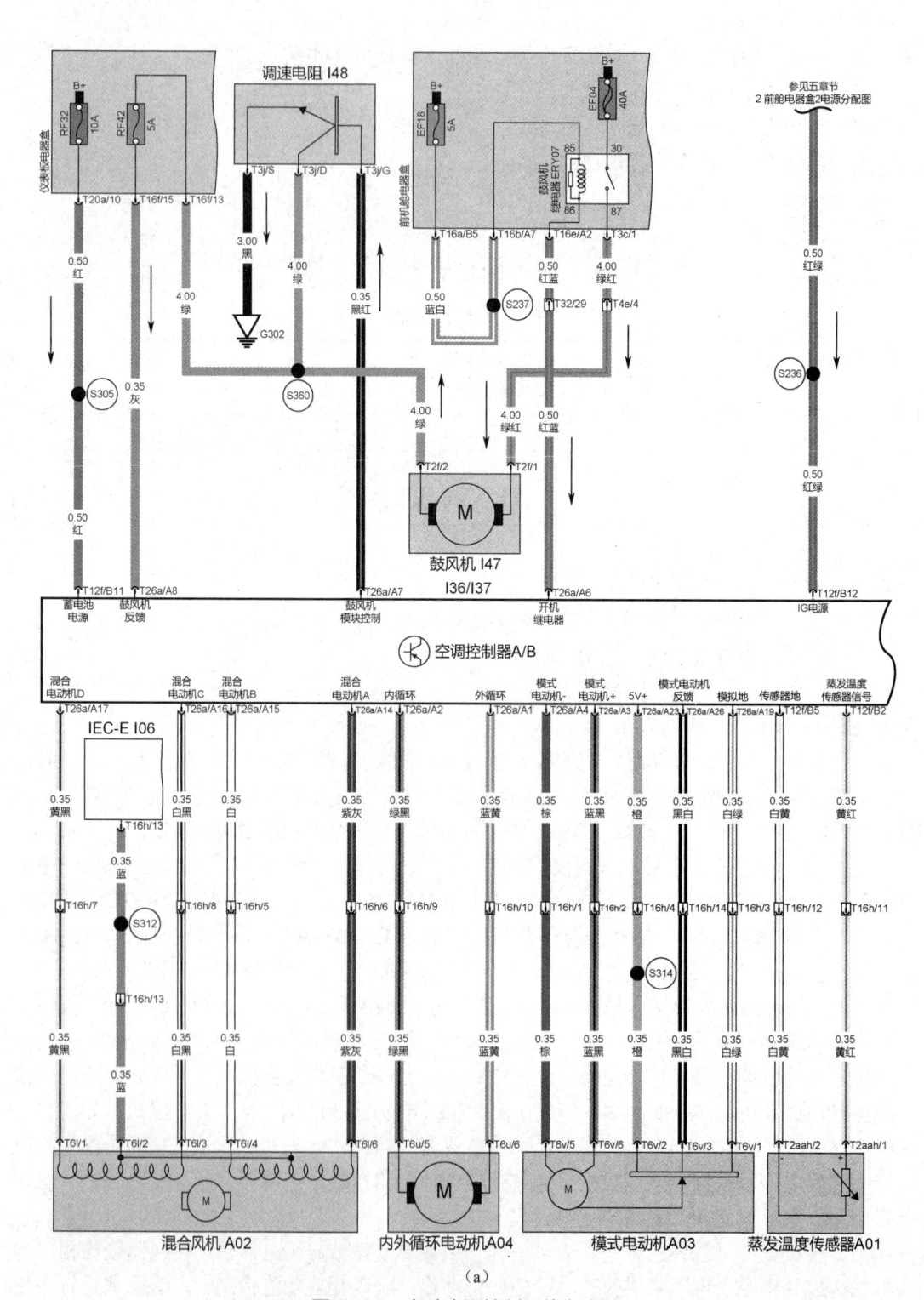

图 9-82　自动空调控制系统电路图

(b)

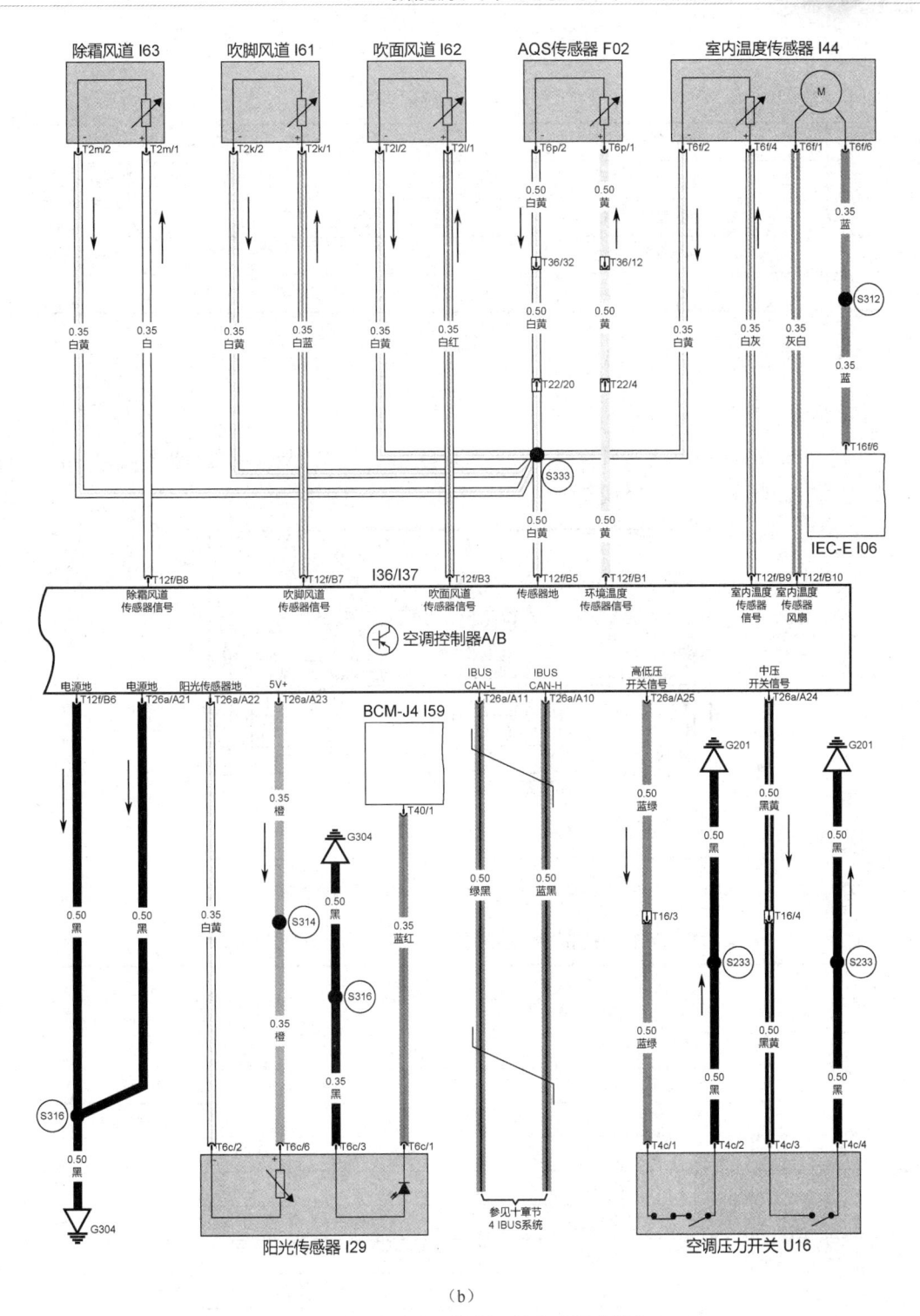

图 9-82 自动空调控制系统电路图（续）

实施

根据故障现象，以小组为单位分析鼓风机不工作可能存在的故障点，实施记录表如表 9-43

所示。

表9-43 实施记录表

序号	可能原因	序号	可能原因
1	供电熔断器损坏	5	调速电阻模块损坏
2	空调控制器局部损坏	6	线路损坏
3	继电器本身损坏	7	搭铁点脱落
4	鼓风机损坏	8	中间插接器松动

资讯（三）

1. 线束插接器端子

北汽EU5 R500纯电动汽车空调控制系统电路图中空调控制器插接器接线端子如图9-83所示。空调控制器插接器中接线端子引脚编号和定义如表9-44所示。

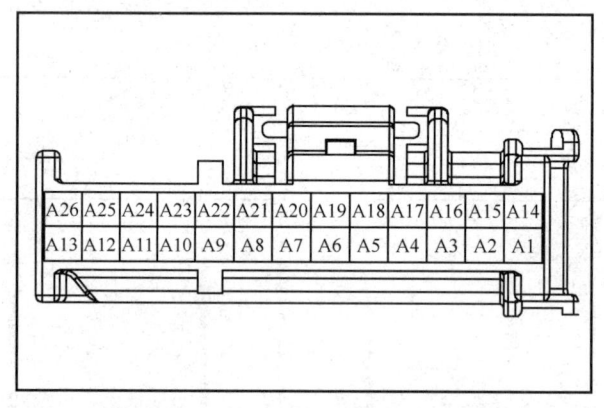

图9-83 空调控制器插接器接线端子

表9-44 空调控制器插接器中接线端子引脚编号和定义

引脚编号	定义	引脚编号	定义
A1	外循环	A14	混合电动机A
A2	内循环	A15	混合电动机B
A3	模式电动机+	A16	混合电动机C
A4	模式电动机-	A17	混合电动机D
A5	—	A18	—
A6	开机继电器	A19	模拟地
A7	鼓风机模块控制	A20	—
A8	鼓风机反馈	A21	电源地
A9	—	A22	阳光传感器地
A10	IBUS CAN-H	A23	5V+
A11	IBUS CAN-L	A24	中压开关信号
A12	—	A25	高低压开关信号
A13	—	A26	模式电动机反馈

2. 单件测试

测试方法：关闭启动开关，断开蓄电池负极，拆卸空调控制系统供电熔断器和继电器，利用万用表欧姆挡测量熔断器和继电器的电阻阻值，若不符合要求，则应更换熔断器或继电器。

3. 利用诊断仪与万用表检测

连接诊断仪，打开启动开关，启动车辆，操作空调开关，利用诊断仪读取空调控制单元故障代码或数据流，先根据故障代码或数据流进行相应检测，然后利用万用表对各传感器及伺服电动机进行电压及电阻检测。

4. 利用示波器检测

打开启动开关，利用示波器检测 IBUS 总线信号波形，根据波形进行检测并判断波形是否正常。

计划

根据任务分工及任务要求制订工作计划，填写计划表，如表 9-45 所示。

表 9-45 计划表

序　号	测试项目	使用工具	操　作　人
1	单件测试	万用表、跳线	
2	读取故障代码或数据流	诊断仪	
3	电压检测	万用表、跳线	
4	电阻检测	万用表、跳线	
5	波形检测	示波器、探针	

实施

按照制订的工作计划开展相应检测，并完成实施记录表。

1. 单件测试

关闭启动开关，断开蓄电池负极，拆卸空调控制系统供电熔断器和继电器，利用万用表欧姆挡测量熔断器和继电器的电阻阻值，并完成单件测试记录表（见表 9-46）。

表 9-46 单件测试记录表

序　号	测试项目	标　准　值	实测值	是否正常	维修建议（否）
1	EF18	导通		是　否	更换熔断器
2	EF04	导通		是　否	更换熔断器
3	RF32	导通		是　否	更换熔断器
4	RF42	导通		是　否	更换熔断器
5	ERY07：85#—86#	60～200Ω		是　否	更换继电器
6	ERY037（电阻正常、通电）：30#—87#	导通		是　否	更换继电器

2. 读取故障代码或数据流

连接诊断仪，打开启动开关，启动车辆，操作空调开关，利用诊断仪读取空调控制单元故障代码或数据流，并完成故障代码或数据流记录表（见表9-47）。

表9-47　故障代码或数据流记录表

序　号	故障代码或数据流含义	可能原因（异常）
1		
2		

清除故障代码，再次读取，故障代码能否清除：　是　　否

3. 电压测试

打开启动开关，启动车辆，操作空调开关，利用万用表直流电压挡测量空调控制系统相关端子对地电压值，并完成电压测试记录表（见表9-48）。

表9-48　电压测试记录表

序　号	测试项目	标准值	实测值	是否正常	维修建议（否）
1	ERY07 87#—地			是　否	检查继电器或开关供电
2	ERY07 30#—地			是　否	检查熔断器或上游供电
3	ERY07 85#—地			是　否	检查上游供电
4	ERY07 86#—地			是　否	检查继电器或检修线束
5	EF04—地			是　否	检查熔断器或检查上游供电
6	EF18—地			是　否	检查熔断器或检查上游供电
7	RF32—地			是　否	检查熔断器或检查上游供电
8	RF42—地			是　否	检查熔断器或检查上游供电
9	T12f/B11—地			是　否	检修线束
10	T12f/B12—地			是　否	检查线束或检查上游供电
11	T12f/B6—地			是　否	检测搭铁点或检修线束
12	T12f/A21—地			是　否	检测搭铁点或检修线束
13	T12f/B2—地	0℃：2～2.4V 15℃：1.4～1.8V		是　否	检查线束或传感器
14	T12f/B9—地	25℃：1.8～2.2V 40℃：1.2～1.6V		是　否	检查线束或传感器
15	T26a/A23—地	有光：<4V 无光：4.5V		是　否	检查线束或传感器
16	T26a/A25—地	过高或过低：5V 正常：0V		是　否	检查线束或传感器
17	T26a/A24—地	偏高：0V 正常：5V		是　否	检查线束或传感器

4. 电阻检测

根据上一步电压测量及实际故障现象，断开蓄电池负极，利用万用表欧姆挡测量空调控制系统相关线路电阻阻值，并完成电阻测试记录表（见表9-49）。

表9-49 电阻测试记录表

序号	测试项目	标 准 值	实 测 值	是否正常	维修建议（否）
1	T20a/10—T12f/B11	<1Ω		是 否	检修线束
2	T16f/15—T26a/A8	<1Ω		是 否	检修线束
3	T16f/13—T2f/2	<1Ω		是 否	检修线束
4	T3j/D—T2f/2	<1Ω		是 否	检修线束
5	T3j/G—T26a/A7	<1Ω		是 否	检修线束
6	T3j/S—G302	<1Ω		是 否	检修线束
7	T3c/1—T2f/1	<1Ω		是 否	检修线束
8	T16e/A2—T26a/A6	<1Ω		是 否	检修线束
9	EF92—T12f/B12	<1Ω		是 否	检修线束
10	T12f/B6—G304	<1Ω		是 否	检修线束
11	T26a/A21—G304	<1Ω		是 否	检修线束
12	T2aah/1—T2aah/2	25℃：4.5～5.2kΩ，随温度升高而降低		是 否	更换传感器
13	T6f/2—T6f/4	25℃：1.6～1.8kΩ，随温度升高而降低		是 否	更换传感器
14	T6c/2—T6c/6	有光：10kΩ 无光：无穷大		是 否	更换传感器
15	T2aah/1—T12f/B2	<1Ω		是 否	检修线束
16	T2aah/2—T12f/B5	<1Ω		是 否	检修线束
17	T6f/4—T12f/B9	<1Ω		是 否	检修线束
18	T6f/2—T12f/B5	<1Ω		是 否	检修线束
19	T6c/2—T26a/A22	<1Ω		是 否	检修线束
20	T6c/6—T26a/A23	<1Ω		是 否	检修线束
21	T4c/1—T26a/A25	<1Ω		是 否	检修线束
22	T4c/3—T26a/A24	<1Ω		是 否	检修线束

5. 波形检测

打开启动开关，利用示波器检测空调控制器端IBUS总线信号波形，根据波形进行检测并判断波形是否正常，完成波形测试记录表（见表9-50）。

表9-50 波形测试记录表

序号	测试项目	标准波形	实测波形	是否正常	维修建议（否）
1	T26a/A10—地			是 否	检修线束
2	T26a/A11—地			是 否	检修线束

检查

1. 自检

各小组针对操作情况进行自检，自检记录表如表 9-51 所示。

表 9-51 自检记录表

序号	检查项目	结果	序号	检查项目	结果
1	是否规范操作仪器仪表	是 否	4	检测工具是否清洁、复位	是 否
2	测试条件是否正确	是 否	5	测量插头、线束是否复位	是 否
3	启动开关是否关闭	是 否	6	场地卫生是否清扫	是 否

2. 互检

各小组针对操作情况进行互检，互检记录表如表 9-52 所示。

表 9-52 互检记录表

序号	检查项目	结果	序号	检查项目	结果
1	启动开关是否关闭	是 否	3	测量插头、线束是否复位	是 否
2	检测工具是否清洁、复位	是 否	4	场地卫生是否清扫	是 否

3. 终检

指导教师针对各小组实施情况进行终检，终检记录表如表 9-53 所示。

表 9-53 终检记录表

序号	检查项目	结果	序号	检查项目	结果
1	启动开关是否关闭	是 否	3	测量插头、线束是否复位	是 否
2	检测工具是否清洁、复位	是 否	4	场地卫生是否清扫	是 否

评估

授课结束后，指导教师指导学生对操作过程进行评价，完成学习任务评价表（见表 9-54）。指导学生进行课后总结，查找存在的问题，完成评估记录表（见表 9-55）。

表 9-54 学习任务评价表

班级：_____ 姓名：_____ 学号：_____

项目	自我评价			小组互评			教师评价		
	10~9	8~6	5~1	10~9	8~6	5~1	10~9	8~6	5~1
	占总评10%			占总评30%			占总评60%		
工具设备使用能力									
资料信息查阅能力									
数据读取分析能力									

续表

项　目	自 我 评 价			小 组 互 评			教 师 评 价		
	10~9	8~6	5~1	10~9	8~6	5~1	10~9	8~6	5~1
	占总评10%			占总评30%			占总评60%		
实训报告撰写能力									
协作精神									
纪律观念									
表达能力									
工作态度									
安全意识									
总体表现									
小计									
总评									

指导教师：_____　　　　年　　月　　日

表9-55　评估记录表

课 堂 小 结
实训结束后，指导教师指导学生分享本次实训收获。

序　号	存在的问题
1	
2	

5S管理

1. 实训场地设备恢复。
2. 清洁实训车辆，打扫场地卫生，桌椅板凳摆放整齐有序。
3. 将工具、仪器、设备等归还原位。
4. 关闭实训场地的门窗、电源等。

任务7　空调系统维护

资讯

一、新能源汽车空调系统维护常用工具设备

当进行汽车空调保养检查、维修保养时，需要掌握配套的专用工具与设备，如图9-84所示，才能准确而迅速地进行相关作业，提高工作质量。

1. 通用工具

通用工具主要有各种扳手、螺丝刀、锉刀、钳子、榔头、钢锯等。

2. 常用设备

常用设备主要有万用表、电烙铁、喷灯、焊割设备、手电钻等。

3. 专用工具及专用设备

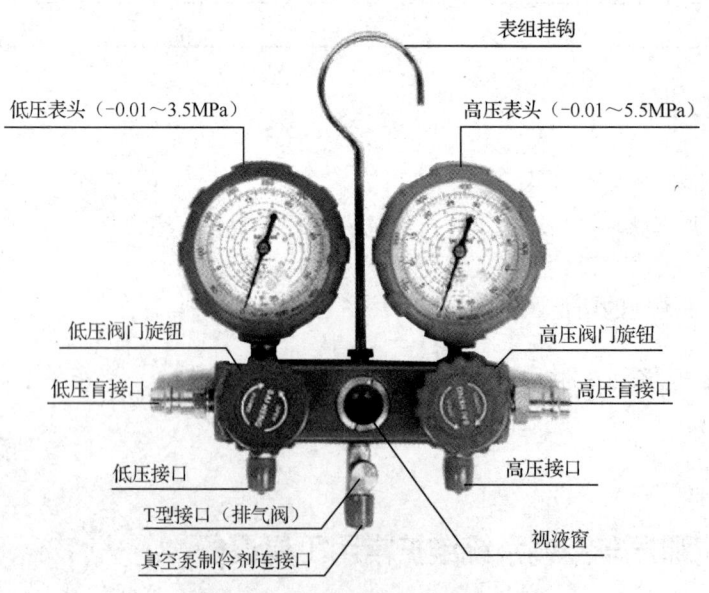

（1）空调歧管压力表。

空调歧管压力表又称空调挂表，主要应用于制冷系统抽真空、加注制冷剂、检查制冷系统工作状态和故障诊断等，市面上新能源汽车空调歧管压力表有 R-134a 和 R-12 两种，不能混淆使用。

空调歧管压力表如图9-85所示，其高压表头一般为红色，在表中有压力刻度和温度刻度，外圈是压力，内圈是不同制冷剂在对应压力下的蒸发温度。空调歧管压力表低压表头一般为蓝色，在表中有压力刻度和温度刻度，压力刻度的负值为真空刻度（抽真空时）；外圈是压力，内圈是不同制冷剂在对应压力下的蒸发温度。北汽 EU5 R500 纯电动汽车空调制冷系统高压一般为 1.3～1.5MPa，低压一般为 0.25～0.3MPa。

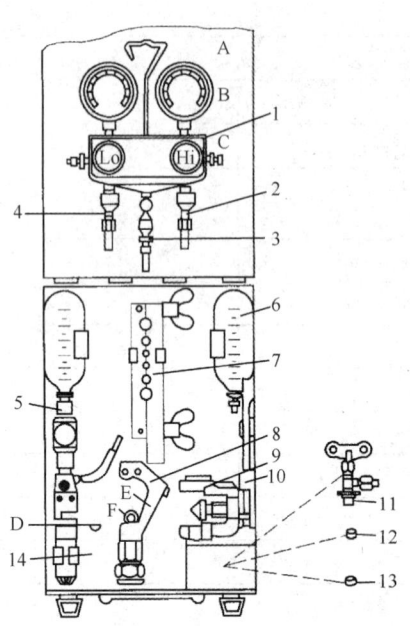

1—歧管压力表组（包括 A～C）；2—加注软管（红色）；3—加注软管（绿色）；4—加注软管（蓝色）；5—漏气检漏仪（含 D）；6—储气瓶；7—管夹；8—制冷剂管割刀；9—扩口工具；10—检修阀扳手；11—制冷剂罐加注阀；12—加注软管衬垫；13—检修阀衬垫；14—工具箱；A—低压表；B—高压表；C—压力表座；D—反应板；E—绞刀；F—刀片

图9-84 汽车空调专用成套维修工具

图9-85 空调歧管压力表

空调歧管压力表的使用如表9-56所示。

表 9-56　空调歧管压力表的使用

阀门状态	功　　能
高压阀关闭、低压阀开启	低压侧可加注制冷剂或排放制冷剂，并同时检测高压侧的压力
高压阀开启、低压阀关闭	高压侧可加注制冷剂或排放制冷剂，并同时检测低压侧的压力
高压阀开启、低压阀开启	可加注制冷剂、抽真空
高压阀关闭、低压阀关闭	可检测高压侧、低压侧的压力

（2）电子卤素检漏仪。

电子卤素检漏仪主要用于精密检漏，如图 9-86 所示。检漏时，应使探头与补测点之间保持 3～5mm 距离，并掌握好探头的移动速度，一般不超过 50mm/s，根据检漏仪仪表读数及蜂鸣器发出的声音，就能知道泄漏点和泄漏量。电子卤素检漏仪在使用过程中，应防止大量的制冷剂吸入检漏仪，还应注意环境通风良好，无卤素气体和其他雾气干扰，应在空气新鲜的场所进行检测。

（3）真空泵。

真空泵是一种旋转式变容真空泵，如图 9-87 所示，其作用是将空调制冷系统中的制冷剂、水分和潮气抽出管道，从而在管道中形成真空。空调真空泵在给制冷系统抽真空过程中，要与空调歧管压力表配合使用，将空调歧管压力表和黄色中间软管与空调真空泵的吸气口连接。

（4）制冷剂瓶开瓶器。

制冷剂瓶开瓶器的作用是配合瓶装制冷剂罐添加制冷剂使用，如图 9-88 所示。使用前，需要先将开瓶器逆时针旋转到底，将阀针退回，然后将开瓶器装到制冷剂罐上，顺时针旋转，顶针戳穿制冷剂瓶；逆时针缓慢退出戳穿制冷剂瓶的顶针。顶针的退出可增大制冷剂的流通截面积，如果想让加注制冷剂的速度加快，则逆时针缓慢退出戳穿制冷剂瓶的顶针即可。

图 9-86　电子卤素检漏仪　　　图 9-87　真空泵　　　图 9-88　制冷剂瓶开瓶器

（5）卤素检漏灯。

卤素检漏灯如图 9-89 所示，卤素检漏灯用酒精或丙烷气为燃料，使火焰将泄漏的卤代烃气体分解成氟、氯元素气体，氯气与灯烧成赤热状态的铜火焰接触后生成氯化铜，使火焰的颜色为绿色或蓝色。在制冷系统中有制冷剂的情况下，使用卤素灯沿系统的各接口进行探测，观察火焰颜色的变化，即可判断泄漏点。根据泄漏量由少到多，火焰的颜色分别呈现浅绿色、浅蓝色、紫色。

在检修或拆装汽车空调系统管道、更换零部件之后，需要在检修及拆装部位进行制冷剂

的泄漏检查，目前检查工具主要有卤素检漏灯和电子检漏仪两种。

（6）制冷剂加注机。

制冷剂加注机如图9-90所示，它可一次性完成空调系统排放、排空和重新加注程序。回收和排空期间都要过滤制冷剂，以实现向空调系统加注的制冷剂清洁、干燥。

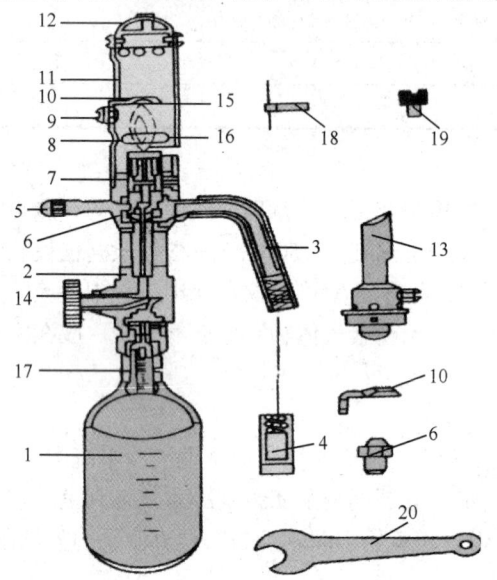

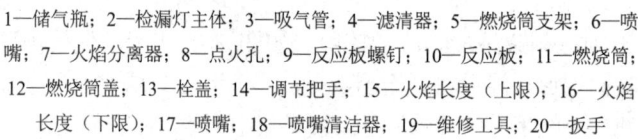

1—储气瓶；2—检漏灯主体；3—吸气管；4—滤清器；5—燃烧筒支架；6—喷嘴；7—火焰分离器；8—点火孔；9—反应板螺钉；10—反应板；11—燃烧筒；12—燃烧筒盖；13—栓盖；14—调节把手；15—火焰长度（上限）；16—火焰长度（下限）；17—喷嘴；18—喷嘴清洁器；19—维修工具；20—扳手

图9-89 卤素检漏灯　　　　图9-90 制冷剂加注机

二、新能源汽车空调的使用

1. 新能源汽车空调使用的注意事项

（1）确保系统中不混入水汽、空气和脏物。

压缩机的吸气管如果接头没有锁紧，那么由于吸气管内是负压，其压力小于外界大气压，外界的空气就会进入系统，于是水汽和脏物也会随之进入系统。如果水汽、空气和脏物混入制冷系统，不仅会影响制冷效率，有时还会使制冷设备损坏。

水在0℃会结冰，如果压缩机气门结了冰，那么压缩机就不能正常工作；如果膨胀阀结了冰，那么膨胀阀就不能被打开，失去作用。另外，水和制冷剂起化学作用，会生成盐酸和硝酸等酸类。系统内水分愈多，形成腐蚀性酸液的浓度愈高，腐蚀性愈强，会造成零件严重腐蚀、生锈。此外，润滑油如果遇到水，则会变质生成胶状物，导致压缩机的活塞、活塞环和轴承等主要零件损坏，破坏压缩机的正常工作。

空气具有很大的弹性，如果空气存留在压缩机的管道中，压缩机就不能顺利泵动制冷剂，导致压缩机做无用功，造成压缩机过热等不良后果。同时，压缩机中的润滑油吸收了空气，空气中的氧和润滑油起作用发生化学变化，形成胶状物质，致使润滑油变质，压缩机轴承磨损，影响压缩机寿命。润滑油中如果渗入了空气，那么当润滑油跟制冷剂离开压缩机到蒸发器之后，由于空气有弹性，因此润滑油不能跟制冷剂一起回到压缩机。这样，润滑油只出不进，使压缩机里出现严重缺少润滑油的现象，损坏压缩机。

如果脏物进入了系统，则容易使制冷剂和润滑油变质，腐蚀零件，而且容易引起堵塞。

为了避免以上情况的发生，可采取以下预防措施。

① 尽量不让空气进入制冷系统中，因为空气中含有水分。

② 润滑油要经常加盖。

③ 在周围环境有水分或在露天、下雨等情况下，绝对不能修理制冷装置。修理制冷装置时，如果压缩机等部件的内部暴露在大气中，则必须用真空泵抽真空。

④ 一定要保持修理工具的清洁。

⑤ 管子接头一定要锁紧，要用专门的管夹。

（2）防止腐蚀。

要防止制冷装置生锈及化学变化的侵蚀，这些现象会使气门、活塞、活塞环、轴承等受到腐蚀，若遇到了高温、高压，则腐蚀会加剧。

（3）防止高温高压。

在正常的运转情况下，压缩机的温度是不会高的。如果冷凝器堵塞，那么压缩机的温度会越来越高，温度高使气体发生膨胀、产生高压，高温和高压两个因素互为因果，形成恶性循环。此外，如果冷凝器由于某种原因通风不好，则热量散不出去，也会增加压缩机的负荷，因此压缩机温度升高。

高温会使制冷剂橡胶软管变脆，压缩机磨损加剧，使腐蚀机器的化学变化加速，机器容易损坏。同时，高温的气体压力变大，被高温引起变脆的软管很容易爆破，由于压缩机内部压力超过正常范围，因此压缩机的气门容易产生变形而影响密封。

（4）保护好控制系统。

制冷系统中的风管、控制风向的阀门、电磁离合器等，每个零部件失灵都会影响制冷装置的正常运转。控制系统的风管、开关等零部件都要保护好，才能使制冷装置正常工作。

2. 新能源汽车空调的使用

打开空调可以降低车内温度和空气湿度，空调仅在"启动/停止"按键位于"RUN"挡且整车处于"READY"状态时可用。

制冷过程中空调压缩机将消耗能量，增加能量消耗率。因此，为尽可能缩短空调系统的运转时间，请注意下列事项。

（1）若经烈日暴晒，当车内温度很高时，则应在空调系统工作的同时打开车门和车窗，使车内热空气快速散逸。

（2）车辆行驶时，若使用空调系统，则务必关闭所有车窗，充分发挥其工作效率。

（3）风机开启时，空调可以开始运转。当风机关闭时或环境温度接近零度时，空调将不能制冷。当风机关闭时，空调将不能制热。当制冷按键和制热按键均未按动时，空调仅具备通风功能。

（4）空调系统运转增加了额外的电能消耗。在动力电池电量较低时，建议减少空调的使用时间，以尽量增加车辆的续航里程。

（5）为尽快使风窗玻璃除霜或除雾，建议在需要除霜时开启加热功能并调至内循环状态，在需要除雾时开启制冷功能，若环境温度较低，则可采用制热模式进行除雾，制热除雾时建议采用外循环模式。

（6）若空气环境湿度较高，在开启空调系统时，则车窗可能会出现轻微的起雾。此属于正常现象，不属于故障，在空调系统运行约几秒钟后，起雾现象将会消失。

（7）汽车空调换季初次使用时，最好对空调系统进行杀菌除臭处理。这是因为空调系统长期"休假"会滋生真菌和霉菌，它不但使空气发出难闻的霉臭味，而且对车内人员的健康有害。这项工作可以到修理厂进行，也可以自购杀菌除臭专用喷剂自行处理。

（8）不要把温度调得太低。温度调得过低，会影响身体健康。一般车厢内外温度差在10℃以内为宜。

三、新能源汽车空调的维护保养及基本操作

汽车空调系统的工作性能和使用寿命，在很大限度上取决于正确的维护保养。即使天气较冷不需要空调，也应每两周启动压缩机工作5min。这样不仅可以防止轴封干枯，降低密封作用，也不易产生"冷焊"现象。因为压缩机在长期不运转的情况下，压缩机的轴封、衬垫之类零部件易变干和发硬，易开裂，再投入运行后易致使制冷剂泄漏。同时，压缩机的主要零部件，如曲轴与轴承等，都需要润滑油进行润滑。若压缩机长期不运行，则这些零部件摩擦表面的润滑油会变干，或者润滑油会把零部件粘在一起。倘若将来压缩机零部件再运动，则开始阶段会因润滑不足或没有润滑，而容易损坏压缩机的主要零部件。

空调系统的保养分为日常维护和定期保养。日常维护由驾驶员或一般维修人员进行；定期保养由空调维护专业人员进行。

1. 日常维护

汽车空调的日常维护主要是通过人体的眼、耳、手、鼻等感知器官加上个人经验，对空调系统所出现的故障进行判断的一种方法。通常我们用手感检查各部分温度是否正常，用肉眼检查泄漏部位及表面情况，从视液玻璃窗判断系统状况，用断开和接合电路方法检查电气部件，用耳听和鼻嗅的方法检查是否有异常响声和气味等。

（1）看。

所有连接部位或冷凝器表面一旦出现油渍，一般就说明此处有制冷剂渗漏。但压缩机前轴处漏油，有可能是轴承漏油，应区别对待。一旦发现渗漏，就应尽快采取措施修理，也可用较浓的肥皂水涂在可疑之处，观察是否有气泡现象。

空调制冷系统工作时，可从视液玻璃窗判断制冷剂数量多少。视液玻璃窗大多安放在储液干燥器上，个别也安放在从储液器到膨胀阀之间或冷凝器到储液器之间的管路上。从视液玻璃窗中查看制冷剂情况，如图9-91所示。

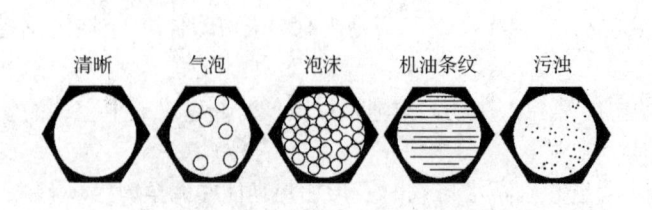

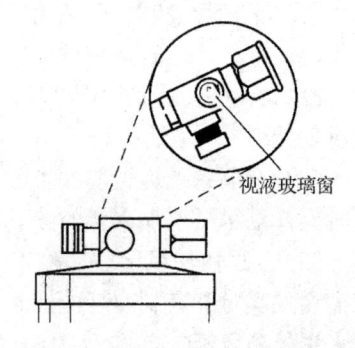

清晰　气泡　泡沫　机油条纹　污浊

视液玻璃窗

图9-91　查看制冷剂

① 清晰、无气泡,说明制冷剂适量、过多或完全漏光,可用交替开关空调机的办法检查。若开、关空调的瞬间制冷剂起泡沫,接着就变澄清,则说明制冷剂适量;如果开、关空调从视液玻璃窗内看不到动静,而且出风口不冷,压缩机进出口之间没有温差,则说明制冷剂漏光;若出风口不够冷,而且关闭压缩机后无气泡、无流动,则说明制冷剂过多。

② 偶尔出现气泡,并且时而伴有膨胀阀结霜,说明系统中有水分;若无膨胀阀结霜现象,则可能是制冷剂略缺少或有空气。

③ 有气泡且泡沫不断流过,说明制冷剂不足。如果泡沫很多,则可能有空气。若判断为制冷剂不足,则要查明原因,不要随便补充制冷剂。由于胶管一年可能有 100~200g 的制冷剂自然泄漏,若使用两年后发现制冷剂不足,则可以判断为胶管自然泄漏。

④ 有长串机油条纹,观察孔的玻璃上有条纹状的油渍,说明润滑油量过多。此时应想办法从系统内释放一些润滑油,再加入适量的制冷剂。若玻璃上留下的油渍是黑色的或有其他杂物,则说明系统内的润滑油变质、污浊,必须清洗制冷系统。

(2) 摸。

空调制冷系统在工作过程中,用手触摸空调系统管路及各部件,检查表面温度。正常情况下,低压管路是低温状态,高压管路是高温状态,手摸时应特别小心,避免被烫伤。

高、低压侧之间应该有明显温差,若没有则说明几乎没有制冷剂,系统有明显泄漏。

(3) 听。

仔细倾听整机运转的声音是否正常。在运转时,会发出一定的声音,但如果听到一些不正常的声音就有问题了,如在听压缩机运转时,有"嗡嗡"声可立即判明是压缩机电动机不能正常启动的声音,此时应立即关掉电源,查找原因;"嘶嘶"声是压缩机内高压减振管断裂后发生的高压气流声;"嗒嗒"声是压缩机内金属的碰撞声;"当当"声是压缩机内吊簧脱落或断裂后的撞击声。

(4) 测。

用歧管压力表检测高、低压是一种判断制冷系统工作状态实用、快速、有效的方法。在新鲜空气温度为 30~35℃,发动机转速为 1500~2000r/min,风扇速度开关在最大,冷度开关在最强时,从歧管压力表上读取压力值,通常情况下 R-134a 空调系统歧管压力表读数:低压侧为 0.15~0.25MPa,高压侧为 1.37~1.81MPa。当发动机转速为 1500~2000r/min 时,北汽 EU5 R500 纯电动汽车空调制冷系统高压一般为 1.3~1.5MPa(13~15kg/cm^2),低压一般为 0.25~0.3MPa(2.5~3kg/cm^2)。

2. 定期保养

(1) 高压电动压缩机的检查。

高压电动压缩机主要检查进、排气压力是否符合要求,各紧固件是否松动,是否漏气等。

(2) 冷凝器及其冷凝风扇的检查。

检查冷凝器表面有无污物、泥垢,散热片是否弯曲或被阻塞。如果发现冷凝器表面脏污,则应及时用压缩空气或清水清洗干净,以保持冷凝器有良好的散热条件,防止冷凝器因散热不良而造成冷凝压力和温度过高。在清洗冷凝器的过程中,应注意不要把散热片碰倒,更不能损伤制冷管道。

(3) 蒸发器的检查与维护。

一般应每年用检漏仪进行一次检漏作业,每 2~3 年应对蒸发器内部进行清扫,清除送风通道内的杂物。

(4) 干燥器的更换。

汽车空调在正常使用情况下,一般每3年左右更换一次干燥器,如果因使用不当使系统进入水分,则应当及时更换。

(5) 膨胀阀的维护。

检查其动作是否正常,开度大小是否合适,如果不正常,则应更换或进行适当调整。

(6) 制冷系统管路的维护。

每年检查一次,并用检漏仪检查其密封情况,检查软管是否有老化、裂纹现象,一般每3~5年更换一次软管。

(7) 冷冻机油的更换。

冷冻机油一般每2年左右检查或更换,对于管路有较大泄漏时,应及时检查或补充冷冻机油。

(8) 安全装置的检查与更换。

高压开关、低压开关、温控开关等是关系到空调系统是否能安全、可靠工作的安全装置,一般应每季检查一次,每5年更换一次。

3. 维护操作基本注意事项

(1) 禁止未参加该车型高压系统知识培训的维修人员安装该高压系统,包括电力电子箱、高压配电单元、高压线束、空调压缩机、交流充电口、交流充电线束、快速充电口、电加热器、慢充充电器。

(2) 在维修拆卸过程中,切勿随意更换原厂压缩机的零件及商标,以便保修时鉴定辨认。同时,为了汽车空调能有更好的效果和保证更长的使用寿命,必须使用原厂指定的制冷剂。给压缩机补充冷冻机油时,请务必使用指定牌号的冷冻机油,切勿使用混合牌号或普通的发动机机油,对某些特殊型号的压缩机来说,更应注意机油的牌号。

(3) 在进行高压相关操作前,维修人员必须穿戴好劳保用品,戴好绝缘手套,穿好高压绝缘鞋。在戴绝缘手套前,必须要检查绝缘手套是否有破损的地方,确保手套无绝缘失效。

(4) 保证作业环境的清洁、通风、防潮和防火,防止在拆装时灰尘、杂质、水分或污物进入管路中。

(5) 保存和搬运制冷剂钢瓶时,应按要求存放;严禁对制冷剂瓶直接加热或放在40℃以上的水中加热。

(6) 在拆卸制冷剂管路或填充制冷剂时,切勿接近面部,最好戴上安全护目镜或保护头盔。

(7) 拆卸管道时,应立即将管道或接头堵住,以免潮气、灰尘、杂质混入制冷剂管道,严禁用嘴或未经过干燥的压缩空气去吹制冷管道和零件。

(8) 拧紧或拧松制冷管路接头时,必须用两个开口扳手,并按规定的扭矩拧紧。对用O形密封圈的接头扭矩要按照维修手册来装配。

(9) 连接歧管压力表软管时,应注意歧管压力表软管和歧管压力表阀的正确对应连接,以及高、低压力表所对应的压缩机进出阀接头的正确连接。连接制冷剂管道时,应在O形密封圈上涂一点与该系统兼容的冷冻机油。

(10) 从压缩机进出软管拆卸仪表软管时,必须快速、敏捷;拆卸高压软管时,要等压缩机停止工作（约几分钟），待高压压力降低后再进行。

4. 新能源汽车空调制冷系统检漏

每当检修或拆装制冷系统管道或更换零部件之后，都必须进行气密性检查，防止制冷泄漏。空调系统检漏的方法很多，常见的有目测法检漏、肥皂水检漏、电子式检漏仪检漏、加压检漏、充氟检漏、真空检漏、卤素灯检漏、荧光剂检漏等。

（1）目测法检漏。

制冷剂与冷冻机油是互溶的，所以泄漏处必然有油迹出现。但是压缩机轴封处微量的油迹是正常的。这种方法简单易行，没有成本，但是有很大缺陷，除非系统突然断裂的大漏点，并且系统泄漏的是液态有色介质，否则目测检漏无法定位，因为通常渗漏的地方非常细微，而且汽车空调本身有很多部位几乎看不到。

（2）肥皂水检漏。

肥皂水检漏是向系统充入 $10\sim20\mathrm{kg/cm^2}$ 压力氮气，再在系统各部位涂上肥皂水，冒泡处即泄漏点，如图 9-92 所示。这种办法是目前路边修理厂最常见的检漏方法，但是人的手臂是有限的，人的视力范围是有限的，很多时候根本看不到漏点。

（3）电子式检漏仪检漏。

电子式检漏仪检漏是用探头对着有可能泄漏的地方移动，当检漏装置发出警报时，即表明此处有大量的泄漏。电子检漏产品容易损坏，维护复杂，容易受到环境化学品如汽油、废气的影响，探头脏污或电压偏低时会影响检测的准确性。

图 9-92 肥皂水检漏

（4）加压检漏。

加压检漏时，首先应正确连接歧管压力表，如图 9-93 所示。将高压软管连接在排气管道上（高压侧），低压软管连接在吸气管道上（低压侧）。操作时注意，将歧管压力表与压缩机高、低压检修阀连接时，只能用手（不能用工具）拧紧其锁母，以防损坏。在正确把软管连接在压缩机的高、低压的检修阀之后，首先打开高、低压检修阀，向系统中充入干燥氮气。如果没有氮气，则也可用干燥的压缩空气代替氮气，压力一般应在 1.5MPa 左右。然后停止充气，1～2h 后压力应无明显下降。

（5）充氟检漏。

充氟检漏是在加压检漏接管的基础上，先向系统加注氟利昂蒸气，使系统中压力达到 0.35MPa，然后用电子检漏仪在重点部位以 30mm/min 的速度移动，根据检漏仪的报警状况进行判断是否泄漏。

（6）真空检漏。

真空检漏是维修中常用的方法，如图 9-94 所示，但此方法很难找出准确的泄漏点位置。若系统内的气体抽不净或无法达到真空度，则说明仍有泄漏现象，应进一步检查；若系统中压力很快降至 0～101kPa 以内，则立即关闭歧管压力表阀门，保压 1～2h，若表针无显著回升则认为系统密封。

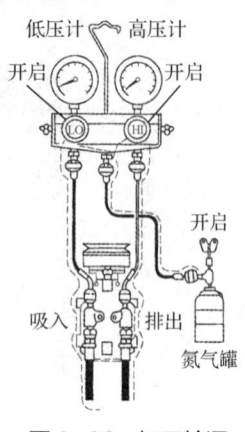

图 9-93 加压检漏　　　　　图 9-94 真空检漏

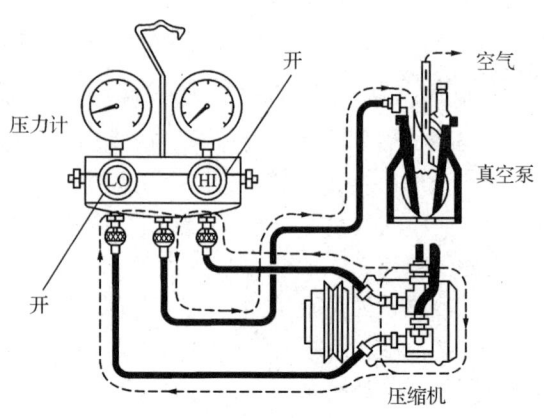

(7) 卤素灯检漏。

点燃卤素灯，手持卤素灯上的空气管，当管口靠近系统泄漏处时，火焰颜色变为紫蓝色，即表明此处有大量泄漏。这种方法有明火产生，不但很危险，而且明火和制冷剂结合会产生有害气体，也不易准确定位泄漏点。

(8) 荧光剂检漏。

荧光剂检漏利用荧光剂在紫外光照射下会发出明亮的黄绿光的原理来对制冷系统进行检漏，如图 9-95 所示，在制冷系统中加入一定的荧光剂，让制冷系统工作一段时间，并戴上专用眼镜，用检漏灯照射可能泄漏的部位，如果有黄色荧光则说明存在泄漏。

新能源汽车空调维护保养基本操作

5. 新能源汽车空调制冷剂排放

如果需要更换制冷系统中的某个部件，则首先要排放制冷系统中的制冷剂，使制冷系统卸压后才能进行拆卸。排放的方法有两种，一种是将制冷剂直接释放到大气中，但会造成环境污染，操作时需要特别准备一个容器用来收集带出的冷冻机油，且应选在通风良好的场所下进行，不可在室内进行，不能接近明火；第二种是采用制冷剂回收装置进行回收。

制冷剂直接排放到大气中需要借助歧管压力表，如图 9-96 所示。其操作过程如下。

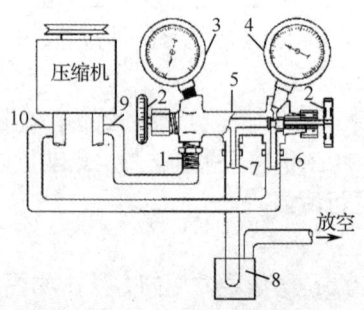

1—低压管；2—低压手动阀；3—低压表；4—高压表；5—高压手动阀；6—高压管；7—中间管；8—量杯；9—低压侧检修阀；10—高压侧检修阀

图 9-95 荧光剂检漏　　　　　图 9-96 排放制冷剂

(1) 装上歧管压力表，在中间的排放软管出口处罩上一块干净布，清洁系统时不要起动发动机。

（2）先关闭歧管压力表的高、低压手动阀，按图9-93接好管道，应注意高压管和低压管的连接方法。

（3）如果压缩机上有检修手柄阀，则应先将手柄阀置于中间位置。

（4）慢慢打开低压手动阀（不要让其开得太快和太大，否则大量的冷冻机油将随着制冷剂流出，在缓慢排放制冷剂时，将有少量冷冻机油随制冷剂流出，应用集油器将其收集好（最好不要让油流出来，以减少麻烦）。

（5）当低压表的读数降到345kPa时，再慢慢打开高压手动阀。

【注意】开度不要太大。如果此时冷冻机油流出较多，则说明排放速度太快，应关小高、低压手动阀。

（6）当歧管压力表的读数下降到0kPa时，排放结束，此时应关紧表阀上的阀门。

（7）测量一下收集到的冷冻机油。如果油量超过14.2g，则应加入新的等量的冷冻机油；如果少于14.2g，则不需要添加新油。

6. 新能源汽车空调制冷系统抽真空

汽车空调制冷系统修理完之后，由于接触了空气，因此必须用真空泵抽真空。系统里变成真空之后，降低了水的沸点，水在较低温度下就会沸腾，以蒸汽的形式被抽出。抽真空之前，应进行泄漏检查。抽真空也是进一步检查空调制冷系统在真空情况下的气密性。

如图9-94所示，抽真空的步骤如下。

（1）把制冷系统歧管压力表和真空泵连接好，歧管压力表座上高、低压手动阀处于闭合位置，表座上的中间软管与真空泵进口相连接。

（2）打开歧管压力表的高、低压手动阀，起动真空泵、观察低压表（连程表）针，应该有真空显示。

（3）操作5min后低压表应达到33.6kPa（绝对压力），高压表针应略低于零刻度，如果高压表针没有低于零刻度，则表明系统内有堵塞，应停止，修理故障后再抽真空。

（4）真空泵工作15min后观察歧管压力表，如果系统无泄漏，则低压值应达到20.05~13.28kPa的绝对压力。

（5）如果达不到此数值，则应关闭低压侧手动阀，观察低压表（连程表）表针，如果表针上升，则说明真空有损失，要检查泄漏点，进行检修后才能继续抽真空，这一步也就是真空检漏法。

（6）抽真空总的时间不应少于30min，关闭低压手动阀就可以向系统中加注制冷剂了。

7. 新能源汽车空调冷冻机油的加注

汽车空调制冷系统在一般情况下，冷冻机油的消耗量很少，可以每两年更换一次，每次加入规定的数量。添加时一定要保证是同一牌号的冷冻机油，因为不同牌号的冷冻机油混在一起会生成沉淀物。

制冷系统中如果制冷剂泄漏速度很慢，则对冷冻机油泄漏影响不大。制冷剂如果泄漏速度很快，则冷冻机油也会随之很快泄漏。如果压缩机里冷冻机油存油过少，则压缩机会过热，甚至发生卡缸现象。如果系统内冷冻机油过多，则膨胀阀、蒸发器会发生故障，因此，压缩机里必须保持正常的存油量。

压缩机冷冻机油量的检查一般有以下两种方法。

（1）观察视镜法。

通过压缩机上安装的视镜玻璃可观察压缩机油量。如果压缩机冷冻机油油面达到视镜高度的80%位置，则一般认为是合适的。如果油面在此界限之上，则应引出多余的冷冻机油；如果油面在此界限之下，则应添加冷冻机油。

（2）观察量油尺法。

未装视镜玻璃的压缩机可用量油尺检查其油量。这种压缩机有的只有一个油塞，油塞下面有油尺。有的油塞下面没有油尺，需要另外用专用油尺插入检查，观察油面位置是否在规定的上、下限之间。

若检查发现油量偏少，则需要加注冷冻机油。加注冷冻机油有以下两种方法。

（1）直接加入法。

冷冻机油直接加注如图9-97所示，卸下加油塞，注入规定型号的冷冻机油。通过加油塞孔观察，旋转离合器前板，使活塞连杆正好在加油塞孔中央位置。把油尺插到活塞连杆的右边，直到油尺端部碰到压缩机外壳为止。取出油尺，检查冷冻机油的刻度数（沟纹），应该在油尺的4~6格之间。

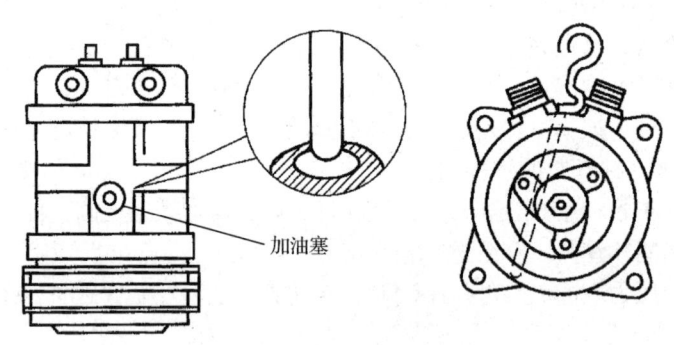

图9-97 冷冻机油直接加注

（2）真空吸入法。

真空吸入冷冻机油如图9-98所示，先将制冷系统抽真空到0.002MPa，然后开始加注冷冻机油，步骤如下。

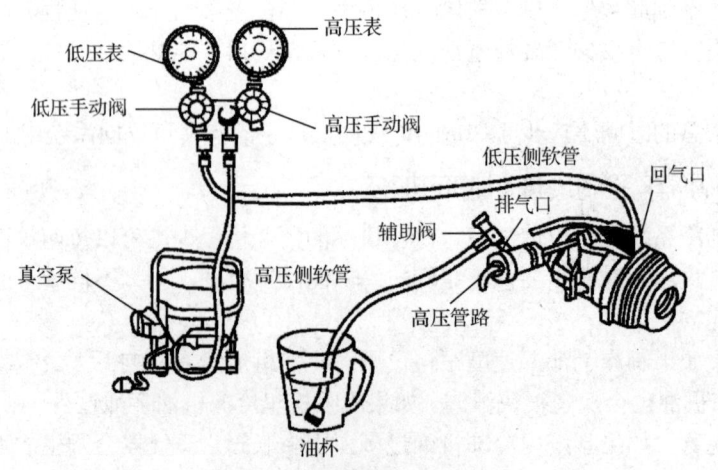

图9-98 真空吸入冷冻机油

① 关闭高压手动阀，关闭辅助阀。
② 把高压侧软管从歧管压力表上拆下，插入油杯内。
③ 打开辅助阀，使冷冻机油从油杯吸入制冷系统。
④ 当油杯中的冷冻机油快被抽空时，立即关闭辅助阀，以免系统中吸入空气。
⑤ 把高压侧软管接头拧在歧管压力表上，首先打开高压手动阀，起动真空泵，将高压侧软管抽真空，然后打开辅助阀为系统抽真空至 0.002MPa，加抽 15min 以便排除随油进入系统里的空气。此时，冷冻机油在高压侧，待系统运转后，冷冻机油返回压缩机。

8. 新能源汽车空调制冷剂的加注

制冷系统抽真空完成并经检漏确定制冷系统不存在泄漏部位后，即可向制冷系加注制冷剂。加注前，应先弄清注入制冷剂的类型数量，加注量过多或过少都会影响空调制冷效果。压缩机的铭牌上一般都标有所用制冷剂的种类及其加注量。

空调制冷系统加注制冷剂的方法有两种：一种是从压缩机高压侧加注，充入的是液态制冷剂。其特点是安全、快速，适用于制冷系统的第一次加注，即经检漏、抽真空后的系统加注。但使用该方法时必须注意，加注时不可运转压缩机且要求制冷剂罐倒立；另一种是从压缩机低压侧加注，充入的是气态制冷剂，其特点是加注速度慢，可在系统补充制冷剂的情况下使用。

（1）高压侧加注制冷剂。

高压侧加注制冷剂的操作步骤如下。

① 当系统抽完真空之后，关闭歧管压力表上的高、低压手动阀。
② 将中间软管的一端与制冷剂罐注入阀的接头连接起来，如图 9-99 所示，先打开制冷剂罐开启阀，再拧开歧管压力表软管一端的螺母，让气体溢出几分钟，把空气赶走，最后拧紧螺母。

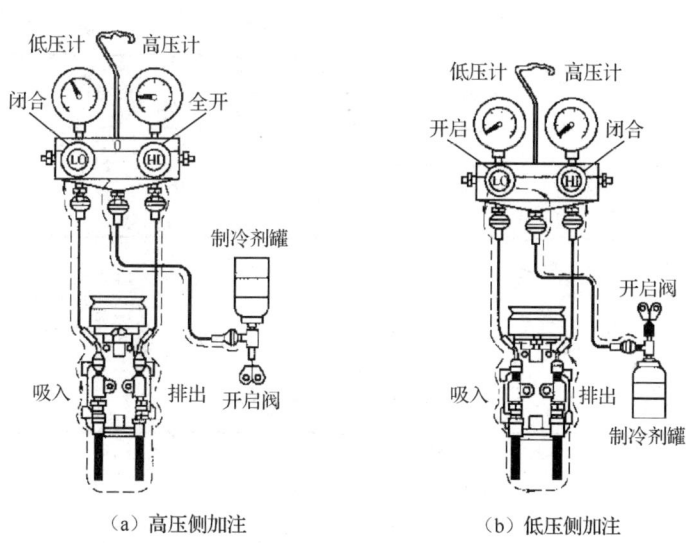

（a）高压侧加注　　　（b）低压侧加注

图 9-99　制冷剂加注

③ 拧开高压手动阀至全开位置，将制冷剂罐倒立，如图 9-99（a）所示，以便从高压侧加注液态制冷剂。
④ 从高压侧注入规定量的液态制冷剂后关闭制冷剂罐开启阀及歧管压力表上的高压手

动阀,然后将仪表卸下。特别要注意,从高压侧向系统加注制冷剂时,不能启动压缩机,更不可拧开歧管压力表上的低压手动阀,以防产生液击。

(2)低压侧加注制冷剂。

通过歧管压力表上的低压手动阀可向制冷系统的低压侧加注气态制冷剂,其具体操作步骤如下。

① 如图9-99(b)所示,将歧管压力表与压缩机和制冷剂罐连接好。

② 打开制冷剂罐,拧松中间注入软管在歧管压力表上的螺母,直到听见有制冷剂蒸气流动的声音为止,然后拧紧螺母。其目的是将注入软管中的空气赶走。

③ 打开低压手动阀,让制冷剂进入制冷系统。当系统的压力值达到 0.4MPa 时,关闭低压手动阀。

④ 将空调开关接通,并将风机开关和温控开关都调至最大。

⑤ 打开歧管压力表上的低压手动阀,让制冷剂继续进入制冷系统,直到加注量达到规定值为止。

⑥ 在向系统中加注规定量制冷剂之后,从视液玻璃窗处观察,确认系统内无气泡、无过量制冷剂。随后将发动机转速调至 2000r/min,冷风机风量开到最高挡,若气温为 30~35℃,则系统内低压侧压力应为 15~25kPa,高压侧压力应为 1400~1600kPa。

⑦ 加注完毕后,关闭歧管压力表上的低压手动阀,关闭装在制冷剂罐上的注入阀,使压缩机停止运转;将歧管压力表从压缩机上卸下,卸下时动作要迅速,以免过多制冷剂泄出。

决策

根据任务要求制订新能源汽车空调系统维护实施计划,每个小组根据组员特点进行分工,并选出小组的组长负责任务的分工与实施,完成决策记录表(见表9-57)。

表9-57 决策记录表

序 号	小 组 成 员	任 务
1	A B	查阅维修手册等资料
2	C D	工具准备
3	E F	记录、汇报
4	G H	安全员

计划

根据任务分工及任务要求制订工作计划,并完成计划表(见表9-58)。

表9-58 计划表

序 号	作 业 项 目	操 作 人
1	空调系统功能检查	A B
2	空调检漏	C D
3	空调制冷剂排放	E F
4	空调系统抽真空	A B
5	空调系统冷冻机油添加	C D
6	空调制冷剂添加	E F
7	性能检查、安全、记录	G H

实施

根据工作计划进行空调系统维护任务，完成实施记录表（见表9-59）。

表9-59 实施记录表

序 号	实 施 项 目	结 果	序 号	实 施 项 目	结 果
1	空调系统功能是否正常	是 否	7	高压侧添加制冷剂步骤是否正确	是 否
2	空调检漏是否正常	是 否	8	低压侧添加制冷剂步骤是否正确	是 否
3	电子检漏仪使用是否正确	是 否	9	抽真空步骤是否正确	是 否
4	歧管压力表连接是否正确	是 否	10	冷冻机油加注步骤是否正确	是 否
5	高压管路压力是否正常	是 否	11	车辆防护设备是否安装	是 否
6	低压管路压力是否正常	是 否	12	维护后空调功能是否正常	是 否

检查

1. 自检

各小组针对操作情况进行自检，完成自检记录表（见表9-60）。

表9-60 自检记录表

序 号	检 查 项 目	结 果	序 号	检 查 项 目	结 果
1	是否规范操作仪器仪表	是 否	4	测试数据是否正确	是 否
2	车辆是否做防护	是 否	5	检测工具是否清洁、复位	是 否
3	操作思路是否清晰	是 否	6	场地卫生是否清扫	是 否

2. 互检

各小组针对操作情况进行互检，完成互检记录表（见表9-61）。

表9-61 互检记录表

序 号	检 查 项 目	结 果	序 号	检 查 项 目	结 果
1	启动开关是否关闭	是 否	3	测试数据是否正确	是 否
2	检测工具是否清洁、复位	是 否	4	场地卫生是否清扫	是 否

3. 终检

指导教师针对各小组实施情况进行终检，填写终检记录表（见表9-62）。

表9-62 终检记录表

序 号	检 查 项 目	结 果	序 号	检 查 项 目	结 果
1	启动开关是否关闭	是 否	3	测试数据是否正确	是 否
2	检测工具是否清洁、复位	是 否	4	场地卫生是否清扫	是 否

评估

授课结束后，指导教师指导学生对操作过程进行评价，完成学习任务评价表（见表9-63），指导学生进行课后总结，查找存在的问题，完成评估记录表（见表9-64）。

表9-63 学习任务评价表

班级：_____ 姓名：_____ 学号：_____

项目	自我评价			小组互评			教师评价		
	10~9	8~6	5~1	10~9	8~6	5~1	10~9	8~6	5~1
	占总评10%			占总评30%			占总评60%		
工具设备使用能力									
资料信息查阅能力									
数据读取分析能力									
实训报告撰写能力									
协作精神									
纪律观念									
表达能力									
工作态度									
安全意识									
总体表现									
小计									
总评									

指导教师：_____　　　　年　　月　　日

表9-64 评估记录表

课 堂 小 结		
实训结束后，指导教师指导学生分享本次实训收获。		
序　号	存在的问题	
1		
2		

5S管理

1. 实训场地设备恢复。
2. 清洁实训车辆，打扫场地卫生，桌椅板凳摆放整齐有序。
3. 将工具、仪器、设备等归还原位。
4. 关闭实训场地的门窗、电源等。

习题测试

一、填空题

1. 汽车空调系统由_____、_____、_____、_____四大部分组成。
2. 汽车空调制冷系统主要由_____、_____、_____、_____、_____、制冷剂等组成。
3. 根据工作方式的不同,压缩机一般可以分为_____和_____。
4. 新能源汽车常用的压缩机为_____。
5. 膨胀阀具有_____、_____、_____和_____等功能,是制冷系统中的重要部件。
6. 膨胀阀按照平衡方式不同,分为_____和_____。
7. 储液干燥器通常安装在_____和_____之间的高压管路上。
8. 北汽 EU5 R500 纯电动汽车空调制冷压缩机控制系统由_____、_____、_____、_____等组成。
9. 汽车空调取暖系统根据所使用热源的不同,可分为_____和_____;按照载热体介质的不同可分为_____和_____。
10. 新能源汽车空调取暖系统的取暖方式主要有_____、_____、_____三种。
11. 新能源汽车常见的 PTC 加热器主要由_____和_____组成。为防止 PTC 加热器失控发生火灾,其内部安装有_____。
12. 汽车上采用的通风方式主要有_____、_____和_____三种。
13. 汽车进排风口位置的选择取决于_____和_____状况,通常进风口设置在_____区,排风口设置在_____区。
14. 空调空气净化系统对室外空气中粉尘的净化,主要采取_____和_____两种形式。
15. 汽车空调配气系统的基本结构组成由_____、_____和_____三部分组成。
16. 汽车自动空调控制系统主要由_____、_____和_____三部分组成。
17. 压力保护开关分_____、_____和_____三种。
18. 空调系统的保养分为_____和_____。

二、问答题

1. 新能源汽车空调系统的特点有哪些?
2. 新能源汽车空调系统的功用是什么?
3. 汽车空调制冷系统的工作原理是什么?在每个工作过程制冷剂的状态是怎样的?
4. 电动压缩机拆卸前注意的事项有哪些?
5. 电动压缩机控制系统不工作的可能原因有哪些?
6. 汽车空调取暖系统的功用是什么?
7. 汽车空调通风系统的功用是什么?
8. 汽车自动空调的功能有哪些?
9. 新能源汽车空调系统使用时注意事项有哪些?

10. 如何对空调系统进行日常维护？
11. 空调系统定期维护的项目有哪些？
12. 空调系统检漏的方法有哪些？
13. 空调系统制冷剂排放、加注流程是怎样的？
14. 如何进行空调系统抽真空？

学习情境 10

新能源汽车导航、视听系统工作不良故障检修

学习情境描述

某客户驾驶的 2018 年生产的北汽 EU5 R500 纯电动汽车，行驶里程为 7 万千米，该车出现了导航系统显示屏无任何显示、收音机系统操作无任何反应的故障，要求予以更换检修。

学习内容

1. 新能源汽车导航系统的功用、结构组成及工作原理。
2. 新能源汽车视听系统的特点、结构组成及工作原理。
3. 新能源汽车中控信息娱乐系统电路图的识读。
4. 新能源汽车导航、视听系统零部件的更换。
5. 新能源汽车导航、视听系统的故障检修。

学习目标

1. 能够描述新能源汽车导航系统的功用、结构组成及工作原理，正确率不低于 85%。
2. 能够描述新能源汽车视听系统的特点、结构组成及工作原理，正确率不低于 85%。
3. 能够使用工具按照正确的方法对导航、视听系统各元器件进行规范拆装，正确率不低于 85%。
4. 能熟练进行新能源汽车中控信息娱乐系统电路图的识读，正确率不低于 90%。
5. 能够使用故障诊断仪结合故障现象初步判断中控信息娱乐系统故障的原因，并进行故障检测及相关故障排除，正确率不低于 80%。
6. 弘扬精益求精的工匠精神，养成脚踏实地、认真负责的工作作风，践行安全生产、团队协作的职业素养。

新能源汽车电子电气空调舒适技术

📖 教学准备

1. 教学用整车一辆（北汽 EU5 R500）、汽车举升机、拆装工具。
2. 防护工具：车内四件套、车外三件套、车辆挡块、灭火器、隔离桩、警示牌等。
3. 其他材料：车辆使用手册、维修手册、整车电路图册。

⚙ 教学实施

任务 1　中控信息娱乐系统总成的更换

🎯 资讯

一、新能源汽车导航系统概述

车载卫星导航系统是 20 世纪 90 年代以后开始在汽车上逐渐装用的智能系统，是全球定位技术（GPS）、地理信息技术（GIS）和移动无线通信技术等在汽车上的综合应用，是汽车技术由电子化转变为智能化的标志，也是未来智能运输系统（ITS）中的重要技术。通常车载卫星导航系统的电子地图显示系统与车载视听系统共用 DVD 机和液晶显示器。

1. 车载卫星导航系统的功用

车载卫星导航系统具有导航功能、电子地图功能、语音提醒功能、定位功能、测速功能、路线预览功能等。

> 新能源汽车车载卫星导航系统的功用及分类

（1）导航功能。

使用者在车载卫星导航系统上任意标注两点后，车载卫星导航系统便会自动根据当前的位置为车主设计最佳路线。有些系统还有修改功能，假如用户因为不小心错过路口，没有根据车载卫星导航系统推荐的最佳线路行驶，车辆位置偏离最佳线路轨迹 200m 以上，车载卫星导航系统会根据车辆所处的新位置，重新为用户设计一条回到主航的线路，或者是为用户设计一条从新位置到终点的最佳线路。

（2）电子地图功能。

车载卫星导航系统配备了电子地图，一般覆盖全国的各大省会城市，功能强大的地图系统包含了中小城市，可以随时查看目的城市的交通、建筑等情况。

（3）语音提醒功能。

如果前方遇到路口或转弯，系统具有转向语音提示功能，那么这样可以避免车主走弯路。此外，可以查阅街道及其周围建筑物，甚至系统可具有一些城市交通中的单行线、禁左、禁右等路况信息提示功能。

（4）定位功能。

车载卫星导航系统采用了检测精度高、工作稳定性较好的角速度传感器（陀螺传感器），能实现实时位置测定。同时，车载卫星导航系统可以显示方向、海拔高度等信息。

（5）测速功能。

通过车载卫星导航系统对卫星信号的接收计算，可以测算出车辆行驶的具体车速，并给予车速提示。

(6) 路线预览功能。

当驾驶员设定好出发地和目的地后，车载卫星导航系统会根据地图信息提供多条路线供用户选择。

2. 车载卫星导航系统的分类

(1) 按照导航的功能分类，车载卫星导航系统分为单一功能的导航系统和导航综合系统。

汽车导航综合系统包括单一功能的导航系统，以及汽车导航、监控、防盗、旅游、交通控制与调度等综合系统。

(2) 按照车辆信息是否返回控制中心分类，车载卫星导航系统分为开环导航系统和闭环导航系统。

汽车开环导航系统从控制中心或电台、卫星传感器等得到定位、方位等信息，根据这些信息和电子地图可以定出起始点至终点的最短行驶距离，但是车辆的信息不能返回控制中心。

汽车闭环导航系统不但有开环导航系统的所有功能，而且可以把车辆的实时信息不断地向控制中心反馈。控制中心根据掌握的交通及气候等综合信息，及时通知汽车应如何行驶，以便在最短时间到达目的地。

(3) 按照是否有引导功能分类，车载卫星导航系统分为无引导功能的导航系统和有引导功能的导航系统。

无引导功能的导航系统只是简单的电子地图，驾驶员通过车上的存储器查阅相关地图等交通信息选择行车路线，但无引导功能。

有引导功能的导航系统分为内部信息导航系统和无线电导航系统。内部信息导航系统又分为地磁导航系统和惯性导航系统。无线电导航系统又分为GPS导航系统和固定电台导航系统。

地磁导航系统利用地磁作为导向的基准，它有一个双线圈发电机型地磁矢量传感器，作为方位传感器。地磁水平分量的磁感应强度十分微弱，对外界干扰很敏感，故抗干扰、误差修正是该系统的关键。一旦把目的地位置输入（从键盘输入东西和南北两个方向，即 X、Y 两个方向的距离），并与原输入相减，就可得出随时随地距目的地所剩距离和应驶方向。

惯性导航系统实际上是一个电子陀螺仪，方向传感器是封入氦气的气体速度陀螺，其他设备及功能与地磁导航系统一样。

3. 车载卫星导航系统的组成

车载卫星导航系统由导航卫星、地面接收站、用户设备（GPS 接收装置）组成。

(1) 导航卫星。

导航卫星使用 24 颗（其中 3 颗卫星为备用）高度为 20200km 的导航卫星组成卫星星座，分布在 6 条近圆轨道上绕地球旋转，每条轨道分布 4 颗卫星，如图 10-1 所示。运行周期为 11 小时 58 分钟，这样的卫星分布可保证全球任何地区、任何时刻都不会少于 5 颗卫星可供观测。每颗卫星上装有精度为 10~13 的精密原子钟，各卫星和地面站的原子钟同步，建立起了导航系统的精确时间系，称为 GPS 时。向地面发送的星历以 GPS 为基准，这一精确时间系也是精密测距的基础。导航卫星上面的发射机以 L 波段双频 1575.4MHz 和 1226.60MHz 发射导航信号，汽车导航系统接收 1575.4MHz 的电磁波进行定位。发射双频是为了校正电离层

产生的附加延时。物体位置的确定是通过测量电磁波由卫星至接收机的传播时间来进行的。理论上，当接收机接收到 3 颗卫星的信号时，就可以测出接收机在地球上的位置坐标。考虑到实际空间中大量引起误差因素的存在，因此通过第 4 颗卫星来"双重检验"以清除这些因素的影响。

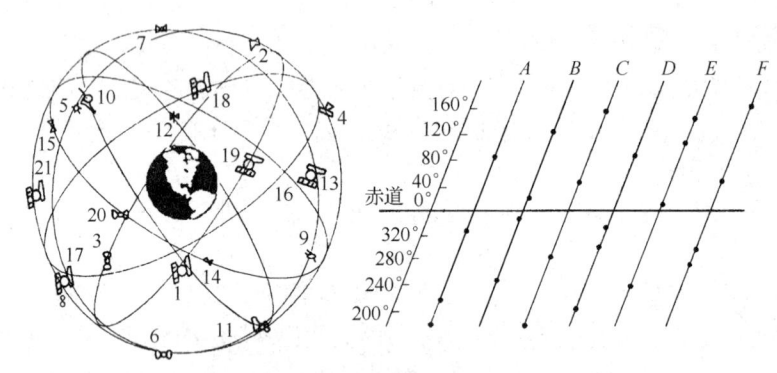

图 10-1 导航卫星分布示意图

（2）地面接收站。

地面接收站包括 1 个主控站、4 个监测站和 1 个注入站。主控站设在加利福尼亚州范登堡空军基地，它控制着整个地面站的工作，其主要职能是根据各监测站送来的信息计算各卫星的星历和卫星时钟的修正量，按规定的格式编制成导航电文，以便通过注入站注入卫星。监测站都是无人数据采集中心，在主控站的控制下跟踪接收卫星发射的 L 波段双频信号，并通过环境数据传感器收集当地的气象数据，由信息处理机处理收集到的全部信息，并传送给主控站。注入站与主控站设在同一地区，当卫星通过这一地区时，注入站用 S 波段载频将导航信息注入卫星。注入站还负责监测注入卫星的导航信息是否正确。

（3）用户设备。

导航卫星采用无源工作方式，凡是有 GPS 接收设备的用户都可以使用 GPS 导航系统。用户设备包括全向圆极化天线、接收机、微处理器、控制显示设备等，有时也统称为 GPS 接收机。图 10-2 所示为汽车 GPS 导航系统结构简图。

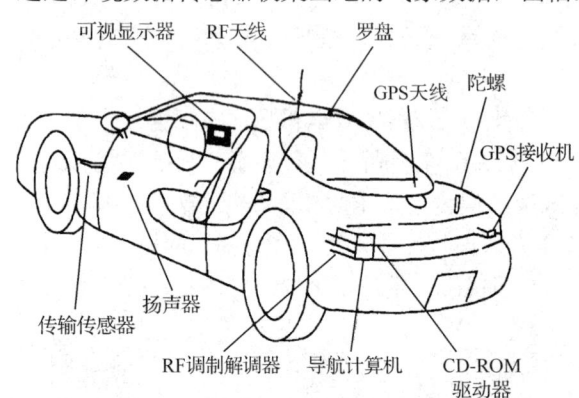

图 10-2 汽车 GPS 导航系统结构简图

4. 车载卫星导航系统的工作原理

汽车上使用的车载卫星导航系统主要应用的是 GPS 卫星导航和惯性自律导航。当车载卫星导航系统接收机同时接收到 4 颗以上的卫星发出的信号时，经过计算处理后就可报出车载卫星导航系统接收机（目标）的位置（经度、纬度、高度）、时间和运动状态（速度、航向）等。当车驶入地下隧道、高层楼群中暂时接收不到卫星信号时，车载卫星导航系统自动导入惯性自律导航模式，由车速传感器检测出汽车的行进速度，通过中央处理器进行数据处理，从速度和时间中直接算出前进的距离，陀螺传感器直接检测出前进的方向，引导车辆行驶。

当车载卫星导航系统和电子地图系统配合使用时，就可以在电子地图上显示出车辆的实时位置、行驶路线、方向和速度等参数。同时，车载卫星导航系统还能对汽车行驶的路线与电子地图上道路的误差进行实时相关匹配，并进行自动修正，得到汽车在电子地图上的正确位置，以指示出正确行驶路线。汽车电子导航系统控制关系如图 10-3 所示，汽车电子导航系统原理如图 10-4 所示。

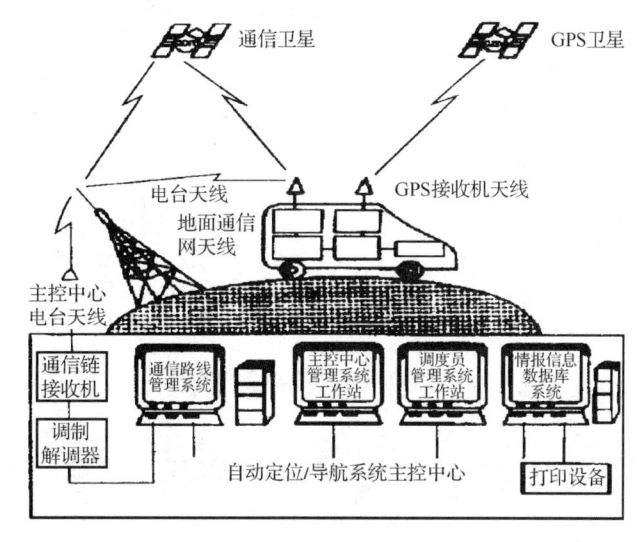

图 10-3 汽车电子导航系统控制关系

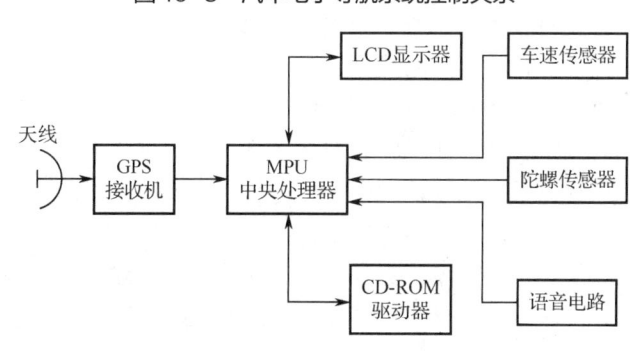

图 10-4 汽车电子导航系统原理

二、视听系统概述

随着数字音响技术的不断发展和人们对舒适性要求的不断提高，汽车车载视听已成为汽车的必选装备，激光唱机取代磁带播放机成了中高档汽车音响的主流，而更方便的 MD、MP3 车载 DVD 视听系统也开始成为汽车音响主流配置，大中型旅行客车和长途客车上基本都装上了带卡拉 OK 功能的车载视听系统。

1. 视听系统的特点

（1）具有防震系统的 CD/VCD/DVD。

目前，采用的减震装置主要是防震悬架系统和电子减震系统。防震悬架系统包括拉簧、气囊（或橡胶阻尼）及硅油减震器等，具有衰减震动的功能。电子减震的原理是使用了大容量的缓冲存储器预读数据。例如，当播放 CD 音频数据时，经过 CD-ROM 解码器或 DSP（数码信号处理器）的数据首先预读到缓冲存储器中，然后在 CPU 控制下再送入 DSP，这样当激光头因震动停

止读取数据时，还可以从缓冲存储器中读取数据供给解码或 DSP，以产生连续的音乐。

（2）具有防盗功能的控制面板。

许多高档汽车音响的控制面板具有熄火隐藏或可拆装功能。对于可隐藏式面板，当启动开关关闭时，原先色彩斑斓的液晶显示控制面板便会变成黑色（与仪表板同色）的，以避免引起窃贼注意。而装用可拆式面板的音响，当驾驶员离开汽车时，可以取下音响系统的控制面板，这样窃贼就是拿走了音响装置也无法使用。

（3）电话减音功能。

当使用车载电话时，此功能会自动调低系统的声音，或者使系统处于静音状态。当电话挂断后音响会自动恢复原来音量。

（4）驾驶座声场模拟系统。

驾驶座声场模拟系统可根据驾驶员的选择，把左方、右方扬声器发出的声音延迟若干秒，模拟出一个驾驶座在中央的声场，使音质定位达到完美的境界。

（5）DSP。

由于各种汽车的音响环境、声场都不够完美，因此需要用 DSP 进行声场校正。

（6）先进的防盗系统。

现在汽车音响具有高技术的防盗系统，可以使用密码或其他高新技术，使汽车音响被盗后无法使用。

（7）智能语音识别系统。

一些高档音响装备有语音识别系统，能根据人的语音进行操作。驾驶员驾驶车辆时，能通过语音命令直接进行视听音响系统的操作。

（8）与导航系统兼容的 DVD/VCD 视听系统。

现在高档汽车的 DVD/VCD 视听系统同时是车载卫星导航系统的一部分，当放入数字地图光盘后，在显示器上将显示出数字地图，配合导航系统实时指引汽车的行驶路线。

（9）可伸缩的液晶显示屏。

为了不占据仪表板的位置，汽车视听系统的液晶显示屏一般都设计成内藏式的。当需要使用显示屏时，显示屏可以先自动伸出，然后翻转到合适的角度以便观看。

2. 视听系统的组成

汽车视听系统是在传统汽车音响的基础上，增加了视频信号源（AV 功能），即 VCD 影碟机或 DVD 影碟机，同时增加了显示器。

汽车视听系统分为四大部分：信号源、放大器、扬声器和显示器。

（1）信号源。

信号源是汽车视听系统的节目源，包括汽车收音机（调谐器）、磁带放音机、CD 唱机、车用 VCD 机或 DVD 机等。

目前，普通中低档汽车视听系统的信号源主要是车用收、放音机和车用 VCD 机，高档汽车视听系统的信号源主要是收、放音机和车用 DVD 机，还可以选装 MP3 和 MD 唱机，如图 10-5 所示。

（2）放大器。

放大器也称功率放大器，如图 10-6 所示，其主要作用是先将各种节目信号进行电压放大和功率放大，然后推动扬声器发出声音。按功能不同可分为前置放大器、功率放大器和环绕声放大器等类型。

图 10-5　汽车视听系统信号源　　　　　　图 10-6　放大器

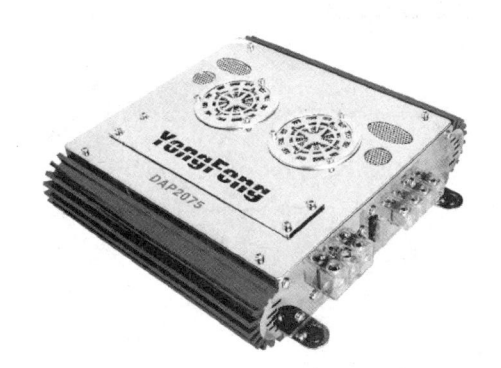

（3）扬声器。

扬声器又称为喇叭，是汽车视听系统的终端，决定着车内音响性能。扬声器的数量、口径和安装位置由汽车舒适性的要求而定，但是为了能欣赏立体声，车内至少需要装用两只扬声器，如图 10-7 所示。

扬声器的功能是把音频信号还原成声音传达出来，而其不同的声音需要大小不同的喇叭来执行。一般而言，扬声器的体积越大，其声音越低沉；体积越小，其声音越高。扬声器大体可分为全音域、同轴式、组合式三大类。

图 10-7　扬声器

全音域是以一只扬声器涵盖大部分频率的声音范围；同轴式是在低音扬声器的轴心上，再加上一个高音或中音扬声器，形成同轴二音路或同轴三音路扬声器，在汽车上应用较多；组合式是通过几个大小不同的扬声器单体配合上电容器、电阻、电感等电子元件形成的被动分音器，来分配不同频率范围，让大小不同的扬声器发出不同频率的声音。

（4）显示器。

车载显示器是视听系统必不可少的组成之一，目前车用 VCD 或 DVD 使用的显示器一般均为液晶超薄显示器，而大型客车一般使用的是电视机。

三、更换中控信息娱乐系统总成

中控信息娱乐系统总成作为北汽 EU5 R500 纯电动汽车视听系统和导航系统的控制单元，如果该控制器出现故障，则会导致导航系统和视听系统均不工作。要想修复故障只能更换中控信息娱乐系统总成。

1. 拆卸中控显示屏

（1）断开蓄电池负极。

（2）脱开中控显示屏固定螺钉盖罩，拆卸固定螺钉（箭头），取出中控显示屏①，螺钉拧紧扭矩为 2~3N·m，如图 10-8 所示。

（3）断开中控显示屏连接插头（箭头 A、箭头 B、箭头 C），取下中控显示屏①，如图 10-9 所示。

245

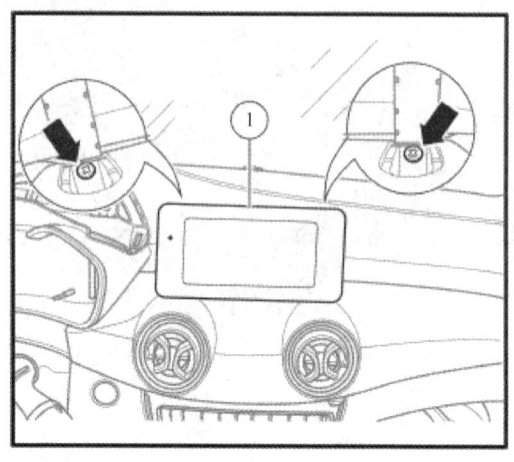

图 10-8　拆卸中控显示屏固定螺钉　　　　图 10-9　拆卸中控显示屏

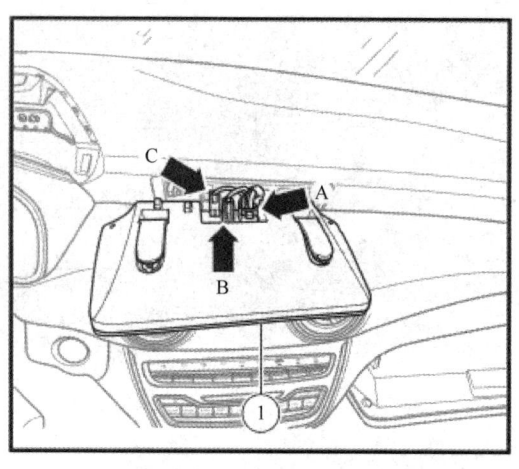

2. 拆卸中控面板总成

（1）在图 10-10 箭头处撬起并拆下仪表板右侧装饰条组件①。

（2）在图 10-11 箭头处撬起并取出中控面板总成①，拆卸中控面板总成连接插头，并取下中控面板总成。

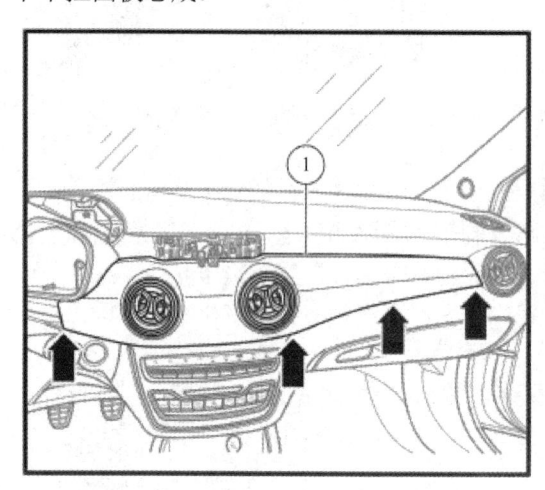

图 10-10　拆卸仪表板右侧装饰条组件　　　　图 10-11　拆卸中控面板总成

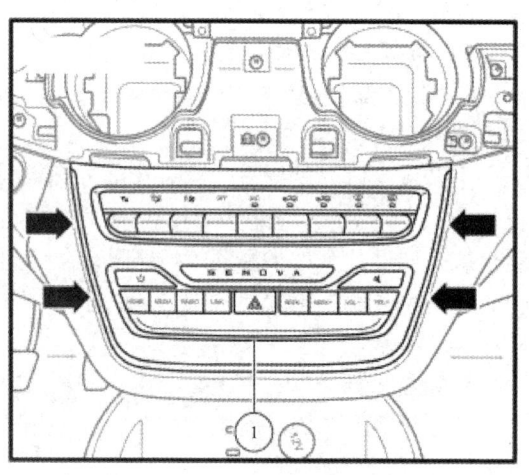

3. 拆卸中控信息娱乐系统主机

（1）如图 10-12 所示，旋出固定螺钉（箭头），取出中控信息娱乐系统主机①，螺钉的拧紧扭矩为 2~3N·m。

（2）如图 10-13 所示，断开中控信息娱乐系统主机连接插头 A~K，取下中控信息娱乐系统主机①。

4. 安装

安装以拆卸步骤的倒序进行，同时注意下列事项。

中控信息娱乐系统总成更换后，"启动/停止"按键置于"RUN"状态，进行中控信息娱乐系统总成配置。

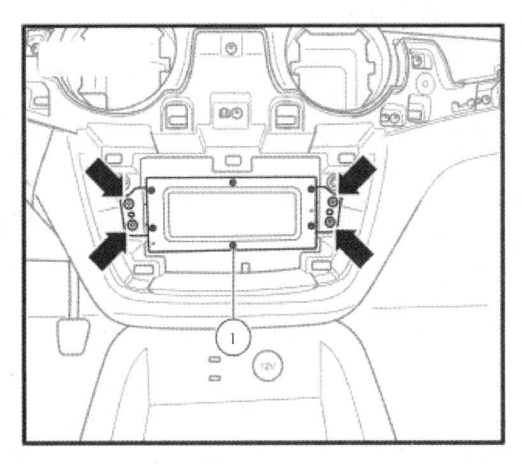

图 10-12 拆卸中控信息娱乐系统主机固定螺钉 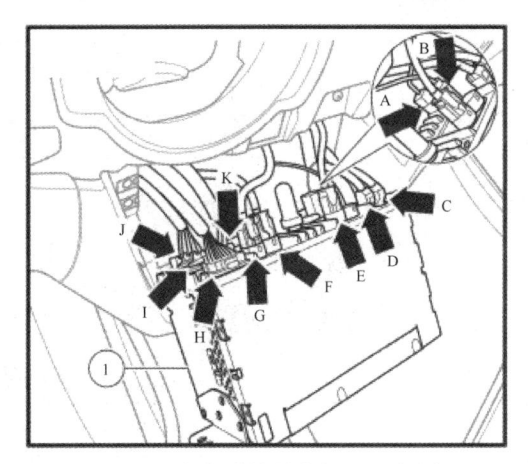　　图 10-13 拆卸中控信息娱乐系统主机

决策

根据任务要求制订新能源汽车中控信息娱乐系统总成更换实施计划，每个小组根据组员特点进行分工，完成决策记录表（见表10-1），并选出小组组长负责任务的分工与实施。

表10-1 决策记录表

序 号	小组成员	任 务
1	A B	查阅维修手册等资料
2	C D	工具准备
3	E F	记录、汇报
4	G H	安全员

计划

根据任务分工及任务要求制订工作计划，完成计划表（见表10-2）。

表10-2 计划表

序 号	作业项目	操 作 人
1	拆卸中控显示屏	A B
2	拆卸中控面板总成	C D
3	拆卸中控信息娱乐系统主机	E F
4	安装中控信息娱乐系统主机	A B
5	安装中控面板总成	C D
6	安装中控显示屏	E F
7	安全、记录	G H

实施

根据工作计划进行中控信息娱乐系统总成更换任务，实施记录表如表10-3和表10-4所示。

表10-3　实施记录表（1）

序号	实施项目	结果	序号	实施项目	结果
1	蓄电池负极是否断开	是　否	6	连接插头是否复位	是　否
2	中控显示屏是否拆卸	是　否	7	中控信息娱乐系统主机是否安装	是　否
3	中控面板总成是否拆卸	是　否	8	中控面板总成是否安装	是　否
4	中控信息娱乐系统主机是否拆卸	是　否	9	中控显示屏是否安装	是　否
5	连接插头是否断开	是　否	10	蓄电池负极是否连接	是　否

表10-4　实施记录表（2）

序号	配件名称	选用工具	拧紧扭矩	操作人
1	中控显示屏			
2	中控信息娱乐系统主机			

5S管理

1. 实训场地设备恢复。
2. 清洁实训车辆，打扫场地卫生，桌椅板凳摆放整齐有序。
3. 将工具、仪器、设备等归还原位。
4. 关闭实训场地的门窗、电源等。

任务2　中控信息娱乐系统故障检修

北汽EU5中控信息娱乐控制系统的组成及工作原理

资讯（一）

北汽EU5 R500纯电动汽车中控信息娱乐系统由中控信息娱乐系统主机、多功能转向盘开关、时钟弹簧、中控面板开关、后摄像头、GPS天线、USB接口、收音机天线、中控显示屏、四个车门扬声器及左、右高音扬声器等组成，如图10-14所示。其工作过程：当中控信息娱乐系统主机由蓄电池经启动开关供电，"启动/停止"按键置于"RUN"或"ACC"挡时，可以开启影音系统。驾驶员可通过多功能转向盘开关或中控面板开关对中控信息娱乐系统进行操控。收音机天线接收到FM、AM广播，传送到影音系统进行处理，然后由扬声器发出声音。GPS天线接收到定位信号后，导航系统根据提供的导航电子地图数据引导驾驶员检索并选择最佳的行驶路线，并通过中控显示屏显示、语音提示及路口信息通过扬声器进行提示。系统USB接口支持MP3、WMA、WMV、AVI、MPEG-4格式的文件播放，当装有上述格式文件的USB插入后，本机将自动切换到USB播放模式（优先播放的文件类型依次为视频、音频、照片），中控显示屏显示USB状态，包括"歌曲名"、"表演者"、"专辑名"和"播放进度条"等信息。

在进行中控信息娱乐系统电路故障检修前，需要识读并拆画中控信息娱乐系统电路图。拆画电路图注意事项如下。

（1）尽量使用铅笔和直尺以保证所画电路的工整及可修改性。

（2）标注关键元器件的名称代号及相应引脚号。

(3) 电路图中的元器件符号要标准。

(4) 在拆画的电路图中标注电流走向。

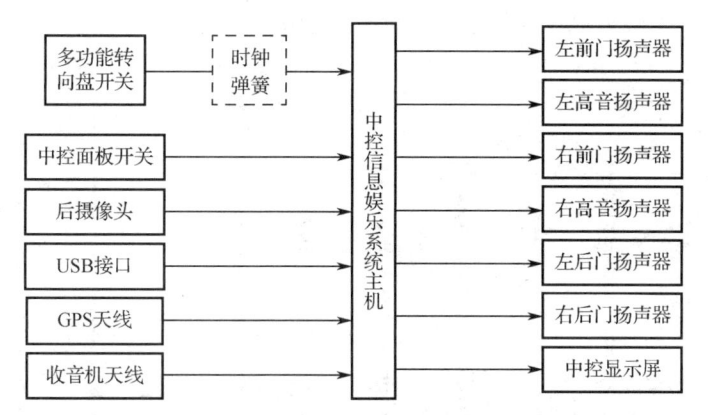

图 10-14 中控信息娱乐系统组成

计划

根据任务分工及任务要求制订工作计划，计划表如表 10-5 所示。

表 10-5 计划表

序　号	作　业　项　目	操　作　人
1	查阅电路图	
2	分析电路原理及电流走向	
3	拆画电路草图	
4	协调组员并确定拆画电路图终稿	

实施

按照所制订的工作计划进行 EU5 R500 纯电动汽车中控信息娱乐系统电路图拆画，并在拆画的电路图中标注主要电气元件名称及线路电流走向（见图 10-15）。

资讯（二）

当驾驶员按下一键启动按键后，音响主机 A/B/C 工作，蓄电池电源通过仪表板电器盒内 RF25 15A 熔断器将 12V 电源送至音响主机 A/B/C T8b/A7 引脚；ACC 电源通过仪表板电器盒内 RF22 5A 熔断器将 12V 电源送至音响主机 A/B/C T8b/A4 引脚，为音响主机 A/B/C 提供电源。同时，音响主机 A/B/C T8b/A8 引脚通过 0.75mm^2 黑色导线与搭铁点 G303 相连接，为音响主机 A/B/C 提供搭铁电源。

当驾驶员操作仪表板中控面板 I30 时，中控面板 I30 信号通过面板按键信号 1 和面板按键信号 2 送至中控主机副插座 I52，主机接收到信号指令后根据控制功能控制相应扬声器工作。

当驾驶员操作多功能转向盘信息娱乐按键开关时，中控面板 I30 信号通过转向盘处的时钟弹簧 I27 经 0.35mm^2 橙色导线和 0.35mm^2 绿黄色导线送至中控主机，主机接收到信号指令后根据控制功能控制相应影音系统音量、上下曲目等调节工作。当音响主机 A/B/C 接收到车载电话功能指令时，便会对双麦克 R01 输出信号进行处理。

当驾驶员挂入倒挡时，倒挡信号通过底盘驱动总线系统 CBUS、网关、信息娱乐总线系统 IBUS 经中控面板 I30 送至中控主机，此时中控模块便会向后摄像头提供电源并将摄像头信号进行处理分析，然后经中控显示屏进行影像呈现。

(a)

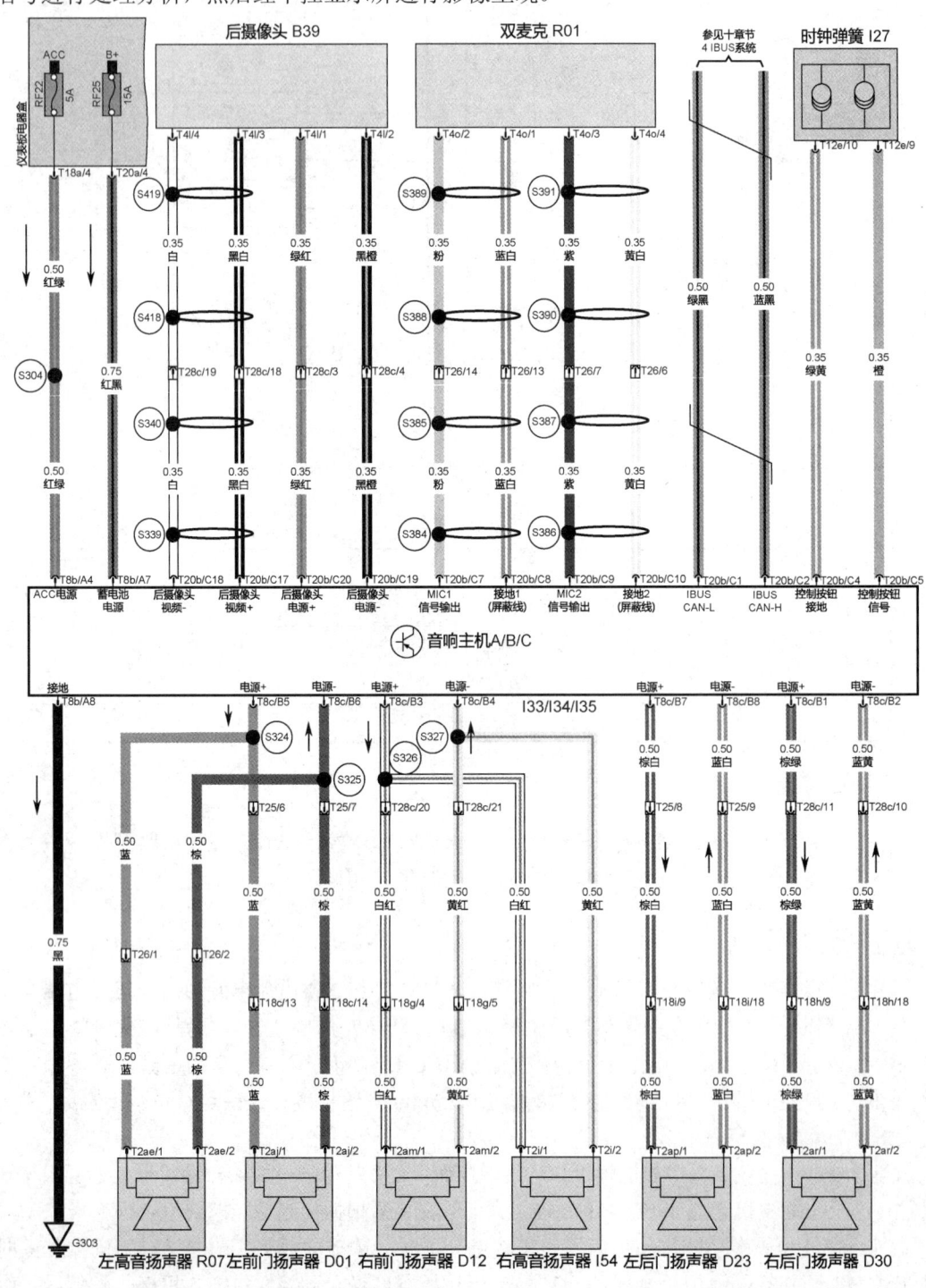

图 10-15 EU5 R500 纯电动汽车中控信息娱乐系统电路图

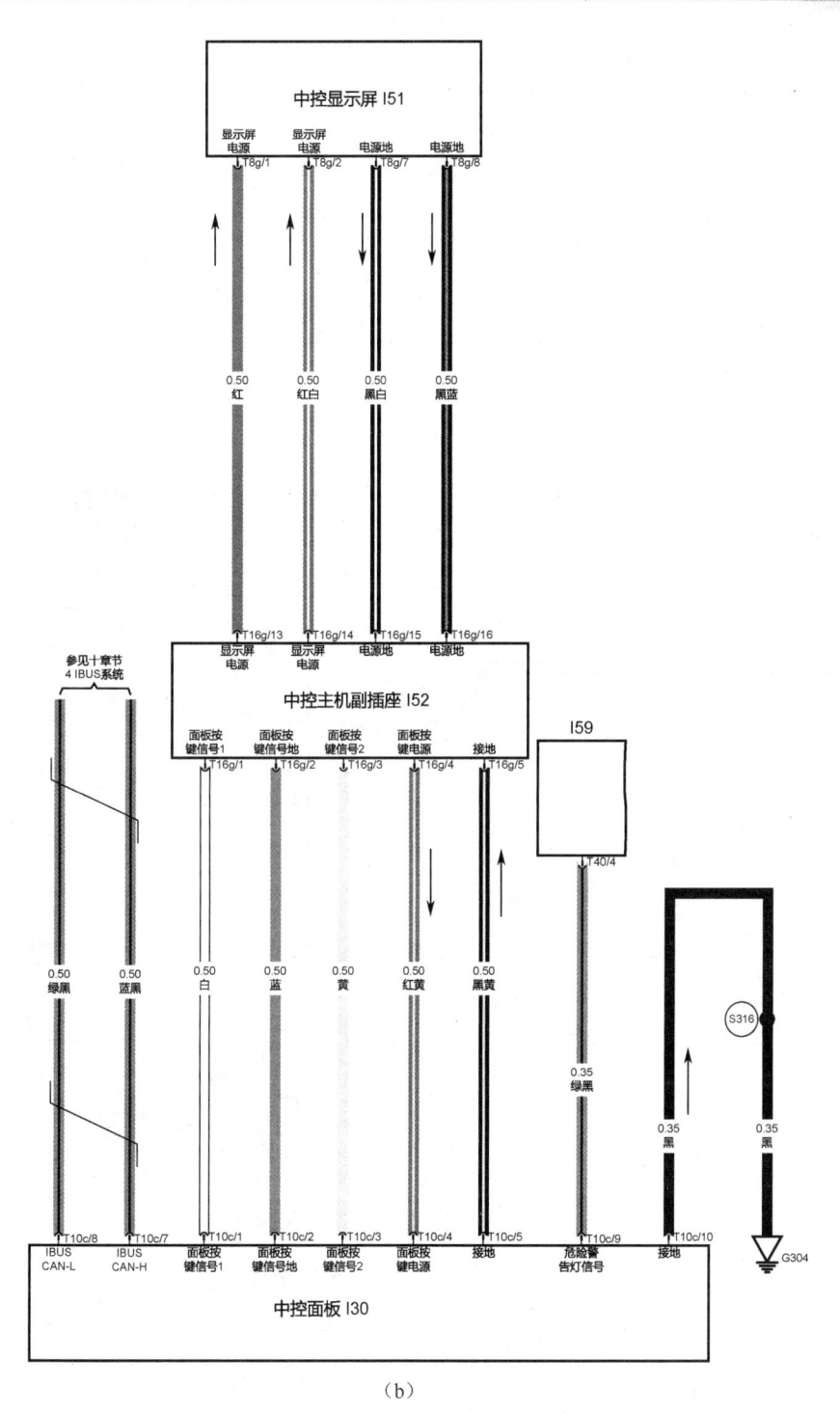

新能源汽车导航、视听系统工作不良故障检修 **学习情境 10**

（b）

图 10-15　EU5 R500 纯电动汽车中控信息娱乐系统电路图（续）

实施

根据故障现象，以小组为单位分析中控信息娱乐系统不工作可能存在的故障点，实施记录表如表 10-6 所示。

表10-6　实施记录表

序号	可能原因	序号	可能原因
1	中控主机供电熔断器损坏	6	中控主机搭铁线路损坏
2	熔断器至中控主机线路损坏	7	搭铁点脱落
3	中控主机本身局部损坏	8	中间插接器松动
4	中控面板开关及线路损坏	9	多功能开关及线路
5	中控显示屏及线路损坏	10	总线系统故障

资讯（三）

1. 插接器端子定义

北汽 EU5 R500 纯电动汽车中控面板 I30 插接器端子如图 10-16 所示，其引脚编号及定义如表 10-7 所示。

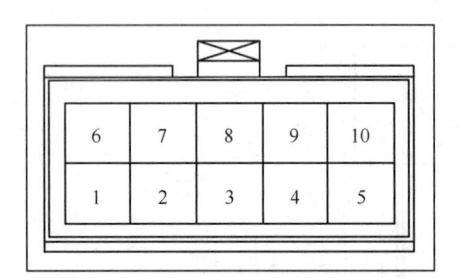

表10-7　中控面板插接器引脚编号及定义

引脚编号	定义
1	面板按键信号1
2	面板按键信号地
3	面板按键信号2
4	面板按键电源
5	接地
6	—
7	IBUS CAN-H
8	IBUS CAN-L
9	危险警告灯信号
10	接地

图 10-16　中控面板 I30 插接器端子

北汽 EU5 R500 纯电动汽车音响主机 A/B/C 插接器端子如图 10-17 所示。音响主机 A/B/C 插接器引脚编号及定义如表 10-8 所示。

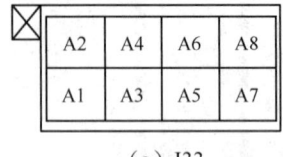

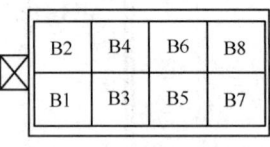

（a）I33　　（b）I34　　（c）I35

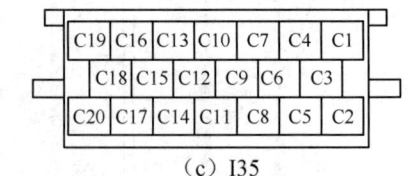

图 10-17　音响主机 A/B/C 插接器端子

表10-8　音响主机 A/B/C 插接器引脚编号及定义

引脚编号	定义	引脚编号	定义	引脚编号	定义	引脚编号	定义
A1	—	B1	右后门扬声器电源+	C1	IBUS CAN-L	C11	MIC+
A2	—	B2	右后门扬声器电源-	C2	IBUS CAN-H	C12	MIC-
A3	—	B3	右前门/右高音扬声器电源+	C3	—	C13	MIC 屏蔽
A4	ACC 电源	B4	右前门/右高音扬声器电源-	C4	控制按钮接地	C14	SPK+

续表

引脚编号	定义	引脚编号	定义	引脚编号	定义	引脚编号	定义
A5	—	B5	左前门/左高音扬声器电源+	C5	控制按钮信号	C15	SPK -
A6	—	B6	左前门/左高音扬声器电源-	C6	—	C16	SPK 屏蔽
A7	B+电源	B7	左后门扬声器电源+	C7	MIC1 信号输出	C17	后摄像头视频+
A8	接地	B8	左后门扬声器电源-	C8	接地 1（屏蔽线）	C18	后摄像头视频-
—				C9	MIC2 信号输出	C19	后摄像头电源-
				C10	接地 2（屏蔽线）	C20	后摄像头电源+

北汽 EU5 R500 纯电动汽车中控主机副插座 I52 及中控显示屏 I51 插接器端子如图 10-18 所示，其引脚编号及定义如表 10-9 所示。

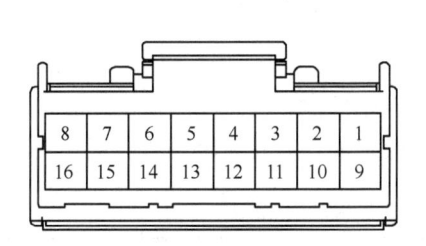

（a）中控主机副插座I52　　　（b）中控显示屏I51

图 10-18　中控主机副插座 I52 及中控显示屏 I51 插接器端子

表 10-9　中控主机副插座 I52 及中控显示屏 I51 插接器引脚编号及定义

引脚编号（I52）	定义	引脚编号（I52）	定义	引脚编号（I51）	定义
1	面板按键信号 1	9	—	1	显示屏电源
2	面板按键信号地	10	—	2	显示屏电源
3	面板按键信号 2	11	—	3	—
4	面板按键电源	12	—	4	—
5	接地	13	显示屏电源	5	—
6	—	14	显示屏电源	6	—
7	—	15	电源地	7	电源地
8	—	16	电源地	8	电源地

2. 单件测试

测试方法：关闭启动开关，断开蓄电池负极，拆卸中控信息娱乐系统供电熔断器和时钟弹簧，利用万用表欧姆挡测量熔断器和时钟弹簧的电阻阻值，若不符合要求，则应更换。

3. 利用诊断仪与万用表检测

连接诊断仪，打开启动开关，操作中控信息娱乐系统控制开关，利用诊断仪读取中控信息娱乐系统 EHU 故障代码或数据流，先根据故障代码或数据流进行相应检测，然后利用万

用表进行电压及电阻检测。

计划

根据任务分工及任务要求制订工作计划,完成计划表(见表10-10)。

表10-10 计划表

序 号	测 试 项 目	使 用 工 具	操 作 人
1	单件测试	万用表、跳线	
2	读取故障代码或数据流	诊断仪	
3	电压检测	万用表、跳线	
4	电阻检测	万用表、跳线	

实施

按照制订的工作计划开展相应检测,并完成实施记录表。

1. 单件测试

关闭启动开关,断开蓄电池负极,拆卸中控信息娱乐系统供电熔断器和时钟弹簧,利用万用表欧姆挡测量熔断器和时钟弹簧的电阻阻值,并完成单件测试记录表(见表10-11)。

表10-11 单件测试记录表

序 号	测 试 项 目	标 准 值	实 测 值	是 否 正 常	维修建议(否)
1	时钟弹簧			是　否	更换线束
2	RF22	<1Ω		是　否	更换熔断器
3	RF25	<1Ω		是　否	更换熔断器

2. 读取故障代码或数据流

连接诊断仪,打开启动开关,操作中控信息娱乐系统控制开关,利用诊断仪读取中控信息娱乐系统EHU故障代码或数据流,并完成故障代码或数据流记录表(见表10-12)。

表10-12 故障代码或数据流记录表

序 号	故障代码或数据流含义	(异常)可能原因
1		
2		

清除故障代码,再次读取,故障代码能否清除:是　否

3. 电压测试

打开启动开关,操作中控信息娱乐系统控制开关,利用万用表直流电压挡测量中控信息娱乐系统相关端子对地电压值,并完成电压测试记录表(见表10-13)。

表 10-13　电压测试记录表

序　号	测试项目	标准值	实　测　值	是否正常	维修建议（否）
1	T8b/A4—地	B+		是　否	检修上游线束或熔断器
2	T8b/A7—地	B+		是　否	检修上游线束或熔断器
3	T8b/A8—地	<0.1V		是　否	检修下游线束或搭铁点
4	T20b/C1—地	1.5～2.5V		是　否	检修线束
5	T20b/C2—地	2.5～3.5V		是　否	检修线束
6	RF22—地	B+		是　否	更换熔断器
7	RF25—地	B+		是　否	更换熔断器

4. 电阻检测

根据上一步电压测量及实际故障现象，断开蓄电池负极，利用万用表欧姆挡测量中控信息娱乐系统相关线路电阻阻值，并完成电阻测试记录表（见表10-14）。

表 10-14　电阻测试记录表

序　号	测试项目	标准值	实　测　值	是否正常	维修建议（否）
1	T8b/A4—T18a/4	<1Ω		是　否	检修线束
2	T8b/A7—T20a/4	<1Ω		是　否	检修线束
3	T8b/A8—G303	<1Ω		是　否	检修线束
4	T20b/C1—T40a/17	<1Ω		是　否	检修线束
5	T20b/C2—T40a/18	<1Ω		是　否	检修线束

检查

1. 自检

各小组针对操作情况进行自检，完成自检记录表（见表10-15）。

表 10-15　自检记录表

序　号	检查项目	结　果	序　号	检查项目	结　果
1	是否规范操作仪器仪表	是　否	4	检测工具是否清洁、复位	是　否
2	测试条件是否正确	是　否	5	测量插头、线束是否复位	是　否
3	启动开关是否关闭	是　否	6	场地卫生是否清扫	是　否

2. 互检

各小组针对操作情况进行互检，完成互检记录表（见表10-16）。

表 10-16　互检记录表

序　号	检查项目	结　果	序　号	检查项目	结　果
1	启动开关是否关闭	是　否	3	测量插头、线束是否复位	是　否
2	检测工具是否清洁、复位	是　否	4	场地卫生是否清扫	是　否

3. 终检

指导教师针对各小组实施情况进行终检，完成终检记录表（见表10-17）。

表10-17　终检记录表

序号	检查项目	结果	序号	检查项目	结果
1	启动开关是否关闭	是　否	3	测量插头、线束是否复位	是　否
2	检测工具是否清洁、复位	是　否	4	场地卫生是否清扫	是　否

评估

授课结束后，指导教师指导学生对操作过程进行评价，完成学习任务评价表（见表10-18）。指导学生进行课后总结，查找存在的问题，完成评估记录表（见表10-19）。

表10-18　学习任务评价表

班级：_____　　姓名：_____　　学号：_____

项目	自我评价 10～9	自我评价 8～6	自我评价 5～1	小组互评 10～9	小组互评 8～6	小组互评 5～1	教师评价 10～9	教师评价 8～6	教师评价 5～1
	占总评10%			占总评30%			占总评60%		
工具设备使用能力									
资料信息查阅能力									
数据读取分析能力									
实训报告撰写能力									
协作精神									
纪律观念									
表达能力									
工作态度									
安全意识									
总体表现									
小计									
总评									

指导教师：_____　　　　年　　月　　日

表10-19　评估记录表

课堂小结
实训结束后，指导教师指导学生分享本次实训收获。

续表

序　号	存在的问题
1	
2	

5S管理

1. 实训场地设备恢复。
2. 清洁实训车辆，打扫场地卫生，桌椅板凳摆放整齐有序。
3. 将工具、仪器、设备等归还原位。
4. 关闭实训场地的门窗、电源等。

习题测试

一、填空题

1. 按照导航的功能分类，车载卫星导航系统分为_____和_____。
2. 按照车辆信息是否返回控制中心分类，车载卫星导航系统分为_____和_____。
3. 车载卫星导航系统由_____、_____和_____组成。
4. 汽车视听系统分为四大部分：_____、_____、_____和_____。
5. 扬声器大体可分为_____、_____、_____三大类。
6. 扬声器的体积越大，其声音越_____；体积越小，其声音_____。

二、问答题

1. 新能源汽车车载卫星导航系统的功能有哪些？
2. 新能源汽车车载卫星导航系统的原理是什么？
3. 视听系统的特点有哪些？
4. 中控信息娱乐系统不工作可能的原因有哪些？

学习情境 11

新能源汽车巡航控制系统故障检修

学习情境描述

李先生驾驶的 2018 年生产的吉利帝豪 EV450 纯电动汽车，行驶里程为 8 万千米，该车在行驶过程中巡航控制系统指示灯常亮，要求予以检修。

学习内容

1. 新能源汽车巡航控制系统的功用、结构组成、工作原理。
2. 新能源汽车巡航控制系统电路图的识读。
3. 新能源汽车巡航控制系统的故障检修。

学习目标

1. 能够描述新能源汽车巡航控制系统的功用、结构组成、工作原理，正确率不低于 85%。
2. 能够使用工具按照正确的方法对巡航控制系统各元器件进行规范拆装，正确率不低于 90%。
3. 能熟练进行新能源汽车巡航控制系统电路图的识读，正确率不低于 90%。
4. 能够使用故障诊断仪结合故障现象初步判断巡航控制系统故障的原因，并进行故障检测及相关故障排除，正确率不低于 90%。
5. 弘扬精益求精的工匠精神，养成脚踏实地、认真负责的工作作风，践行安全生产、团队协作的职业素养。

教学准备

1. 教学用整车一辆（吉利帝豪 EV450）、汽车举升机、拆装工具。
2. 防护工具：车内四件套、车外三件套、车辆挡块、灭火器、隔离桩、警示牌等。
3. 其他材料：车辆使用手册、维修手册、整车电路图册。

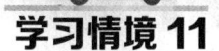

任务 1　巡航控制系统概述

资讯

一、巡航控制系统简介

巡航控制系统的分类及特点

新能源汽车巡航控制系统（Cruise Control System，CCS）是指新能源汽车在行驶过程中驾驶员不踩加速踏板便可按照驾驶员的要求，自动保持一定行车速度的控制装置。

巡航控制系统按照功能可分为定速巡航、限速巡航和自适应巡航三种。

1. 定速巡航

定速巡航是最常见的，其基本控制方式为开启巡航模式后选择设定速度，即能松开加速踏板保持当前速度行驶，行驶中能通过控制按钮（杆）调整速度。若要取消巡航设定，则踩下刹车或关闭巡航开关即可。优点是完全解放双脚，双手可在控制方向的同时控制速度的大小。

2. 限速巡航

限速巡航与定速巡航非常相似，最大的区别是设定限速后，若要保持设定速度脚不能离开加速踏板，则只要达到设定速度，计算机就会自动判断此时所需供油量，除非将加速踏板快速深踩，否则轻微踩加速踏板不会有任何影响。换句话说，加速踏板变成了限速开关的保险，只有踩着加速踏板才能实现与定速巡航同样的效果。最大特点：脚不离开加速踏板，遇到紧急突发情况，反应时间会更短一些；由于加速踏板依然可控，在上下坡较多的路段，会比"自动驾驶"人性化很多。

3. 自适应巡航

自适应巡航也称为主动巡航，类似于传统的定速巡航控制，该系统包括雷达传感器、数字信号处理器和控制模块。在自适应巡航系统中，系统利用低功率雷达或红外线光束得到前车的确切位置，如果发现前车减速或监测到新目标，那么系统会发送执行信号给发动机或制动系统来降低车速，从而使车辆和前车保持一个安全的行驶距离。当前方道路障碍清除后又会加速恢复到设定的车速时，雷达系统会自动监测下一个目标。自适应巡航控制系统代替司机控制车速，避免了频繁取消和设定巡航控制。自适应巡航控制系统适合多种路况，为驾驶员提供了一种更轻松的驾驶方式。

自适应巡航控制（ACC）是一个允许车辆巡航控制系统通过调整速度以适应交通状况的汽车功能。安装在车辆前方的雷达用于监测在该车前进道路上是否存在速度更慢的车辆，若存在速度更慢的车辆，则 ACC 系统会降低车速并控制与前方车辆的间隙或时间间隙；若 ACC 系统监测到前方车辆并不在该车行驶道路上时，则 ACC 系统将加快本车速度使之回到之前所设定的速度。此操作实现了在无驾驶员干预下的自主减速或加速。目前，自适应巡航控制系统普遍只出现在高端车上。

二、巡航控制系统特点

1. 自动控制汽车恒速行驶

在路况较好的路面上行驶时，打开巡航控制系统，CCS 能够根据行车阻力自动控制驱动电动机工作电流（传统燃油车，调节发动机动力），使汽车按照驾驶员设定的车速稳定行驶。无论是在上下坡、平路行驶或风速变化的路况下行驶，只要在电动机（发动机）功率允许范围内，汽车均能实现恒速行驶。

2. 减轻驾驶员疲劳

巡航控制系统可以实现部分自动驾驶功能。当电动汽车在上坡、下坡或水平路面上行驶时，驾驶员打开巡航控制功能后，只需要操控好转向盘，这样避免了驾驶员频繁踩踏加速踏板或切换挡位（手动挡），可以大大减轻驾驶员长时间、长距离行车时的劳动强度，减轻疲劳。

3. 降低耗电、延长续航里程

当巡航控制系统工作时，车辆会在设定车速范围内保持匀速行驶，驾驶员对于加速踏板和制动踏板的操作次数会大大减少，避免了急加速、急减速工况，可始终使电动汽车的电动机处于稳定最佳工作状态，减少电池电量消耗，可大大延长新能源汽车的续航里程，同时提高经济性。

4. 提高乘坐舒适性

当巡航控制系统处于工作状态时，车辆会保持在设定车速恒速行驶，避免了车辆急加速、急减速工况所造成的惯性冲击对人体造成不适感，大大提高了驾驶员和乘客的乘坐舒适性。

5. 延长电动汽车使用寿命

当巡航控制系统处于工作状态时，车辆会保持在设定车速恒速行驶，车辆的额外惯性力大大减小，可使新能源汽车的驱动电动机处于稳定的运转工况，机械零部件因惯性冲击造成的故障率大大降低，从而延长了电动汽车的使用寿命，降低了用车成本。

6. 提高行车安全性

巡航控制系统工作时，由于车辆可以在设定车速恒速行驶，减轻了驾驶员的疲劳强度，驾驶员不易疲劳，从而能够集中精力操作转向盘，提高驾驶车辆的安全性。在行驶过程中，可随时切换到人为操作模式，为驾驶员的安全驾驶提供了便利条件。当车辆行驶速度超过设定车速时，巡航控制系统可自动停止工作，以确保车辆的行车安全。自适应巡航控制系统的跟车模式可自动控制与前车的行驶距离，确保行车安全。

三、巡航控制系统组成及工作原理

巡航控制系统主要由巡航控制开关、传感器、电子控制单元（ECU）和执行器四部分组成。巡航控制系统工作时，驾驶员不需要操作加速踏板就能保证汽车以设定的车速匀速行驶，从而给汽车驾驶带来了很大的方便。巡航控制开关用来接通或关闭该控制系统的工作，并用来设置所要求的行车速度，同时用来选择其他的控制信息。ECU 根据车速传感器信号计算车速，并与所设置的车速相比后产生一个偏差信号，然后控制执行机构驱动加速踏板开度变化，使加速踏板开度随行驶阻力的变化而变化，从而使实际车速与所设置的车速一致。ECU 根据取消控制信号，如制动信号、离合器动作信号或巡航控制开关切断信号等，即可终止巡航控制系统。

1. 巡航控制开关

目前，汽车上普遍采用的巡航控制开关分为两种，一种为手柄式控制开关，位于转向盘下方；另一种为按键式控制开关，位于转向盘上方，如图 11-1 所示。

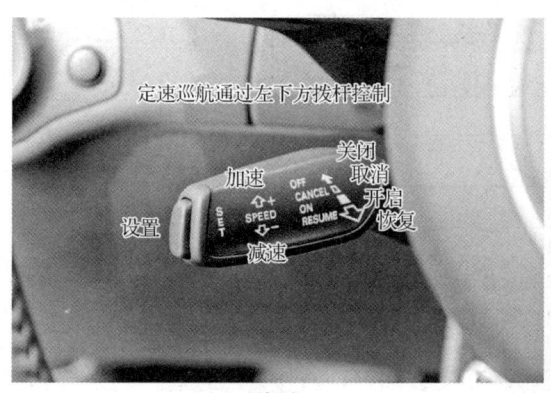

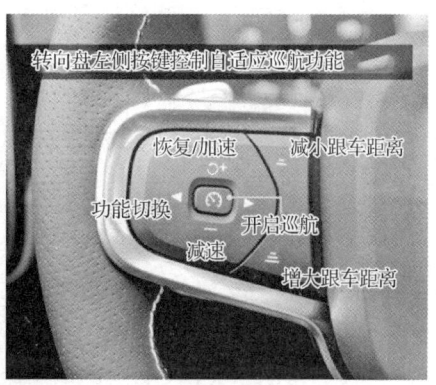

图 11-1 巡航控制开关
（a）手柄式　（b）按键式

以吉利帝豪 EV450 纯电动汽车为例，巡航控制开关包括主开关、设定/减速开关（SET/-）、恢复/加速开关（RES/+）和取消开关，如图 11-2 所示。

（1）主开关。

主开关是巡航控制系统的主电源开关，位于巡航控制开关的端部，为按键式开关。当按下主开关按键时，电源被接通；再按一次主开关按键，电源断开。当主开关被接通时，如果将启动开关关闭，则主开关也关闭。当再次接通启动开关时，巡航主开关并不被接通，而保持关闭。

（2）控制开关。

吉利帝豪 EV450 纯电动汽车的巡航控制开关一般由设定/减速开关（SET/-）和恢复/加速开关（RES/+）组成。该开关为自动回位型开关。当向上推控制开关时（图 11-2 中的方向 A），恢复/加速开关被接通；当向下推控制开关时（图 11-2 中的方向 B），设定/减速开关被接通。

图 11-2 吉利帝豪 EV450 纯电动汽车巡航控制开关

当需要临时取消巡航控制功能时，需要按下转向盘上取消开关按键。

（3）退出巡航控制开关。

退出巡航控制开关除了主开关、取消开关，还包括制动灯开关、驻车制动开关、离合器开关（手动变速器）和空挡启动开关（自动变速器）。

① 制动灯开关。

制动灯开关由常闭和常开两个开关组成，制动灯开关电路如图 11-3 所示。开关 A 为常

261

开开关，踩下制动踏板时开关闭合，将制动灯的电源电路接通，制动灯被点亮。同时，电源电压经开关 A 加在 ECU 上，将制动信号输入 ECU，ECU 取消巡航控制系统的控制，巡航系统停止工作。

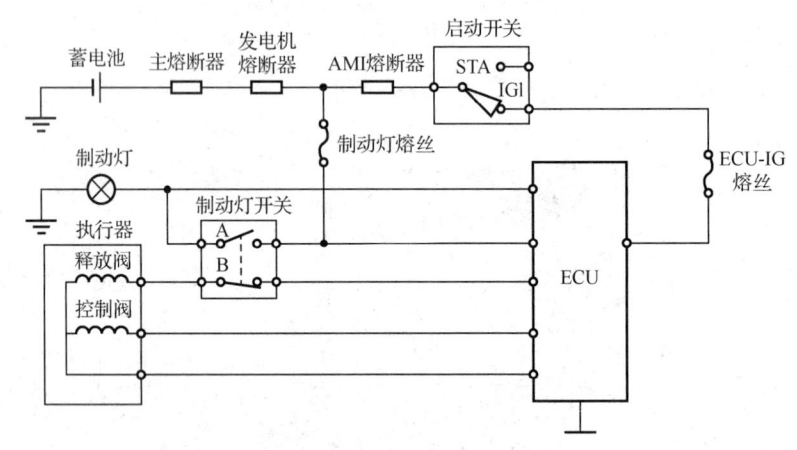

图 11-3 制动灯开关电路

开关 B 为常闭开关，当踩下制动踏板时，开关 B 断开，直接切断巡航控制系统 ECU 对巡航控制执行器的控制电路，确保巡航系统停止工作。

② 驻车制动开关。

当驻车制动手柄被拉起时，驻车制动开关被接通，驻车制动信号被送至巡航控制系统 ECU 和仪表控制单元，巡航控制系统 ECU 将立即取消巡航控制的工作，仪表上驻车制动灯同时被点亮。

③ 离合器开关。

对于装有手动变速器的汽车，当踩下离合器踏板时，离合器开关被接通，将取消信号送至 ECU，ECU 将取消巡航控制系统的工作。

④ 空挡启动开关。

对于装有自动变速器的汽车，当将变速杆移至 N（空挡）位时，空挡启动开关被接通，将取消信号送至 ECU，ECU 将取消巡航控制系统的工作。

2. 传感器

巡航控制系统要保持汽车按设定的车速等速行驶，就必须将车辆的车速信号送至 ECU，ECU 根据这些信号计算出驱动电动机所需驱动电流大小或加速踏板的合理开度，并将控制指令发送给驱动电动机控制器或巡航控制执行器，调节驱动电动机控制电流的大小或加速踏板的开度，同时需要将执行机构的信息反馈给 ECU，以便实现精确控制。对于自适应巡航控制系统要保持与前车的安全距离，防止当前车突然制动时发生追尾碰撞，就必须在车辆前部安装工作性能可靠的传感器，将前车或障碍物的距离等信息送至 ECU，以便 ECU 作出相应的指示信息和控制动作。目前，汽车上常用的巡航控制传感器主要有车速传感器、加速踏板位置传感器和车距传感器（雷达）。

（1）车速传感器。

对于巡航控制系统而言，车速传感器信号的作用是 ECU 用于巡航车速的设定及将实际车速与设定车速进行比较，以便实现等速控制。车速传感器通常安装在驱动桥壳或变速器壳内,也有车型利用轮速传感器采集车速信号。车速传感器信号线通常装在屏蔽的外套内,这是为了消除由高压电相线及车载电话或其他电子设备产生的电磁及射频干扰,用于保证电子通信不产生中断,防止造成驾驶性能变差或其他问题。

目前,汽车上应用的车速传感器有多种形式,如霍尔式、光电式、磁感应式等,通常情况下使用磁感应式传感器和霍尔式传感器较多。

(2)加速踏板位置传感器。

加速踏板位置传感器安装在加速踏板体上,如图 11-4 所示,其作用是将加速踏板开度大小转变为电压信号输入发动机控制单元,发动机控制单元根据此信号判别发动机负荷信息、工况信息(如启动、怠速、倒拖、部分负荷、全负荷),以及加速和减速信息。对于巡航控制系统而言,加速踏板位置传感器信号的作用是 ECU 用于计算输出与加速踏板开度的关系,以确定输出量的大小。加速踏板位置传感器有多种结构形式,常见的有可变电阻型、带怠速开关的可变电阻型、双可变电阻型、霍尔型等。

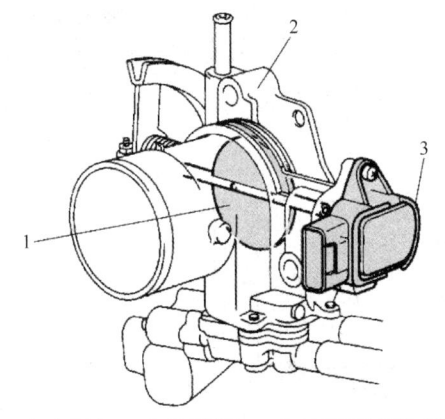

1—加速踏板;2—加速踏板体;3—加速踏板位置传感器

图 11-4　加速踏板位置传感器

(3)车距传感器(雷达)。

传统的巡航控制系统能保持一个固定的速度,但不考虑车辆周围的环境,所以在车流量大的情况下,由于车辆要不时地开进和驶离行车道,传统的巡航控制系统就很不适应了。对于安装自适应巡航控制系统的汽车能够适应车辆周围的环境,并根据本车与前车的速度与前车保持一个安全速度和安全距离。

汽车雷达可通过发射能量波束并被被测物体反射,计算波束从发射到被被测物体反射回来的时间就可以计算出与障碍物之间的距离。汽车上常用的能量波束有超声波、激光、红外线和微波等。目前应用最多的是毫米波雷达和激光雷达。

毫米波是指工作频率为 30~100GHz,波长为 1~10mm 的电磁波,毫米波雷达(主要是94GHz)的功能就是精确测量目标的距离和相对速度。毫米波雷达可以全天候工作,它不受天气状况的影响,可以在大雨、大雾、黑夜等条件下正常运行,而恶劣的气候环境正是交通事故的高发期。随着高频器件和单片微波集成电路的出现和应用,毫米波雷达的性能有了很大的提高,而成本则有所下降,并且雷达的外形尺寸可以做得很小,便于在汽车上安装。因此,毫米波雷达就成了汽车前视雷达的首选。

激光雷达之所以能在汽车前视雷达得到广泛应用,是因为激光雷达与毫米波雷达相比,具有体积小、波束窄、成本低、无电磁干扰、距离及位置探测准确度高等特点。而近几年来发展的 1.54μm 近红外激光雷达具有人眼安全及较高的大气透过率,使激光雷达的性价比有了进一步的提高。

毫米波雷达和激光雷达各有特点和适用范围,一般来说单个传感器的信息都有一定的局限性,根据其作出判断容易产生虚警,为了提高对目标的识别和估计能力,就要引入多传感信息融合技术,把分布在不同位置的多个同类或不同类传感器所提供的局部不完整观察量加以融合,消除多传感器信息之间可能存在的冗余和矛盾,加以互补,降低其不确定性,以形成对系统环境相对一致的感知描述,从而提高系统决策的正确性。但是,对一个实际系统而

言，增加传感器的数目，在提高系统性能的同时提高了系统的成本，必须综合考虑系统性能和价格之间的关系。

3. 电子控制单元

电子控制单元（ECU）的作用是接收车速传感器、巡航控制开关、制动开关等作用信号，经计算、记忆、放大及信号转换等处理后输出控制信号，驱动执行器动作。电子控制单元主要由微处理器、输入/输出电路、执行器驱动电路和保护电路等组成，如图11-5所示。

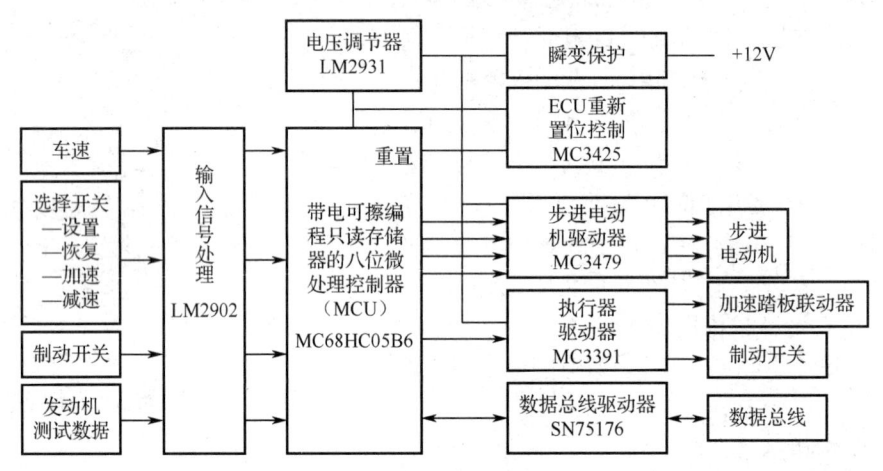

图 11-5 电子控制单元

电子控制单元可实现以下功能。

（1）记忆设定车速功能。

当巡航控制主开关接通，车辆在巡航控制车速范围内（一般为 40~200km/h）行驶时，操作设定/减速（SET/-）开关可以设定巡航车速。ECU将设定的车速存储在存储器内，并将按设定车速控制汽车等速行驶。

（2）等速控制功能。

当车辆设定好巡航后，ECU将实际车速与设定车速进行比较，首先确定加速踏板是否应该开大或关小，并根据实际车速与设定车速的差值，计算出加速踏板开大或关小的量；然后对执行器进行控制，保证汽车按设定车速等速行驶。对于纯电动汽车，ECU通过控制驱动电动机的驱动电流来控制汽车的车速。

（3）设定车速调整功能。

当汽车设定好车速以巡航控制模式行驶时，如果需要使设定车速提高或降低，则只要操作恢复/加速开关或设定/减速开关，就可以使设定车速改变，ECU将记忆改变后的设定车速，并按新的设定车速进行巡航行驶。

（4）取消和恢复功能。

当汽车以巡航控制模式行驶时，如果接通取消开关或接通任何一个其他的退出巡航控制开关，那么ECU将控制执行器使巡航控制取消。取消巡航控制以后，要想重新按巡航控制模式行驶，只要操作恢复/加速开关，ECU即可恢复原来的巡航控制行驶。

（5）车速下限控制功能。

车速下限是巡航控制所能设定的最低车速，不同的车型稍有不同，一般为40km/h。当车速低于 40km/h 时，巡航车速不能被设定，巡航系统不能工作。

（6）车速上限控制功能。

车速上限是巡航控制所能设定的最高车速，一般为 200km/h。车速超过该数值，巡航控制车速不能被设定。汽车在巡航控制模式行驶时，如果操作加速开关，那么车速也不能加速至 200km/h 以上。

（7）安全控制功能。

当汽车以巡航控制模式行驶时，如果因为下坡汽车车速高于设定车速 15km/h，则 ECU 将切断巡航控制系统，使车速降低。

当车速降低至比设定车速高出不足 10km/h 时，ECU 控制系统再次接通，恢复巡航控制。

（8）自动取消功能。

当汽车以巡航控制模式行驶时，若出现执行器驱动电流过大，伺服电动机始终朝加速踏板打开的方向旋转时，则 ECU 存储器内存储的设定车速将被清除，巡航控制模式将被取消，主开关同时关闭。此外，当 ECU 诊断出系统有故障时，将会使巡航控制系统自动停止工作。

（9）自诊断功能。

如果巡航控制系统发生故障，那么 ECU 的自诊断系统能够诊断出故障，并使仪表板上的巡航指示灯闪烁，以便提醒驾驶员。同时，ECU 将故障代码存储在存储器内。通过巡航控制指示灯的闪烁或使用故障诊断仪可以读取故障代码。

4．执行器

巡航控制系统执行器的作用是接收 ECU 的控制指令，对于传统燃油车通过电动或气动方式控制加速踏板的开闭，对于电动汽车通过电动机控制器控制驱动电动机的驱动电流，使车辆实现加速、减速或定速行驶的功能。

目前，汽车上使用的巡航控制系统执行器有电磁电动机型巡航控制执行器、真空驱动型巡航控制执行器和电子加速踏板型巡航控制执行器三种。

（1）电磁电动机型巡航控制执行器。

丰田佳美汽车的速度巡航执行器采用的是电磁电动机型巡航控制执行器，安装在发动机室的右侧，安装高度与加速踏板体差不多，它与加速踏板控制阀之间有钢绳相连接。如图 11-6（a）所示，执行器与控制计算机间由 7 根导线相连，通过一个 7 端子的插接件实现可靠连接。巡航执行器内部主要有 3 套组件，即电磁离合器、位置传感器及伺服电动机，其内部电路图如 11-6（b）所示。

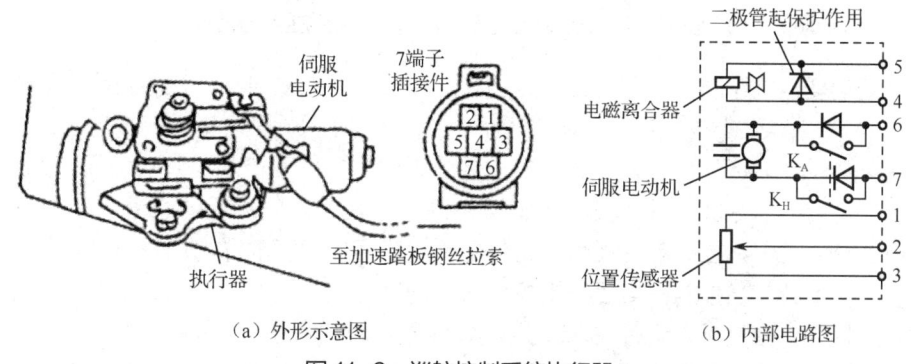

（a）外形示意图　　　　　　　（b）内部电路图

图 11-6　巡航控制系统执行器

ECU输出增加或减少加速踏板开度的信号时，通过伺服电动机顺时针或逆时针转动，经蜗轮蜗杆减速器减速后带动控制臂转动，最终通过拉索带动加速踏板。

电磁离合器起锁住或释放加速踏板控制钢绳拉线的作用，使加速踏板稳定在一定的开度。通电时，将加速踏板控制钢绳与伺服电动机轴联在一起，即锁住，反之则释放。它与控制计算机通过接线端子4和端子5相连接。

位置传感器实际上是一个可变电阻器，动态地反映了加速踏板的开度情况，以给巡航控制计算机输送伺服电动机动作的反馈信号。它通过接线端子1、端子2及端子3与控制计算机相连接。

伺服电动机为永磁可逆式直流电动机，通过改变电动机的通电极性，使其实现正转或逆转（对应于加速踏板的开大或关小）。其作用是保持车辆的动态恒速。汽车在行驶时都不可避免地遇到道路不平坦、上坡或下坡、转弯及各种阻力，造成因车速阻力变化的车速变化。为保证车速恒定，必须对加速踏板的开度进行小范围调整。伺服电动机根据控制计算机的指令正转或反转，随时调整加速踏板的开度，达到汽车动态恒速的目的。除此之外，伺服电动机还用于汽车加速和降速的加速踏板调整。它与控制计算机的电气连接通过接线端子6和端子7来实现。

（2）真空驱动型巡航控制执行器。

真空驱动型巡航控制执行器依靠真空力驱动加速踏板。真空源有两种取得方式，一种是仅从发动机进气歧管取得；另一种是从发动机进气歧管和真空泵取得，当进气歧管真空度较低时，真空泵参与工作，提高真空度，如图11-7所示。

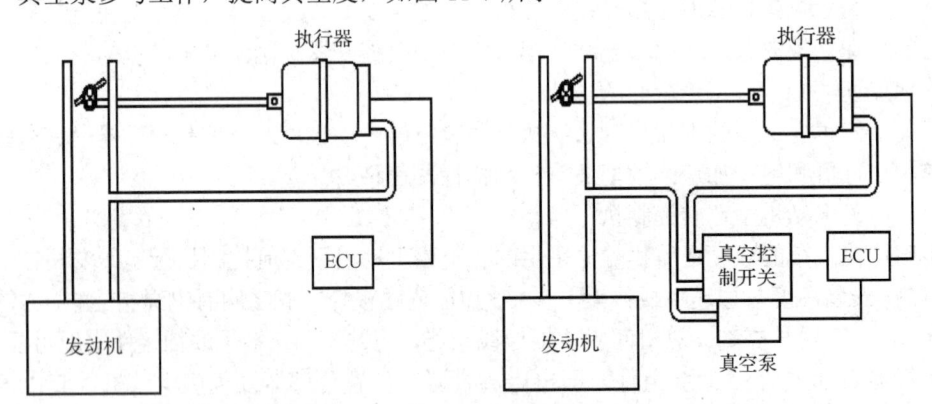

(a) 从进气歧管取得真空源　　(b) 从进气歧管和真空泵取得真空源

图11-7 真空驱动型巡航控制执行器的控制方法

真空驱动型巡航控制执行器主要由控制阀、释放阀、电磁线圈、控制膜片、回位弹簧等组成。

如图11-8（a）所示，控制阀用来控制膜片后方的真空度和控制膜片的位置，从而控制加速踏板开启角度。当ECU给控制阀通电时，控制阀关闭与大气相通的通道，开启真空通道，执行器内真空度增大，控制膜片在大气压作用下克服回位弹簧的弹力向左运动，从而将加速踏板开启角度增大。当控制阀电磁线圈断电时，与进气歧管相通的真空通道关闭，与大气压相连的通道打开，空气进入膜片左侧，此时两侧均为大气压力，控制膜片在回位弹簧作用下向右移动，加速踏板开启角度减小。ECU通过占空比信号控制电磁线圈的通电和断电，进而改变执行器内的真空度大小，从而控制加速踏板开度。

如图 11-8（b）所示，当巡航系统工作时，释放阀电磁线圈中有电流流过，从而使与大气相通的空气通道关闭，与进气歧管相通的真空通道打开，通过改变真空度大小来改变加速踏板开度，使车辆保持匀速行驶。当取消巡航控制时，释放阀电磁线圈断电，空气通道打开，使空气迅速进入执行器内部，从而快速取消巡航控制功能。当取消巡航控制功能时，ECU 除了断开释放阀电磁线圈的控制，与电磁线圈串联的制动灯开关也将断开，直接断开电磁线圈的控制回路，确保制动时巡航控制系统被可靠地取消。

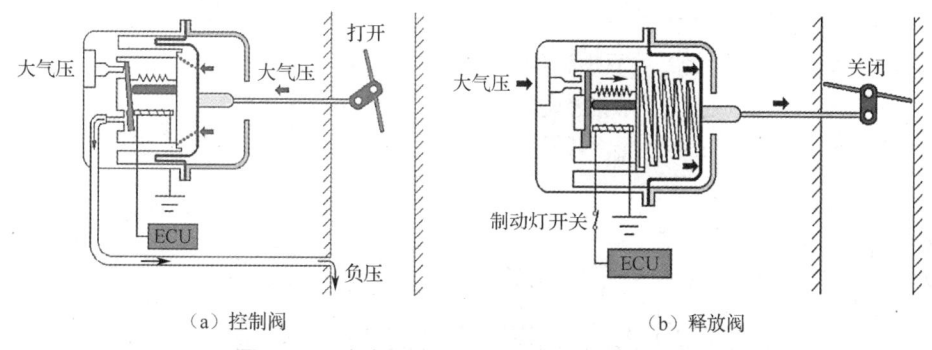

（a）控制阀　　　　　　　　　　（b）释放阀

图 11-8　真空驱动型巡航控制执行器工作原理

（3）电子加速踏板型巡航控制执行器。

电子加速踏板型巡航控制执行器实质上是一个电子加速踏板，其结构如图 11-9 所示。在工作过程中，与加速踏板位置传感器配合工作。由于该类型采用了电子加速踏板系统，因此利用电信号控制取代了传统加速踏板拉索。此时，巡航控制系统的功能被集成到发动机管理系统中，发动机控制单元根据当前车速及工况输出增大或减小加速踏板开度的控制信号，从而实现对加速踏板的控制，并匀速行驶。

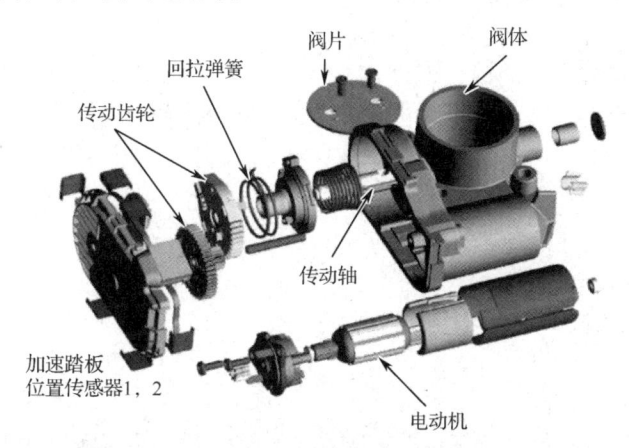

图 11-9　电子加速踏板结构

电子加速踏板型巡航控制系统工作时，发动机控制单元通过驱动加速踏板电动机转动，驱动电动机通过传动齿轮克服加速踏板回拉弹簧的弹力使加速踏板开启，同时，加速踏板位置传感器将加速踏板开启信号发送给发动机控制单元，以实现对加速踏板的精确控制。

四、时钟弹簧的更换

下面以吉利帝豪 EV450 纯电动汽车为例,介绍时钟弹簧的更换。更换前需要注意在维修任何电气部件前,启动开关电源模式应该在 OFF 状态,并且所有电气负载必须为 OFF 状态,除非操作程序中另有说明。如果工具或设备容易接触裸露的带电电气端子,则还要断开蓄电池负极。

(1) 转动转向盘,将转向轮调整到直行状态并关闭启动开关,使转向盘处于锁止状态。

(2) 断开蓄电池负极,等待 90s,使电容完全放电。

(3) 拆卸驾驶员安全气囊。

(4) 拆卸转向盘固定螺母并取出转向盘,如图 11-10 所示。

(5) 拆卸转向柱护板左右两侧上部及下部固定螺钉,拆卸转向柱上下护板。

(6) 断开时钟弹簧线束连接器,脱开时钟弹簧固定卡扣,取下时钟弹簧,如图 11-11 所示。

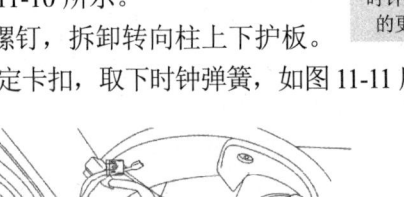

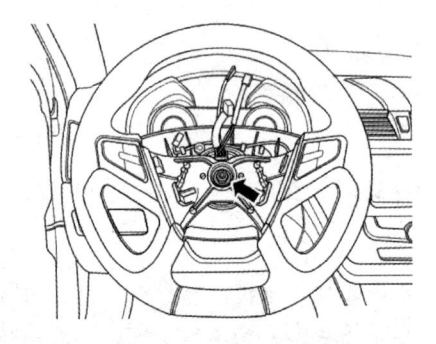

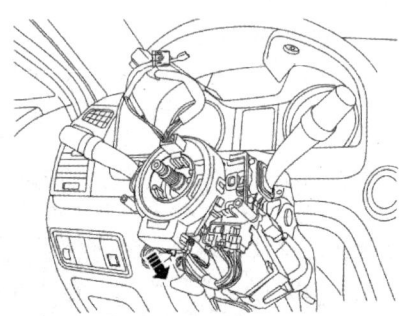

图 11-10 拆卸转向盘　　　图 11-11 拆卸时钟弹簧

(7) 时钟弹簧的安装。

① 连接时钟弹簧线束连接器并安装到转向柱上。

安装时注意:

- 不要拔掉时钟弹簧上的锁止销。
- 先顺时针拨动时钟弹簧至极限位置,再逆时针回拨至极限位置以确定其总圈数,最后拨回中间位置。

② 安装转向柱上下护板。

③ 安装转向盘。

④ 安装驾驶员安全气囊。

⑤ 连接蓄电池负极。

决策

根据任务要求制订新能源汽车巡航控制系统时钟弹簧更换实施计划,每个小组根据组员特点进行分工,决策记录表如表 11-1 所示,并选出小组组长负责任务的分工与实施。

表 11-1 决策记录表

序号	小组成员	任务
1	A B	查阅维修手册等资料
2	C D	工具准备

续表

序　号	小组成员	任　　务
3	E F	记录、汇报
4	G H	安全员

计划

根据任务分工及任务要求制订工作计划，计划表如表 11-2 所示。

表 11-2　计划表

序　号	作 业 项 目	操 作 人
1	拆卸驾驶员安全气囊	A B
2	拆卸转向盘及转向柱上下护板	C D
3	拆卸时钟弹簧	E F
4	安装时钟弹簧	A B
5	安装转向柱上下护板及转向盘	C D
6	安装驾驶员安全气囊	E F
7	安全、记录	G H

实施

根据工作计划进行时钟弹簧更换任务，完成实施记录表（见表 11-3）。

表 11-3　实施记录表

序号	实施项目	结果	序号	实施项目	结果
1	蓄电池负极是否断开	是　否	7	时钟弹簧是否安装	是　否
2	驾驶员安全气囊是否拆卸	是　否	8	时钟弹簧是否处于中间位置	是　否
3	转向盘是否拆卸	是　否	9	转向柱上下护板是否安装	是　否
4	转向柱上下护板是否拆卸	是　否	10	转向盘是否安装	是　否
5	时钟弹簧连接插头是否断开并拆卸	是　否	11	驾驶员安全气囊是否安装	是　否
6	时钟弹簧连接插头是否复位	是　否	12	蓄电池负极是否连接	是　否

5S管理

1. 实训场地设备恢复。
2. 清洁实训车辆，打扫场地卫生，桌椅板凳摆放整齐有序。
3. 将工具、仪器、设备等归还原位。
4. 关闭实训场地的门窗、电源等。

任务 2　巡航控制系统故障检修

资讯（一）

吉利帝豪 EV450 纯电动汽车巡航控制系统由巡航控制开关、车速传感器、电子控制单元

(ECU)、执行器等组成，如图 11-12 所示。巡航控制开关和车速传感器将信号送至 ECU，ECU 根据这些信号计算出驱动电动机所需驱动电流大小或加速踏板的合理开度，并将控制指令发送给驱动电动机控制器或执行器，调节驱动电动机控制电流的大小或加速踏板的开度，保持汽车按设定的车速等速行驶。当电动汽车车速低于 40km/h 时，巡航控制系统将无法开启，当 ECU 接收到主开关关闭、制动灯开关、驻车制动开关或离合器/空挡启动开关信号时，巡航控制系统将关闭巡航功能，以确保车辆行车安全。

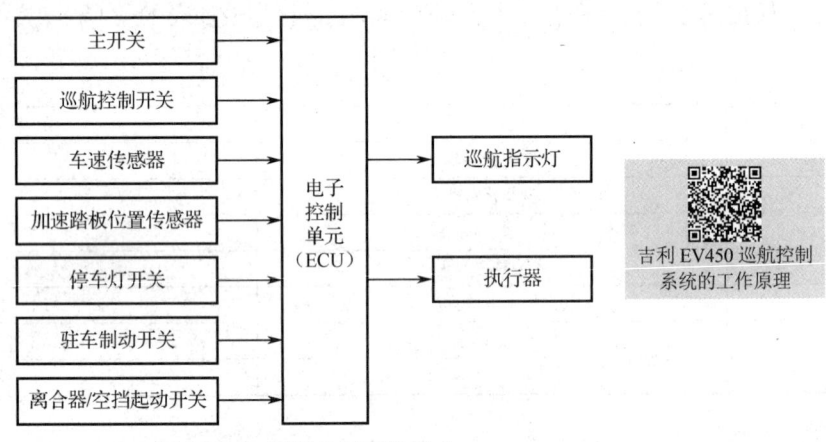

图 11-12　巡航控制系统组成

在进行巡航控制系统电路故障检修前，需要识读并拆画巡航控制系统电路图。
拆画电路图注意事项如下。
（1）尽量使用铅笔和直尺以保证所画电路的工整及可修改性。
（2）标注关键元器件的名称代号及相应引脚号。
（3）电路图中的元器件符号要标准。
（4）在拆画的电路图中标注电流走向。

计划

根据任务分工及任务要求制订工作计划，计划表如表 11-4 所示。

表 11-4　计划表

序号	作业项目	操作人
1	查阅电路图	
2	分析电路原理及电流走向	
3	拆画电路草图	
4	协调组员并确定拆画电路图终稿	

实施

按照所制订的工作计划进行吉利帝豪 EV450 纯电动汽车巡航控制系统电路图拆画，并在拆画的电路图中标注主要电气元件名称及线路电流走向（见图 11-13）。

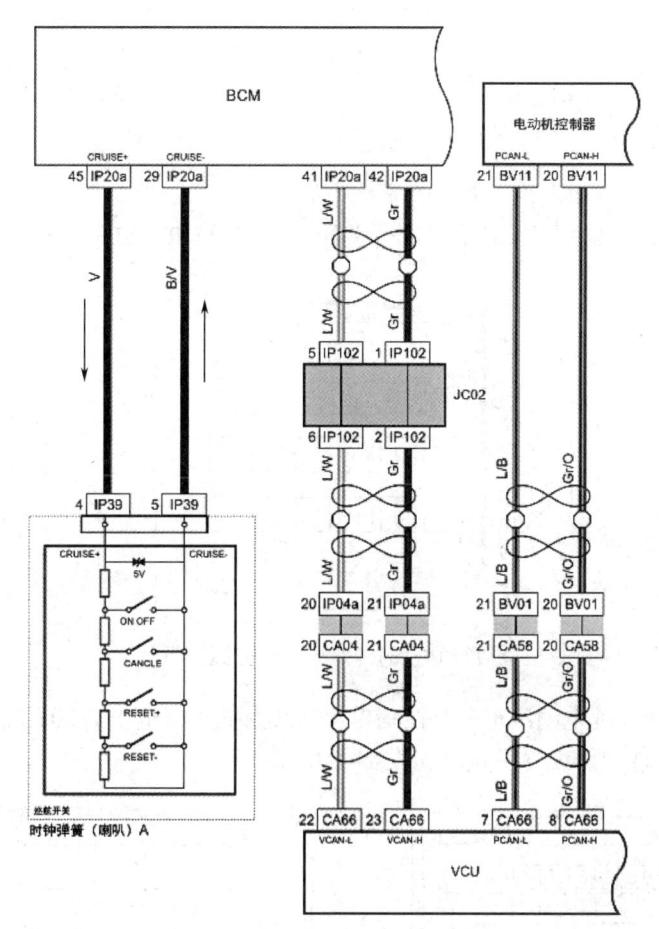

图 11-13　吉利帝豪 EV450 纯电动汽车巡航控制系统电路图

资讯（二）

当驾驶员起动车辆后，整车控制器（VCU）、车身控制模块（BCM）、电动机控制器及 CAN 总线均被激活唤醒，当按下转向盘巡航控制主开关按键后，巡航控制模块开始工作。

当驾驶员操作转向盘巡航控制面板开关时，面板开关信号通过时钟弹簧送至 BCM，BCM 接收到信号指令后根据控制功能通过 VCAN 线将指令发送至 VCU。VCU 接收到指令后通过动力系统 PCAN 线将信号送至电动机控制器，电动机控制器接收到指令后通过控制电动机的工作电流实现车辆的定速行驶功能。

实施

根据故障现象，分析巡航控制系统不工作可能存在的故障点，实施记录表如表 11-5 所示。

表 11-5　实施记录表

序　号	可 能 原 因	序　号	可 能 原 因
1	巡航控制开关故障	5	整车控制器局部故障
2	时钟弹簧故障	6	PCAN 故障
3	BCM 局部故障	7	电动机控制器局部故障
4	VCAN 故障	8	中间插接器松动

资讯（三）

1. 端子定义

吉利帝豪 EV450 纯电动汽车时钟弹簧线束插接器端子如图 11-14 所示，巡航控制开关的引脚端子 CRUISE+为 4#端子，巡航控制开关的引脚端子 CRUISE-为 5#端子。

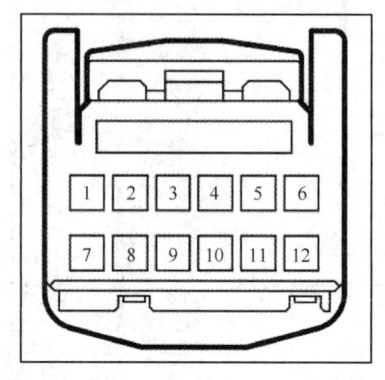

图 11-14 时钟弹簧线束插接器端子

吉利帝豪 EV450 纯电动汽车车身控制模块的线束插接器端子 IP20a 如图 11-15 所示，与巡航控制系统有关的引脚编号及定义如表 11-6 所示。

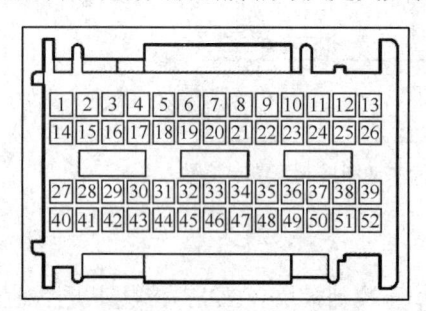

表 11-6 与巡航控制系统有关的引脚编号及定义

引脚编号	定义
IP20a/29	CRUISE-
IP20a/45	CRUISE+
IP20a/41	VCAN-L
IP20a/42	VCAN-H

图 11-15 车身控制模块的线束插接器端子 IP20a

吉利帝豪 EV450 纯电动汽车整车控制器线束插接器端子 CA66 如图 11-16 所示，与巡航控制系统有关的引脚编号及定义如表 11-7 所示。

表 11-7 与巡航控制系统有关的引脚编号及定义

引脚编号	定义
CA66/7	PCAN-L
CA66/8	PCAN-H
CA66/22	VCAN-L
CA66/23	VCAN-H

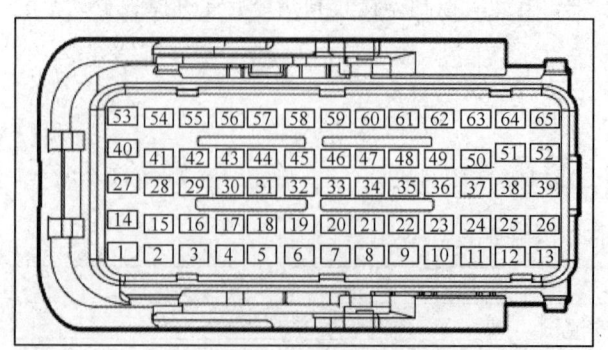

图 11-16 整车控制器线束插接器端子 CA66

吉利帝豪 EV450 纯电动汽车电动机控制器线束插接器端子 BV11 如图 11-17 所示，与巡航控制系统有关的引脚编号及定义如表 11-8 所示。

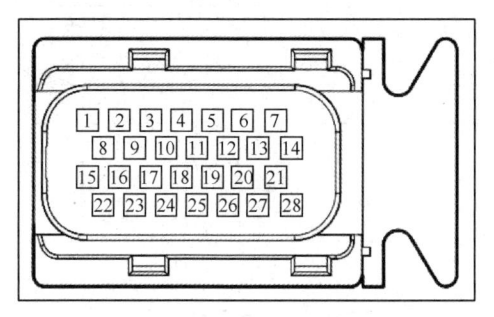

表 11-8　与巡航控制有关的引脚编号及定义

引脚编号	定义
BV11/20	PCAN-H
BV11/21	PCAN-L

图 11-17　电动机控制器线束插接器端子 BV11

2. 单件测试

测试方法：关闭启动开关，断开蓄电池负极，拆卸巡航控制开关和时钟弹簧，利用万用表欧姆挡测量巡航控制开关和时钟弹簧的电阻阻值，并进行单件测试，若不符合要求，则应更换。

3. 利用诊断仪与万用表检测

连接诊断仪，打开启动开关，利用诊断仪读取巡航控制系统故障代码或数据流，先根据故障代码或数据流进行相应检测，然后利用万用表进行电压及电阻检测。

4. 波形检测

打开启动开关，利用示波器检测吉利帝豪 EV450 纯电动汽车巡航控制对应 VCAN 线波形，判断波形是否正常。

计划

根据任务分工及任务要求制订工作计划，计划表如表 11-9 所示。

表 11-9　计划表

序　号	测 试 项 目	使 用 工 具	操　作　人
1	单件测试	万用表、跳线	
2	读取故障代码或数据流	诊断仪	
3	电阻检测	万用表、跳线	
4	波形检测	示波器、跳线	

实施

按照制订的工作计划开展相应检测，并完成实施记录表。

1. 单件测试

关闭启动开关，断开蓄电池负极，拆卸巡航控制开关和时钟弹簧，利用万用表欧姆挡测量巡航控制开关和时钟弹簧的电阻阻值，并完成单件测试记录表（见表 11-10）。

表 11-10　单件测试记录表

序　号	测试项目	标准值	实测值	是否正常	维修建议（否）
1	时钟弹簧			是　否	更换线束
2	巡航控制开关（ON）			是　否	更换开关
3	巡航控制开关（OFF）			是　否	更换开关
4	巡航控制开关（CANCEL）			是　否	更换开关
5	巡航控制开关（RESET+）			是　否	更换开关
6	巡航控制开关（RESET-）			是　否	更换开关

2. 读取故障代码或数据流

连接诊断仪，打开启动开关，利用诊断仪读取巡航控制系统故障代码或数据流，并完成故障代码或数据流记录表（见表 11-11）。

表 11-11　故障代码或数据流记录表

序　号	故障代码或数据流含义	（异常）可能原因
1		
2		

清除故障代码，再次读取，故障代码能否清除：是　否

3. 电阻检测

根据实际故障现象，断开蓄电池负极，利用万用表欧姆挡测量巡航控制系统相关线路电阻阻值，并完成电阻测试记录表（见表 11-12）。

表 11-12　电阻测试记录表

序　号	测试项目	标准值	实测值	是否正常	维修建议（否）
1	IP39/4—IP20a/45	<1Ω		是　否	检修线束
2	IP39/5—IP20a/29	<1Ω		是　否	检修线束
3	CA66/22—IP20a/41	<1Ω		是　否	检修线束
4	CA66/23—IP20a/42	<1Ω		是　否	检修线束
5	CA66/7—BV11/21	<1Ω		是　否	检修线束
6	CA66/8—BV11/20	<1Ω		是　否	检修线束

4. 波形检测

以 VCAN 线为例，打开启动开关，测量吉利帝豪 EV450 纯电动汽车巡航控制对应 VCAN 线波形，并判断波形是否正常，完成波形检测记录表（见表 11-13）。

表 11-13　波形检测记录表

测试参数	标准波形	实测波形	是否正常
VCAN-H 对地波形			是　否

续表

测试参数	标准波形	实测波形	是否正常
VCAN-L 对地波形			是　否

检查

1. 自检

各小组针对操作情况进行自检，完成自检记录表（见表11-14）。

表 11-14　自检记录表

序　号	检查项目	结　果	序　号	检查项目	结　果
1	是否规范操作仪器仪表	是　否	4	检测工具是否清洁、复位	是　否
2	测试条件是否正确	是　否	5	测量插头、线束是否复位	是　否
3	启动开关是否关闭	是　否	6	场地卫生是否清扫	是　否

2. 互检

各小组针对操作情况进行互检，完成互检记录表（见表11-15）。

表 11-15　互检记录表

序　号	检查项目	结　果	序　号	检查项目	结　果
1	启动开关是否关闭	是　否	3	测量插头、线束是否复位	是　否
2	检测工具是否清洁、复位	是　否	4	场地卫生是否清扫	是　否

3. 终检

指导教师针对各小组实施情况进行终检，完成终检记录表（见表11-16）。

表 11-16　终检记录表

序　号	检查项目	结　果	序　号	检查项目	结　果
1	启动开关是否关闭	是　否	3	测量插头、线束是否复位	是　否
2	检测工具是否清洁、复位	是　否	4	场地卫生是否清扫	是　否

评估

授课结束后，指导教师指导学生对操作过程进行评价，完成学习任务评价表（见表11-17）。指导学生进行课后总结，查找存在的问题，完成评估记录表（见表11-18）。

表 11-17　学习任务评价表

班级：_____　　姓名：_____　　学号：_____

项目	自我评价			小组互评			教师评价		
	10~9	8~6	5~1	10~9	8~6	5~1	10~9	8~6	5~1
	占总评10%			占总评30%			占总评60%		
工具设备使用能力									
资料信息查阅能力									
数据读取分析能力									
实训报告撰写能力									
协作精神									
纪律观念									
表达能力									
工作态度									
安全意识									
总体表现									
小计									
总评									

指导教师：_____　　　　年　　月　　日

表 11-18　评估记录表

课堂小结
实训结束后，指导教师指导学生分享本次实训收获。

序号	存在的问题
1	
2	

5S管理

1. 实训场地设备恢复。
2. 清洁实训车辆，打扫场地卫生，桌椅板凳摆放整齐有序。
3. 将工具、仪器、设备等归还原位。
4. 关闭实训场地的门窗、电源等。

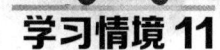

习题测试

一、填空题

1. 巡航控制系统按照功能可分为_____、_____和_____三种。
2. 巡航控制系统主要由_____、_____、_____和_____四部分组成。
3. 巡航控制系统英文简称是_____。
4. 汽车上普遍采用的巡航控制开关分为_____和_____两种。
5. 汽车上常用的巡航控制传感器主要有_____、_____和_____。
6. 汽车上应用的车速传感器类型有_____、_____和_____等。
7. 汽车上使用的巡航控制系统执行器有_____、_____和_____三种。
8. 吉利帝豪 EV450 纯电动汽车巡航控制系统由_____、_____、_____和_____等组成。

二、问答题

1. 新能源汽车巡航控制系统的特点有哪些？
2. 退出巡航控制系统的方法有哪些？
3. ECU 的功能有哪些？
4. 巡航控制系统的工作原理是什么？

学习情境 12

新能源汽车照明与信号系统故障检修

学习情境描述

某客户驾驶的 2018 年生产的北汽 EU5 R500 纯电动汽车，行驶里程为 9 万千米，该车的近光灯出现了不亮的故障，要求予以检修。作为技师的你能指导实习生小张完成此项任务吗？

学习内容

1. 新能源汽车照明与信号系统的功用、结构组成、工作原理。
2. 新能源汽车照明与信号系统电路图的识读。
3. 新能源汽车照明与信号系统的故障检修。

学习目标

1. 能够描述新能源汽车照明与信号系统的功用、结构组成、工作原理，正确率不低于 85%。
2. 能够使用工具按照正确的方法对新能源汽车照明与信号系统各元器件进行规范拆装，正确率不低于 90%。
3. 能熟练进行新能源汽车照明与信号系统电路图的识读，正确率不低于 90%。
4. 能够使用故障诊断仪结合故障现象初步判断新能源汽车照明与信号系统故障的原因，并进行故障检测及相关故障排除，正确率不低于 90%。
5. 弘扬精益求精的工匠精神，养成脚踏实地、认真负责的工作作风，践行安全生产、团队协作的职业素养。

教学准备

1. 教学用整车一辆（北汽 EU5 R500）、汽车举升机、拆装工具。
2. 防护工具：车内四件套、车外三件套、车辆挡块、灭火器、隔离桩、警示牌等。
3. 其他材料：车辆使用手册、维修手册、整车电路图册。

教学实施

任务 1　汽车照明与信号系统概述

资讯

汽车照明与信号系统是汽车安全行驶的必备系统之一，也是车辆电气系统中最常见的电气设备。下面以北汽 EU5 R500 纯电动汽车为例介绍汽车照明与信号系统。

汽车照明与信号系统按照功能划分，主要有汽车照明灯和汽车信号灯；按照其安装的位置及功用可分为外部照明灯、内部照明灯、外部信号灯、内部信号灯。

汽车信号灯包括转向灯、危险警告灯、示廓灯、制动灯、倒车灯。

汽车照明与信号系统由电源、照明装置和控制部分组成。照明装置包括外部灯、内部灯和工作照明灯，控制部分包括各种灯光开关、继电器等。

1. 外部照明灯

外部照明灯又称为外照灯，主要有前照灯（包括近光灯、远光灯）、日间行车灯（简称日行灯）、转向灯、雾灯、牌照灯、示廓灯等，各种外部照明灯在车上的位置如图 12-1 所示。

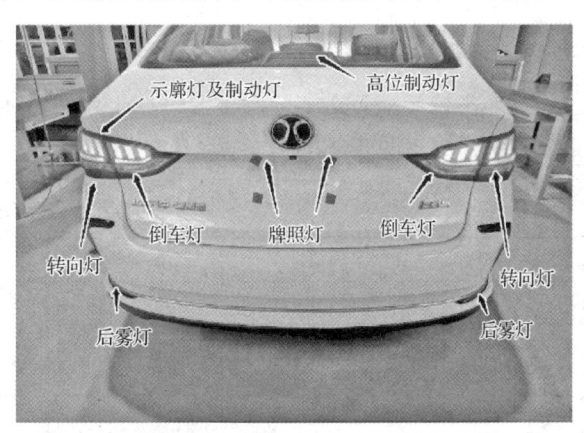

图 12-1　北汽 EU5 R500 纯电动汽车外部照明灯

2. 内部照明灯

汽车内部照明主要由顶灯、启动开关照明灯、仪表板背景灯、阅读灯、踏步灯（门控灯）、杂物箱灯和后备箱灯等组成，主要是为驾驶员、乘客提供方便，如图 12-2 所示。汽车内部照明灯的灯光光色为白色，灯泡功率为 2～20W。

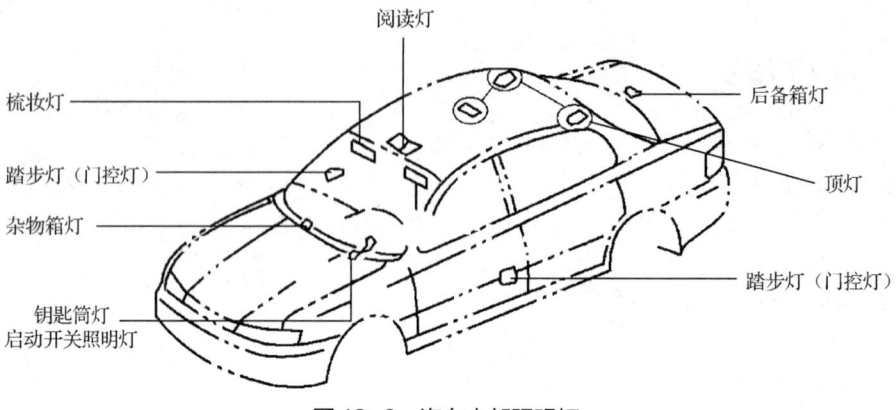

图 12-2 汽车内部照明灯

决策与计划

根据任务要求制订北汽 EU5 R500 纯电动汽车照明与信号系统功能认知实训实施计划，每个小组根据组员特点进行分工，并选出小组组长负责任务的分工与实施，填写决策计划表（见表 12-1）。

表 12-1 决策计划表

序 号	小 组 成 员	任 务
1	A B	检查前部灯光与信号系统功能
2	C D	检查后部灯光与信号系统功能
3	E F	检查内部灯光与信号系统功能
4	G H	—

实施

参照维修手册及车辆使用手册检查北汽 EU5 R500 纯电动汽车照明与信号系统功能，完成实施记录表（见表 12-2）。

表 12-2 实施记录表

序 号	检 查 内 容	结 果	序 号	检 查 内 容	结 果
1	近光灯是否工作正常	是 否	7	雾灯是否工作正常	是 否
2	远光灯是否工作正常	是 否	8	仪表板背景灯是否工作正常	是 否
3	日间行车灯及示廓灯是否工作正常	是 否	9	顶灯、阅读灯是否工作正常	有 无
4	转向灯是否工作正常	是 否	10	门控灯是否工作正常	是 否
5	倒车灯是否工作正常	是 否	11	杂物箱灯是否工作正常	是 否
6	牌照灯是否工作正常	是 否	12	后备箱灯是否工作正常	是 否

任务 2　前照灯控制系统故障检修

资讯（一）

一、前照灯概述

前照灯（俗称头灯）主要用于夜间行车道路照明，应保证车前有明亮而均匀的照明，左右两边必须对称安装具有远、近光的前照灯，使驾驶员能够看清楚车前 100m 内路面上的任何障碍物。随着高速公路的发展和汽车行驶速度的提高，要求前照灯照明距离应该达到 200～250m。同时，前照灯应具备防眩目功能，当夜间两车迎面相遇时，应该自觉礼貌地使用近光灯，不造成对方车辆驾驶员眩目，防止引发交通事故。

"眩目"是指人的眼睛突然被强光照射时，由于视神经受刺激而失去对眼睛的控制，本能地闭上眼睛，或者只能看到亮光而看不见暗处物体的生理现象。汽车前照灯防眩目措施基本有以下四种。

（1）对于卤素灯，采用远、近光束变换的双灯丝灯泡。

为了防眩目，前照灯灯泡中装有远光与近光两根灯丝，如图 12-3 所示，由变光开关控制其电路。夜间公路行车且对面无来车时使用远光灯，以增加照明距离，保证行车安全。

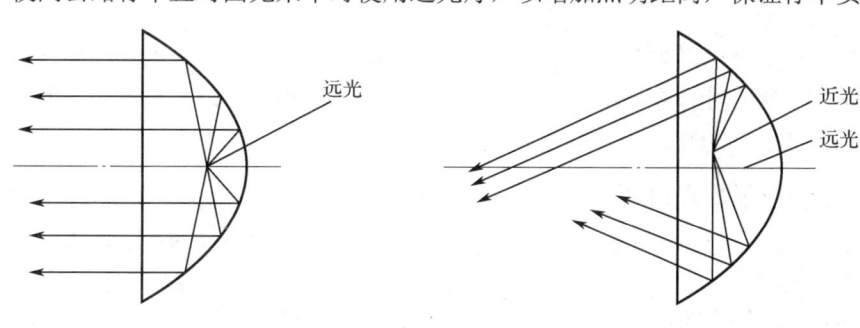

(a) 远光灯的灯丝装于反射镜的焦点处　　(b) 近光灯的灯丝装于反射镜焦点的前上方

图 12-3　近、远光灯光束

（2）采用带配光屏的灯泡。

采用双灯丝防眩目措施只能减轻眩目而不能彻底避免眩目。因为近光灯的灯丝射向反射镜下部的光线经反射后，将倾斜向上照射，仍会使对面交会汽车的驾驶员眩目。为此，现代汽车前照灯的近光灯的灯丝下方均装有配光屏（又称遮光罩、护罩或光束偏转器），用以遮挡近光灯的灯丝射向反射镜下半部的光线，消除反射后向上照射的光束，增强防眩目效果，如图 12-4 所示。有些汽车的前照灯还在近光灯的灯丝前方装设一个遮光罩，遮挡近光灯的灯丝直射光线，防止眩目。

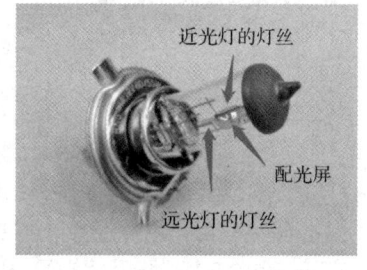

图 12-4　带配光屏的灯泡

（3）不对称近光结构。

为了达到既能防止眩目，又能以较高车速会车的目的，我国汽车的前照灯的近光灯采用 E 形不对称光形，将近光灯右侧亮区倾斜升高 15°，即将该车行进方向光束照射距离延长，

如图 12-5 所示。不对称光形是将遮光罩单边倾斜 15°形成的。

（4）Z 形配光。

有些汽车使用不对称近光光形，该光形明暗截止线呈反 Z 形，故称 Z 形配光，如图 12-6 所示。Z 形近光光形更加优越，不仅可以避免迎面来车驾驶员的眩目，还可以防止迎面而来的行人和非机动车使用者的眩目，进一步提高了汽车夜间行驶的安全性。

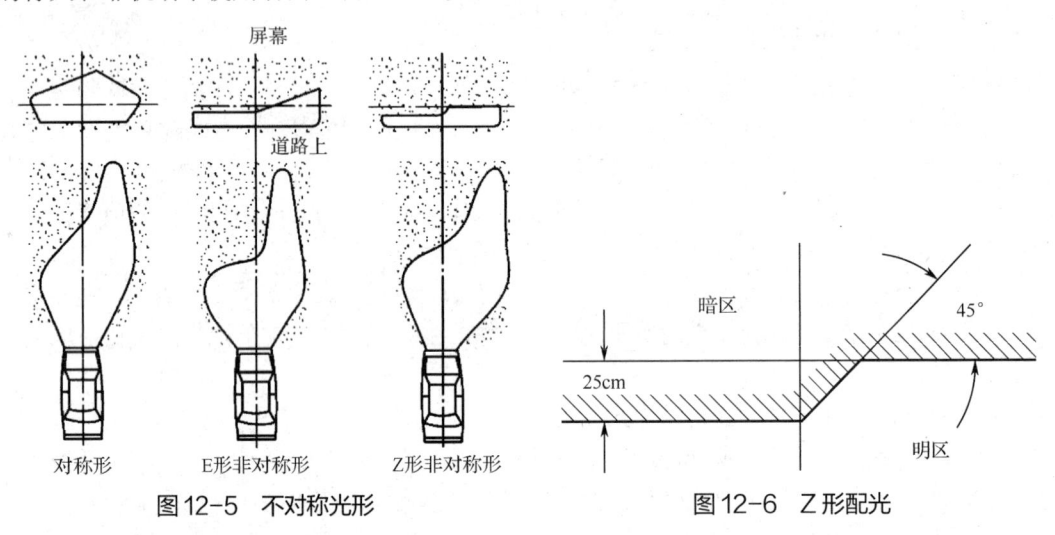

图 12-5　不对称光形

图 12-6　Z 形配光

前照灯电路主要由灯光开关、变光开关、前照灯继电器及组合前照灯组成。根据发光源的不同，现在汽车采用的前照灯主要有卤素灯泡、氙气前照灯和 LED 前照灯。前照灯的开启方式有手动开启和自动开启两种类型。

1. 灯光开关/变光开关

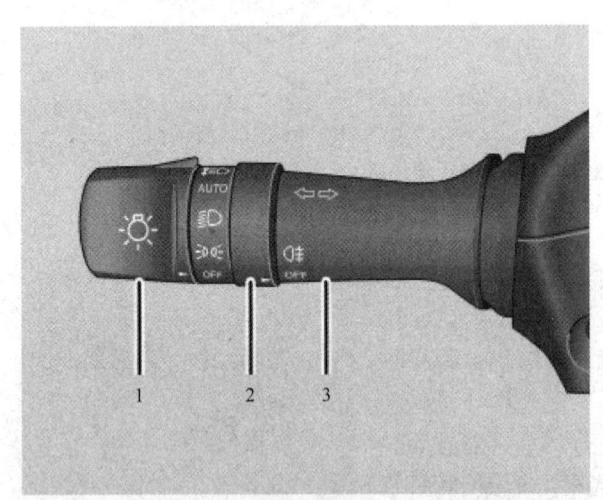

北汽 EU5 R500 纯电动汽车灯光组合开关集灯光开关、变光开关和转向灯开关于一体，其作用是控制前照灯的远近光开启与切换，同时具备超车变光开关的功能，如图 12-7 所示。

"启动/停止"按键位于"RUN"模式时，转动灯光控制旋钮，使灯光控制旋钮上面的白色三角标记对准近光灯开关位置，则前照灯被点亮，转回"OFF"位置即关闭。当近光灯被点亮时，垂直转向盘平面向外推动灯光控制杆可点亮远光灯，再次朝向转向盘平面拉灯光控制杆可关闭远光灯。"启动/停止"按键位于"RUN"模式，灯光控制旋钮位于"AUTO"

1—灯光控制旋钮；2—雾灯控制旋钮；3—灯光控制杆

图 12-7　北汽 EU5 R500 纯电动汽车的灯光组合开关

位置时，在车外光线较暗（如夜晚或驶过隧道等）的情况下，近光灯会被自动点亮。当灯光开关处于"OFF"模式、示廓灯或近光灯时，向转向盘方向拉动灯光控制杆可实现闪大灯，远光会开启—关闭，即闪烁一次。

2. 前照灯继电器

前照灯继电器的作用是用小电流控制大电流，保护车灯开关，即用车灯开关去控制继电器线圈的小电流，用继电器的触点去接通远光灯、近光灯的大电流。其结构和控制电路如图 12-8 所示。

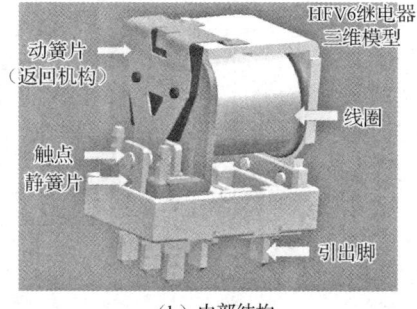

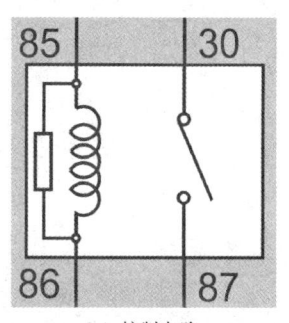

（a）外形　　　　　　　　　（b）内部结构　　　　　　　　（c）控制电路

图 12-8　前照灯继电器的结构和控制电路

3. 组合前照灯

北汽 EU5 R500 纯电动汽车的组合前照灯是将前照灯及转向灯集成在一起的总成部件，灯泡可以独立更换，如图 12-9 所示。这种形式的组合前照灯外观更加美观，与汽车的造型更加融为一体，同时在维修和维护时也更加方便。

图 12-9　北汽 EU5 R500 纯电动汽车的组合前照灯

二、前照灯灯泡的更换

下面以北汽 EU5 R500 纯电动汽车左侧近光灯灯泡更换为例，介绍前照灯灯泡的更换步骤，右侧近光灯灯泡的更换步骤大体可参照左侧近光灯灯泡的更换步骤。

（1）断开蓄电池负极。

（2）拆卸左侧近光灯密封盖罩①，如图 12-10 所示。

（3）断开左侧近光灯灯泡线束插头，如图 12-11 箭头所示。

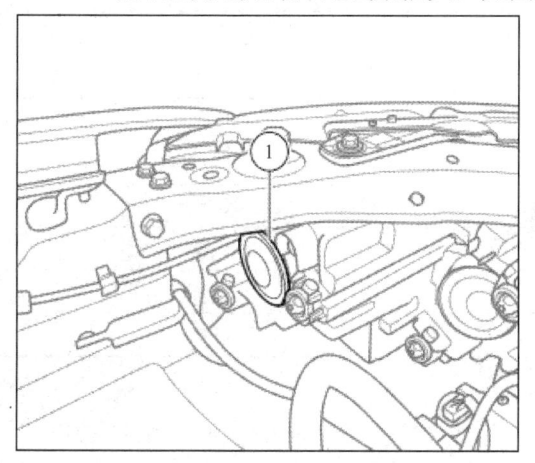

图 12-10　拆卸左侧近光灯密封盖罩 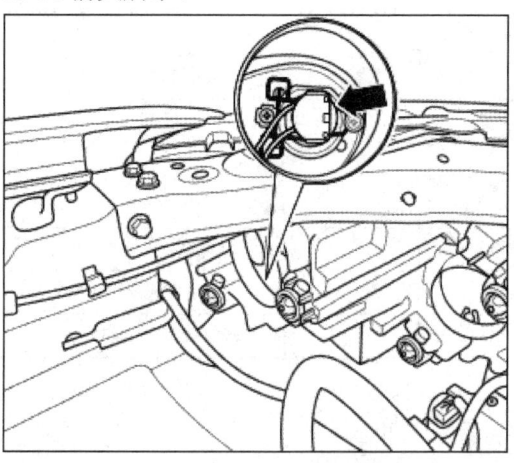　　　　图 12-11　断开左侧近光灯灯泡线束插头

（4）如图12-12所示，按压固定卡①解锁后，取下左侧近光灯灯泡②。近光灯灯泡型号为H7，近光灯灯泡规格为55W/12V。

（5）近光灯灯泡的安装以拆卸步骤的倒序进行，同时注意下列事项。

① 安装灯泡时，不要用手接触灯泡玻璃体，以防灯泡沾上污渍而影响灯泡的使用效果和寿命。

② 安装灯泡后，需要检查近光灯总成的功能。

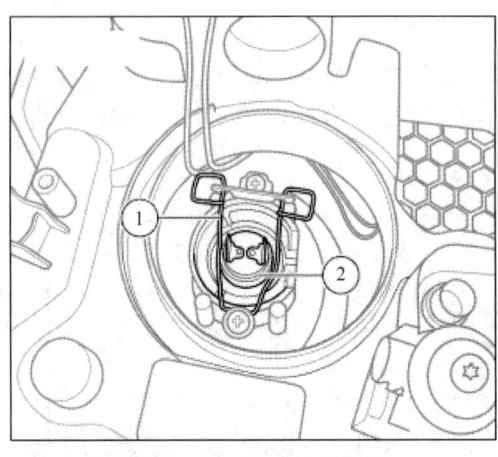

图 12-12 拆卸近光灯灯泡

决策

根据任务要求制订新能源汽车左侧近光灯灯泡更换实施计划，每个小组根据组员特点进行分工，填写决策记录表（见表12-3），并选出小组组长负责任务的分工与实施。

表 12-3 决策记录表

序号	小组成员	任务
1	A B	查阅维修手册等资料
2	C D	工具准备
3	E F	记录、汇报
4	G H	安全员

计划

根据任务分工及任务要求制订工作计划，填写计划表（见表12-4）。

表 12-4 计划表

序号	作业项目	操作人
1	断开蓄电池负极	A B
2	拆卸密封盖罩	C D
3	拆卸近光灯连接插头及灯泡	E F
4	安装近光灯连接插头及灯泡	A B
5	安装密封盖罩	C D
6	连接蓄电池负极	E F
7	安全、记录、功能检查	G H

实施

根据工作计划进行左侧近光灯灯泡更换任务，实施记录表如表12-5所示。

表 12-5　实施记录表

序　号	实　施　项　目	结　果	序　号	实　施　项　目	结　果
1	蓄电池负极是否断开	是　否	6	近光灯连接插头是否复位	是　否
2	密封盖罩是否拆卸	是　否	7	密封盖罩是否安装	是　否
3	近光灯连接插头是否断开	是　否	8	蓄电池负极是否连接	是　否
4	近光灯灯泡是否拆卸	是　否	9	近光灯功能是否正常	是　否
5	近光灯灯泡是否安装	是　否	10	工位是否整理	是　否

资讯（二）

北汽 EU5 R500 纯电动汽车前照灯控制系统主要由灯光组合开关、BCM、左前组合前照灯、右前组合前照灯及继电器等组成，如图 12-13 所示。灯光组合开关将开关信号送至 BCM，BCM 根据控制指令控制相应的灯光继电器工作，继电器将蓄电池的电源经供电熔断器送至对应的组合前照灯，从而实现车辆的照明，确保车辆行车安全。

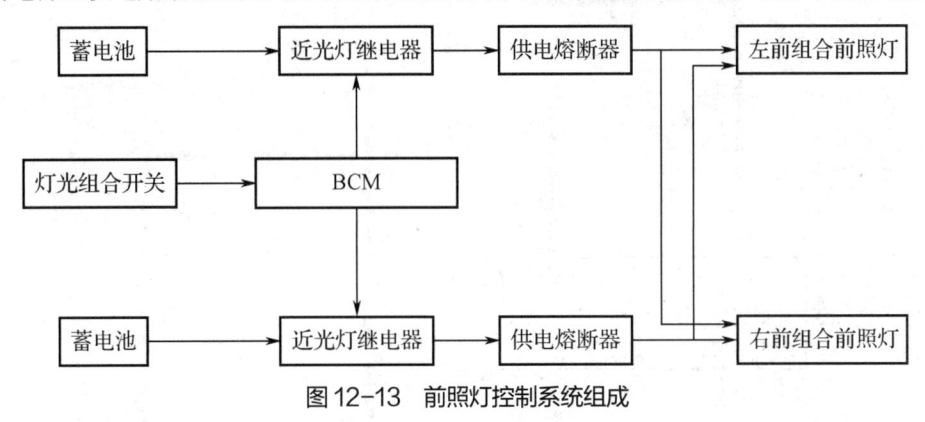

> 北汽 EU5 前照灯控制系统的工作原理

图 12-13　前照灯控制系统组成

在进行前照灯电路故障检修前，需要识读并拆画前照灯控制系统电路图。

拆画电路图注意事项如下。

（1）尽量使用铅笔和直尺以保证所画电路的工整及可修改性。
（2）标注关键元器件的名称代号及相应引脚号。
（3）电路图中的元器件符号要标准。
（4）在拆画的电路图中标注电流走向。

计划

根据任务分工及任务要求制订工作计划，计划表如表 12-6 所示。

表 12-6　计划表

序　号	作 业 项 目	操 作 人
1	查阅电路图	
2	分析电路原理及电流走向	
3	拆画电路草图	
4	协调组员并确定拆画电路图终稿	

实施

按照所制订的工作计划进行北汽 EU5 R500 纯电动汽车前照灯控制系统电路图拆画，并在拆画的电路图中标注主要电气元件名称及线路电流走向（见图 12-14）。

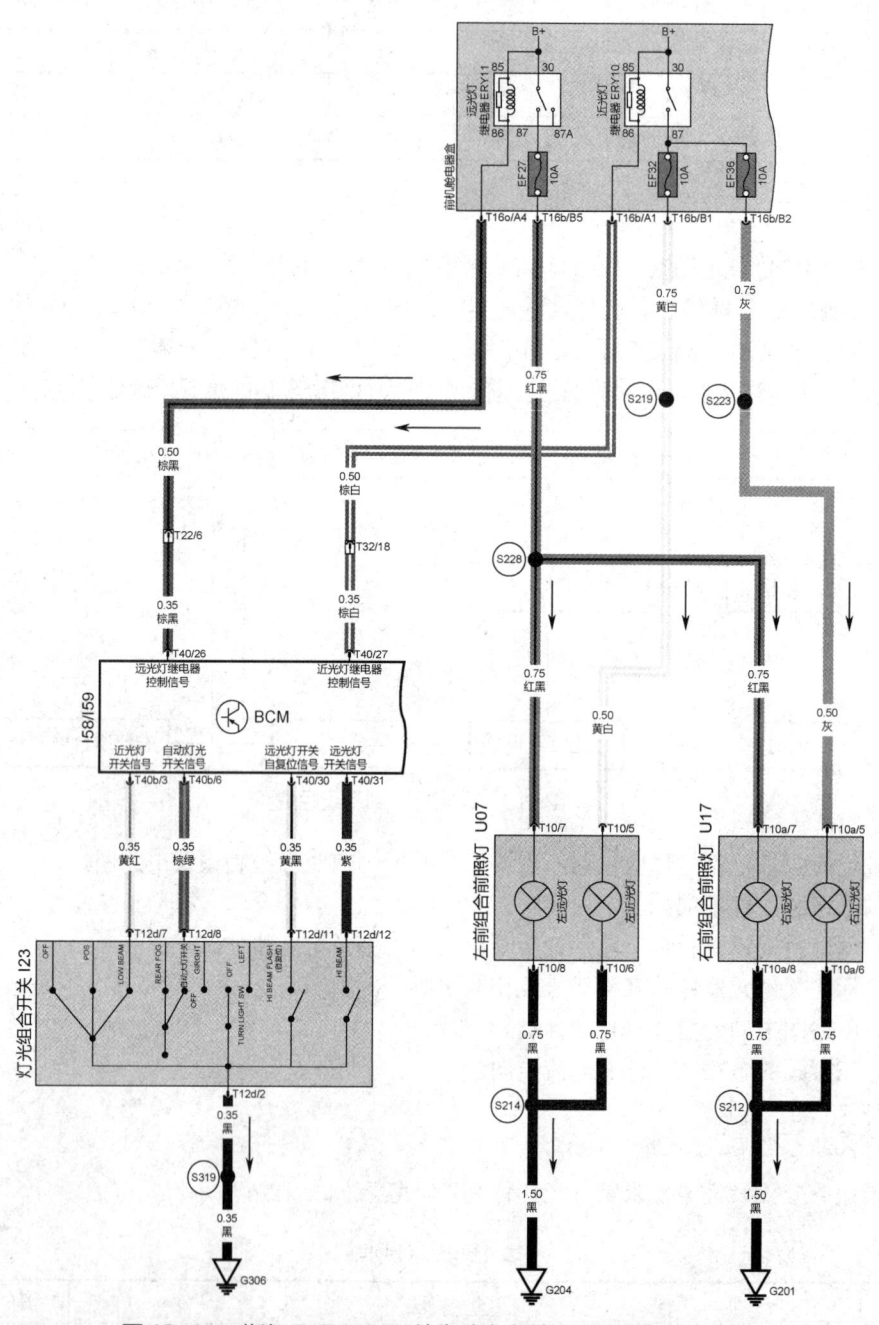

图 12-14 北汽 EU5 R500 纯电动汽车前照灯控制系统电路图

资讯（三）

下面以北汽 EU5 R500 纯电动汽车的近光灯为例介绍其电路工作原理，远光灯及自动灯光的电路工作原理可大体参考近光灯的电路工作原理。

当驾驶员启动车辆后，BCM 被激活唤醒。当驾驶员将灯光组合开关旋转至前照灯挡近光位置时，BCM T40b/3 引脚便通过灯光组合开关获得搭铁信号。此时，BCM 根据内部程序设定通过 T40/27 引脚给近光灯继电器 ERY10 发送搭铁控制指令，近光灯继电器 ERY10 线圈回路导通，电流流向为蓄电池 B+→近光灯继电器 ERY10 85#→近光灯继电器线圈→近光灯继电器 ERY10 86#→插接器 T16b/A1 端子→插接器 T32/18 端子→BCM T40/27，经 BCM 控制接地。当继电器线圈电路工作后，继电器开关被吸合，此时继电器开关回路开始工作，电流流向为蓄电池 B+→近光灯继电器 ERY10 30#→近光灯继电器开关→近光灯继电器 ERY10 87#。然后电路分为两路，一路电路经 EF32 10A 熔断器→插接器 T16b/B1 端子→左前组合前照灯 T10/5 端子→左近光灯→左前组合大灯 T10/6 端子→G204；另一路电路经 EF36 10A 熔断器→插接器 T16b/B2 端子→右前组合前照灯 T10a/5 端子→右近光灯→右前组合前照灯 T10a/6 端子→G201。此时，左、右组合大灯中的近光灯获得工作电压开始工作。

实施

根据故障现象，分析北汽 EU5 R500 纯电动汽车右近光灯不工作可能存在的故障点，实施记录表如表 12-7 所示。

表 12-7　实施记录表

序　号	可能原因	序　号	可能原因
1	灯光组合开关故障	5	右近光灯本身故障
2	近光灯继电器故障	6	相关线路故障
3	BCM 局部故障	7	搭铁点故障
4	熔断器故障	8	中间插接器松动

资讯（四）

1. 插接器端子定义

北汽 EU5 R500 纯电动汽车灯光组合开关线束插接器端子 T12d 如图 12-15 所示，灯光组合开关线束插接器的引脚编号及定义如表 12-8 所示。

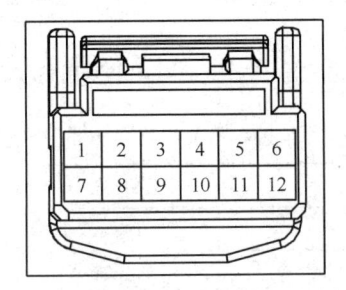

图 12-15　灯光组合开关线束插接器端子 T12d

表 12-8　灯光组合开关线束插接器的引脚编号及定义

引脚编号	定　义	引脚编号	定　义
1	—	7	近光灯开关信号
2	接地	8	自动灯光开关信号
3	—	9	右转向灯开关信号
4	后雾灯开关信号	10	左转向灯开关信号
5	—	11	远光灯开关自复位信号
6	示廓灯开关信号	12	远光灯开关信号

北汽 EU5 R500 纯电动汽车右组合前照灯线束插接器端子如图 12-16 所示，右组合前照灯线束插接器的引脚编号及定义如表 12-9 所示。左组合前照灯与右组合前照灯类似，可参考右组合前照灯。

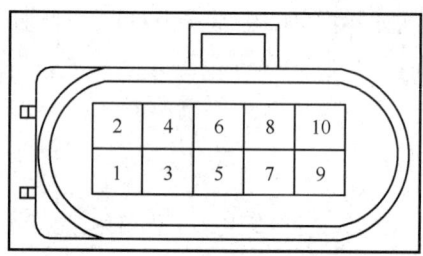

图 12-16　右组合前照灯线束插接器端子

表 12-9　右组合前照灯线束插接器的引脚编号及定义

引脚编号	定　义	引脚编号	定　义
1	电源	6	接地
2	前照灯高度调节信号	7	远光灯电源
3	—	8	接地
4	接地	9	—
5	近光灯电源	10	转向灯电源

北汽 EU5 R500 纯电动汽车 BCM 插接器端子如图 12-17 所示，与照明系统控制有关的 BCM 插接器的引脚编号及定义如表 12-10 所示。

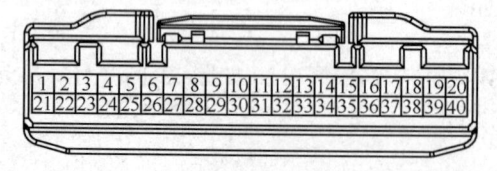

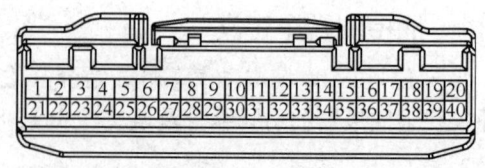

(a) I58 插接器 T40b

(b) I59 插接器 T40

图 12-17　北汽 EU5 R500 纯电动汽车 BCM 插接器端子

表 12-10　与照明系统控制有关的 BCM 插接器的引脚编号及定义

引脚编号	定　义	引脚编号	定　义
T40b/3	近光灯开关信号	T40/31	远光灯开关信号
T40b/6	自动灯光开关信号	T40/26	远光灯继电器控制信号
T40/30	远光灯开关自复位信号	T40/27	近光灯继电器控制信号

2. 单件测试

测试方法：关闭启动开关，断开蓄电池负极，拆卸灯光组合开关、熔断器和继电器，利用万用表欧姆挡测量灯光组合开关、继电器和熔断器的电阻阻值，若不符合要求，则应更换。

3. 利用诊断仪与万用表检测

连接诊断仪，打开启动开关，操作灯光开关位置，利用诊断仪读取前照灯控制系统故障代码或数据流，首先根据故障代码或数据流进行相应检测，然后利用万用表进行电压及电阻检测。

计划

根据任务分工及任务要求制订工作计划，计划表如表 12-11 所示。

表 12-11 计划表

序 号	测 试 项 目	使 用 工 具	操 作 人
1	单件测试	万用表、跳线	
2	读取故障代码或数据流	诊断仪	
3	电阻检测	万用表、跳线	
4	电压检测	万用表、跳线	

实施

按照制订的工作计划开展相应检测，并完成实施记录表。

1. 单件测试

关闭启动开关，断开蓄电池负极，拆卸灯光组合开关、熔断器和继电器，利用万用表欧姆挡测量灯光组合开关、继电器和熔断器的电阻阻值，并完成单件测试记录表（见表 12-12）。

表 12-12 单件测试记录表

序 号	测 试 项 目	标 准 值	实 测 值	是 否 正 常	维修建议（否）
1	继电器线圈			是 否	更换继电器
2	继电器开关			是 否	更换继电器
3	熔断器			是 否	更换熔断器
4	组合灯光开关（近光）			是 否	更换开关
5	组合灯光开关（远光）			是 否	更换开关
6	组合灯光开关（超车）			是 否	更换开关

2. 读取故障代码或数据流

连接诊断仪，打开启动开关，操作灯光开关位置，利用诊断仪读取前照灯控制系统故障代码或数据流，并完成故障代码或数据流记录表（见表 12-13）。

289

表 12-13　故障代码或数据流记录表

序　号	故障代码或数据流含义	（异常）可能原因
1		
2		

清除故障代码，再次读取，故障代码能否清除：　是　　否

3. 电压检测

打开启动开关，操作灯光组合开关，利用万用表直流电压挡测量前照灯系统相关端子对地电压值，并完成电压测试记录表（见表12-14）。

表 12-14　电压测试记录表

序　号	测试项目	标　准　值	实　测　值	是否正常	维修建议（否）
1	T12d/2—地			是　否	检修线束
2	T12d/7—地			是　否	检修线束
3	T40b/3—地			是　否	检修线束
4	T40/27—地			是　否	检修线束
5	T10a/5—地			是　否	检修线束
6	EF36 上端—地			是　否	检修线束
7	EF36 下端—地			是　否	检修熔断器

4. 电阻检测

根据上一步电压测量及实际故障现象，断开蓄电池负极，利用万用表欧姆挡测量前照灯系统相关线路电阻阻值，并完成电阻测试记录表（见表12-15）。

表 12-15　电阻测试记录表

序　号	测试项目	标　准　值	实　测　值	是否正常	维修建议（否）
1	T12d/2—G306	<1Ω		是　否	检修线束
2	T12d/7—T40b/3	<1Ω		是　否	检修线束
3	T40/27—T16b/A1	<1Ω		是　否	检修线束
4	T16b/B2—T10a/5	<1Ω		是　否	检修线束
5	T10a/6—G201	<1Ω		是　否	检修线束

检查

1. 自检

各小组针对操作情况进行自检，完成自检记录表（见表12-16）。

表 12-16　自检记录表

序　号	检查项目	结　果	序　号	检查项目	结　果
1	是否规范操作仪器仪表	是　否	4	检测工具是否清洁、复位	是　否
2	测试条件是否正确	是　否	5	测量插头、线束是否复位	是　否
3	启动开关是否关闭	是　否	6	场地卫生是否清扫	是　否

2. 互检

各小组针对操作情况进行互检,完成互检记录表(见表 12-17)。

表 12-17 互检记录表

序 号	检 查 项 目	结 果	序 号	检 查 项 目	结 果
1	启动开关是否关闭	是 否	3	测量插头、线束是否复位	是 否
2	检测工具是否清洁、复位	是 否	4	场地卫生是否清扫	是 否

3. 终检

指导教师针对各小组实施情况进行终检,完成终检记录表(见表 12-18)。

表 12-18 终检记录表

序 号	检 查 项 目	结 果	序 号	检 查 项 目	结 果
1	启动开关是否关闭	是 否	3	测量插头、线束是否复位	是 否
2	检测工具是否清洁、复位	是 否	4	场地卫生是否清扫	是 否

评估

授课结束后,指导教师指导学生对操作过程进行评价,完成学习任务评价表(见表 12-19),指导学生进行课后总结,查找存在的问题,完成评估记录表(见表 12-20)。

表 12-19 学习任务评价表

班级:_____ 姓名:_____ 学号:_____

项 目	自 我 评 价			小 组 互 评			教 师 评 价		
	10~9	8~6	5~1	10~9	8~6	5~1	10~9	8~6	5~1
	占总评 10%			占总评 30%			占总评 60%		
工具设备使用能力									
资料信息查阅能力									
数据读取分析能力									
实训报告撰写能力									
协作精神									
纪律观念									
表达能力									
工作态度									
安全意识									
总体表现									
小计									
总评									

指导教师:_____ 年 月 日

表 12-20　评估记录表

课堂小结		
实训结束后，指导教师指导学生分享本次实训收获。		
序　号		存在的问题
1		
2		

5S管理

1. 实训场地设备恢复。
2. 清洁实训车辆，打扫场地卫生，桌椅板凳摆放整齐有序。
3. 将工具、仪器、设备等归还原位。
4. 关闭实训场地的门窗、电源等。

任务 3　转向灯控制系统故障检修

资讯（一）

一、转向灯概述

转向灯是表示汽车动态信息的主要装置，其安装在车身前后，如图 12-18 所示。转向灯在汽车转弯时开启，为行车安全提供保障，使人们提前知道汽车的动向，做出正确的判断。

图 12-18　转向灯

北汽 EU5 R500 纯电动汽车转向灯开关位于转向盘左侧下方，与灯光组合开关集成，作用是控制前照灯的远近光开启与切换，同时具备超车变光开关的功能，如图 12-19 所示。

当"启动/停止"按键位于"RUN"模式时，向下拨动灯光控制杆，打开左转向灯，同时组合仪表中的左转信号指示灯闪烁；向上拨动灯光控制杆，打开右转向灯，同时组合仪表中的右转信号指示灯闪烁。

当转向盘回正后，灯光控制杆会自动回位，外部转向灯和组合仪表中的转向信号指示灯熄灭。向上或向下拨动灯光控制杆半挡，表示变道状态，组合仪表中的转向信号指示灯闪烁。手松开后，手柄自动回位，外部右或左转向灯闪烁三次（转向灯闪烁次数可在中控显示屏设置）后熄灭。

北汽 EU5 R500 纯电动汽车的危险警告灯和转向灯共用灯泡。危险警告灯开关位于多媒体控制面板上，如图 12-20 所示。在发生紧急情况时，打开危险警告灯可引起其他道路使用者的注意，避免引发交通事故。

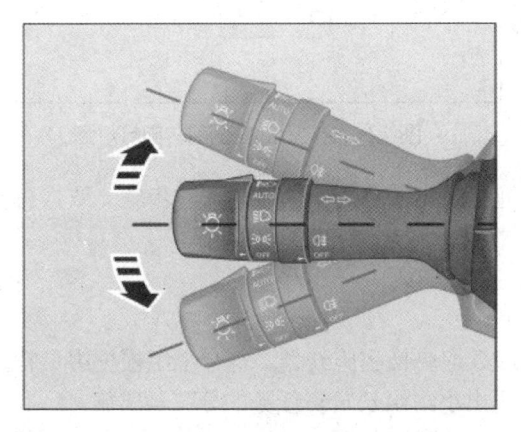

图 12-19 北汽 EU5 R500 纯电动汽车转向灯开关

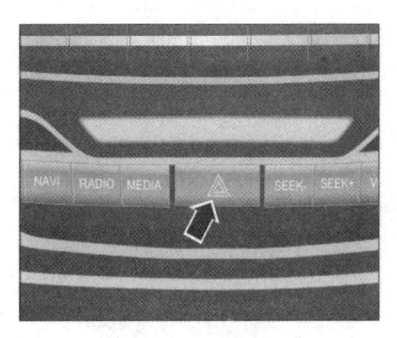

图 12-20 危险警告灯开关

遇到下列情况时应打开危险警告灯。
（1）车辆因技术故障抛锚。
（2）车辆在交通堵塞时处在车流末端。
（3）遇到紧急情况时。
（4）牵引其他车辆或被牵引时。

在打开危险警告灯后，所有转向灯会同时闪烁，组合仪表中的两个转向信号指示灯会闪烁。即使当"启动/停止"按键位于"OFF"挡时，危险警告灯仍可工作。如果需要关闭危险警告灯，则再次按下危险警告灯开关即可。

二、转向灯灯泡的更换

下面以北汽 EU5 R500 纯电动汽车左侧前转向灯灯泡更换为例，介绍转向灯灯泡的更换步骤，右侧前转向灯灯泡更换步骤大体可参照左侧前转向灯灯泡的更换步骤。
（1）断开蓄电池负极。
（2）如图 12-21 所示，沿箭头方向旋转并取出左侧前转向灯灯座①。
（3）如图 12-22 所示，沿箭头方向旋转左侧前转向灯灯泡①，将左侧前转向灯灯泡①从左侧前转向灯灯座②中旋出。前转向灯灯泡型号为 P21W，前转向灯灯泡规格为 21W/12V。
（4）安装以拆卸步骤的倒序进行，同时注意下列事项。
① 安装灯泡时，不要用手接触灯泡玻璃体，以防灯泡沾上污渍而影响灯泡的使用效果和寿命。
② 安装灯泡后，需要检查转向灯的功能。

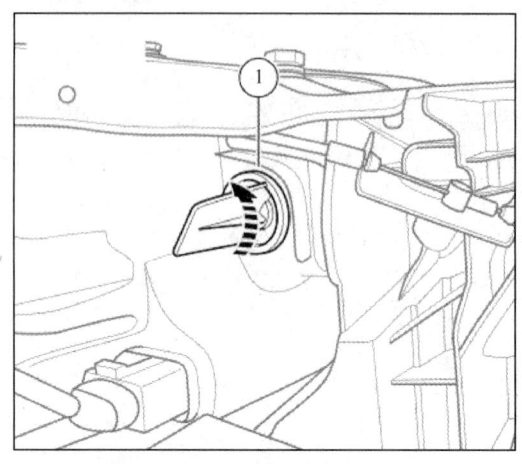

图 12-21 拆卸左侧前转向灯灯座 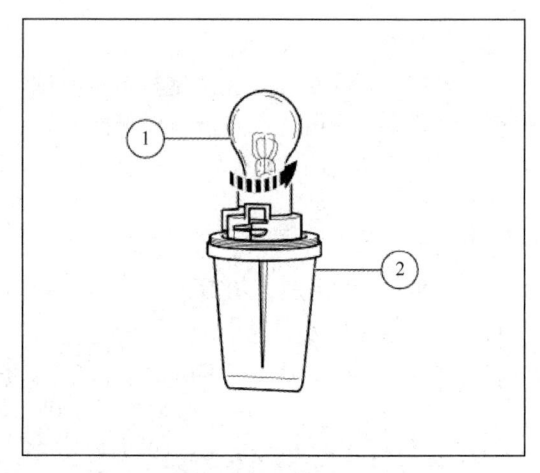　　　　图 12-22 拆卸左侧前转向灯灯泡

（5）后转向灯灯泡更换方法与前转向灯灯泡更换方法略有不同，但大体步骤一致，可参考前转向灯灯泡拆卸方法进行更换。

决策

根据任务要求制订新能源汽车左侧前转向灯灯泡更换实施计划，每个小组根据组员特点进行分工，填写决策记录表（见表12-21），并选出小组组长负责任务的分工与实施。

表 12-21　决策记录表

序　号	小组成员	任　务
1	A B	查阅维修手册等资料
2	C D	工具准备
3	E F	记录、汇报
4	G H	安全员

计划

根据任务分工及任务要求制订工作计划，填写计划表（见表12-22）。

表 12-22　计划表

序　号	作业项目	操作人
1	断开蓄电池负极	A B
2	拆卸左侧前转向灯灯座	C D
3	拆卸左侧前转向灯灯泡	E F
4	安装左侧前转向灯灯泡	A B
5	安装左侧前转向灯灯座	C D
6	连接蓄电池负极	E F
7	安全、记录、功能检查	G H

实施

根据工作计划进行左侧前转向灯灯泡更换任务,实施记录表如表 12-23 所示。

表 12-23 实施记录表

序号	实施项目	结果	序号	实施项目	结果
1	蓄电池负极是否断开	是 否	5	左侧前转向灯灯座是否安装	是 否
2	左侧前转向灯灯座是否拆卸	是 否	6	蓄电池负极是否连接	是 否
3	左侧前转向灯灯泡是否拆卸	是 否	7	左侧前转向灯功能是否正常	是 否
4	左侧前转向灯灯泡是否安装	是 否	8	工位是否整理	是 否

资讯(二)

北汽 EU5 R500 纯电动汽车转向灯控制系统主要由灯光组合开关、BCM、左前组合灯、右前组合灯、左后组合灯、右后组合灯、左侧后视镜转向灯及右侧后视镜转向灯等组成,如图 12-23 所示。灯光组合开关将开关信号送至 BCM,BCM 根据控制指令控制相应侧转向灯工作,从而实现车辆的信号指示,确保车辆行车安全。

北汽 EU5 转向灯控制系统的工作原理

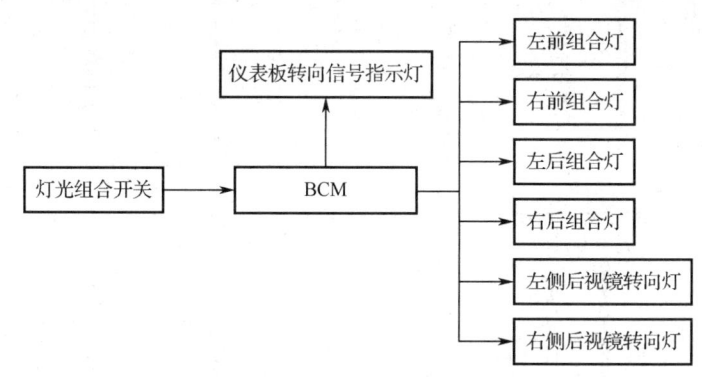

图 12-23 转向灯控制系统组成

在进行转向灯电路故障检修前,需要识读并拆画转向灯控制系统电路图。
拆画电路图注意事项如下。
(1)尽量使用铅笔和直尺以保证所画电路的工整及可修改性。
(2)标注关键元器件的名称代号及相应引脚号。
(3)电路图中的元器件符号要标准。
(4)在拆画的电路图中标注电流走向。

计划

根据任务分工及任务要求制订工作计划,计划表如表 12-24 所示。

表 12-24 计划表

序号	作业项目	操作人
1	查阅电路图	
2	分析电路原理及电流走向	

续表

序 号	作 业 项 目	操 作 人
3	拆画电路草图	
4	协调组员并确定拆画电路图终稿	

实施

按照所制订的工作计划进行北汽 EU5 R500 纯电动汽车转向灯控制系统电路图拆画，并在拆画的电路图中标注主要电气元件名称及线路电流走向（见图 12-24）。

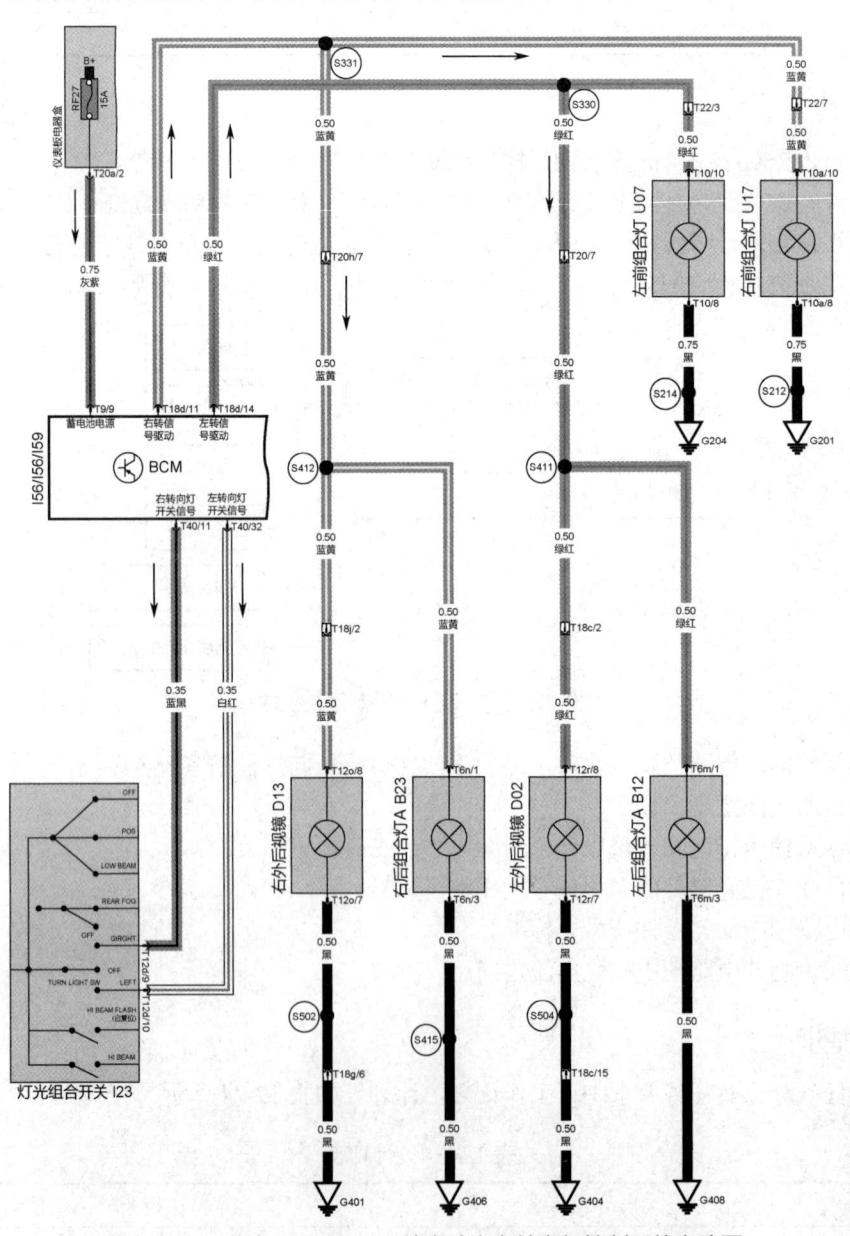

图 12-24　北汽 EU5 R500 纯电动汽车转向灯控制系统电路图

资讯（三）

1. 左转向

当驾驶员起动车辆后，BCM 被激活唤醒。BCM T9/9 引脚经灰紫色导线由仪表板电器盒内 RF27 15A 熔断器提供蓄电池电源。当驾驶员将灯光组合开关旋转至左转向位置时，BCM T40/32 引脚便通过灯光组合开关 I23 获得搭铁信号。此时，BCM 根据内部程序设定通过 T18d/14 引脚给左侧转向灯提供供电控制指令，电流流向如下。

（1）BCM T18d/14→插接器 T22/3→左前组合灯 U07 T10/10→左前组合灯 U07→左前组合灯 U07 T10/8→G204。

（2）BCM T18d/14→插接器 T20/7→左后组合灯 A B12 T6m/1→左后组合灯 A B12→左后组合灯 A B12 T6m/3→G408。

（3）BCM T18d/14→插接器 T20/7→插接器 T18c/2→左外后视镜 D02 T12r/8→左外后视镜 D02→左外后视镜 D02 T12r/7→插接器 T18c/15→G404。

（4）BCM 通过 CAN 总线将左转信号送至仪表板控制单元点亮左转指示灯。

此时，左侧转向灯获得工作电压开始工作。

2. 右转向

当驾驶员起动车辆后，BCM 被激活唤醒。BCM T9/9 引脚经灰紫色导线由仪表板电器盒内 RF27 15A 熔断器提供蓄电池电源。当驾驶员将灯光组合开关旋转至右转向位置时，BCM T40/11 引脚便通过灯光组合开关 I23 获得搭铁信号。此时，BCM 根据内部程序设定通过 T18d/11 引脚给右侧转向灯提供供电控制指令，电流流向如下。

（1）BCM T18d/11→插接器 T22/7→右前组合灯 U17 T10a/10→右前组合灯 U17→右前组合灯 U17 T10a/8→G201。

（2）BCM T18d/11→插接器 T20h/7→右后组合灯 A B23 T6n/1→右后组合灯 A B23→右后组合灯 A B23 T6n/3→G406。

（3）BCM T18d/11→插接器 T20h/7→插接器 T18j/2→右外后视镜 D13 T12o/8→右外后视镜 D13→右外后视镜 D13 T12o/7→插接器 T18g/6→G401。

（4）BCM 通过 CAN 总线将右转信号送至仪表板控制单元点亮右转指示灯。

此时，右侧转向灯获得工作电压开始工作。

实施

根据故障现象，分析北汽 EU5 R500 纯电动汽车右侧前转向灯不工作可能存在的故障点，实施记录表如表 12-25 所示。

表 12-25 实施记录表

序 号	可 能 原 因	序 号	可 能 原 因
1	灯光组合开关故障	5	右侧前转向灯本身故障
2	相关线路故障	6	中间插接器松动
3	BCM 局部故障	7	搭铁点故障
4	熔断器故障	8	右侧前转向灯灯座接触不良

资讯（四）

1. 插接器端子定义

北汽 EU5 R500 纯电动汽车灯光组合开关线束插接器端子 T12d 如图 12-25 所示，灯光组合开关线束插接器的引脚编号及定义如表 12-26 所示。

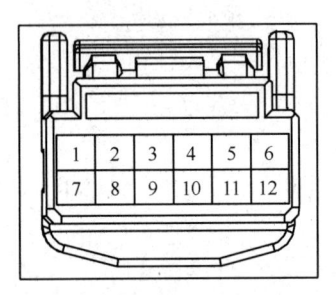

图 12-25　灯光组合开关线束插接器端子 T12d

表 12-26　灯光组合开关线束插接器的引脚编号及定义

引脚编号	定　义	引脚编号	定　义
1	—	7	近光灯开关信号
2	接地	8	自动灯光开关信号
3	—	9	右转向灯开关信号
4	后雾灯开关信号	10	左转向灯开关信号
5	—	11	远光灯开关自复位信号
6	示廓灯开关信号	12	远光灯开关信号

北汽 EU5 R500 纯电动汽车右组合前照灯线束插接器端子如图 12-26 所示，右组合前照灯线束插接器的引脚编号及定义如表 12-27 所示。左组合前照灯与右组合前照灯类似。

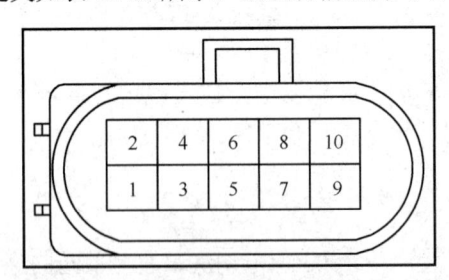

图 12-26　右组合前照灯线束插接器端子

表 12-27　右组合前照灯线束插接器的引脚编号及定义

引脚编号	定　义	引脚编号	定　义
1	电源	6	接地
2	前照灯高度调节信号	7	远光灯电源
3	—	8	接地
4	接地	9	—
5	近光灯电源	10	转向灯电源

北汽 EU5 R500 纯电动汽车 BCM 插接器端子如图 12-27 所示，与转向灯控制有关的 BCM 插接器引脚的编号及定义如表 12-28 所示。

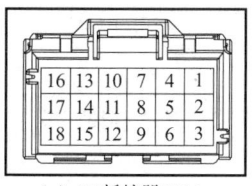

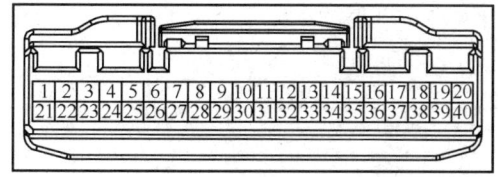

（a）I55插接器T18d　　　　　（b）I59插接器T40

图 12-27　BCM 插接器端子

表 12-28　与转向灯控制有关的 BCM 插接器的引脚编号及定义

引脚编号	定　义	引脚编号	定　义
T18d/11	右转信号驱动	T40/11	右转向灯开关信号
T18d/14	左转信号驱动	T40/32	左转向灯开关信号

2. 单件测试

测试方法：关闭启动开关，断开蓄电池负极，拆卸转向灯供电熔断器及开关，利用万用表欧姆挡测量灯光组合开关和熔断器的电阻阻值，若不符合要求，则应更换。

3. 利用诊断仪与万用表检测

连接诊断仪，打开启动开关，操作转向灯开关，利用诊断仪读取转向灯控制系统故障代码或数据流，首先根据故障代码或数据流进行相应检测，然后利用万用表进行电压及电阻检测。

4. 波形检测

打开启动开关，操作转向灯开关至右转向，利用示波器测量右转向灯信号波形，并判断波形是否正常。

计划

根据任务分工及任务要求制订工作计划，计划表如表 12-29 所示。

表 12-29　计划表

序　号	测 试 项 目	使 用 工 具	操 作 人
1	单件测试	万用表、跳线	
2	读取故障代码或数据流	诊断仪	
3	电阻检测	万用表、跳线	
4	电压检测	万用表、跳线	
5	波形检测	示波器、跳线	

实施

按照制订的工作计划开展相应检测，并完成实施记录表。

1. 单件测试

关闭启动开关，断开蓄电池负极，拆卸转向灯供电熔断器及开关，利用万用表欧姆挡测量灯光组合开关和熔断器的电阻阻值，并完成单件测试记录表（见表12-30）。

表12-30 单件测试记录表

序 号	测 试 项 目	标 准 值	实 测 值	是 否 正 常	维修建议（否）
1	熔断器	<1Ω		是 否	更换熔断器
2	组合灯光开关（左转）	<1Ω		是 否	更换开关
3	组合灯光开关（右转）	<1Ω		是 否	更换开关

2. 读取故障代码或数据流

连接诊断仪，打开启动开关，操作转向灯开关，利用诊断仪读取转向灯控制系统故障代码或数据流，并完成故障代码或数据流记录表（见表12-31）。

表12-31 故障代码或数据流记录表

序号	故障代码或数据流含义	（异常）可能原因
1		
2		

清除故障代码，再次读取，故障代码能否清除： 是 否

3. 电压检测

打开启动开关，操作转向灯开关，利用万用表直流电压挡测量转向灯系统相关端子对地电压值，并完成电压测试记录表（见表12-32）。

表12-32 电压测试记录表

序 号	测 试 项 目	标 准 值	实 测 值	是 否 正 常	维修建议（否）
1	T9/9—地	B+		是 否	检修线束
2	T40/11—地	<0.1V		是 否	检修线束
3	T40/32—地	<0.1V		是 否	检修线束
4	T12d/9—地	<0.1V		是 否	检修线束
5	T12d/10—地	<0.1V		是 否	检修线束

4. 电阻检测

根据上一步电压测量及实际故障现象，断开蓄电池负极，利用万用表欧姆挡测量转向灯系统相关线路电阻阻值，并完成电阻测试记录表（见表12-33）。

表12-33 电阻测试记录表

序 号	测 试 项 目	标 准 值	实 测 值	是 否 正 常	维修建议（否）
1	T12d/9—T40/11	<1Ω		是 否	检修线束
2	T12d/10—T40/32	<1Ω		是 否	检修线束
3	T18d/11—T10a/10	<1Ω		是 否	检修线束
4	T10a/8—G201	<1Ω		是 否	检修线束

5. 波形检测

打开启动开关，将灯光组合开关旋转至右转向位置，测量北汽 EU5 R500 纯电动汽车右侧前转向灯工作波形，并判断波形是否正常，完成波形检测记录表（见表12-34）。

表12-34 波形检测记录表

测试参数	标准波形	实测波形	是否正常
T10a/10 对地波形			是 否
T118d/11 对地波形			是 否

检查

1. 自检

各小组针对操作情况进行自检，完成自检记录表（见表12-35）。

表12-35 自检记录表

序号	检查项目	结果	序号	检查项目	结果
1	是否规范操作仪器仪表	是 否	4	检测工具是否清洁、复位	是 否
2	测试条件是否正确	是 否	5	测量插头、线束是否复位	是 否
3	启动开关是否关闭	是 否	6	场地卫生是否清扫	是 否

2. 互检

各小组针对操作情况进行互检，完成互检记录表（见表12-36）。

表12-36 互检记录表

序号	检查项目	结果	序号	检查项目	结果
1	启动开关是否关闭	是 否	3	测量插头、线束是否复位	是 否
2	检测工具是否清洁、复位	是 否	4	场地卫生是否清扫	是 否

3. 终检

指导教师针对各小组实施情况进行终检，完成终检记录表（见表12-37）。

表12-37 终检记录表

序号	检查项目	结果	序号	检查项目	结果
1	启动开关是否关闭	是 否	3	测量插头、线束是否复位	是 否
2	检测工具是否清洁、复位	是 否	4	场地卫生是否清扫	是 否

评估

授课结束后，指导教师指导学生对操作过程进行评价，完成学习任务评价表（见表12-28）。指导学生进行课后总结，查找存在的问题，完成评估记录表（见表12-39）。

表12-38 学习任务评价表

班级：_____ 姓名：_____ 学号：_____

项 目	自 我 评 价			小 组 互 评			教 师 评 价		
	10～9	8～6	5～1	10～9	8～6	5～1	10～9	8～6	5～1
	占总评10%			占总评30%			占总评60%		
工具设备使用能力									
资料信息查阅能力									
数据读取分析能力									
实训报告撰写能力									
协作精神									
纪律观念									
表达能力									
工作态度									
安全意识									
总体表现									
小计									
总评									

指导教师：_____ 年 月 日

表12-39 评估记录表

课 堂 小 结
实训结束后，指导教师指导学生分享本次实训收获。

序 号	存在的问题
1	
2	

5S管理

1. 实训场地设备恢复。

2. 清洁实训车辆，打扫场地卫生，桌椅板凳摆放整齐有序。
3. 将工具、仪器、设备等归还原位。
4. 关闭实训场地的门窗、电源等。

习题测试

一、填空题

1. 汽车照明与信号系统由_____、_____和_____组成。
2. 前照灯电路主要由_____、_____、_____及_____组成。
3. 现在汽车采用的前照灯主要有_____、_____和_____。
4. 北汽 EU5 R500 纯电动汽车灯光组合开关可以实现的功能包括_____、_____和_____。
5. 前照灯继电器的作用是_____。
6. 北汽 EU5 R500 纯电动汽车前照灯控制系统主要由_____、_____、_____、_____及_____等组成。

二、问答题

1. 什么是眩目？
2. 汽车防眩目的措施有哪些？
3. 前照灯灯泡在更换过程中的注意事项有哪些？
4. 北汽 EU5 R500 纯电动汽车前照灯控制系统的工作原理是什么？
5. 分析灯光控制系统不工作的可能原因。
6. 分析北汽 EU5 R500 纯电动汽车灯光组合开关线束插接器引脚定义。
7. 危险警告灯开启的情景有哪些？

学习情境 13

新能源汽车喇叭系统故障检修

学习情境描述

某客户驾驶的 2018 年生产的北汽 EU5 R500 纯电动汽车，行驶里程为 9 万千米，当按下喇叭开关时，喇叭不响，要求予以检修。作为维修技师，你能完成此项任务吗？

学习内容

1. 新能源汽车喇叭系统的功用、结构组成、工作原理。
2. 新能源汽车喇叭系统电路图的识读。
3. 新能源汽车喇叭系统的故障检修。

学习目标

1. 能够描述新能源汽车喇叭系统的功用、结构组成、工作原理，正确率不低于 85%。
2. 能够使用工具按照正确的方法对新能源汽车喇叭系统各元器件进行规范拆装，正确率不低于 90%。
3. 能熟练进行新能源汽车喇叭系统电路图的识读，正确率不低于 90%。
4. 能够使用故障诊断仪结合故障现象初步判断新能源汽车喇叭系统故障的原因，并进行故障检测及相关故障排除，正确率不低于 90%。
5. 弘扬精益求精的工匠精神，养成脚踏实地、认真负责的工作作风，践行安全生产、团队协作的职业素养。

教学准备

1. 教学用整车一辆（北汽 EU5 R500）、汽车举升机、拆装工具。
2. 防护工具：车内四件套、车外三件套、车辆挡块、灭火器、隔离桩、警示牌等。
3. 其他材料：车辆使用手册、维修手册、整车电路图册。

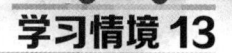

教学实施

任务 1 喇叭系统概述

资讯

新能源汽车喇叭系统的分类及组成

一、新能源汽车喇叭控制系统概述

喇叭是汽车的音响信号装置。在汽车的行驶过程中，驾驶员根据需要和规定发出需要的音响信号，警告行人和引起其他车辆注意，保证交通安全，同时用于催行与传递信号。汽车的喇叭主要包括车辆前部的信号喇叭、音响系统的喇叭和防盗喇叭。

汽车喇叭按声音动力分为气喇叭和电喇叭两种；按其外形分为筒形、螺旋形和盆形三种；按发声频率分高音喇叭和低音喇叭两种。目前，乘用车上应用的主要是螺旋形和盆形的电喇叭，如图 13-1 所示。当司机按下喇叭开关时，电流经触点通过线圈，线圈产生磁力吸下衔铁，强制膜片移动，衔铁移动使触点断开，电流中断，线圈磁力消失，膜片在自身弹性和弹簧片作用下同衔铁一起恢复原位，触点闭合电路再次接通，电流通过触点流经线圈产生磁力，重复上述动作。如此反复循环，膜片不断振动，从而发出音响。气喇叭利用压缩空气的气流使金属膜片振动而发出声音，因此必须在带有空气压缩机的汽车上才能使用。一般在大客车和重型货车上都装有气喇叭。

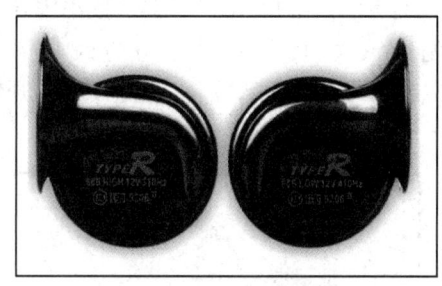

（a）螺旋形电喇叭　　（b）盆形电喇叭

图 13-1 电喇叭

北汽 EU5 R500 纯电动汽车喇叭控制系统主要包含喇叭开关、BCM、喇叭继电器、喇叭及供电熔断器。

1. 喇叭开关

喇叭开关作为新能源汽车喇叭控制系统工作的信号装置，通常采用接触式开关。北汽 EU5 R500 纯电动汽车的喇叭开关如图 13-2 所示，位于转向盘中间。通过按下转向盘上喇叭标识图形附近区域，喇叭将响起，松手即停。

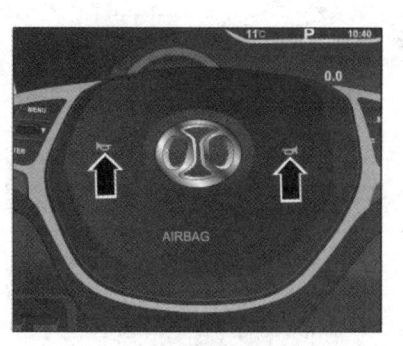

图 13-2 北汽 EU5 R500 纯电动汽车的喇叭开关

2. BCM

BCM 作为喇叭控制系统的控制单元，当 BCM 接收到喇叭开关信号时，便控制喇叭继电器为喇叭供电，喇叭便可发出响声。

当出现以下情况时，BCM 同样会激活喇叭继电器。

① 当车辆防盗系统工作时，如果车辆被非法入侵，那么车辆喇叭会一直工作直至防盗系统解除。

② 当驾驶员使用遥控器进行锁车时，车辆的喇叭可以根据驾驶员设置通过发声来提醒驾驶员车辆已经上锁。

3. 喇叭

北汽 EU5 R500 纯电动汽车的喇叭一般安装在汽车前部保险杠组件的后部，通常左右两边各一个，分别为高音喇叭和低音喇叭。当驾驶员按下转向盘上的喇叭开关时，BCM 接收到信号，便控制喇叭继电器为喇叭供电，喇叭便可发出响声。汽车上的喇叭一般不可调节音量，一旦损坏就只能更换喇叭总成。

二、喇叭的更换

下面以北汽 EU5 R500 纯电动汽车左侧喇叭更换为例，介绍喇叭的更换步骤，右侧喇叭更换步骤大体可参照左侧喇叭更换步骤。

（1）断开蓄电池负极。

（2）如图 13-3 所示，使用 10mm 六角套筒旋出固定螺栓（箭头 B），撬出固定卡扣（箭头 A），取下前机舱装饰板总成①。螺栓规格为 M6×1.0×16，螺栓拧紧扭矩为 4~6N·m。

（3）如图 13-4 所示，旋出左侧前保险杠固定螺钉（箭头 A），从箭头 B 处脱开前保险杠①与车身的连接。螺栓拧紧扭矩为 2.2~2.8N·m。

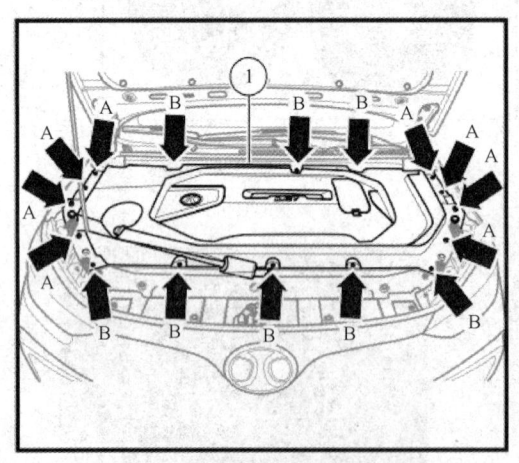

图 13-3　拆卸前机舱装饰板总成 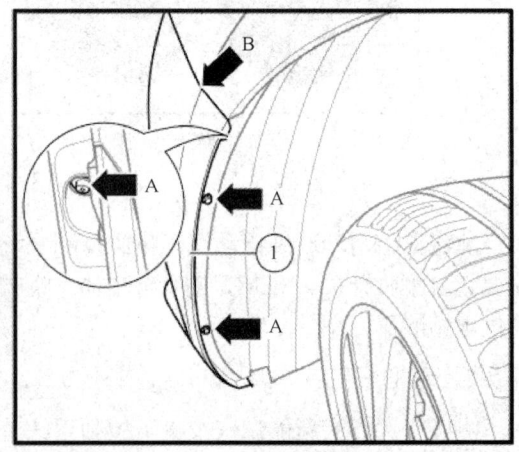　　图 13-4　拆卸左侧前保险杠固定螺钉

（4）如图 13-5 所示，旋出右侧前保险杠固定螺钉（箭头 A），从箭头 B 处脱开前保险杠①与车身的连接。螺栓拧紧扭矩为 2.2~2.8N·m。

（5）如图 13-6 所示，断开前保险杠线束连接插头（箭头），取下前保险杠组件①。

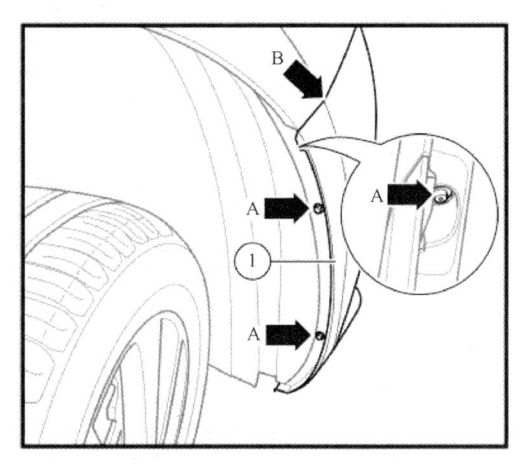

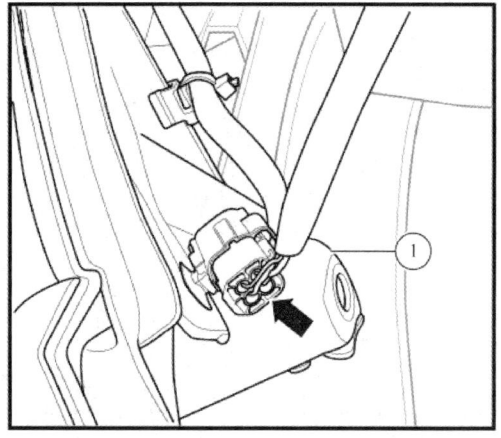

图 13-5　拆卸右侧前保险杠固定螺钉　　　图 13-6　断开前保险杠线束连接插头

（6）断开喇叭连接插头（箭头 A），旋出固定螺栓（箭头 B），拆下喇叭①，如图 13-7 所示。

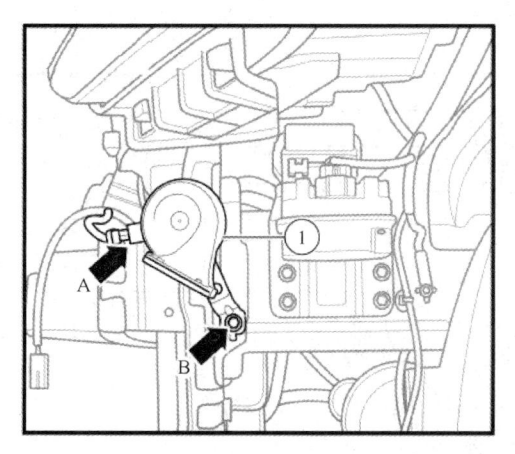

图 13-7　拆卸喇叭

（7）安装以拆卸倒序进行，同时要注意在安装完成后检查喇叭功能。

决策

根据任务要求制订新能源汽车左侧喇叭更换实施计划，每个小组根据组员特点进行分工，填写决策记录表（见表 13-1），并选出小组组长负责任务的分工与实施。

表 13-1　决策记录表

序　号	小组成员	任　务
1	A　B	查阅维修手册等资料
2	C　D	工具准备
3	E　F	记录、汇报
4	G　H	安全员

计划

根据任务分工及任务要求制订工作计划，填写计划表（见表 13-2）。

表 13-2　计划表

序号	作业项目	操作人
1	断开蓄电池负极	A B
2	拆卸前机舱装饰板总成	C D
3	拆卸前保险杠组件	E F
4	拆卸喇叭	A B
5	安装喇叭	C D
6	安装前保险杠组件	E F
7	安装前机舱装饰板总成	A B
8	连接蓄电池负极	C D
9	安全、记录、功能检查	G H

实施

根据工作计划进行左侧喇叭更换任务，实施记录表如表 13-3 所示。

表 13-3　实施记录表

序号	实施项目	结果	序号	实施项目	结果
1	蓄电池负极是否断开	是 否	6	前保险杠组件是否安装	是 否
2	前机舱装饰板总成是否拆卸	是 否	7	前机舱装饰板总成是否安装	是 否
3	前保险杠组件是否拆卸	是 否	8	蓄电池负极是否连接	是 否
4	喇叭是否拆卸	是 否	9	喇叭功能是否正常	是 否
5	喇叭是否安装	是 否	10	工位是否整理	是 否

任务 2　喇叭控制系统故障检修

资讯（一）

北汽 EU5 R500 纯电动汽车喇叭控制系统主要由喇叭开关、BCM、喇叭、喇叭继电器及供电熔断器等组成，如图 13-8 所示。喇叭开关将开关信号送至 BCM，BCM 根据控制指令控制喇叭继电器工作，蓄电池经供电熔断器、喇叭继电器给喇叭供电，从而使喇叭发出鸣响。

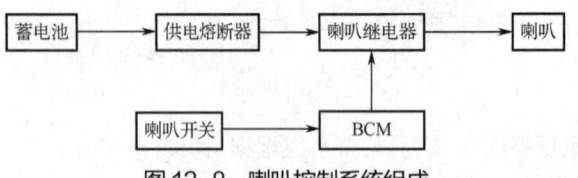

图 13-8　喇叭控制系统组成

新能源汽车喇叭控制系统的工作原理

在进行喇叭控制系统电路故障检修前，需要识读并拆画喇叭控制系统电路图。
拆画电路图注意事项如下。
（1）尽量使用铅笔和直尺以保证所画电路图的工整及可修改性。
（2）标注关键元器件的名称代号及相应引脚号。
（3）电路图中的元器件符号要标准。
（4）在拆画的电路图中标注电流走向。

计划

根据任务分工及任务要求制订工作计划，计划表如表 13-4 所示。

表13-4 计划表

序 号	作 业 项 目	操 作 人
1	查阅电路图	A B
2	分析电路原理及电流走向	C D
3	拆画电路草图	E F
4	协调组员并确定拆画电路图终稿	G H

实施

按照所制订的工作计划进行北汽 EU5 R500 纯电动汽车的喇叭控制系统电路图拆画，并在拆画的电路图中标注主要电气元件名称及线路电流走向（见图13-9）。

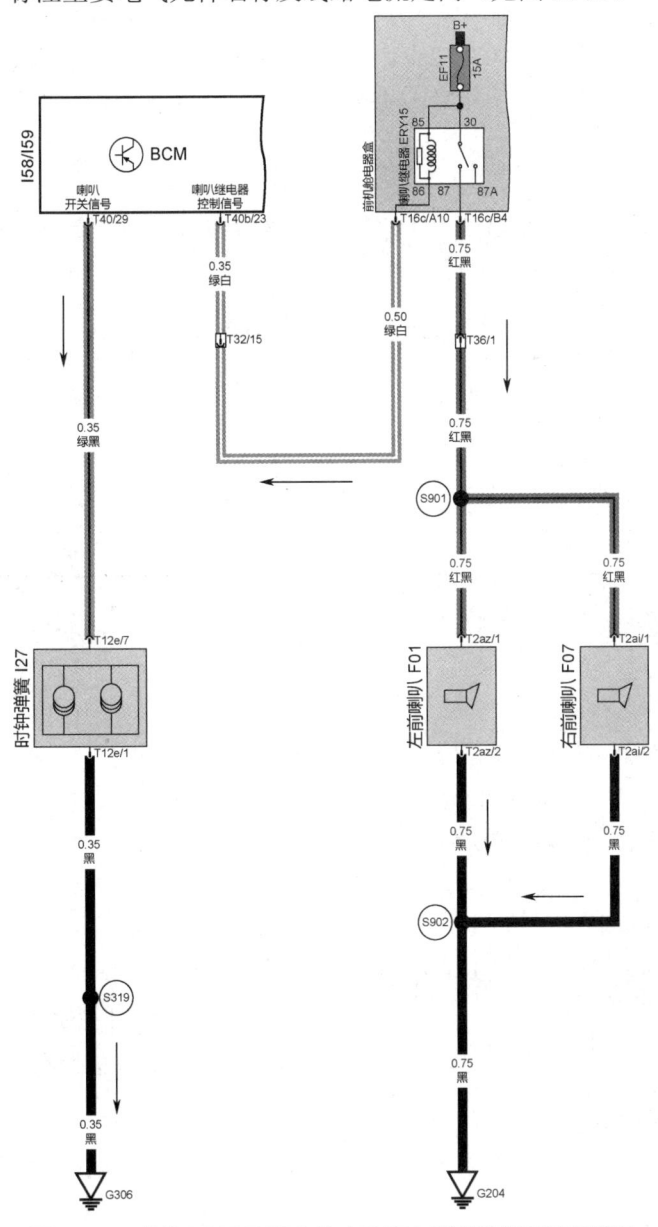

图13-9 北汽 EU5 R500 纯电动汽车喇叭控制系统电路图

资讯（二）

当驾驶员起动车辆后，BCM 被激活唤醒。当驾驶员按下喇叭开关时，BCM T40/29 引脚便通过灯光组合开关时钟弹簧 I27 经喇叭开关获得搭铁信号。此时，BCM 根据内部程序设定通过 T40b/23 引脚给喇叭继电器 ERY15 提供搭铁控制指令，喇叭继电器线圈回路导通，电流流向为蓄电池 B+→喇叭继电器 ERY15 85#→喇叭继电器 ERY15 线圈→喇叭继电器 ERY15 86#→插接器 T16c/A10 端子→插接器 T32/15 端子→BCM T40b/23 引脚，经 BCM 控制接地。

当继电器线圈电路工作后，继电器开关被吸合，此时继电器开关回路开始工作，电流流向为蓄电池 B+→EF1115A 熔断器→喇叭继电器 ERY15 30#→喇叭继电器 ERY15 开关→喇叭继电器 ERY15 87#→插接器 T16c/B4。然后电路分为两路，一路电路经插接器 T36/1 端子→左前喇叭 F01 T2az/1 端子→左前喇叭 F01→左前喇叭 F01 T2az/2 端子→G204；另一路电路经插接器 T36/1 端子→右前喇叭 F07 T2ai/1 端子→右前喇叭 F07→右前喇叭 F07 T2ai/2 端子→G204。此时，左、右喇叭获得工作电压开始工作。

实施

根据故障现象，分析北汽 EU5 R500 纯电动汽车喇叭不工作可能存在的故障点，实施记录表如表 13-5 所示。

表 13-5 实施记录表

序号	可能原因	序号	可能原因
1	喇叭开关故障	5	喇叭本身故障
2	时钟弹簧故障	6	中间插接器松动
3	BCM 局部故障	7	搭铁点故障
4	熔断器故障	8	喇叭继电器故障

5S管理

1. 实训场地设备恢复。
2. 清洁实训车辆，打扫场地卫生，桌椅板凳摆放整齐有序。
3. 将工具、仪器、设备等归还原位。
4. 关闭实训场地的门窗、电源等。

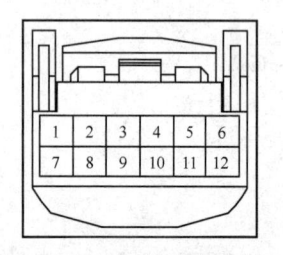

图 13-10 时钟弹簧线束插接器端子 T12e

资讯（三）

1. 插接器端子定义

北汽 EU5 R500 纯电动汽车时钟弹簧线束插接器端子 T12e 如图 13-10 所示，时钟弹簧线束插接器的引脚编号及定义如表 13-6 所示。

表 13-6　时钟弹簧线束插接器的引脚编号及定义

引脚编号	定　义	引脚编号	定　义
1	接地	7	喇叭开关信号
2	摄影信号	8	接地
3	信号	9	控制按钮信号
4	转向盘开关输出地	10	控制按钮接地
5	—	11	背光照明
6	巡航开关地	12	巡航开关信号

北汽 EU5 R500 纯电动汽车 BCM 插接器端子如图 13-11 所示，与喇叭系统控制有关的 BCM 插接器的引脚编号及定义如表 13-7 所示。

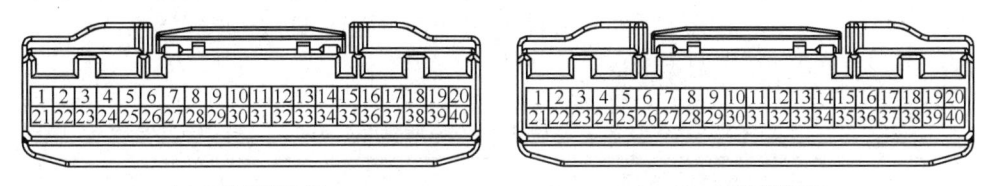

(a) I58插接器T40b　　　　(b) I59插接器T40

图 13-11　BCM 插接器端子

表 13-7　与喇叭系统控制有关的 BCM 插接器的引脚编号及定义

引脚编号	定　义	引脚编号	定　义
T40b/23	喇叭继电器控制信号	T40/29	喇叭开关信号

2. 单件测试

测试方法：关闭启动开关，断开蓄电池负极，拆卸喇叭供电熔断器和继电器，利用万用表欧姆挡测量继电器和熔断器的电阻阻值，若不符合要求，则应更换。

3. 利用诊断仪与万用表检测

连接诊断仪，打开启动开关，利用诊断仪读取喇叭控制系统故障代码或数据流，首先根据故障代码或数据流进行相应检测，然后利用万用表进行电压及电阻检测。

计划

根据任务分工及任务要求制订工作计划，计划表如表 13-8 所示。

表 13-8　计划表

序　号	测试项目	使用工具	操作人
1	单件测试	万用表、跳线	
2	读取故障代码或数据流	诊断仪	
3	电阻检测	万用表、跳线	
4	电压检测	万用表、跳线	

实施

按照制订的工作计划开展相应检测，并完成实施记录表。

1. 单件测试

关闭启动开关，断开蓄电池负极，拆卸喇叭供电熔断器和继电器，利用万用表欧姆挡测量继电器和熔断器的电阻阻值，并完成单件测试记录表，如表13-9所示。

表13-9 单件测试记录表

序 号	测试项目	标准值	实测值	是否正常	维修建议（否）
1	熔断器			是 否	更换熔断器
2	喇叭继电器线圈			是 否	更换继电器
3	喇叭继电器开关			是 否	更换继电器

2. 读取故障代码或数据流

连接诊断仪，打开启动开关，操作喇叭开关，利用诊断仪读取喇叭控制系统故障代码或数据流，并完成故障代码或数据流记录表（见表13-10）。

表13-10 故障代码或数据流记录表

序 号	故障代码或数据流含义	（异常）可能原因
1		
2		
清除故障代码，再次读取，故障代码能否清除： 是 否		

3. 电压检测

打开启动开关，操作喇叭开关，利用万用表直流电压挡测量喇叭系统相关端子对地电压，并完成电压测试记录表（见表13-11）。

表13-11 电压测试记录表

序 号	测试项目	标准值	实测值	是否正常	维修建议（否）
1	T12e/7—地			是 否	检修线束
2	T40/29—地			是 否	检修线束
3	T40b/23—地			是 否	检修线束
4	T2az/1—地			是 否	检修线束
5	T2ai/1—地			是 否	检修线束

4. 电阻检测

根据上一步电压测量及实际故障现象，断开蓄电池负极，利用万用表欧姆挡测量喇叭系统相关线路电阻阻值，并完成电阻测试记录表（见表13-12）。

表13-12 电阻测试记录表

序 号	测试项目	标准值	实测值	是否正常	维修建议（否）
1	T12e/7—T40/29	$<1\Omega$		是 否	检修线束
2	T40b/23—T16c/A10	$<1\Omega$		是 否	检修线束
3	T16c/B4—T2az/1	$<1\Omega$		是 否	检修线束
4	T16c/B4—T2ai/1	$<1\Omega$		是 否	检修线束

检查

1. 自检

各小组针对操作情况进行自检，完成自检记录表（见表 13-13）。

表 13-13 自检记录表

序 号	检 查 项 目	结 果	序 号	检 查 项 目	结 果
1	是否规范操作仪器仪表	是 否	4	检测工具是否清洁、复位	是 否
2	测试条件是否正确	是 否	5	测量插头、线束是否复位	是 否
3	启动开关是否关闭	是 否	6	场地卫生是否清扫	是 否

2. 互检

各小组针对操作情况进行互检，完成互检记录表（见表 13-14）。

表 13-14 互检记录表

序 号	检 查 项 目	结 果	序 号	检 查 项 目	结 果
1	启动开关是否关闭	是 否	3	测量插头、线束是否复位	是 否
2	检测工具是否清洁、复位	是 否	4	场地卫生是否清扫	是 否

3. 终检

指导教师针对各小组实施情况进行终检，完成终检记录表（见表 13-15）。

表 13-15 终检记录表

序 号	检 查 项 目	结 果	序 号	检 查 项 目	结 果
1	启动开关是否关闭	是 否	3	测量插头、线束是否复位	是 否
2	检测工具是否清洁、复位	是 否	4	场地卫生是否清扫	是 否

评估

授课结束后，指导教师指导学生对操作过程进行评价，完成学习任务评价表（见表 13-16）。指导学生进行课后总结，查找存在的问题，完成评估记录表（见表 13-17）。

表 13-16 学习任务评价表

班级：_____ 姓名：_____ 学号：_____

项 目	自我评价			小组互评			教师评价		
	10~9	8~6	5~1	10~9	8~6	5~1	10~9	8~6	5~1
	占总评10%			占总评30%			占总评60%		
工具设备使用能力									
资料信息查阅能力									
数据读取分析能力									

续表

项　　目	自我评价 10~9	8~6	5~1	小组互评 10~9	8~6	5~1	教师评价 10~9	8~6	5~1
	占总评10%			占总评30%			占总评60%		
实训报告撰写能力									
协作精神									
纪律观念									
表达能力									
工作态度									
安全意识									
总体表现									
小计									
总评									

指导教师：_____　　　　年　　月　　日

表13-17　评估记录表

课　堂　小　结
实训结束后，指导教师指导学生分享本次实训收获。

序　号	存在的问题
1	
2	

5S管理

1. 实训场地设备恢复。
2. 清洁实训车辆，打扫场地卫生，桌椅板凳摆放整齐有序。
3. 将工具、仪器、设备等归还原位。
4. 关闭实训场地的门窗、电源等。

习题测试

一、填空题

1. 汽车喇叭按声音动力分为_____和_____两种。
2. 北汽EU5 R500纯电动汽车的喇叭控制系统主要包含_____、_____、_____、_____及_____。
3. 喇叭控制系统的控制单元是_____。

4．BCM 接收到的喇叭开关信号为_____信号。

二、问答题

1．汽车喇叭的工作原理是什么？
2．汽车喇叭系统工作的情景有哪些？
3．新能源汽车喇叭总成更换的流程是怎样的？
4．北汽 EU5 R500 纯电动汽车喇叭控制系统的工作原理是什么？
5．分析北汽 EU5 R500 纯电动汽车喇叭不工作可能存在的故障原因。

学习情境 14

新能源汽车雨刮系统故障检修

学习情境描述

某客户驾驶的 2018 年生产的北汽 EU5 R500 纯电动汽车,行驶里程为 10 万千米,当车主打开雨刮组合开关时,雨刮(又叫刮水器)不动作,要求予以检修。车间主管将此项工作任务交给你,你能完成这项工作吗?

学习内容

1. 新能源汽车雨刮系统的功用、结构组成、工作原理。
2. 新能源汽车雨刮系统电路图的识读。
3. 新能源汽车雨刮系统的故障检修。

学习目标

1. 能够描述新能源汽车雨刮系统的功用、结构组成、工作原理,正确率不低于 85%。
2. 能够使用工具按照正确的方法对雨刮系统各元器件进行规范拆装,正确率不低于 90%。
3. 能熟练进行新能源汽车雨刮系统电路图的识读,正确率不低于 90%。
4. 能够使用故障诊断仪结合故障现象初步判断雨刮系统故障的原因,并进行故障检测及相关故障排除,正确率不低于 90%。
5. 弘扬精益求精的工匠精神,养成脚踏实地、认真负责的工作作风,践行安全生产、团队协作的职业素养。

教学准备

1. 教学用整车一辆(北汽 EU5 R500)、汽车举升机、拆装工具。
2. 防护工具:车内四件套、车外三件套、车辆挡块、灭火器、隔离桩、警示牌等。
3. 其他材料:车辆使用手册、维修手册、整车电路图册。

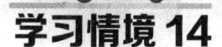

教学实施

任务 1 雨刮系统概述

资讯

一、新能源汽车雨刮系统概述

（1）雨刮系统的功用及分类。

为了提高汽车的行车安全性、工作可靠性和舒适性，减轻驾驶员的劳动强度，现在汽车上安装了很多辅助电气系统，而且随着汽车行业的发展，辅助电气系统在整车中所占的比重越来越大，性能也越来越完善。雨刮系统就是汽车的辅助电气系统之一，它能够在雨天或雪天时将车窗上的雨滴或雪花刮除，在泥泞的道路上行驶时将飞溅到风窗玻璃上的泥水刮净，保证驾驶员有良好的视野，确保车辆行驶的安全。

雨刮必须满足下列要求：可刮除风窗玻璃上的水、雪、脏物等；能在高温（80℃）和低温（-30℃）下工作；能抗酸、碱、盐和臭氧；要有两种以上频率，一种大于 45 次/min，另一种为 10~55 次/min，且高频和低频之差应大于 15 次/min；必须具备自动复位功能；使用寿命应大于 150 万次循环；耐短路时间大于 15min。

汽车上的雨刮根据使用的动力来源不同，可分为电动雨刮、气动雨刮和真空式雨刮三种。目前，汽车上应用最广泛的是电动雨刮，如图 14-1 所示。

图 14-1 电动雨刮

电动雨刮按照刮刷方式的不同可分为同向刮刷、对向刮刷、单臂可控刮刷和普通单臂刮刷四类，如图 14-2 所示。普通单臂刮刷结构相对简单，成本低，但是刮刷面积较小。相比而言，单臂可控刮刷的刮刷面积最广，但其结构及控制方式较为复杂。对向刮刷和同向刮刷的刮刷面积比普通单臂刮刷的刮刷面积要大，而且符合空气动力学特性，既减小了空气阻力，又可使雨刮刮刷面积较大，是目前汽车上应用较多的刮刷方式。

电动雨刮按照结构的不同可分为三种，分别是传统的有骨雨刮、三段式雨刮和无骨雨刮。

(a) 同向刮刷　　　　(b) 对向刮刷

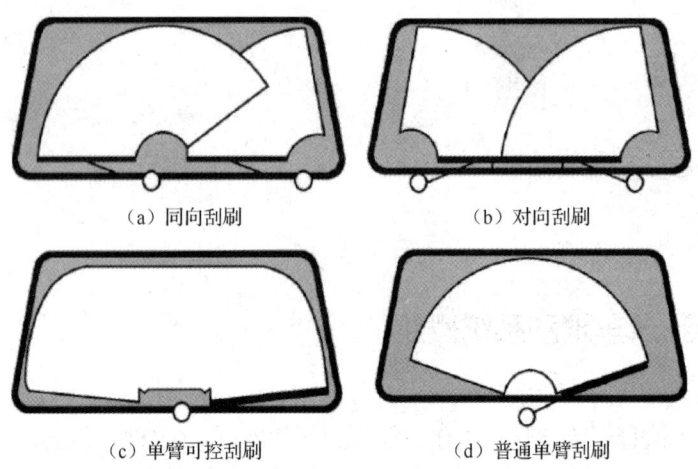

(c) 单臂可控刮刷　　　(d) 普通单臂刮刷

图 14-2　电动雨刮的刮刷方式

① 有骨雨刮。

有骨雨刮是由骨架和橡胶条组成的，如图 14-3（a）所示。其结构较为复杂，雨刮总成通过摇臂的弹簧给骨架层施加压力，压力再通过支架的几个支点传递到胶条，使胶条在运转过程中能贴合风窗玻璃，从而把风窗玻璃上的雨水刮掉。

② 三段式雨刮。

三段式雨刮严格来说还是有骨雨刮，只不过把传统有骨雨刮的骨架用合成树脂 ABS（丙烯腈-丁二烯-苯乙烯共聚物）来代替而已，如图 14-3（b）所示。ABS 是五大通用塑料之一，其抗冲击性、耐热性、耐低温性、耐化学药品性及电气性能优良，还具有易加工、制品尺寸稳定、表面光泽性好等特点，所以用 ABS 做出来的骨架，不仅保持了强度，而且使雨刮的外观更美观，看起来更加协调。

③ 无骨雨刮。

无骨雨刮是指没有骨架的雨刮，如图 14-3（c）所示。无骨雨刮结构简单，通过两片弹性钢片夹着胶条传递压力，相当于无数个压力点，所以胶条受力均匀，使得胶条和风窗玻璃能更好地贴合，刮得更干净。

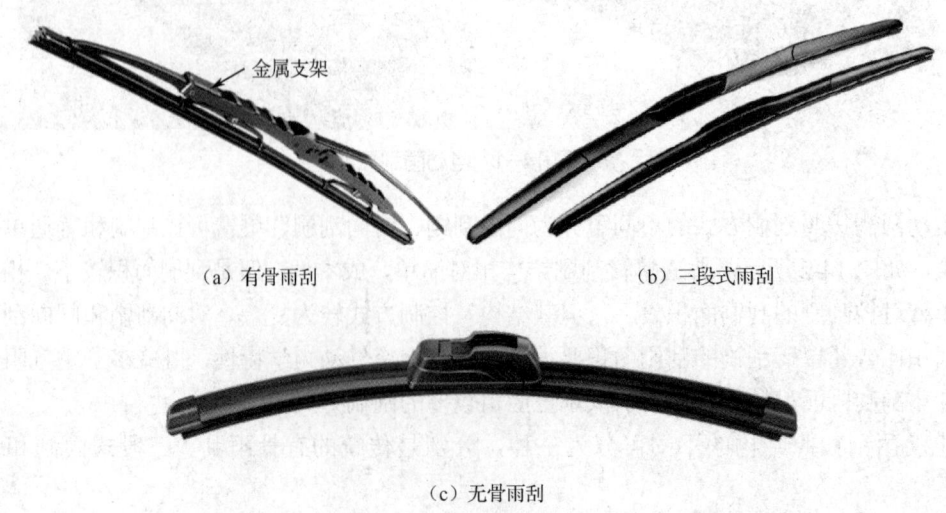

金属支架

(a) 有骨雨刮　　　　(b) 三段式雨刮

(c) 无骨雨刮

图 14-3　电动雨刮的结构

（2）雨刮结构组成。

北汽 EU5 R500 纯电动汽车的电动雨刮的基本组成如图 14-4 所示，主要由雨刮电动机（又称刮水电动机）、连杆总成、主副刮臂、主副刮片等组成。

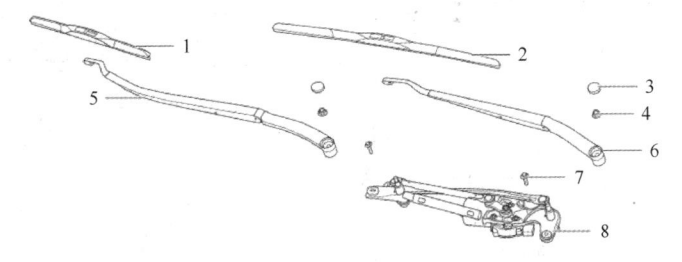

1—副刮片；2—主刮片；3—装饰帽；4—雨刮臂固定螺母；5—副刮臂；6—主刮臂；
7—雨刮电动机及连杆机构总成固定螺栓；8—雨刮电动机及连杆总成

图 14-4　电动雨刮的基本组成

雨刮电动机固定在底板上，杠杆联动机构由连接雨刮刮片的连杆摆杆组成。当驾驶员操作雨刮组合开关时，电动机开始工作，电动机输出动力经过一套蜗轮蜗杆减速机构减速增扭后，由轴端部的蜗杆将动力传给蜗轮，蜗轮上的偏心销钉与连杆铰接。当蜗轮转动时，先带动连杆使摆杆产生摆动，然后经连杆带动主副刮臂和主副刮片往复运动，从而实现对风窗玻璃的刮水动作。

（3）雨刮工作原理。

雨刮电动机按其磁场结构来分，有并励磁式和永磁式两种。永磁式电动机的磁极为永久磁铁，且具有体积小、质量轻、噪声小、结构简单、价格低廉等特点，因而得到了广泛使用。

① 雨刮电动机的变速原理。

雨刮电动机通常采用三刷永磁电动机，其结构如图 14-5 所示，由永久磁铁（磁极）、电枢（转子）、3 个电刷、壳体及驱动端盖（与减速箱体连为一体）等组成。磁极一般为由铁氧体材料制成的永久磁铁，数量为一对。三刷永磁雨刮电动机电路原理图如图 14-6 所示，电刷 C 为高速电刷，也称为第三电刷，它与电刷 B 的夹角为 30°或 60°。搭铁电刷 A 可以直接搭铁，也可以经雨刮组合开关搭铁。

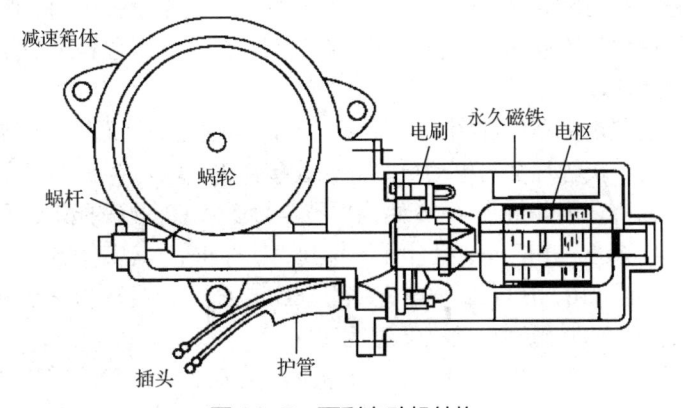

图 14-5　雨刮电动机结构

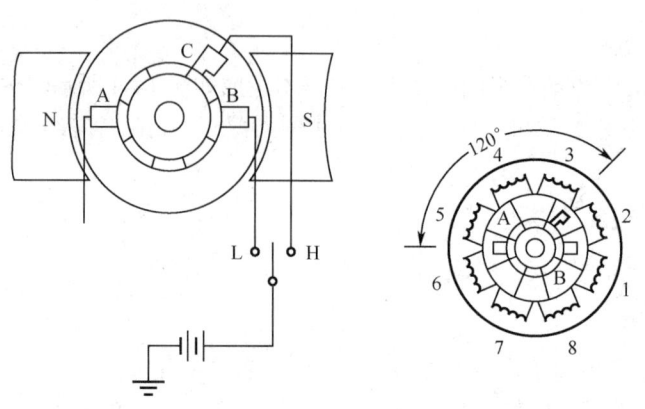

图 14-6　三刷永磁雨刮电动机电路原理图

三刷永磁雨刮电动机是利用 3 个电刷在电路中改变正、负电刷之间串联的线圈数目而实现变速的。电动机在运转过程中，电枢绕组将产生反电动势，相当于并励直流电动机产生的感应电动势，其方向与电枢电流相反。当直流电动机稳定运转时，外加电源电压应等于电枢绕组的电压降与反电动势之和。当雨刮组合开关的 L 挡闭合时，电刷 B 与 A 通电。两电刷之间的 8 个电枢绕组构成两条并联支路，两个支路中各绕组的反电动势相加，两支路的反电动势值相等。当反电动势和电动机内部电压降之和与电源电压相等时，电动机进入稳定运转状态，此时电动机转速较低，刮片每分钟刮动约 50 次。当雨刮组合开关的 H 挡闭合时，电刷 C 与两电刷之间的 8 个绕组形成不对称的两个并联支路，一路是 5 个绕组（6、7、8、1、2 绕组）串联，另一路是 3 个绕组（3、4、5 绕组）串联。而第一个支路中，绕组 1 与绕组 2 的反电动势方向相反，相互抵消，所以实际上每支路仅有 3 个绕组串联，反电动势减小。由于电源电压基本恒定不变，绕组反电动势与电动机内部电压降之和小于电源电压，只有提高反电动势才能进入新的平衡状态。而反电动势与电动机的转速成正比，所以电动机转速必将上升，刮片进行高速运动，每分钟约 70 次。这样，三刷永磁雨刮电动机就会以两种不同的转速来工作。

② 雨刮电动机的复位原理。

当驾驶员关闭雨刮组合开关，雨刮停止工作时，刮片应能回到其行程的末端，而不是在中间位置。为此，雨刮中安装了复位开关。复位开关由雨刮电动机的变速器控制，使开关只在刮片到达其行程末端时才断开。当驾驶员在刮片处于中间位置关闭雨刮组合开关时，由于复位开关仍闭合，故仍能连续给电动机电流，直到刮片到达下限位置时凸轮才能将复位开关顶开，使电动机停止转动。

雨刮自动复位装置的电路图如图 14-7 所示。在减速蜗轮的端面上，镶嵌着接触片 2、3，它们随蜗轮一起转动，接触片 2 与电动机的外壳连接搭铁，触点臂 5、7 上铆接有触点 4、6，由于触点臂的弹性作用，因此触点 4、6 始终保持与接触片有良好的接触。

当启动开关 11 接通，并把雨刮组合开关拉到"I"挡时，其工作电路如下：蓄电池正极→启动开关 11→熔断器 10→B_3 电刷→电枢绕组→B_1 电刷→接线柱②→接线柱③→搭铁→蓄电池负极，形成回路。此时雨刮电动机低速运转。

当驾驶员将雨刮组合开关推到"0"挡，欲关闭雨刮时，若刮片不在停止位置，蜗轮端面电路图如图 14-7（b）所示，则触点 6 与接触片 2 保持接触，其工作电路为蓄电池正极→启动开关 11→熔断器 10→B_3 电刷→电枢绕组→B_1 电刷→接线柱②→接线柱①→触点臂 7→触点6→接触片2→搭铁→蓄电池负极，形成回路。这样电动机会继续运转，直至刮片到达停止位置，电路图如图 14-7（a）所示，回路中断。但是由于惯性，电动机还会继续运转，此时电动机的 B_1 与 B_3 电刷之间会产生电动势，由于触点4、6同时与触点臂7接触，这个感生电动势也形成了回路。其电路为电动机的 B_3 电刷→触点臂5→触点4→触点6→触点臂7→接线柱①→接线柱②→B_1 电刷→电动机电枢，在电动机内部的电枢上有反向的电流通过，其产生的扭矩与运转的惯性扭矩方向相反，会阻止电动机的运转。这个制动回路使电动机快速停止，刮片便能够准确地停在风窗玻璃下端指定的位置上。

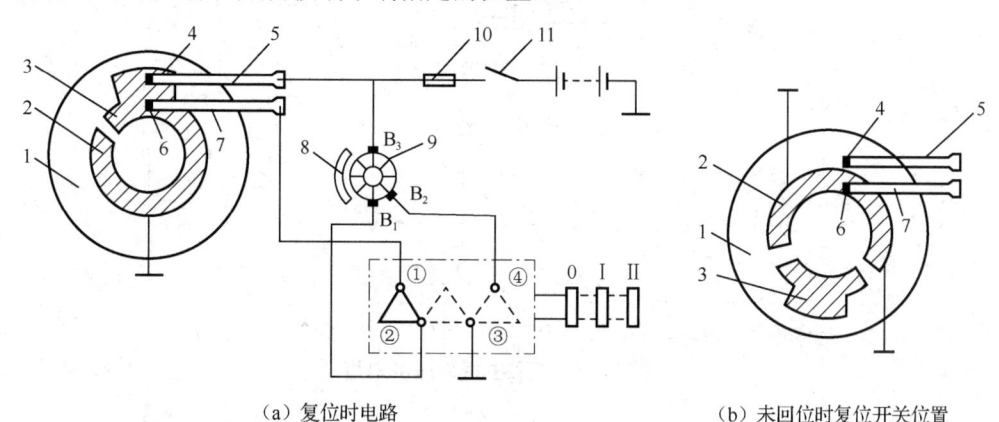

（a）复位时电路　　　　　　　　　　（b）未回位时复位开关位置

1—蜗轮；2、3—接触片；4、6—触点；5、7—触点臂；8—永久磁铁；9—电动机电枢；10—熔断器；11—启动开关

图 14-7　雨刮自动复位装置的电路图

③ 雨刮电动机的间歇原理。

汽车在小雨或雾天行驶时，雨刮即使以低速挡运转，由于水量很少，不仅会与灰尘形成泥水，不易将车窗刮干净，而且会在风窗玻璃上形成一些污迹，影响驾驶员的视线，严重时有可能刮伤玻璃。所以，现在很多汽车的雨刮电路中都采用了电子间歇控制系统，在遇到这样的天气时，使用间歇挡，刮片会间隔2～12s 运动一次。汽车的间歇式雨刮控制电路有多种形式，按间歇时间能否调节分为不可调节型间歇控制电路和可调节型间歇控制电路。

a. 不可调节型间歇控制电路。

雨刮间歇机构一般利用电动机的自动复位触点并利用阻容（R、C）充放电的半导体电路或集成电路构成。由分立元件组成互补式间歇振荡电路，如图 14-8 所示，其中 K_1 为动断触点，K_2 为动合触点，其受继电器 J 控制；自动停位开关 3 有两个工作位置，随雨刮电动机的转动而自动改变，当刮片处于停止位置时，自动停位开关 3 的上位接通，否则自动停位开关 3 的下位接通。当雨刮组合开关 1 置于断开位置"0"挡，间歇开关 5 置于接通位置时，雨刮间歇运动的电路被接通。电源先向电容 C 充电，当电容 C 两端电压增加到一定值后，VT_1 导通，VT_2 也随之导通，继电器 J 通电，动断触点 K_1 打开，动合触点 K_2 闭合，雨刮电动机运转。此时的电路为蓄电池正极→B_3 电刷→B_1 电刷→继电器 J 的动合触点 K_2→搭铁→蓄电池负极。

当雨刮电动机转动到使自动停位开关 3 的下位接触时，电容 C 便通过二极管 VD 迅速放电，使三极管 VT_1 基极电位降低，从而 VT_1、VT_2 转为截止状态，流过继电器 J 的电流随之中断，动断触点 K_1 闭合，但由于此时自动停位开关 3 的下位接触，故雨刮电动机仍可继续转动，直到刮片摆回原位，自动停位开关 3 的上位接通为止，电动机才因电枢短路而停止。接着电源又通过自动停位开关 3 的上位触点向电容 C 充电，重复上述过程使雨刮间歇动作。其

停歇时间长短取决于 RC 电路的充电时间。由上述工作原理可知，这种电路保证了每个停歇周期内，刮片摆动一次。

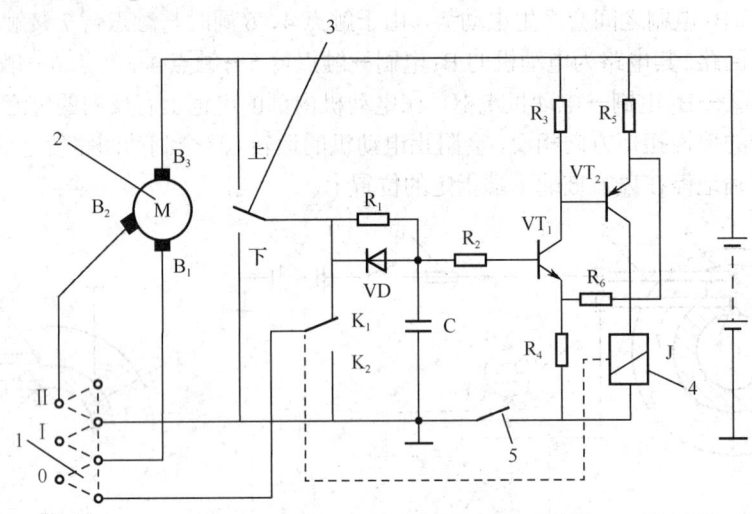

1—雨刮组合开关；2—雨刮电动机；3—自动停位开关；4—继电器；5—间歇开关

图 14-8 互补式间歇振荡电路

除了由分立元件构成的振荡电路，还有一些由集成电路组成的不可调节型间歇控制电路。图 14-9 所示为由 NE555 与外围元件组成的脉冲发生电路和驱动电路。

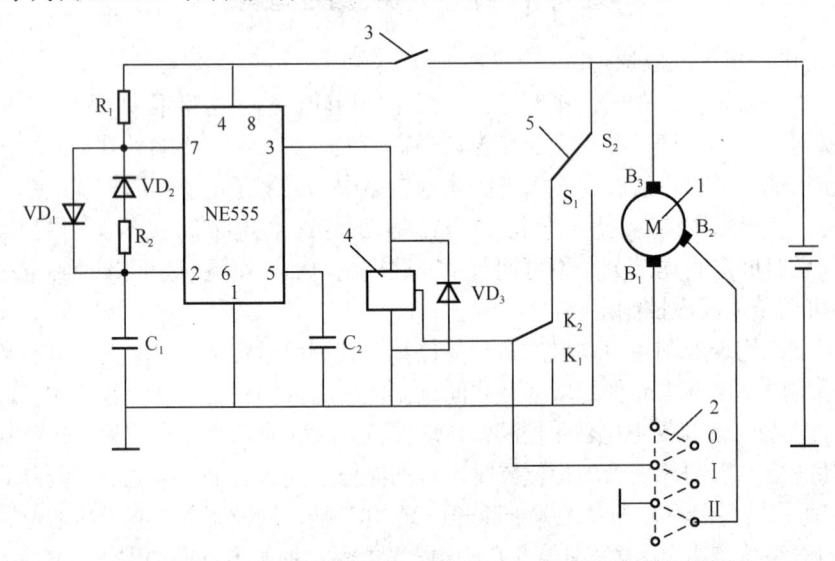

1—雨刮电动机；2—雨刮组合开关；3—间歇开关；4—继电器；5—自动停位开关

图 14-9 由 NE555 与外围元件组成的脉冲发生电路和驱动电路

在雨刮运转之前，刮片处于停止位置，并使自动停位开关 5 的触点 S_2 处于闭合状态。当驾驶员操作雨刮组合开关在"0"挡，间歇开关 3 闭合时，集成电路 NE555 的 3 引脚输出高电位，使继电器 4 通电，动合触点 K_1 闭合，雨刮电动机的 B_1 电刷经雨刮组合开关 2、触点 K_1 接地构成回路，雨刮低速运转。经过一定时间后，刮片离开停止位置，自动停位开关 5 的触点 S_1 闭合，同时集成电路 NE555 根据内部预先的设定，使 3 引脚输出低电位，继电器 4

断电，动合触点 K_1 断开，动断触点 K_2 闭合。此时，雨刮电动机的 B_1 电刷经雨刮组合开关 2、触点 K_2、触点 S_1 接地，雨刮电动机继续低速运转，直到自动停位开关 5 的触点 S_2 闭合为止，雨刮电动机的 B_1、B_3 电刷经过动断触点 K_2 和触点 S_2 连接在一起，构成自动回路，使电动机迅速停止运转，刮片就停在了原始位置，完成了一个工作循环。雨刮工作的间歇时间是由集成电路内部设定的，它决定了下一次运转的时间间隔，并仍然由集成电路的 3 引脚发出高电位信号激发下一个工作循环。

b．可调节型间歇控制电路。

雨刮控制电路能使汽车的雨刮按雨量大小自动开闭，并自动调节间歇时间，称为可调节型间歇控制电路，如图 14-10 所示。电路中 S_1、S_2 和 S_3 组成在风窗玻璃上的流量检测电极，下雨时，雨水落在检测电极之间，使它们之间的阻值明显减小，水流量越大，其阻值越小。S_1 与 S_3 之间的距离较近（约 2.5cm），当雨量较小时，雨水首先将 S_1 与 S_3 连接，使 VT_1 导通，继电器 J_1 吸合，P 点被接通，雨刮慢速刮水。当雨量较大时，S_1 与 S_2 之间的阻值也会减小，使 VT_2 导通，于是 J_2 闭合，A 点断开，B 点被接通，雨刮电动机快速运转；当雨停时，检测电阻之间的阻值均增大，VT_1、VT_2 截止，继电器 J_1、J_2 断电，雨刮自动停止刮水。

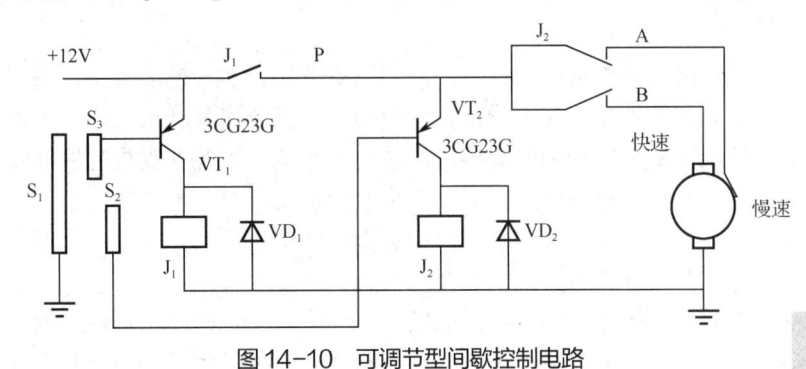

图 14-10　可调节型间歇控制电路

二、新能源汽车洗涤器系统概述

在汽车行驶过程中，通常会有一些灰尘落在风窗玻璃上，如果仅用雨刮，则不能有效地刮除。为了更好地消除附着在汽车风窗玻璃上的污物，在汽车上还配备了洗涤器系统，如图 14-11 所示，通常洗涤器系统要与电动雨刮系统配合使用，保证驾驶员有良好的视野。

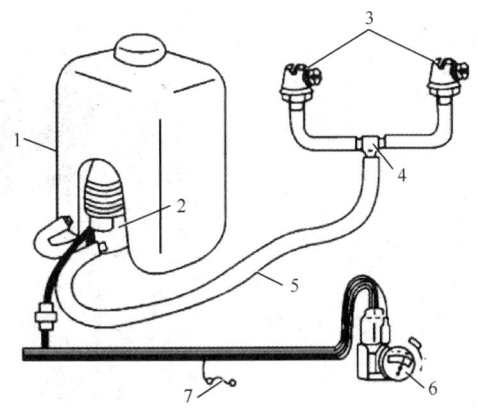

洗涤器系统主要由储液罐、洗涤泵、输液管、喷嘴等结构组成。洗涤泵一般由永磁直流电动机和离心式叶片泵组装成一个整体，工作时的喷射压力可达 70~88kPa。洗涤泵一般直接安装在储液罐上，但也有安装在管路内的。在离心泵的进口处设置有滤清器，洗涤泵喷嘴安装在风窗玻璃的下面，其喷嘴方向可以根据使用情况进行调整，喷水直径一般为 0.8~1.0mm，能够使洗涤液喷射在风窗玻璃的适当位置，洗涤泵的连续工作时间不应超过

1—储液罐；2—洗涤泵；3—喷嘴；4—三通接头；
5—输液管；6—雨刮组合开关；7—熔断丝

图 14-11　洗涤器系统组成

1min，对于刮水和洗涤分别控制的汽车，应先开启洗涤泵，再接通雨刮。喷水停止后，雨刮应继续刮动 3~5 次，以便达到良好的清洁效果。

常用的洗涤液是浓度不超过 205×10^{-6}ppm 的清水，为了能刮掉风窗玻璃上的油、蜡等污物，可在水中添加少量的去垢剂和防锈剂。强效洗涤液的除垢效果好，但会使风窗密封条和刮片胶条变质，还会引起车身喷漆变色及储液罐、喷嘴等塑料件的开裂。冬季使用洗涤器时，为了防止洗涤液的冻结，应添加甲醇、异丙醇、甘醇等防冻剂，再加少量的去垢剂和防锈剂，即低温洗涤液，可使凝固温度下降到-20℃以下。

当洗涤电动机电枢接通电流时，电枢绕组便在永久磁铁产生的磁场中受力旋转，电枢轴转动时，通过联轴节驱动水泵轴和泵转子一同旋转，泵转子便将储液罐内的洗涤液泵入出水软管，并经风窗玻璃前端的喷嘴喷向风窗玻璃。与此同时，雨刮同步工作，刮片同时摆动，从而将风窗玻璃上的脏污刮洗干净。使用洗涤器时，应首先接通洗涤泵，然后接通雨刮，洗涤泵连续工作时间不大于 5s，使用间歇时间不少于 10s。当储液罐内无洗涤液时，不要接通洗涤泵空转，以免损坏洗涤电动机。

三、雨量传感器

为确保驾驶员在雨天具有良好的视野，汽车风窗玻璃上装有自动雨刷，在下雨天，当传感器检测到有雨水落到了风窗玻璃上时，就对雨刮发出指令使其开始工作，风窗玻璃上的雨水即被清除了。智能控制系统探测并分析雨刮的刮水频率，提升驾驶员的视觉效果，保证了视线通畅，确保行车安全。雨量传感器主要用来检测是否下雨及雨量的大小。当汽车在雨雪天等恶劣天气下行驶时，由雨量传感器向微计算机提供信号，微计算机自动调整前照灯的宽度、远近度、明暗度；同时天窗系统也会自动关闭天窗。

雨量传感器安装在前风窗玻璃后面，如图 14-12 所示，它能根据落在玻璃上雨水量的大小来调整雨刮的动作，因而大大减少了驾驶员的烦恼。雨量传感器不是以几个有限的挡位来变换雨刮的动作速度，而是对雨刮的动作速度进行无级调节。

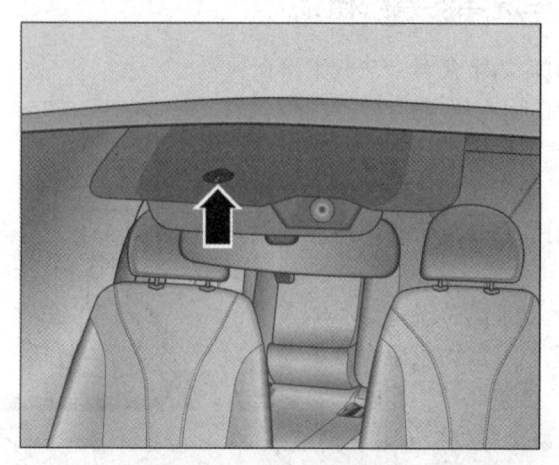

图 14-12 北汽 EU5 R500 纯电动汽车的雨量传感器

汽车上常见的雨量传感器主要有流量式雨量传感器、电容式雨量传感器、压电式雨量传感器、红外线式雨量传感器。

1. 流量式雨量传感器

流量式雨量传感器工作原理如图 14-13 所示，S_1、S_2、S_3 为流量监测电极板，S_1 到 S_2 的距离为 2.5cm，距离较近，小雨量时晶体管 VT_1 先导通，继电器 J_1 吸合，雨刮低速转动；S_1 到 S_3 的距离为 3cm，距离较远，大雨量时晶体管 VT_2 先导通，继电器 J_2 吸合，动合触点接通，雨刮电动机高速转动。

2. 电容式雨量传感器

电容式雨量传感器工作原理如图 14-14 所示，静电面积为 S，电极间的间隔 d 不变，则电容 C 只由介电系数 ε 决定，因水和空气的介电系数 ε 值不同，电容 C 随雨滴的大小而变，故利用电容的变化改变振荡电路的振荡频率，从而控制雨刮的动作。

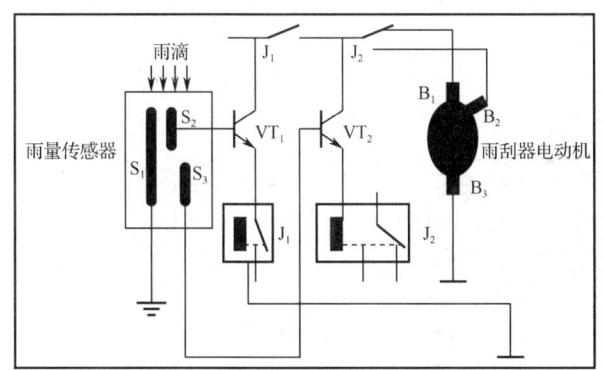

图 14-13　流量式雨量传感器工作原理

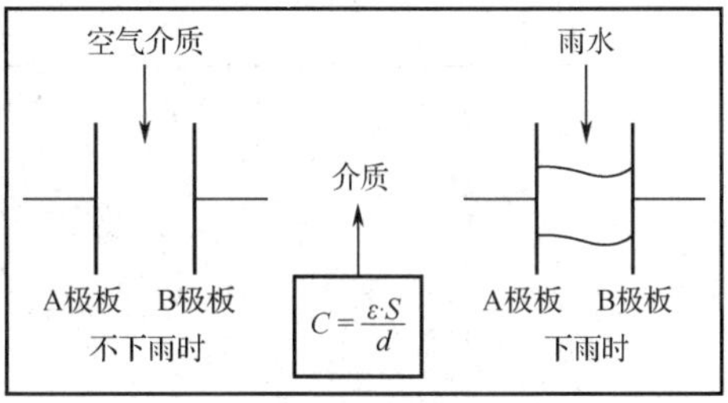

图 14-14　电容式雨量传感器工作原理

3. 压电式雨量传感器

压电式雨量传感器将检测出的雨量变成电压信号，根据电压信号的大小自动设定雨刮的工作时间间隔，控制雨刮动作。压电式雨量传感器由振动板、压电元件、放大电路、壳体及阻尼橡胶构成，其工作原理如图 14-15 所示。

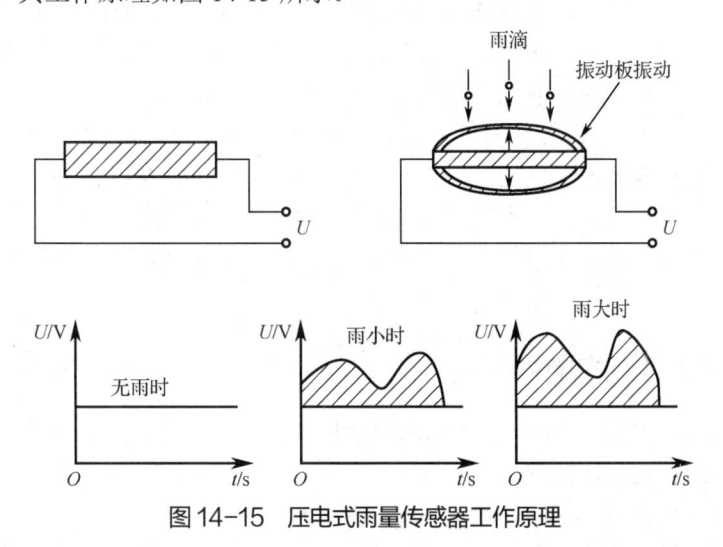

图 14-15　压电式雨量传感器工作原理

振动板接收雨滴冲击的能量，按自身固有振动频率进行弯曲振动，并将振动传递给内侧的压电元件，压电元件把从振动板传来的机械变形转换成电压。电压大小与加到振动板上的

雨滴能量成正比,一般为 0.5～300mV。放大电路将压电元件产生的电压信号放大后再输入雨刮放大器中。放大器由晶体管、IC 模块、电阻、电容等部件组成。当信号达到一定值时,经过电路输入雨刮驱动电路,雨刮随即启动开始刮水。

4. 红外线式雨量传感器

红外线式雨量传感器工作原理如图 14-16 所示,LED 发出的红外光经过透镜系统调整后,呈平行光状态照射到风窗玻璃上;当玻璃干燥时,光线将发生全反射,并经过透镜系统呈平行光状态被接收器件接收,输出最大值为 100%;当玻璃上有雨水、雨滴时,由于折射率改变,光线将不能发生全反射,而是视水滴面积大小发生部分反射,此时接收器件只收到部分信号,按照百分率比值能够计算出雨量大小。根据上述光学原理,若让 LED 发出的光按入射角大于 42°且小于 63°射入风窗玻璃,这样形成红外光全反射,则反射光被光电二极管全部接收。

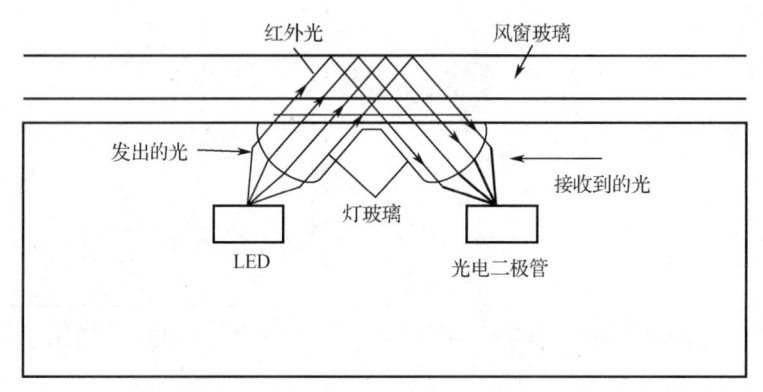

图 14-16　红外线式雨量传感器工作原理

在没有雨水接触风窗玻璃时:从雨量传感器中的 LED 向风窗玻璃发射红外光通过透镜,并从风窗玻璃反射回来。从风窗玻璃反射回来的红外光被雨量传感器中的光电二极管接收。光电二极管接收到红外光,雨量传感器中的微型计算机根据反射率计算降雨量,并将此转换成电信号,然后将风窗玻璃刮水控制信号发送到自动光、雨刮控制模块。红外光折射,反射光减弱,雨量越大,折射(散射)光越多,反射光越弱。

在有雨水接触风窗玻璃时:从雨量传感器中的 LED 向风窗玻璃发射红外光通过透镜被风窗玻璃接收,并被接触风窗玻璃的雨水散射。没有散散的红外光被风窗玻璃反射,并由雨量传感器内的光电二极管接收。光电二极管接收红外光,雨量传感器中的微型计算机根据反射率计算降雨量,并将此转换成电信号,然后将风窗玻璃刮水控制信号送到自动光、雨刮控制模块。

四、雨刮电动机的更换

下面以北汽 EU5 R500 纯电动汽车雨刮电动机为例,介绍其更换步骤。
(1)将雨刮运行至复位位置。
(2)断开蓄电池负极。
(3)撬下驾驶员刮臂的固定螺母盖帽,用 15mm 六角套筒旋出驾驶员刮臂的固定螺母,如图 14-18 所示,并取下刮臂①。螺母规格为 M10×1.25,螺母拧紧扭矩为 22～28N·m。

（4）如图14-19所示，使用10mm六角套筒旋出固定螺栓（箭头B），撬出固定卡扣（箭头A），取下前机舱装饰板总成①。螺栓规格为M6×1.0×16，螺栓拧紧扭矩为4～6N·m。

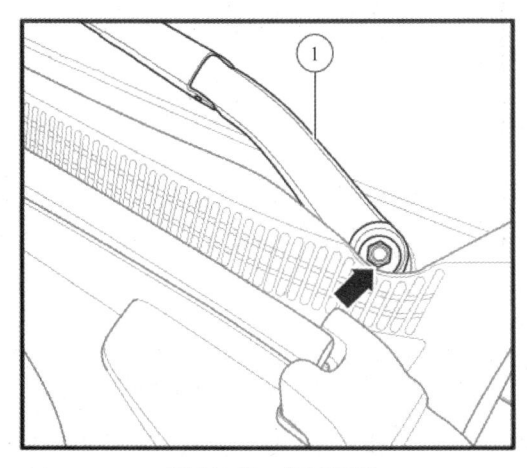

图14-18　拆卸刮臂 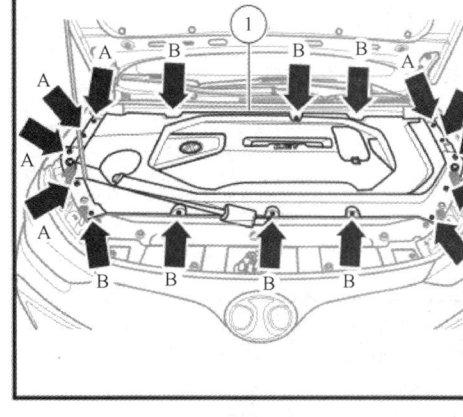　　　　图14-19　拆卸前机舱装饰板总成

（5）如图14-20所示，拆下通风装饰板左侧垫块①和通风装饰板右侧垫块②，并取下通风装饰板左侧装饰板和通风装饰板右侧装饰板。

（6）断开喷水软管接头，如图14-21所示，拆下固定卡扣（箭头），取下通风装饰板组件①。检查固定卡扣，必要时更换新的固定卡扣。

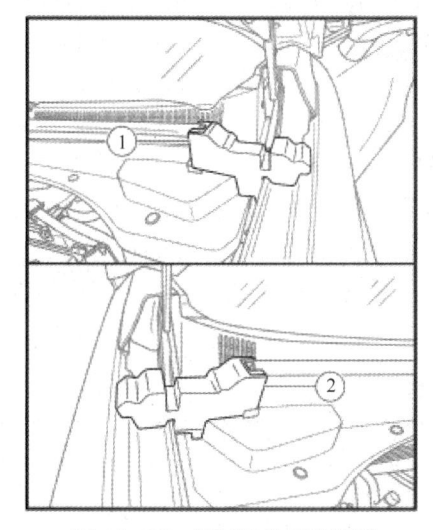

图14-20　拆卸垫块及装饰板 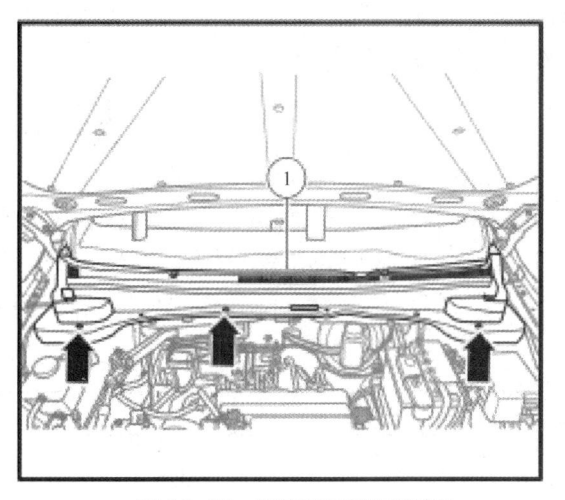　　　　图14-21　拆卸通风装饰板组件

（7）如图14-22所示，脱开雨刮电动机线束卡子（箭头A），用10mm六角套筒旋出雨刮电动机及连杆总成①的固定螺栓（箭头B）。螺栓规格为M6×1.0×30，螺栓拧紧扭矩为8～10N·m。

（8）断开雨刮电动机及连杆总成连接插头（箭头），取下雨刮电动机及连杆总成①，如图14-23所示。

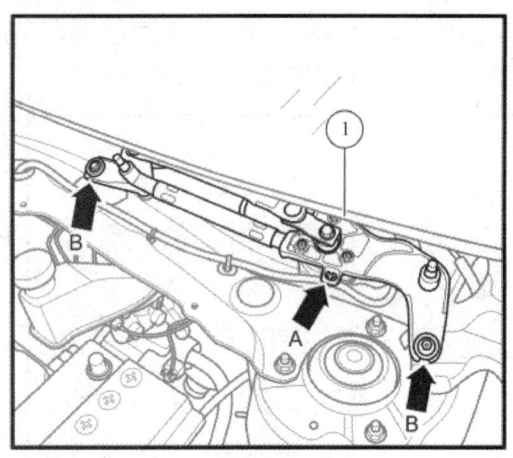

图 14-22　拆卸雨刮电动机固定螺栓

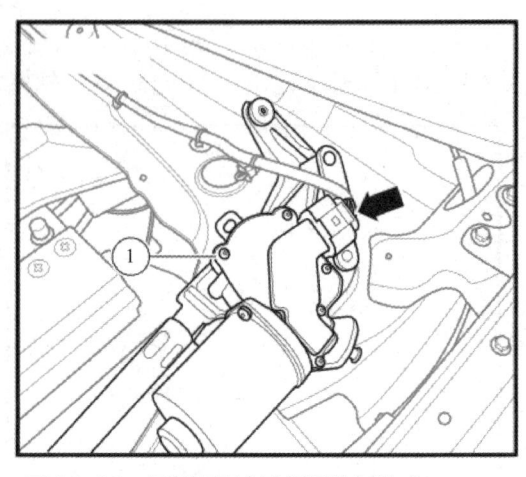

图 14-23　拆卸雨刮电动机及连杆总成

（9）安装以拆卸步骤的倒序进行，同时注意下列事项。

① 雨刮电动机及连杆总成在操作过程中有可能偏离初始位置，具体操作为插上插头，低速运行一下即可。

② 检查通风装饰板组件固定卡扣，必要时更换。

③ 安装时，雨刮电动机及连杆总成定位销（箭头A）对齐围板上的橡胶座（箭头B），如图 14-24 所示。

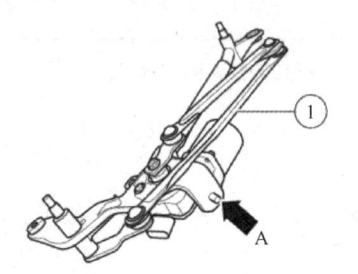

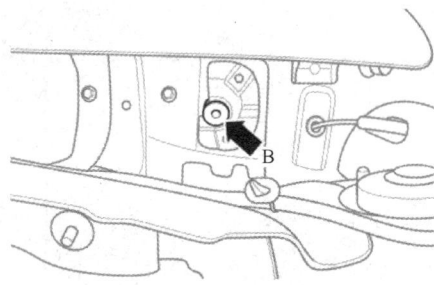

图 14-24　对齐位置

决策

根据任务要求制订新能源汽车雨刮电动机及连杆总成更换实施计划，每个小组根据组员特点进行分工，填写决策记录表（见表 14-1），并选出小组组长负责任务的分工与实施。

表 14-1　决策记录表

序　号	小 组 成 员	任　　务
1	A　B	查阅维修手册等资料
2	C　D	工具准备
3	E　F	记录、汇报
4	G　H	安全员

计划

根据任务分工及任务要求制订工作计划，填写计划表（见表 14-2）。

表14-2 计划表

序 号	作 业 项 目	操 作 人
1	断开蓄电池负极	A B
2	拆卸雨刮臂	C D
3	拆卸前机舱装饰板总成	E F
4	拆卸通风装饰板组件	A B
5	拆卸雨刮电动机及连杆总成	C D
6	安装雨刮电动机及连杆总成	E F
7	安装通风装饰板组件	A B
8	安装前机舱装饰板总成	C D
9	安装雨刮臂	E F
10	连接蓄电池负极	A B
11	安全、记录、功能检查	G H

实施

根据工作计划进行雨刮电动机更换任务，填写实施记录表（见表14-3）。

表14-3 实施记录表

序 号	实施项目	结 果	序 号	实施项目	结 果
1	蓄电池负极是否断开	是 否	8	雨刮电动机线束插头是否复位	是 否
2	雨刮臂是否拆卸	是 否	9	通风装饰板组件是否安装	是 否
3	前机舱装饰板总成是否拆卸	是 否	10	前机舱装饰板总成是否安装	是 否
4	通风装饰板组件是否拆卸	是 否	11	雨刮臂是否安装	是 否
5	雨刮电动机线束插头是否拆卸	是 否	12	蓄电池负极是否连接	是 否
6	雨刮电动机及连杆总成是否拆卸	是 否	13	雨刮功能是否正常	是 否
7	雨刮电动机及连杆总成是否安装	是 否	14	工位是否整理	是 否

任务2 雨刮系统故障检修

资讯（一）

北汽EU5 雨刮系统组成及工作原理

北汽 EU5 R500 纯电动汽车雨刮系统主要由雨刮组合开关、雨量传感器、刮片、刮臂、雨刮电动机、洗涤液罐、风窗玻璃洗涤泵、喷嘴总成等组成，如图 14-25 所示。雨刮组合开关或雨量传感器将开关信号送至 BCM，BCM 根据控制指令控制雨刮继电器工作，蓄电池经供电熔断器、雨刮继电器给雨刮电动机供电，从而使雨刮实现刮洗动作。当驾驶员操作雨刮组合开关喷水洗涤时，BCM 接收到洗涤开关信号后，直接给前洗涤液罐上的风窗玻璃洗涤泵供电，电动机旋转带动风窗玻璃洗涤泵将洗涤液泵入洗涤液管路，洗涤液沿着管路到达喷嘴总成完成洗涤液喷水动作。

```
蓄电池 → 熔断器 → 雨刮继电器 → 雨刮电动机
                                    ↓
                                 刮臂
                                 刮片

雨刮组合开关 → BCM
雨量传感器 →

                                 喷嘴总成
                                    ↑
洗涤液罐 → 风窗玻璃洗涤泵
```

图14-25 雨刮系统组成

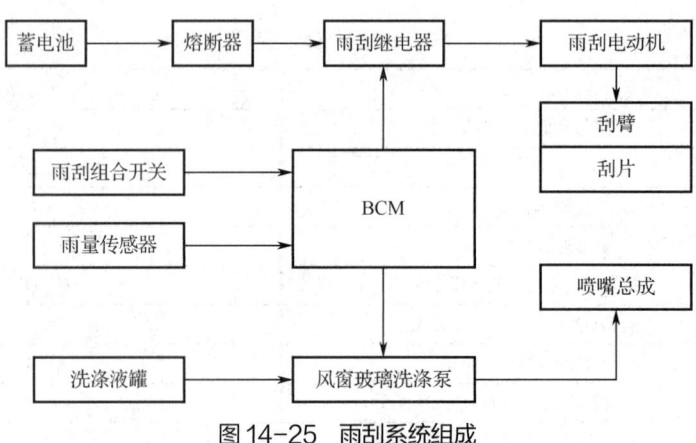

雨刮组合开关（即雨刮控制杆）位于转向管柱右侧，该开关一共有5个挡位，从下至上分别为MIST挡、OFF挡、AUTO挡、LO挡和HI挡。

当"启动/停止"按键位于"RUN"模式时，洗涤/雨刮可正常工作。如果在雨刮动作的过程中，"启动/停止"按键不在"RUN"模式，雨刮立即停止动作，待下一次在"RUN"模式时回到初始位置。

若欲选择挡位，则上推或下压雨刮控制杆即可。

（1）MIST挡：将雨刮组合开关拨至"MIST"挡时，雨刮低速运行一次。将雨刮组合开关拨至"MIST"挡并保持，雨刮持续刮刷直到松开手为止。

（2）OFF挡：雨刮不工作。

（3）AUTO挡：将雨刮组合开关拨至"AUTO"挡时，雨刮处于自动状态，当雨量传感器检测到下雨时，雨刮会根据雨量大小频次进行刮刷。

（4）LO挡：将雨刮组合开关拨至"LO"挡时，雨刮会以一定的频率进行慢速刮刷动作。

（5）HI挡：将雨刮组合开关拨至"HI"挡时，雨刮会以一定的频率进行快速刮刷动作。

（6）当"启动/停止"按键位于"RUN"模式时，向转向盘方向拨动风窗玻璃雨刮组合开关，风窗洗涤喷嘴进行喷水，松开即停止喷水，雨刮继续刮刷几次后自动停止。向转向盘方向拨动雨刮组合开关并保持住，则风窗洗涤喷嘴持续喷水，最长可持续喷水12s，之后自动停止。

在进行雨刮系统电路故障检修前，需要识读并拆画雨刮系统电路图。

拆画电路图注意事项如下。

（1）尽量使用铅笔和直尺以保证所画电路的工整及可修改性。

（2）标注关键元器件的名称代号及相应引脚号。

（3）电路图中的元器件符号要标准。

（4）在拆画的电路图中标注电流走向。

计划

根据任务分工及任务要求制订工作计划，计划表如表14-4所示。

表14-4 计划表

序　号	作　业　项　目	操　作　人
1	查阅电路图	

续表

序　号	作　业　项　目	操　作　人
2	分析电路原理及电流走向	
3	拆画电路草图	
4	协调组员并确定拆画电路图终稿	

实施

按照所制订的工作计划进行北汽 EU5 R500 纯电动汽车雨刮系统电路图的拆画，并在拆画的电路图中标注主要电气元件名称及线路电流走向（见图 14-26）。

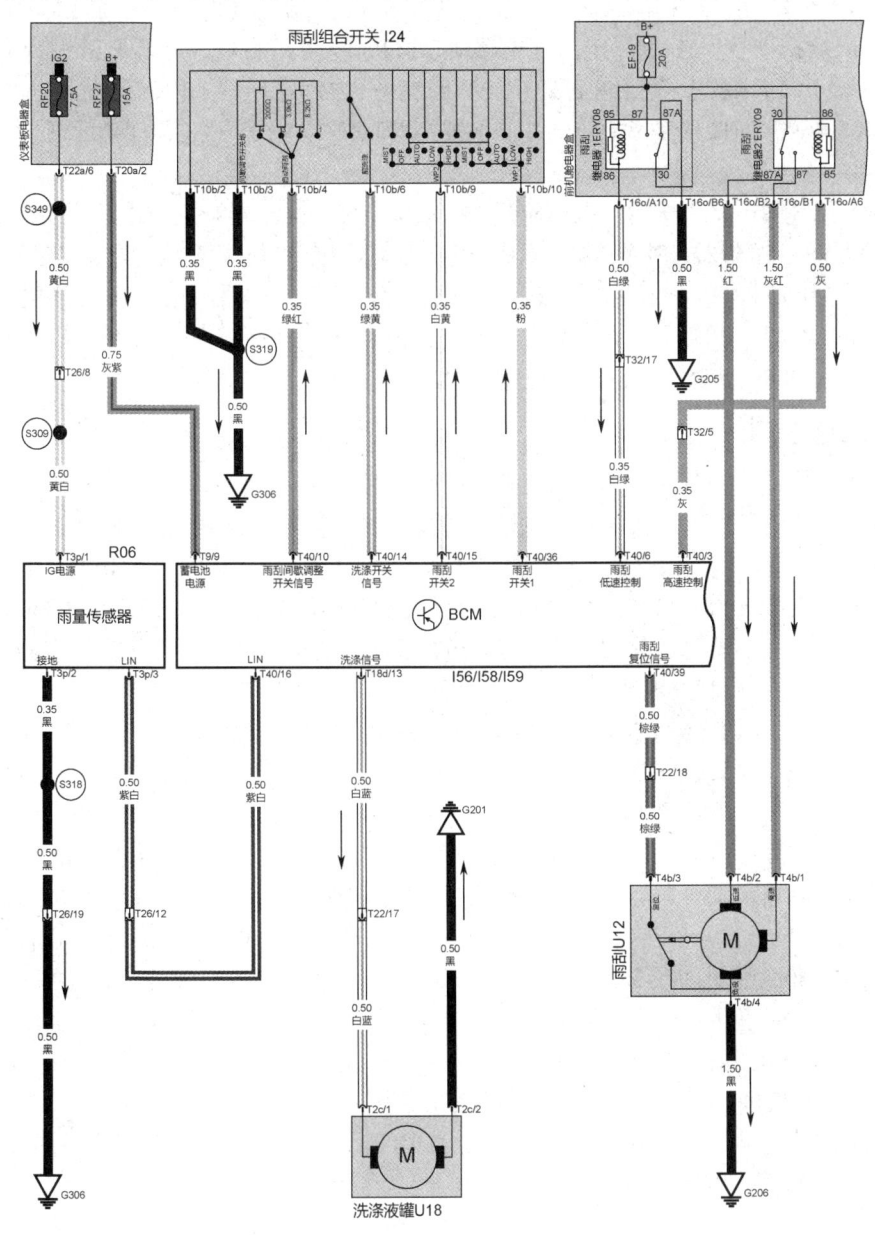

图 14-26　北汽 EU5 R500 纯电动汽车雨刮系统电路图

资讯（二）

当驾驶员起动车辆后，BCM 被激活唤醒。BCM T9/9 端子经灰紫色导线由仪表板电器盒内 RF27 15A 熔断器提供蓄电池电源。

北汽 EU5 雨刮系统电路工作原理

1. 低速控制

当驾驶员操作雨刮组合开关至低速挡 LO（图 14-26 中标记为 LOW）时，雨刮组合开关 T10b/9 端子和 T10b/10 端子都与 T10b/2 端子通过雨刮组合开关 I24 相通。BCM T40/15 端子和 T40/36 端子经导线和雨刮组合开关获得低速工作信号，电流流向为 BCM T40/15（T40/36）→雨刮组合开关 T10b/9（T10b/10）→雨刮组合开关 I24→雨刮组合开关 T10b/2→G306。

此时，BCM 根据内部程序设定通过 T40/6 雨刮低速控制信号引脚给雨刮继电器 1 ERY08 提供搭铁控制指令，雨刮继电器 1 ERY08 线圈回路被导通，电流流向为蓄电池 B+→熔断器 EF19 20A→雨刮继电器 1 ERY08 85#→雨刮继电器 1 ERY08 线圈→雨刮继电器 1 ERY08 86#→插接器 T16o/A10 端子→插接器 T32/17 端子→BCM T40/6 端子，经 BCM 控制接地。

当继电器线圈电路工作后，继电器开关被吸合，此时继电器开关回路开始工作，电流流向为蓄电池 B+→熔断器 EF19 20A→雨刮继电器 1 ERY08 87#→雨刮继电器 1 ERY08 开关→雨刮继电器 1 ERY08 30#→雨刮继电器 2 ERY09 30#→雨刮继电器 2 ERY09 开关→雨刮继电器 2 ERY09 87A#→插接器 T16o/B2→雨刮 U12 T4b/2 端子→雨刮 U12 电动机→雨刮 U12 T4b/4 端子→G206。此时，雨刮开始低速工作。

2. 高速控制

当驾驶员操作雨刮组合开关至高速挡 HI（图 14-26 中标记为 HIGH）时，雨刮组合开关 T10b/9 端子和 T10b/10 端子都与 T10b/2 端子通过雨刮组合开关 I24 相通。BCM T40/15 端子和 T40/36 端子经导线和雨刮组合开关获得高速工作信号，电流流向为 BCM T40/15（T40/36）→雨刮组合开关 T10b/9（T10b/10）→雨刮组合开关 I24→雨刮组合开关 T10b/2→G306。

此时，BCM 根据内部程序设定通过 T40/6 雨刮低速控制信号引脚给雨刮继电器 1 ERY08 提供搭铁控制指令，雨刮继电器 1 ERY08 线圈回路导通，电流流向为蓄电池 B+→熔断器 EF19 20A→雨刮继电器 1 ERY08 85#→雨刮继电器 1 ERY08 线圈→雨刮继电器 1 ERY08 86#→插接器 T16o/A10 端子→插接器 T32/17 端子→BCM T40/6 端子，经 BCM 控制接地。雨刮继电器 1 ERY08 开始工作，开关吸合，雨刮继电器 1 ERY08 87#与雨刮继电器 1 ERY08 30#导通。同时，BCM 通过 T40/3 端子给雨刮继电器 2 ERY09 提供搭铁控制指令，雨刮继电器 2 ERY09 线圈回路导通，电流流向为蓄电池 B+→熔断器 EF19 20A→雨刮继电器 2 ERY09 86#→雨刮继电器 2 ERY09 线圈→雨刮继电器 2 ERY09 85#→插接器 T16o/A6 端子→插接器 T32/5 端子→BCM T40/3 端子，经 BCM 控制接地。

当继电器线圈电路工作后，继电器开关被吸合，此时继电器开关回路开始工作，电流流向为蓄电池 B+→熔断器 EF19 20A→雨刮继电器 1 ERY08 87#→雨刮继电器 1 ERY08 开关→雨刮继电器 1 ERY08 30#→雨刮继电器 2 ERY09 30#→雨刮继电器 2 ERY09 开关→雨刮继电器 2 ERY09 87#→插接器 T16o/B1→雨刮 U12 T4b/1 端子→雨刮 U12 电动机→雨刮 U12 T4b/4 端子→G206。此时，雨刮开始高速工作。

3. 间歇控制

当驾驶员操作雨刮组合开关至自动挡 AUTO 时，雨刮组合开关 T10b/9 端子和 T10b/10 端子都与 T10b/2 端子通过雨刮组合开关 I24 相通。BCM T40/15 端子和 T40/36 端子经导线和雨刮组合开关获得间歇工作信号，电流流向为 BCM T40/15（T40/36）→雨刮组合开关 T10b/9（T10b/10）→雨刮组合开关 I24→雨刮组合开关 T10b/2→G306。

此时，对于采用间歇控制无自动功能的雨刮系统，雨刮组合开关 T10b/4 端子和 T10b/3 端子经间歇调节开关内不同电阻相通。BCM T40/10 端子经导线和雨刮组合开关获得间歇工作时间信号，电流流向为 BCM T40/10→雨刮组合开关 T10b/4→雨刮组合开关 I24→雨刮组合开关 T10b/3→G306。

对于具有自动功能的雨刮系统，雨量传感器 T3p/1 端子经黄白色导线、插接器 T26/8 端子、T22a/6 端子、RF20 7.5A 熔断器由 IG2 继电器提供启动开关电源。雨量传感器 T3p/2 端子经黑色导线、插接器 T26/19 端子由 G306 搭铁点提供搭铁信号。雨量传感器与 BCM 之间通过紫白色 LIN 总线进行信息通信，将雨量大小信号送至 BCM。

此时，BCM 根据内部程序设定通过 T40/6 雨刮低速控制信号引脚按照间歇时间长短或雨量大小向雨刮继电器 1 ERY08 提供搭铁控制指令，雨刮继电器 1 ERY08 线圈回路导通，电流流向为蓄电池 B+→熔断器 EF19 20A→雨刮继电器 1 ERY08 85#→雨刮继电器 1 ERY08 线圈→雨刮继电器 1 ERY08 86#→插接器 T16o/A10 端子→插接器 T32/17 端子→BCM T40/6 端子，经 BCM 控制接地。

当继电器线圈电路工作后，继电器开关被吸合，此时继电器开关回路开始工作，电流流向为蓄电池 B+→熔断器 EF19 20A→雨刮继电器 1 ERY08 87#→雨刮继电器 1 ERY08 开关→雨刮继电器 1 ERY08 30#→雨刮继电器 2 ERY09 30#→雨刮继电器 2 ERY09 开关→雨刮继电器 2 ERY09 87A#→插接器 T16o/B2→雨刮 U12 T4b/2 端子→雨刮 U12 电动机→雨刮 U12 T4b/4 端子→G206。此时，雨刮开始低速工作。

4. 点动控制

当驾驶员操作雨刮组合开关至点动挡 MIST 时，雨刮组合开关 T10b/9 端子和 T10b/10 端子都与 T10b/2 端子通过雨刮组合开关 I24 相通。BCM T40/15 端子和 T40/36 端子经导线和雨刮组合开关获得点动工作信号，电流流向为 BCM T40/15（T40/36）→雨刮组合开关 T10b/9（T10b/10）→雨刮组合开关 I24→雨刮组合开关 T10b/2→G306。

此时，BCM 根据内部程序设定通过 T40/6 端子给雨刮继电器 1 ERY08 提供一次搭铁控制指令，雨刮继电器 1 ERY08 线圈回路导通，电流流向为蓄电池 B+→熔断器 EF19 20A→雨刮继电器 1 ERY08 85#→雨刮继电器 1 ERY08 线圈→雨刮继电器 1 ERY08 86#→插接器 T16o/A10 端子→插接器 T32/17 端子→BCM T40/6 端子，经 BCM 控制接地。

当继电器线圈电路工作后，继电器开关被吸合，此时继电器开关回路开始工作，电流流向为蓄电池 B+→熔断器 EF19 20A→雨刮继电器 1 ERY08 87#→雨刮继电器 1 ERY08 开关→雨刮继电器 1 ERY08 30#→雨刮继电器 2 ERY09 30#→雨刮继电器 2 ERY09 开关→雨刮继电器 2 ERY09 87A#→插接器 T16o/B2→雨刮 U12 T4b/2 端子→雨刮 U12 电动机→雨刮 U12 T4b/4 端子→G206。此时，雨刮开始低速工作一次。

如果将开关推至点动挡 MIST 并保持，那么 BCM 会一直控制雨刮持续刮刷直到松开手为止。

5. 复位控制

当驾驶员关闭雨刮组合开关时，若雨刮未处于风窗玻璃最下边位置，雨刮 U12 中的复位开关处于导通状态，BCM T40/39 雨刮复位信号与搭铁点导通。此时，BCM T40/6 继续对继电器发出控制指令，雨刮电动机仍继续工作，直至转动到最下边缘时，复位开关断开，BCM T40/39 雨刮复位信号接收不到搭铁信号，BCM 随即断开对雨刮继电器的控制，雨刮电动机停转。

实施

根据故障现象，分析北汽 EU5 R500 纯电动汽车雨刮系统不工作可能存在的故障点，实施记录表如表 14-5 所示。

表 14-5 实施记录表

序号	可能原因	序号	可能原因
1	雨刮组合开关故障	5	雨刮电动机本身故障
2	雨量传感器故障	6	中间插接器松动
3	BCM 局部故障	7	搭铁点故障
4	熔断器故障	8	雨刮继电器故障

5S管理

1. 实训场地设备恢复。
2. 清洁实训车辆，打扫场地卫生，桌椅板凳摆放整齐有序。
3. 将工具、仪器、设备等归还原位。
4. 关闭实训场地的门窗、电源等。

资讯（三）

1. 插接器端子定义

北汽 EU5 R500 纯电动汽车雨刮组合开关线束插接器端子如图 14-27 所示，雨刮组合开关线束插接器的引脚编号及定义如表 14-6 所示。

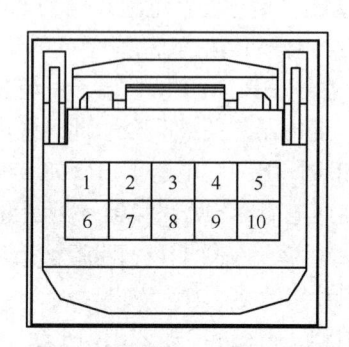

图 14-27 雨刮组合开关线束插接器端子

表 14-6 雨刮组合开关线束插接器引脚编号及定义

引脚编号	定 义	引脚编号	定 义
1	—	6	前洗涤
2	接地	7	—
3	间隙调整开关信号	8	—
4	自动雨刮	9	WP2
5	—	10	WP1

北汽 EU5 R500 纯电动汽车 BCM 插接器端子如图 14-28 所示，BCM 的插接器引脚编号及定义如表 14-7 所示。

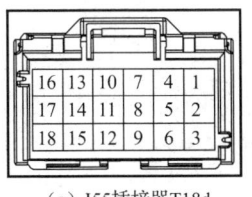

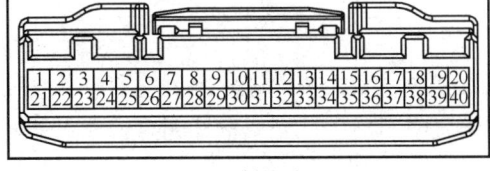

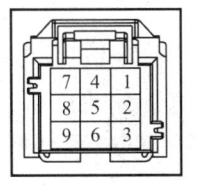

（a）I55插接器T18d　　　　（b）I59插接器T40　　　　（c）I56插接器T9

图 14-28　BCM 插接器端子

表 14-7　BCM 插接器引脚编号及定义

引脚编号	定 义	引脚编号	定 义
T18d/13	洗涤信号	T9/9	蓄电池电源
T40/3	雨刮高速控制	T40/6	雨刮低速控制
T40/10	雨刮间歇调整开关信号	T40/14	洗涤开关信号
T40/15	雨刮开关 2	T40/16	LIN（总线）
T40/36	雨刮开关 1	T40/39	雨刮复位信号

2. 单件测试

测试方法：关闭启动开关，断开蓄电池负极，拆卸雨刮供电继电器及供电熔断器，利用万用表欧姆挡测量继电器和熔断器的电阻阻值，若不符合要求，则应更换。

3. 利用诊断仪与万用表检测

连接诊断仪，打开启动开关，操作雨刮开关，利用诊断仪读取雨刮系统故障代码或数据流，首先根据故障代码或数据流进行相应检测，然后利用万用表进行电压及电阻检测。

4. 波形检测

打开启动开关，将雨刮组合开关转至自动挡 AUTO 位置，利用示波器测量北汽 EU5 R500 纯电动汽车雨量传感器与 BCM 之间 LIN（总线）工作波形，并判断波形是否正常。

计划

根据任务分工及任务要求制订工作计划，计划表如表 14-8 所示。

表 14-8 计划表

序 号	测试项目	使用工具	操作人
1	单件测试	万用表、跳线	
2	读取故障代码或数据流	诊断仪	
3	电压检测	万用表、跳线	
4	电阻检测	万用表、跳线	
5	波形检测	示波器、跳线	

实施

按照制订的工作计划开展相应检测，并完成实施记录表。

1. 单件测试

关闭启动开关，断开蓄电池负极，拆卸雨刮供电继电器及供电熔断器，利用万用表欧姆挡测量继电器和熔断器的电阻阻值，并完成单件测试记录表（见表14-9）。

表 14-9 单件测试记录表

序 号	测试项目	标准值	实测值	是否正常	维修建议（否）
1	熔断器			是　否	更换熔断器
2	雨刮继电器线圈			是　否	更换继电器
3	雨刮继电器开关（动断）			是　否	更换继电器
4	雨刮继电器开关（动合）			是　否	更换继电器

2. 读取故障代码或数据流

连接诊断仪，打开启动开关，操作雨刮组合开关，利用诊断仪读取雨刮系统故障代码或数据流，并完成故障代码或数据流记录表（见表14-10）。

表 14-10 故障代码或数据流记录表

序 号	故障代码或数据流含义	（异常）可能原因
1		
2		

清除故障代码，再次读取，故障代码能否清除：　是　　否

3. 电压检测

打开启动开关，操作雨刮，利用万用表直流电压挡测量雨刮系统相关端子对地电压，并完成电压测试记录表（见表14-11）。

表 14-11 电压测试记录表

序 号	测试项目	标准值	实测值	是否正常	维修建议（否）
1	T9/9—地			是　否	检修线束
2	T40/3—地			是　否	检修线束

续表

序　号	测试项目	标　准　值	实　测　值	是否正常	维修建议（否）
3	T40/6—地			是　否	检修线束
4	T40/15—地			是　否	检修线束
5	T10b/9—地			是　否	检修线束
6	T40/36—地			是　否	检修线束
7	T10b/10—地			是　否	检修线束
8	T40/14—地			是　否	检修线束
9	T10b/6—地			是　否	检修线束
10	T18d/13—地			是　否	检修线束
11	T3p/1—地			是　否	检修线束
12	T3p/2—地			是　否	检修线束
13	T4b/2—地			是　否	检修线束
14	T4b/1—地			是　否	检修线束
15	EF19—地			是　否	检修熔断器
16	RF20—地			是　否	检修熔断器
17	RF27—地			是　否	检修熔断器

4. 电阻检测

根据上一步电压测量及实际故障现象，断开蓄电池负极，利用万用表欧姆挡测量雨刮系统相关线路电阻阻值，并完成电阻测试记录表，如表14-12所示。

表14-12　电阻测试记录表

序　号	测试项目	标　准　值	实　测　值	是否正常	维修建议（否）
1	T20a/2—T9/9	<1Ω		是　否	检修线束
2	T10b/9—T40/15	<1Ω		是　否	检修线束
3	T10b/10—T40/36	<1Ω		是　否	检修线束
4	T10b/6—T40/14	<1Ω		是　否	检修线束
5	T16o/A10—T40/6	<1Ω		是　否	检修线束
6	T16o/A6—T40/3	<1Ω		是　否	检修线束
7	T16o/B1—T4b/1	<1Ω		是　否	检修线束
8	T16o/B2—T4b/2	<1Ω		是　否	检修线束
9	T22a/6—T3p/1	<1Ω		是　否	检修线束
10	T40/16—T3p/3	<1Ω		是　否	检修线束
11	T18d/13—T2c/1	<1Ω		是　否	检修线束
12	T40/39—T4b/3	<1Ω		是　否	检修线束

5. 波形检测

打开启动开关，将雨刮组合开关转至自动挡 AUTO 位置，测量北汽 EU5 R500 纯电动汽

车雨量传感器与 BCM 之间 LIN（总线）工作波形，并判断波形是否正常，完成波形检测记录表，如表 14-13 所示。

表 14-13 波形检测记录表

测试参数	标准波形	实测波形	是否正常
T3p/3 对地波形			是　否
T40/16 对地波形			是　否

检查

1. 自检

各小组针对操作情况进行自检，完成自检记录表（见表 14-14）。

表 14-14 自检记录表

序号	检查项目	结果	序号	检查项目	结果
1	是否规范操作仪器仪表	是　否	4	检测工具是否清洁、复位	是　否
2	测试条件是否正确	是　否	5	测量插头、线束是否复位	是　否
3	启动开关是否关闭	是　否	6	场地卫生是否清扫	是　否

2. 互检

各小组针对操作情况进行互检，完成互检记录表（见表 14-15）。

表 14-15 互检记录表

序号	检查项目	结果	序号	检查项目	结果
1	启动开关是否关闭	是　否	3	测量插头、线束是否复位	是　否
2	检测工具是否清洁、复位	是　否	4	场地卫生是否清扫	是　否

3. 终检

指导教师针对各小组实施情况进行终检，完成终检记录表（见表 14-16）。

表 14-16 终检记录表

序号	检查项目	结果	序号	检查项目	结果
1	启动开关是否关闭	是　否	3	测量插头、线束是否复位	是　否
2	检测工具是否清洁、复位	是　否	4	场地卫生是否清扫	是　否

评估

授课结束后,指导教师指导学生对操作过程进行评价,完成学习任务评价表(见表 14-17)。指导学生进行课后总结,查找存在的问题,完成评估记录表(见表 14-18)。

表 14-17 学习任务评价表

班级:_____ 姓名:_____ 学号:_____

项 目	自 我 评 价			小 组 互 评			教 师 评 价		
	10~9	8~6	5~1	10~9	8~6	5~1	10~9	8~6	5~1
	占总评 10%			占总评 30%			占总评 60%		
工具设备使用能力									
资料信息查阅能力									
数据读取分析能力									
实训报告撰写能力									
协作精神									
纪律观念									
表达能力									
工作态度									
安全意识									
总体表现									
小计									
总评									

指导教师:_____　　　　　年　月　日

表 14-18 评估记录表

课 堂 小 结	
实训结束后,指导教师指导学生分享本次实训收获。	
序 号	存在的问题
1	
2	

5S管理

1. 实训场地设备恢复。

2．清洁实训车辆，打扫场地卫生，桌椅板凳摆放整齐有序。
3．将工具、仪器、设备等归还原位。
4．关闭实训场地的门窗、电源等。

习题测试

一、填空题

1．汽车上的雨刮根据使用的动力来源不同，可分为_____、_____和_____三种。

2．电动雨刮按照刮刷的方式不同可分为_____、_____、_____和_____四类。

3．雨刮按照结构的不同可分为三种，分别是传统的_____、_____和_____。

4．北汽 EU5 R500 纯电动汽车的电动雨刮主要由_____、_____、_____、_____等组成。

5．洗涤器系统主要由_____、_____、_____、_____等结构组成。

6．汽车上常见的雨量传感器主要有_____、_____、_____和_____。

7．雨刮组合开关共有 5 个挡位，从下至上分别为_____、_____、_____、_____和_____。

二、问答题

1．汽车雨刮应该满足的要求有哪些？
2．汽车雨刮系统的功用是什么？
3．不同类型的雨刮优缺点是什么？
4．雨刮的工作原理是什么？
5．雨刮复位原理是什么？
6．压电式雨量传感器工作原理是什么？
7．分析北汽 EU5 R500 纯电动汽车雨刮系统不工作可能存在的故障原因。
8．分析北汽 EU5 R500 纯电动汽车雨刮组合开关线束插接器端子引脚定义。